二十一世纪普通高等院校实用规划教材·物流系列

物流安全

阳晓湖　戴恩勇　编著

清华大学出版社
北　京

内 容 简 介

物流过程是一个极其复杂的过程,所涉及的内部和外部因素众多,而安全问题是目前影响物流链畅通运行的一个重要问题。如何使安全问题不再成为物流过程中的瓶颈,就需要从安全的本质入手加以解决。为此,本书对物流安全管理进行了相应研究,主要以人员安全、商品安全和消防安全为主线,吸收了物流安全领域近年来的新成果,从物流安全概念阐述开始,全面论述了物流安全意识、人员安全管理、商品安全管理、物流设备设施安全管理、消防安全管理、供应链金融安全管理、物流信息安全管理和物流相关法律法规与社会责任,融入了物流安全管理前沿理论和国内外最新实践的内容。

本书内容全面、结构新颖、重点突出、理论与实践紧密结合,既可以作为开设安全工程、物流管理、物流工程、仓储管理和交通运输等相关专业本、专科院校的教材,同时也可作为从事安全评价、安全管理、运输安全、仓储安全等相关人员的参考书,以及物流管理人员短、中期安全培训教材。

本书封面贴有清华大学出版社防伪标签,无标签者不得销售。
版权所有,侵权必究。举报:010-62782989,beiqinquan@tup.tsinghua.edu.cn。

图书在版编目(CIP)数据

物流安全/阳晓湖,戴恩勇编著. —北京:清华大学出版社,2020.1(2025.1重印)
二十一世纪普通高等院校实用规划教材. 物流系列
ISBN 978-7-302-54340-4

Ⅰ.①物… Ⅱ.①阳…②戴… Ⅲ.①物流管理—安全管理—高等学校—教材 Ⅳ.①F252

中国版本图书馆 CIP 数据核字(2019)第 263215 号

责任编辑:陈冬梅　桑任松
封面设计:刘孝琼
责任校对:王明明
责任印制:杨　艳

出版发行:清华大学出版社
　　　网　　址:https://www.tup.com.cn,https://www.wqxuetang.com
　　　地　　址:北京清华大学学研大厦 A 座　　邮　编:100084
　　　社 总 机:010-83470000　　　　　　　　　邮　购:010-62786544
　　　投稿与读者服务:010-62776969,c-service@tup.tsinghua.edu.cn
　　　质量反馈:010-62772015,zhiliang@tup.tsinghua.edu.cn
　　　课件下载:https://www.tup.com.cn,010-62791865
印 装 者:北京鑫海金澳胶印有限公司
经　　销:全国新华书店
开　　本:185mm×260mm　　印　张:19　　字　数:465 千字
版　　次:2020 年 3 月第 1 版　　　　　　印　次:2025 年 1 月第 6 次印刷
印　　数:4101～5100
定　　价:55.00 元

产品编号:073336-01

前　　言

　　安全是人类生存和发展的最基本需求,是生命与健康的重要保障。安全问题是人类生存、生产、生活和发展过程中永恒的主题,也是当今乃至未来人类社会重点关注的主要焦点之一。近年来,全国安全生产形势较为严峻,死亡事故频繁发生,给社会安定带来极大的不稳定因素,也给受害者及其家属带来极大的伤害。在物流活动中,安全同样也贯穿始终。在物流活动的每一个环节,安全都是保证物流活动能够正常进行、发挥固有功能的重要因素。为了使广大读者掌握和了解物流安全方面的理论与方法,编者特编写了本书,希望读者通过对这本书的学习,能正确掌握和了解物流安全的知识与方法,对物流安全有一个更全面的认识。

　　本书共分为8章。第1章主要从物流安全的基本理论入手,通过介绍物流安全的概念和物流安全的作用与意义,引申出安全意识的内涵及构成和影响因素,同时介绍了物流安全研究综述,重点分析了促进物流与安全协调发展的策略。第2章介绍了人员安全管理的方法,包括运输与配送环节、仓储与装卸环节、搬运与流通加工等环节的人员安全管理内容与方法。第3章介绍了商品安全管理,包括运输与配送环节、仓储与装卸环节、零售与包装等环节的商品安全管理内容与方法,同时对特殊商品安全管理进行了分析。第4章介绍了物流设施设备安全管理,包括运输与配送环节、仓储与装卸环节、流通加工与包装等环节的设施设备安全管理内容与方法,同时对特殊设备安全管理进行了分析。第5章介绍了消防安全管理,包括消防设施配备、物流仓库消防安全管理与危险品物流消防安全管理等内容与方法。第6章介绍了供应链金融风险管理,首先对供应链金融进行了介绍,并分析了供应链金融的融资模式,同时介绍了供应链金融风险的构成与识别,重点分析了供应链金融风险管理与防范措施。第7章首先介绍了物流信息概述,然后分类介绍了物流信息技术,最后介绍了物流信息安全技术。第8章主要从物流法概述入手,介绍了我国现代物流法律体系的构建及完善,同时介绍了物流社会责任。

　　本书的编写按照物流专业规范、培养方案以及课程教学大纲的要求,合理定位,由长期在教学第一线从事教学工作的教师编写而成,在内容编排、呈现方式、章节安排上特色鲜明。本书的具体特色体现在以下三个方面。

　　(1) 编写体例新颖。借鉴优秀教材,特别是国内外精品教材的写作思路、写作方法,图文并茂。每章精心设计了开篇案例,章后附有思考与练习。

　　(2) 教学内容更新。充分展示了最新、最近的知识以及教学改革成果,并将当前的热点问题和发展趋势以案例分析的方式介绍给学生。

　　(3) 知识体系实用。着眼于学生知识结构和就业所需的专业知识与操作技能,着重讲解应用型人才培养所需的内容和关键点,与时俱进,学而能用。

　　本书由长沙学院戴恩勇编写第1、5、7、8章;湖南省行行行仓储经营管理有限公司董事长阳晓湖编写第2、3、4、6章。全书由阳晓湖负责设计和策划,戴恩勇负责组织和定稿,冯婉玲、傅玉负责图片整理和数据搜集工作。本书参考或直接引用了国内外的相关论文和著作等文献资料，参阅了大量刊物和网站资料，在此向有关专家和学者表示感谢。由于编者水平有限，书中难免存在不妥之处，恳请广大读者和同行批评指正。

本书为湖南省社科基金项目"经济新常态下城市物流空间结构复杂性特征研究"(项目编号为 15YBB003)、湖南省自然科学基金项目"跨境电商物流网络的演化机理及应用研究"(项目编号为 2017JJ2289)和湖南省教育科学规划课题"基于产教融合的应用型本科院校管理类专业群课程改革研究"(项目编号为 XJK17BGD082)的阶段性成果。

编　者

目　录

第 1 章　物流安全概述 ... 1
1.1　物流安全 ... 4
- 1.1.1　物流概述 ... 4
- 1.1.2　物流与安全的关系 ... 10
- 1.1.3　物流安全的概念 ... 11
- 1.1.4　物流安全的内涵与外延 ... 12
- 1.1.5　物流安全的特征 ... 15

1.2　物流安全的作用与意义 ... 16
- 1.2.1　物流安全的作用 ... 16
- 1.2.2　物流安全的意义 ... 17

1.3　安全意识 ... 18
- 1.3.1　安全意识概述 ... 20
- 1.3.2　物流从业人员安全意识及影响因素界定 ... 24

1.4　促进物流与安全协调发展的策略 ... 29
小结 ... 31
思考与练习 ... 31

第 2 章　人员安全管理 ... 32
2.1　人员安全管理的作用、任务与内容 ... 37
- 2.1.1　人员安全管理的作用 ... 37
- 2.1.2　人员安全管理的任务与内容 ... 38

2.2　运输与配送环节人员安全管理 ... 39
- 2.2.1　运输环节人员安全管理 ... 39
- 2.2.2　配送环节人员安全管理 ... 44
- 2.2.3　特殊商品运输配送人员安全管理 ... 47

2.3　仓储与装卸环节人员安全管理 ... 51
- 2.3.1　仓储环节人员安全管理 ... 53
- 2.3.2　装卸环节人员安全管理 ... 58

2.4　其他环节人员安全管理 ... 64
- 2.4.1　搬运环节人员安全管理 ... 65
- 2.4.2　流通加工环节人员安全管理 ... 68

小结 ... 69
思考与练习 ... 69

第 3 章　商品安全管理 ... 70
3.1　运输与配送环节商品安全管理 ... 71
- 3.1.1　运输环节商品安全管理 ... 71
- 3.1.2　配送环节商品安全管理 ... 74

3.2　仓储与装卸环节商品安全管理 ... 76
- 3.2.1　仓储环节商品安全管理 ... 76
- 3.2.2　装卸搬运环节商品安全管理 ... 80

3.3　其他环节商品安全管理 ... 82
- 3.3.1　零售环节商品安全管理 ... 82
- 3.3.2　包装环节商品安全管理 ... 87

3.4　特殊商品安全管理 ... 91
- 3.4.1　危险化学品安全管理 ... 93
- 3.4.2　大件商品安全管理 ... 97
- 3.4.3　医药品安全管理 ... 101

小结 ... 104
思考与练习 ... 105

第 4 章　物流设施设备安全管理 ... 106
4.1　物流设施设备的概念及分类 ... 106
- 4.1.1　物流设施的概念及分类 ... 107
- 4.1.2　物流设备的概念及分类 ... 108

4.2　运输与配送环节设施设备安全管理 ... 109
- 4.2.1　运输与配送环节设备概念及分类 ... 109
- 4.2.2　运输设施设备安全管理 ... 112
- 4.2.3　配送设施设备安全管理 ... 120
- 4.2.4　运输车辆安全管理 ... 122

4.3　仓储与装卸搬运环节设备设施安全管理 ... 127

4.3.1 仓储与装卸搬运环节设备的概念及分类 127
  4.3.2 仓储设施设备的安全管理 128
  4.3.3 装卸搬运设施设备的安全管理 130
 4.4 流通加工与包装设施设备安全管理 132
  4.4.1 流通加工环节设施设备安全管理 132
  4.4.2 包装环节设施设备安全管理 135
 4.5 其他物流设施设备安全管理 137
  4.5.1 集装单元化设备安全管理 138
  4.5.2 冷藏设施设备安全管理 141
 小结 143
 思考与练习 144

第5章 消防安全管理 145

 5.1 消防设施设备的配备 146
  5.1.1 安全疏散设施安全管理 146
  5.1.2 灭火器的配置 149
 5.2 消防系统安全 153
  5.2.1 消火栓给水系统 153
  5.2.2 自动喷水灭火系统 155
  5.2.3 泡沫灭火系统 159
  5.2.4 气体灭火系统 162
  5.2.5 防排烟与通风空调系统 163
  5.2.6 消防联动控制系统及火灾自动报警系统和消防控制室 167
 5.3 物流仓库消防安全管理 169
  5.3.1 物流仓库火灾危险性分析 171
  5.3.2 物流仓库的消防安全对策 174
 5.4 危险品物流消防安全管理 178
  5.4.1 危险品物流火灾危险性分析 178
  5.4.2 危险品物流消防安全管理 182
 小结 185

 思考与练习 185

第6章 供应链金融风险管理 186

 6.1 供应链金融概述 186
  6.1.1 供应链金融产生的背景及含义 187
  6.1.2 供应链金融的演进和发展历程 194
  6.1.3 发展供应链金融的意义 196
  6.1.4 我国供应链金融发展的机遇和挑战 197
 6.2 供应链金融的融资模式 198
  6.2.1 供应链金融融资模式分析 201
  6.2.2 供应链金融融资模式的比较分析和综合应用 204
  6.2.3 供应链金融与其他融资方式的区别 206
 6.3 供应链金融风险的构成与识别 209
  6.3.1 供应链金融风险的内涵 209
  6.3.2 物流企业供应链金融的风险产生来源 212
  6.3.3 供应链金融风险防控的识别方法 213
 6.4 供应链金融风险管理与防范措施 217
  6.4.1 供应链金融风险管理的原则及流程 217
  6.4.2 供应链金融风险管理的方法 218
  6.4.3 供应链金融风险的防范措施 221
  6.4.4 供应链金融风险控制平台的构建 225
 小结 227
 思考与练习 227

第7章 物流信息安全管理 228

 7.1 物流信息概述 229

7.1.1　物流信息的定义与特点 229
　　　7.1.2　物流信息的作用与分类 233
　　　7.1.3　物流信息发展现状 235
　7.2　物流信息技术 238
　　　7.2.1　物流信息技术的概述 239
　　　7.2.2　现代物流信息技术的应用 240
　　　7.2.3　物流信息技术的发展趋势 247
　7.3　物流信息安全技术 247
　　　7.3.1　物流信息安全技术概述 247
　　　7.3.2　物流信息安全的主要威胁
　　　　　　及来源 248
　　　7.3.3　主要的物流信息安全技术 250
　7.4　物流信息安全风险控制 255
　　　7.4.1　组织安全与人员安全 255
　　　7.4.2　安全政策 257
　　　7.4.3　安全域划分 258
　　　7.4.4　物流信息安全管理体系的
　　　　　　构建 259
　小结 260
　思考与练习 260

第8章　物流相关法律法规与社会责任　261

　8.1　物流法概述 263

　　　8.1.1　物流法的内涵 263
　　　8.1.2　我国物流法律制度现状及
　　　　　　存在的问题 265
　8.2　我国现代物流法律体系的构建
　　　及完善 270
　　　8.2.1　我国现代物流法律体系的
　　　　　　构建 271
　　　8.2.2　国外物流法律制度考察 274
　　　8.2.3　完善我国现代物流法律体系的
　　　　　　具体建议 277
　8.3　物流社会责任 285
　　　8.3.1　物流社会责任的内涵 286
　　　8.3.2　物流企业社会责任的内容
　　　　　　与价值 288
　　　8.3.3　物流企业承担社会责任的
　　　　　　对策 291
　　　8.3.4　物流企业社会责任的发展
　　　　　　趋势 293
　小结 294
　思考与练习 294

参考文献 295

第1章 物流安全概述

【导入案例】

1. 事故概况

1) 事故发生时间

2015年8月12日23:30左右。

2) 事发地点

天津滨海新区塘沽开发区。

3) 伤亡情况

165人死亡、8人失踪、798人受伤。

4) 事故经过

2015年8月12日22时51分46秒,瑞海公司危险品仓库最先起火。

2015年8月12日23时34分06秒发生第一次爆炸,近震震级ML约2.3级,相当于3t TNT的爆炸威力;发生爆炸的是集装箱内的易燃易爆物品。现场火光冲天,在强烈爆炸声后,高达数十米的灰白色蘑菇云瞬间腾起。随后爆炸点上空被火光染红,现场附近火焰四溅。

23时34分37秒发生第二次更剧烈的爆炸,近震震级ML约2.9级,相当于21t TNT的爆炸威力。

国家地震台网官方微博"中国地震台网速报"发布消息称,"综合网友反馈,天津塘沽、滨海等,以及河北河间、肃宁、晋州、藁城等地均有震感。"

2015年8月12日晚22时50分接警后,最先到达现场的是天津港公安局消防支队。

截至2015年8月13日早8点,距离爆炸已经有8个多小时,大火仍未完全扑灭。因为需要沙土掩埋灭火,花费很长时间。

事故现场形成6处大火点及数十个小火点,8月14日16时40分,现场明火被扑灭。

事故中心区为此次事故中受损最严重区域,该区域东至跃进路、西至海滨高速、南至顺安仓储有限公司、北至吉运三道,面积约为54万平方米。两次爆炸分别形成一个直径为15m、深度为1.1m的月牙形小爆坑和一个直径为97m、深度为2.7m的圆形大爆坑。以那个大爆坑为爆炸中心,150m范围内的建筑都被摧毁,东侧的瑞海公司综合楼和南侧的中联建通公司办公楼只剩下钢筋混凝土框架;堆场内大量普通集装箱和罐式集装箱被掀翻、解体、炸飞,形成由南至北的3座巨大堆垛,一个罐式集装箱被抛进中联建通公司办公楼4层房间内,多个集装箱被抛到该建筑楼顶;参与救援的消防车、警车和位于爆炸中心南侧的吉运一道和北侧吉运三道附近的顺安仓储有限公司、安邦国际贸易有限公司储存的7641辆商品汽车和现场灭火的30辆消防车在事故中全部损毁,邻近中心区的贵龙实业、新东物流、港湾物流等公司的4787辆汽车受损。

2. 事故原因

调查组查明,事故的直接原因是:瑞海公司危险品仓库运抵区南侧集装箱内硝化棉由于湿润剂散失出现局部干燥,在高温(天气)等因素的作用下加速分解放热,积热自燃,引起相邻集装箱内的硝化棉和其他危险化学品长时间大面积燃烧,导致堆放于运抵区的硝酸铵等危险化学品发生爆炸。

调查组认定,瑞海公司严重违反有关法律法规,是造成事故发生的主体责任单位。该公司无视安全生产主体责任,严重违反天津市城市总体规划和滨海新区控制性详细规划,违法建设危险货物堆场,违法经营、违规储存危险货物,安全管理极其混乱,安全隐患长期存在。

调查组同时认定,有关地方党委、政府和部门存在有法不依、执法不严、监管不力、履职不到位等问题。天津交通、港口、海关、安监、规划和国土、市场和质检、海事、公安以及滨海新区环保、行政审批等部门单位,未认真贯彻落实有关法律法规,未认真履行职责,违法违规进行行政许可和项目审查,日常监管严重缺失;有些负责人和工作人员贪赃枉法、滥用职权。天津市委、市政府和滨海新区区委、区政府未全面贯彻落实有关法律法规,对有关部门、单位违反城市规划行为和在安全生产管理方面存在的问题失察失管。交通运输部作为港口危险货物监管主管部门,未依照法定职责对港口危险货物安全管理督促检查,对天津交通运输系统工作指导不到位。海关总署督促指导天津海关工作不到位。有关中介及技术服务机构弄虚作假,违法违规进行安全审查、评价和验收等。

3. 经验教训

(1) 事故企业严重违法违规经营。瑞海公司无视安全生产主体责任,置国家法律法规、标准于不顾,只顾经济利益,不顾生命安全,不择手段变更及扩展经营范围,长期违法违规经营危险货物,安全管理混乱,安全责任不落实,安全教育培训流于形式,企业负责人、管理人员及操作工、装卸工都不知道运抵区储存的危险货物种类、数量及理化性质,冒险蛮干问题十分突出,特别是违规大量储存硝酸铵等易爆危险品,直接造成此次特别重大火灾爆炸事故的发生。

(2) 有关地方政府安全发展意识不强。瑞海公司长时间违法违规经营,有关政府部门在瑞海公司经营问题上一再违法违规审批、监管失职,最终导致天津港"8·12"事故的发生,造成严重的生命财产损失和恶劣的社会影响。这次事故的发生,暴露出天津市及滨海新区政府贯彻国家安全生产法律法规和有关决策部署不到位,对安全生产工作重视不足、摆位不够,对安全生产领导责任落实不力、抓得不实,存在"重发展、轻安全"的问题,致使重大安全隐患以及政府部门职责失守问题未能被及时发现、及时整改。

(3) 有关地方和部门违反法定城市规划。天津市政府和滨海新区政府严格执行城市规划法规意识不强,对违反规划的行为失察。天津市规划、国土资源管理部门和天津港(集团)有限公司严重不负责任、玩忽职守,违法通过瑞海公司危险品仓库和易燃易爆堆场的行政审批,致使瑞海公司与周边居民住宅小区、天津港公安局消防支队办公楼等重要公共建筑物以及高速公路和轻轨车站等交通设施的距离均不满足标准规定的安全距离要求,导致事故伤亡和财产损失扩大。

(4) 有关职能部门有法不依、执法不严,有的人员甚至贪赃枉法。天津市涉及瑞海公司行政许可审批的交通运输等部门,没有严格执行国家和地方的法律法规、工作规定,没有严格履行职责,甚至与企业相互串通,以批复的形式代替许可,行政许可形同虚设。一些职能部门的负责人和工作人员在人情、关系和利益诱惑面前,存在失职渎职、玩忽职守以及权钱交易、暗箱操作的腐败行为，为瑞海公司规避法定的审批、监管出主意，呼应配合，致使该公司长期违法违规经营。天津市交通运输委员会没有履行法律赋予的监管职责，没有落实"管行业必须管安全"的要求，对瑞海公司的日常监管严重缺失；天津市环保部门把关不严，违规审批瑞海公司危险品仓库；天津港公安局消防支队平时对辖区疏于检查，对瑞海公司储存的危险货物情况不熟悉、不掌握，没有针对不同性质的危险货物制订相应的消防灭火预案、准备相应的灭火救援装备和物资；海关等部门对港口危险货物尤其是瑞海公司的监管不到位；安全监管部门没有对瑞海公司进行监督检查；天津港物流园区安监站政企不分且未认真履行监管职责，对"眼皮底下"的瑞海公司严重违法行为未发现、未制止。上述有关部门不依法履行职责，致使相关法律法规形同虚设。

(5) 港口管理体制不顺、安全管理不到位。天津港已移交天津市管理，但是天津港公安局及消防支队仍以交通运输部公安局管理为主。同时，天津市交通运输委员会、天津市建设管理委员会、滨海新区规划和国土资源管理局违法将多项行政职能委托天津港集团公司行使，客观上造成交通运输部、天津市政府以及天津港集团公司对港区管理职责交叉、责任不明，天津港集团公司政企不分，安全监管工作同企业经营形成内在关系，难以发挥应有的监管作用。另外，港口海关监管区(运抵区)安全监管职责不明，致使瑞海公司违法违规行为长期得不到有效纠正。

(6) 危险化学品安全监管体制不顺、机制不完善。目前，危险化学品生产、储存、使用、经营、运输和进出口等环节涉及部门多，地区之间、部门之间的相关行政审批、资质管理、行政处罚等未形成完整的监管"链条"。同时，全国缺乏统一的危险化学品信息管理平台，部门之间没有做到互联互通，信息不能共享，不能实时掌握危险化学品的去向和情况，难以实现对危险化学品全时段、全流程、全覆盖的安全监管。

(7) 危险化学品安全管理法律法规标准不健全。国家缺乏统一的危险化学品安全管理、环境风险防控的专门法律；《危险化学品安全管理条例》对危险化学品流通、使用等环节要求不明确、不具体，特别是针对物流企业危险化学品安全管理的规定空白点更多；现行有关法规对危险化学品安全管理违法行为处罚偏轻，单位和个人违法成本很低，不足以起到惩戒和震慑作用。与欧美发达国家和部分发展中国家相比，我国危险化学品缺乏完备的准入、安全管理、风险评价制度。危险货物大多涉及危险化学品，危险化学品安全管理涉及监管环节多、部门多、法规标准多，各管理部门立法出发点不同，对危险化学品安全要求不一致，造成当前危险化学品安全监管乏力以及企业安全管理要求模糊不清、标准不一、无所适从的现状。

(8) 危险化学品事故应急处置能力不足。瑞海公司没有开展风险评估和危险源辨识评估工作，应急预案流于形式，应急处置力量、装备严重缺乏，不具备初起火灾的扑救能力。天津港公安局消防支队没有针对不同性质的危险化学品制订相应的预案、准备灭火救援装备和物资，消防队员缺乏专业训练演练，危险化学品事故处置能力不强；天津市公安消防部队也缺乏处置重大危险化学品事故的预案以及相应的装备；天津市政府在应急处置中的信息发布工作一度安排不周、应对不妥。从全国范围来看，专业危险化学品应急救援队伍和装备不足，无法满足处置种类众多、危险特性各异的危险化学品事故的需要。

4. 防范建议

针对事故暴露出的八个方面的教训与问题，调查组提出了十个方面的防范措施和建议。

(1) 坚持安全第一的方针，切实把安全生产工作摆在更加突出的位置。
(2) 推动生产经营单位落实安全生产主体责任，任何企业均不得违法违规变更经营资质。
(3) 进一步理顺港口安全管理体制，明确相关部门安全监管职责。
(4) 完善规章制度，着力提高危险化学品安全监管法治化水平。
(5) 建立健全危险化学品安全监管体制机制，完善法律法规和标准体系。
(6) 建立全国统一的监管信息平台，加强危险化学品监控监管。
(7) 严格执行城市总体规划，严格安全准入条件。
(8) 大力加强应急救援力量建设和特殊器材装备配备，提升生产安全事故的应急处置能力。
(9) 严格安全评价、环境影响评价等中介机构的监管，规范其从业行为。
(10) 集中开展危险化学品安全专项整治行动，消除各类安全隐患。

(资料来源：http://www.chinanews.com/sh/2016/02-05/7750596.shtml)

物流过程包括运输、装卸、搬运、堆码、储存、包装和物流加工等七个主要工作环节，安全作业应贯穿和覆盖物流的全过程，哪一个环节出现问题都会带来不同程度的财产损失或人员伤亡。近年来，物流安全形势较为严峻，安全事故频繁发生，给社会安全生产带来一定的影响和冲击，也给社会公共安全带来一些不安定因素。因此，通过加强物流安全管理，能有效保障政治文明、物质文明和精神文明建设的顺利进行。

1.1 物流安全

1.1.1 物流概述

1. 物流的概念

"物流"一词最早起源于美国，1915 年阿奇·萧(Arch Shaw)在《市场流通中的若干问题》一书中就提到了"物流"一词，他指出"物流是与创造需求不同的一个问题"。因为在 20 世纪初，西方有些国家已经出现生产大量过剩、需求严重不足的经济危机，大多数企业因此提出了销售和物流的问题，此时的物流指的是销售过程中的物流。第二次世界大战期间，围绕战争物资的供应问题，美国军队有两个创举：一是建立了"运筹学"(Operation Research)理论体系；二是提出并丰富了"后勤学"(Logistics)理论，并将这些理论运用于战争活动中。其中所提出的"后勤"是指将战时物资生产、采购、运输、配给等活动作为一个整体进行统一布置，以求战略物资补给的费用更低、速度更快、服务更好。以系统观点研究物流活动是从第二次世界大战末期美国军方后勤部门的科学研究开始的。因此，物流学在欧美还广泛使用"后勤学"这样的名称。第二次世界大战后，"后勤"一词在企业经营中得到了广泛应用，并出现了商业后勤、流通后勤的提法，使后勤的外延推广到生产和流通等领域。

日本是在 20 世纪 50 年代从美国引用了物流这一概念。当时日本的企业界和政府为了提高劳动生产率，组织了各种专业考察团到国外考察学习，其中有"流通技术专业考察团"，

第1章 物流安全概述

从1956年10月下旬到11月末,在美国各地进行了实地考察,首次接触了物流这个新生事物。于1958年撰写了"劳动生产率报告33号",刊登在《流通技术》杂志上。物流(Physical Distribution,PD)的概念,立即被日本产业界所接受,尽管物流这个外来语后来经历了若干年才被正式译为"物的流通",但当时的日本正好处于经济发展的初期,物流革新思想不仅渗透到了产业界,同时也渗透到了整个日本社会。从引进物流概念到20世纪70年代的近20年间,日本逐渐发展成为世界上物流产业最发达的国家之一。

"物流"概念传入我国主要有两条途径:一条途径是20世纪60年代末直接从日本引入"物流"这个名词,并沿用"PD"这一英文称谓;另一条途径是20世纪80年代初,物流随着欧美的市场营销理论传入我国。在欧美的"市场营销"教科书中,几乎毫无例外地都要介绍PD,使我国的营销领域逐渐开始接受物流观念。20世纪80年代后期,当西方企业用Logistics取代PD之后,我国和日本仍把Logistics翻译为"物流",有时也直译为"后勤"。1988年中国台湾地区开始使用"物流"这一称谓。1989年4月,第八届国际物流会议在北京召开,"物流"一词的使用日益普遍。我国在引进物流概念的过程中,为了将Logistics与Physical Distribution(PD)区分开来,也常常将前者称为"现代物流",而将后者称为"传统物流"。经过长时间演变,"后勤学"(Logistics)的范围已经远远超出了原先"后勤"的范畴,其内涵也比民用领域的PD更为丰富。第二次世界大战之后的70多年里,Logistics的严密性使它逐渐取代了PD在企业中的地位。

物流在概念上随着时间的推移也在发生着变化,最初的物流(PD)概念主要侧重于商品移动的各项机能,即发生在商品流通领域中的在一定劳动组织条件下凭借某种载体从供应方向需求方的实体流动。这种物流是一种商业物流或者销售物流,具有明显的中介性,是连接生产与消费的手段,直接受商品交换活动的影响和制约,具有一定的时间性。

但是,进入20世纪80年代以来,随着社会经济的高速发展,物流所面临的经济环境也有了很大的变化,主要表现在以下几个方面。

(1) 经济管制的缓和使经济自由的空间越来越大,真正意义上的物流竞争开始广泛开展,从而为物流的进一步发展提供了新的更大的机会。

(2) 信息技术的急速发展和革新,不仅使业务的效率化和作为决策支持的信息系统的构筑成为可能,同时也使部门间、企业间的结合或一体化成为可能。

(3) 企业合并和市场集中化的发展使原来的经济构造发生改变,这种变化要求物流必须具备以最低的成本为顾客提供较高水平的服务。

(4) 经济全球化的发展,随着商品不断向世界市场提供,物流逐步跨越了国境,正因为如此,在要求物流能对生产和销售给予有效支援的同时,应该具备在不同环境及国家间充分发挥其业务优势的能力。

在这种情况下,原来的物流(PD)概念(即传统物流)受到了严峻的挑战。第一,传统的物流只重视商品的供应过程,而忽视了与生产相关的原材料和部件的调达物流,而后者在增强企业竞争力方面处于很重要的地位,因为原材料以及部件的调达直接关系到生产的效率、成本和创新。第二,传统的物流是一种单向的流通过程,即商品从生产者手中转移到消费者手中,而没有考虑到商品消费以后包装物或者包装材料等废弃物的回收以及退货所产生的物流活动。第三,传统物流只是生产销售活动的附属行为,并着重在物质商品的传递,从而忽视了物流对生产和销售在战略上的能动作用,特别是以日本为主的即时生产方式

(Just In Time，JIT)在世界范围内的推广，使得以时间为中心的竞争越来越重要，并且物流直接决定了生产决策。

与上述环境的变化和对传统物流的批判相对应，1984 年美国物流管理协会正式将物流概念从 Physical Distribution(PD)改为 Logistics(即现代物流)，并将现代物流定义为："为了符合顾客的需求，将原材料、半成品、产成品以及相关的信息从发生地向消费地流动的过程，以及为使保管能有效、低成本地进行而从事的计划、实施和控制行为"。这个定义更加强调顾客的满意度、物流活动的效率性，将物流从原来的销售物流扩展到了调达、企业内和销售物流。此后物流的概念又得到进一步发展，1991 年 11 月在荷兰举办了第九届国际物流会议，人们对物流的内涵进行了更多的拓展，不仅接受了欧美的现代物流(Logistics)概念，认为物流应包括生产前和生产过程中的物质、信息流通过程，而且还向生产之后的市场营销活动、售后服务、市场组织等领域进行发展。现代物流应该是指企业生产和经营的整个过程，所有实物、信息的流通和相关的服务活动，它涉及企业经营的每一个领域。显然，物流概念的扩展使物流不仅包括与销售预测、生产计划的决策、在库管理、顾客订货的处理等相关的生产物流，还延伸到了与顾客满意相关的各种营销物流活动。

物流一般是指各种物品实体从供应者向需求者的物理移动，它由一系列创造时间和空间效用的经济活动组成，包括运输、配送、仓储保管、包装、搬运装卸、流通加工及物流信息处理等多项基本活动，是这些活动的有机整体。但对于物流的概念，到目前为止仍没有一个统一、公认的定义，各个国家的表述都不尽一致，下面列举出几种比较有代表性的物流定义。

(1) 美国物流管理协会(The Council of Logistics Management，CLM)早期对物流的定义是："物流是为了计划、执行和控制原材料、在制品库存及制成品从起源地到消费地的有效率的流动而进行的两种或多种活动的集成。这些活动可能包括但不仅限于顾客服务、需求预测、交通、库存控制、物料搬运、订货处理、零件及服务支持、工厂及仓库选址、采购、包装、退货处理、废弃物回收、运输、仓储管理。"在 20 世纪 80 年代将物流的定义修正为："物流是对货物、服务及相关信息从起源地到消费地的有效率、有效益的流动和储存，进行计划、执行和控制，以满足顾客要求的过程，该过程包括进向(inbound)、去向(outbound)、内部和外部的移动以及以环境保护为目的的物料回收。"2001 年，美国物流管理协会又对物流定义做了进一步修订，修订后的定义是："物流是供应链过程的一部分，它是对商品、服务及相关信息在起源地到消费地之间有效率和有效益的正向和反向移动与储存进行的计划、执行与控制，其目的是满足客户要求。"

(2) 欧洲物流协会(European Logistics Association，ELA)于 1994 年公布的物流术语中，对物流下了这样的定义："物流是在一个系统内对人员或商品的运输、安排及与此相关的支持活动的计划、执行与控制，以达到特定的目的。"

(3) 日本日通综合研究所的《物流手册》中，把物流解释为："物流是把物质资料从供给者手里移动到需要者手里，是创造时间性、场所性价值的经济活动"，它的活动领域是"包装、搬运、保管、在库管理、流通加工、运输、配送等"。物流有种种目的(出货量、目的地、收货人、成本、时间、服务水平等条件)，为了达到其目的，需要使用物流技术(包装方法、运输方法、搬运方法、保管方法、信息处理技术等)，并且为了有效地操作，需要管理活动。

(4) 中国 2001 年颁布的国家标准《物流术语》中对物流的定义是："物流是物品从供应地向接收地的实体流动过程。根据实际需要，将运输、储存、装卸、搬运、包装、流通加工、配送、信息处理等基本功能实施有机结合。"

从以上概念可知，对物流的解释尽管在文字上有所差异，但实质内容是一样的。其实质应该理解为：首先，物流是一项经济活动，是实现物品空间位移的经济活动，其活动内容包括运输、装卸搬运、仓储、包装、配送、流通加工、物流信息处理等；其次，物流是一项管理活动，通过对物流各环节进行计划、组织、执行与控制，从而有效率、有效益地实现物品从供应者到需求者之间的流动；最后，物流是一项服务活动，是物流企业或物流供给者为社会物流需求者提供的一项一体化服务业务，以满足用户对货物流通多方面的需求。

从经济发展的过程看，通过采取先进技术有效地降低资源消耗而增加的利润是第一利润源；通过人力素质的提高增加的利润是第二利润源；通过降低物流费用增加的利润是第三利润源。

广义的现代物流系统如图 1-1 所示，其作业内容包括包装、装卸、搬运、储存、流通加工和信息管理等，涉及了原材料—生产加工—最终顾客的所有过程。它由三个阶段构成。

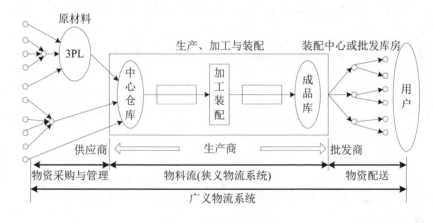

图 1-1 广义物流系统

第一阶段，物资采购与管理(Purchase and Management)，从供应商采购的原材料经过初级处理送达制造中心(生产厂)，其中 3PL/TPL(Third Party Logistics)为第三方物流。

第二阶段，物料流(Material Flow)，即企业内部物流，其功能包括储存、搬运、等待或延时、加工或装配。

第三阶段，物资配送(Physical Distribution)，将产品送达用户，其功能包括配送、储存、拣选、销售等。

其中第二阶段可以重复出现，即前面生产的产品(中间产品)作为后续生产的原材料。

这种广义现代物流系统往往被称为社会物流或大物流。而狭义物流是指企业内部的平面布置、仓储、物料搬运等组成的企业内部物流系统，简称企业物流或小物流。

2. 物流的功能

物流系统应具备以下七项基本功能。

1) 运输功能

运输是物流的核心业务之一，也是物流系统的一个重要功能。选择何种运输手段对于物流效率具有十分重要的意义，在决定运输手段时，必须权衡运输系统要求的运输服务和运输成本，可以将运输机具的服务特性作为判断的基准，包括运费、运输时间、频度、运输能力、货物的安全性、时间的准确性、适用性、伸缩性、网络性和信息等。

2) 仓储功能

在物流系统中，仓储是与运输同等重要的功能要素。仓储功能包括对进入物流系统的货物进行堆存、保管、保养、维护、库存控制等一系列活动。仓储的作用主要表现在两个方面：一是完好地保证货物的使用价值和价值；二是为将货物配送给用户，在物流中心进行必要的加工活动而进行的保存。随着经济的发展，物流由少品种、大批量物流进入到多品种、小批量或多批次、小批量物流时代，仓储功能从重视保管效率逐渐变为重视如何才能顺利地进行发货和配送作业。流通仓库作为物流仓储功能的服务据点，在流通作业中发挥着重要的作用，它将不再以储存保管为其主要目的。流通仓库包括拣选、配货、检验、分类等作业并具有多品种、小批量或多批次、小批量等收货配送功能以及附加标签，重新包装等流通加工功能。

物流系统现代化仓储功能的设置，以生产支持仓库的形式，为有关企业提供稳定的零部件和材料供给，将企业独自承担的安全储备逐步转为社会承担的公共储备，减少企业经营的风险，降低物流成本，促使企业逐步形成零库存的生产物资管理模式。

3) 包装功能

为使物流过程中的货物完好地运送到用户手中，并满足用户和服务对象的要求，需要对大多数商品进行不同方式、不同程度的包装。包装功能属于物流系统重要的选择性服务功能之一，除少数无须包装的大宗散堆装货物外，大部分产品均需要进行包装。包装功能分工业包装和商品包装两种。工业包装的作用是按单位分开产品，便于运输，并保护在途货物。商品包装的目的是便于最后的销售。因此，包装的功能体现在保护商品、单位化、便利化和商品广告等几个方面。前三项属物流功能，最后一项属营销功能。

4) 装卸搬运功能

装卸搬运是随运输和保管而产生的必要物流活动，是对运输、保管、包装、流通加工等物流活动进行衔接的中间环节，以及在保管等活动中为进行检验、维护、保养所进行的装卸活动，如货物的装上卸下、移送、拣选、分类等。装卸作业的代表形式是集装箱化和托盘化，使用的装卸机械设备有吊车、叉车、传送带和各种台车等。在物流活动的全过程中，装卸搬运活动是频繁发生的，因而是产品损坏的重要原因之一。对装卸搬运的管理，主要是对装卸搬运方式、装卸搬运机械设备的选择和合理配置与使用以及装卸搬运合理化，尽可能减少装卸搬运次数，以节约物流费用，获得较好的经济效益。

5) 信息服务功能

现代物流是需要依靠信息技术来保证物流体系正常运作的。物流系统的信息服务功能，包括进行与上述各项功能有关的计划、预测、动态(运量和收、发、存数)的情报及有关的费用情报、生产情报、市场情报活动。对物流情报活动的管理，要求建立情报系统和情报渠道，正确选定情报科目和情报的收集、汇总、统计、使用方式，以保证其可靠性和及时性。

从信息的载体及服务对象来看,该功能还可分成物流信息服务功能和商流信息服务功能。商流信息主要包括进行交易的有关信息,如货源信息、物价信息、市场信息、资金信息、合同信息、付款结算信息等。商流中交易、合同等信息,不但提供了交易的结果,也提供了物流的依据,是两种信息流主要的交汇处;物流信息主要是物流数量、物流地区、物流费用等信息。物流信息中库存量信息,不但是物流的结果,也是商流的依据。

物流系统的信息服务功能必须建立在计算机网络技术和国际通用的EDI(电子数据交换)信息技术基础之上,才能高效地实现物流活动一系列环节的准确对接,真正创造"场所效用"及"时间效用"。可以说,信息服务是物流活动的中枢神经,该功能在物流系统中处于不可或缺的重要地位。

信息服务功能的主要作用表现为:缩短从接受订货到发货的时间;库存适量化;提高搬运作业效率;提高运输效率;使接受订货和发出订货更为省力;提高订单处理的精度;防止发货、配送出现差错;调整需求和供给;提供信息咨询等。

6) 配送功能

配送是物流中一种特殊的、综合的活动形式,是商流与物流的紧密结合。从物流来讲,配送几乎包括所有的物流功能要素,是物流的一个缩影或在某个小范围中物流全部活动的体现。一般的配送集装卸、包装、保管、运输于一身,通过这一系列活动完成将货物送达的目的。特殊的配送则还要以加工活动为支撑,所以包括的方面更广。但是,配送的主体活动与一般物流却有所不同,一般物流是运输及保管,而配送则是运输及分拣配货,分拣配货是配送的独特要求,也是配送中有特点的活动,以送货为目的的运输则是最后实现配送的主要手段,从这一主要手段出发,常常将配送简化地看成运输中的一种。从商流来讲,配送和物流的不同之处在于,物流是商物分离的产物而配送则是商物合一的产物,配送本身就是一种商业形式。虽然配送具体实施时,也有以商物分离形式实现的,但从配送的发展趋势看,商流与物流越来越紧密的结合,是配送成功的重要保障。

配送功能的设置,可采取物流中心集中库存、共同配货的形式,使用户或服务对象实现零库存,依靠物流中心的准时配送,而无须保持自己的库存或只需保持少量的保险储备,减少物流成本的投入。配送是现代物流的一个最重要的特征。

7) 流通加工功能

流通加工功能是在产品从生产领域向消费领域流动的过程中,为了促进产品销售、维护产品质量和实现物流效率化,对物品进行的部分加工处理活动,使物品发生物理或化学性变化的功能。这种在流通过程中对商品进一步的辅助性加工,可以弥补企业、物资部门、商业部门在生产过程中加工程度的不足,更有效地满足用户的需求,更好地衔接生产和需求环节,使流通过程更加合理化,是物流活动中的一项重要增值服务,也是现代物流发展的一个重要趋势。

流通加工的内容有装袋、定量化小包装、拴牌子、贴标签、分割、计量、配货、挑选、混装、刷标记、组装等。流通加工功能的主要作用表现在:进行初级加工,方便用户;提高原材料利用率;提高加工效率及设备利用率;充分发挥各种运输手段的最高效率;改变品质,提高收益。

总之,物流系统的存在使生产者与使用者之间实现了无缝连接,物流系统要追求的就是完美服务、快速、及时、准确、节约、规模化、调节库存的境界。

1.1.2 物流与安全的关系

1. 安全在物流活动中无处不在

安全是人们最常用的词汇之一,在日常生产、生活中无不涉及安全问题,小到衣、食、住、行,大到国家的稳定、社会的安定,都与安全息息相关,而物流业正是为满足人们这些方面的需要而提供服务的。物流和安全两者都与人们的生产、生活密切相关。

从各种物流活动中看,无一不与安全相关。包装活动包括产品的出厂包装,生产过程中制成品、半成品的包装以及在物流过程中换装、分装、再包装等活动。

在包装过程中,不仅要考虑包装用的材料、包装方式,还要考虑被包装物质的安全性。例如,食品要保证新鲜,采用保鲜膜;酸碱化学品要注意防腐蚀性;对有毒物质采取密闭包装等。

装卸活动包括物质在运输、保管、包装、流通加工等物流活动中进行衔接的各种机械或人工装卸活动。在装卸过程中应注意避免物体打击、车辆伤害、机械伤害等各种伤害以及火灾、爆炸事故发生。另外,对玻璃制品需轻拿轻放,防止碰撞、破损,装卸危险物品时,操作人员不准穿带钉子的鞋,并根据危险性的不同分别穿戴相应的防护用具,对有毒物质更要注意操作一段时间后,应当呼吸新鲜空气,避免发生中毒事故。

运输、仓储、流通加工等活动中也要考虑物质的安全问题。例如:食品储存环境的温度、湿度、时间、地点;危险化学品的储存方式,能发生反应的物质不能放在一起,要设专用库,仓库内采取适当通风排毒;构成重大危险源的仓库,要注意周围防护距离的要求;易燃品的闪点在28℃以下,气温高于28℃时应在夜间运输或低温运输等。

在信息流动时,要采用加密技术,以保证网络安全。所以,每一项活动都要抓好安全问题,防止事故发生,造成不必要的伤害和损失。

作为企业的生命线,流动资金的重要性是不言而喻的。然而,企业在发展过程中,常常会面临流动资金不足的困境,尤其是中小企业。物流过程中的融资问题是可以通过金融服务来有效协调的,将企业有限的资金从库存中解放出来,投入到产品开发、市场占有等方面,使资金资源实现其优化配置。然而,任何创新活动都不可避免地会带来新的安全问题。物流金融业务在我国的发展处于起步的阶段,各方面的不完善给物流金融业务的发展带来了众多的安全问题,这些安全问题使得物流金融在我国的发展举步维艰,企业融资困难的问题也并没有得到根本解决。

2. 安全科学为物流科学保驾护航

物流科学是科学技术的一个重要组成部分。物流科学是研究物质资料(广义的物质)在生产、流通、消费各环节的流转规律及科学技术的运用,寻求获得最大空间和时间效益的科学。安全科学是研究事物安全与矛盾运动规律的科学。其主要是:研究事物安全的本质规律,揭示事物安全相对应的客观因素及转化条件;研究预测、消除或控制事物安全与危险影响因素和转化条件的理论与技术;研究安全的思维方法和知识体系。

物流科学是一门应用性科学。研究、分析、论证每一个物流问题,都要求从实际出发,为社会经济发展服务。通过各种物流活动创造物资的空间效用、时间效用，实现企业的"第三利润"。安全科学具有跨学科、交叉性、横断性、跨行业等特点，它不仅包括工程科学和技术科学的知识，而且包括基础科学理论以及认识论和方法论的知识，运用安全的思维方法研究实现安全目标的技术方法和手段，实现本质安全，即从本质上达到事物或系统的安全最优化。因此，将安全科学应用于物流科学中，从思想上、技术上、管理上采用安全思维方式，可以提高各项物流活动的效率和效益，减少事故和人财损失，创造更多的经济效益。

3. 良好的物流系统工程应该是安全的系统工程

物流系统工程就是综合运用各种知识、设计制造或改造运行物流系统的综合性工程体系。物流系统是一个复杂的系统工程，同时它又处于社会系统、国民经济系统等比之更大、更复杂的大系统之中。系统论的观点、系统工程和系统分析技术成为物流学基本理论的重要组成部分，使物流学成为一门物流系统分析的科学。

系统安全工程运用科学和工程技术手段辨识、消除或控制系统中的危险源，实现系统安全，并从安全角度进行系统分析，揭示系统中可能导致系统故障或事故的各种因素及其相互关联来辨识系统中的危险源。根据系统安全工程的观点，世上没有绝对安全的事物，任何事物中都包含不安全的因素，具有一定的危险性。安全是相对的，安全工作贯穿于物流系统的整个寿命期间。早在一个新的物流系统构思阶段就必须考虑其安全性问题，制订并开始执行安全工作计划，把物流系统工程变成安全的系统工程。

没有绝对的安全，也不可能消除一切危险源和危险性，系统安全所追求的目标也不是"事故为零"。系统安全的重点在于降低系统整体的危险性，达到"最佳的安全程度"，是一种实际可能的、相对的安全目标，而不是指彻底地消除几种选定的危险源及其危险性。

物流根据其作用可分为企业物流和社会物流，即企业内物流和企业外物流。针对不同的物流系统采用不同系统安全工程评价方法，进行危险源辨识、评价和控制，防止事故发生，实现系统安全工程，保证物流系统的良好运行，进而实现企业的"第四利润"(减少由于事故造成的损失费用)。

1.1.3 物流安全的概念

凡是人类生活和生活的活动空间领域，都普遍存在着安全问题。人类生存、繁衍和发展离不开生产与安全。人类在社会活动和经济活动中，既有给人类提供物质财富，促进社会发展的一面，也有给人类带来灾难的一面。在物流活动中，运输过程中可能发生交通事故，装卸搬运过程中可能产生物体打击事故，储存过程中可能发生火灾等。因此，安全科学和安全工作贯穿于物流活动的始终。

从安全的科学概念上看，"安全"通常是指没有导致人员伤害、疾病或死亡，没有造成设备、财产破坏或损失的状态。由安全的定义可以看出，它既涉及人又涉及物，而且也涉及各种情况下的局部或整体损害。当人们给出约束条件时，该定义也可限定为"人的伤害或死亡"，或"设备、财产损失"。

在我国的物流发展过程中，物流安全也越来越受到重视，但系统化的物流安全理论和技术体系基本没有形成，大部分的物流安全还只停留在各个物流因素的各自领域内，没有形成物流安全的系统化理论。作为一个活动过程，物流安全就不是一个点上的研究或者是一类事故的控制，而是对所有涉及物流安全方面进行综合分析和控制的全过程。基于这样的研究认识，物流安全所涵盖的内容也就是多样化和多层面的。而且各个方面的内容之间具有一定的关联性，相互影响，相互作用，不能分割。

(1) 物流的过程是流动的，所以物流安全管理不是一成不变的。因为环境是瞬息万变的，企业随时随地都面临着来自企业内部和外部的各种风险问题，在出现危及物流安全的事故和风险前，物流企业必须可以事先预警到该种情况可能导致的风险，从而避免由于此种风险可能导致的真正的事故和利益损失；当出现危及物流安全的事故和风险时，物流企业必须通过某种行为将损失降低为零，或者控制在可以接受的范围内，从而制订和完善管理制度、预警机制。这样的一个周而复始的过程就形成了物流安全管理的全部内涵，这个周而复始的过程包含事前管理、事中管理和事后管理。事前管理，其实归根结底是对物流安全的认识是否到位，认识到位必然可以做到较好的事前管理。

(2) 物流安全的过程是多维的，物流安全不仅仅要考虑传统的操作安全，重点是对物流系统中危险性较大的物流运输配送、储存保管和装卸搬运等环节进行事故致因分析和系统安全分析，并提出安全技术和管理的对策措施。同时，强调安全管理理论与实践的结合，给出了物流运输配送、储存保管和装卸搬运等特征系统的安全分析的实例。在基本操作研究的基础上，还要考虑可能对物流安全造成威胁和风险的各种因素，如政治环境的因素、经济环境的因素、自然环境的因素、法律环境的因素等，在物流安全管理过程应确定一个管理宗旨及理念——"防为主，管为辅，罚为补"。

根据现代物流发展情况和物流对安全的需求，可以认为，物流安全是为了保证物品从供应地向接收地的实体流动过程中的运输、储存、装卸搬运、包装流通加工、配送、信息处理等基本功能的顺利实现，使其免受人员伤害、疾病或死亡的影响，没有造成设备、财产破坏或损失，确保最大的经济和安全效益。

1.1.4 物流安全的内涵与外延

1. 物流安全是一种文化

文化可以认为是人类社会历史实践过程中所创造的物质财富和精神财富之和。所以，应该以马克思主义哲学的观点来认识安全文化，那么，安全文化就是一种客观存在，是在社会实践活动中人类集体智慧的结晶。在人类生存、繁衍和发展的历程中，在从事生产、生活、生存乃至实践的一切领域内，为保障人类身心安全(含健康)并使其能安全地从事一切活动，预防、避免、控制和消除意外事故和灾害，为建立起安全的环境和与之匹配运行的安全体系，为使人类变得更加安全、康乐、长寿，使世界变得友爱、和平、繁荣而创造的安全物质财富和安全精神财富的总和就是安全文化。

近年，我国物流产业得到了迅猛发展，在提高各行各业物资资源交换速率的同时，物流企业的安全事故时有发生，尤其是媒体上屡屡报道的运输事故。而在企业内部，也存在没有被报道的事故，如加工和储存不当导致的安全事故更是频频发生。物流安全问题给企业生产经营的稳步发展造成了负面影响,给国家和人民的生命财产造成了重大的经济损失。

从发展现状来看，我国物流企业的安全文化建设存在一些普遍性问题。

随着社会的发展，物流活动更显活跃。运输、装卸、搬运、存储等物流环节广泛服务于人类的生产生活中。这些环节一旦出现问题就有可能危害到从业人员的人身安全、商品的正常流通、企业的生产活动乃至全社会的安宁。作为物流企业应该谨防安全事故的发生，将安全建设作为重中之重，让员工明晰"安全绩效短期靠运气、中期靠管理、长期靠文化"。在企业安全技术、安全培训和安全管理系统发展到一定程度后，建设安全文化是当代物流企业对提高自身安全管理水平的更高要求。

2. 物流安全是一门科学

1993 年 7 月我国国家标准《学科分类与代码》(GB/T 13745—1992)中，把安全科学作为一级学科列入工程与技术门类之中，称之为安全科学技术，被确定为综合类科学中的一门学科。

安全科学是研究系统安全的本质及其规律的科学。具体地说，安全科学是研究事故与灾害的发生机理，应用现代科学知识和工程技术方法，研究、分析、评价、控制以及消除人类生活各个领域里的危险，防止灾害事故，避免损失，保障人类改造自然的成果和自身安全与健康的知识和技术体系。

物流学是研究生产、流通和消费领域中的物流活动过程及其规律，寻求创造最大时间和空间效益的科学。物流安全科学区别于其他科学的特点就是物流安全的观点，或者说物流安全科学是从安全的着眼点或角度去看待整个物流系统，正如自然科学从物质运动、社会科学从人类社会发展运动、系统工程从系统的观点去考察世界一样。但是物流安全科学所采用的研究方法与自然科学、社会科学、系统科学等各门科学有关。因此，物流安全科学是一门跨门类、综合性的新兴横断科学。

3. 物流安全是一门技术

生产、生活和生存过程中存在着不安全或危险的因素，危害着人们的身体健康和生命安全，同时也会造成生产、生活和生存被动或发生各种事故。为了预防或消除对劳动者健康的有害影响和各类事故的发生，改善劳动条件，而采取各种技术措施和组织措施，这些措施的综合称为安全技术。

物流安全可称为技术，在于要消除各个不安全因素，预防物流安全事故和灾害性事故的发生，必须从技术的层面去实施或考虑，或者说以技术为主，提出具体的方法和手段，借助技术以达到安全目的。物流安全技术与物流安全科学可以从自然辩证法得到更加深刻的理解和说明，物流安全科学着重于物流安全的规律，发现、探索、认识其本质，从而掌握好物流安全，使之为社会服务；而物流安全技术更侧重于物流安全的应用，研究事故致因因素，从而转危为安。因此，物流安全技术丰富了物流安全科学，物流安全科学又指导和推动了物流安全技术的发展。由此可见，物流安全技术对物流安全作业非常重要。

4. 物流安全是一门管理艺术

物流安全管理问题，既有人对物的管理，又有人对人的管理，还包括人、机、环境三者的多元复杂的矛盾问题。这就表明物流安全管理必须围绕预防物流安全事故这个中心课题，变纵向为横向综合；进行定性、定量分析，使安全状况指标化；推行事前预测；推行反馈原则进行安全评价等。

马克思主义认为：管理首先是人为达到自己的目的而进行的自觉活动。物流安全管理的一个重要特征就是强调以人为中心的安全管理，把工作重点放在激励人的士气和发挥其能动作用方面。而人的意识、价值观、认知、信念等都是管理的基础。物流安全管理本身包括教育方法、法律建设、经济手段、行政手段及宣传手段等。物流安全管理应是系统的安全管理，把管理重点放在整体效应上，实行全员、全过程、全方位的管理，使其达到最佳的安全状态。物流安全管理就犹如五个分散的指头握成一个拳头，使之能产生更大的合力。同时，随着计算机的普及应用，加速了物流安全管理信息的处理和流通，使物流安全管理由定性逐渐走向定量，先进的管理经验、方法得到迅速推广。因此，充分调动每位物流从业人员的主观能动性和创造性，让人人主动参与安全工作。

5. 物流安全是一种经济效益

随着社会主义市场经济体制的建立，我国的社会治理中法制手段和经济手段起着主要作用。在 20 世纪 90 年代，安全领域有专家、学者提出安全经济这个新名词。安全经济首先是基于对人类安全活动需要经济作为基础的理解。比如，无论是生活中还是生产中，实现安全条件需要经济的投入。如何高效、合理地投入？安全经济概念就应运而生了。特别是市场经济条件下，采用安全经济学的观点来运筹安全管理，必将成为一种符合客观的实用模式。

从物流安全效益的角度，可以把以提高生产与增加物流服务质量为主要目的的安全性投入进行对比分析。前者是指为消除和控制生产过程中的不安全因素而专门采取安全措施的投入，它将对生产、物流服务产生某种积极和消极的影响；后者除了产生生产、物流服务效益外，还会产生物流安全效益，并且往往决定企业的基本安全程度。因此，在实际工作中有时很难区分某一项投入是生产、服务性投入还是安全性投入。然而，从经济学的角度，应该把有限的人力、物力合理地投入，最大限度地发挥安全投资的作用，减少事故经济损失，以最少的资金投入取得最大的经济效益，这就是物流安全工作所追求的最佳状态。

6. 物流安全是一种伦理道德

伦理道德属于意识形态范畴，它是人们的信念或信仰，也是规范行为的准则。安全可以认为是观念、思维、意识。安全伦理主要表现为："安全第一"的哲学观念；"预防为主、安全为天"的意识；安全维护劳动者的生命、健康与幸福的伦理观念；安全既有经济效益，又有社会效益的价值观念；安全系统是控制系统，生产系统是被控制系统的辩证观念。应该建立："安全人人有责"的意识；"遵章光荣、违章可耻"的意识；"珍惜生命，修养自我，享受人生"的意识；"自律、自爱、自护、自救"的意识；"保护自己，爱护他人"的意识；"消除隐患，事事警觉"的意识。

实践证明，要使人从被动到自觉地执行"安全第一、预防为主"的方针，不但要从科技、管理、人的生理及心理方面来认识安全的内涵，更重要的是不断提高劳动者安全素质，使社会(企业)重视，使每个人的价值观、人生观、行为准则等方面，从群体到社会建立起对安全的理念和响应。因此，广施仁爱，尊重人权，保护人的安全和健康的宗旨是安全的出发点，也是安全的归宿，更是安全伦理的体现。

7. 物流安全是一种革命

在信息技术引领全球，信息安全影响国家命运，信息广泛渗透各个部门、领域的时代，着眼于传统意义上的安全是远远不够的，甚至是有致命危险的。传统意义的安全即使做得很好，但是面对各种新型的安全问题也是无能为力的。因此，对信息网络安全的理解和掌握，实际上是对安全更新的、更深层次的领悟。如今的安全理念都是与信息网络挂钩的。在传统的安全观下，引申出当今的信息网络安全观，的确是对安全理念的一次深刻性革命。

物流行业是充满生机的朝阳行业，随着"一带一路"倡议的提出，国内物流企业既有前所未有的机遇，也面临着国外成熟运作的物流企业抢滩中国市场的残酷竞争。客观利用自身优势和基础，进行行业的理性和良性发展已成共识。

物流正在向信息化、自动化、网络化和智能化的方向发展，越来越依赖于网络传输信息的安全性能。由于 Internet 具有开放性和匿名性，其安全问题变得越来越突出。物流信息在网络传输过程中，经常会遭到黑客的拦截、窃取、篡改、盗用、监听等恶意破坏，给商户带来重大损失。以各种非法手段企图入侵计算机网络的黑客，其恶意攻击构成电子商务系统中网络安全的最大威胁，已经成为物流信息安全的最大隐患。

此外，物流安全的外延还应包括物流金融安全，这方面的安全也越来越受到社会的广泛关注和重视。如何能使其物流安全地造福于人类，这也是当今物流安全工作一个全新的研究课题和方向。应用马克思主义动态的、永恒的、发展的观点去看待物流安全，物流安全所涉及的内容会随着时代的发展、科技的进步而不断拓展，即物流安全会有更多、更新的内容向外延伸出去，物流安全这棵参天大树会变得更加枝繁叶茂，同时，这也展现出物流安全的生机和活力。

1.1.5 物流安全的特征

要把物流安全的工作做好，确保物流功能的正常发挥，必须深刻认识物流安全的基本特征，以实现最佳的经济效益和安全效益。物流安全主要有以下几个特征。

1. 物流安全的必要性和普遍性

在物流过程中，人和物遭遇到人为或天然的危害或损坏是常见的，因此在物流系统中，不安全因素是客观存在的。物流活动顺利开展的必要条件是安全，如果安全都不能保证，物流活动就无法进行。因此，物流安全是物流活动顺利开展的必要前提。同时，实现物流安全又是普遍需要的，在物流活动的一切领域，必须尽力减少失误、降低风险、尽量使其趋向本质安全化，使人能控制和减少灾害，维护人与物、物与人、人与人、物与物相互间协调运转，保证物流功能的实现。

2. 物流安全的随机性

物流安全取决于物流活动中人、物和人与物的关系协调，如果失调就会出现危害或损坏。安全状态的存在和维持时间、地点及其动态平衡的方式都带有随机性。物流活动中，时空在不断变化,安全状态也在不断变化。因此,实现物流安全要尽量做到不安全的概率极小(即安全性极高)。但是,就当代人的素质和科技水平而言,只能尽力控制事故。

3. 物流安全的相对性

安全的标准是相对的。在物流活动中,影响安全的因素很多,以显式或隐式表征客观(宏观)安全。物流安全的内涵引申程度及标准取决于人们的生理和心理承受程度、科技发展的水平和政治经济状况、社会的伦理道德和安全法学观念、人民的物质和精神文明程度等现实条件。公众接受的相对安全与本质安全之间是有差距的,现实安全是有条件的,安全标准是随着社会的物质文明和精神文明程度提高而提高的。

4. 物流安全的局部稳定性

物流系统是一个复杂的、巨大的系统,无条件的追求绝对安全是不可能的。但有条件地实现人的局部安全和追求物的本质安全化则是可能的、必需的。只要利用系统工程原理调节、控制安全的探测、延迟与反应,就能实现局部稳定的安全。

5. 物流安全的经济性

物流安全与经济效益密切相关。保障物流安全的必要经济投入,如维护劳动者的生产能力的基本条件,包括安全装置、安全技能培训、防护设施,改善安全与卫生条件、防护用品等方面的投入,是促进物流活动持续稳定进行、物流效益稳步增长的重要保证。

6. 物流安全的复杂性

物流安全取决于人、物(机)和人与物(机)的关系,实际形成了人(主体)-机(对象)-环境(条件)运转系统。这是一个自然与社会结合的开放性系统。在物流安全活动中,由于人的主导作用和本质属性,包括人的思维、心理、生理等因素以及人与社会的关系,即人的生物性和社会性,使物流安全具有极大的复杂性。

7. 物流安全的社会性

物流安全与社会的安定、稳定直接相关。在物流活动中,无论是人为灾害还是自然灾害,如物流运输配送中的交通事故,仓储场所的火灾,包装过程中的有毒物质泄漏,装卸搬运中的物体打击事故等,都将给个人、家庭、企业单位带来心灵和物质上的伤害,成为影响社会安定、稳定的重要因素。物流安全的社会性还在于物流安全影响到政府决策和政策制定等。

1.2 物流安全的作用与意义

1.2.1 物流安全的作用

做好物流安全,对于生产企业和物流企业都有着不可替代的作用。

(1) 物流安全是企业生产的前提保证。物流安全能够保证物流功能的顺利实现,从而为企业创造经营的外部环境,保证了企业的正常输入和输出。物流安全保证物流功能活动的连续性和衔接性,使企业的生产得到支持。

(2) 物流安全可以降低企业成本。物流安全保障所减少的危险伤害和损坏,减少了经济负效益,这就等于创造了经济效益。物流企业还可以采用安全经济原理和手段,如选择合适的安全保险、通过安全分析后选择最优的安全方案等,保证最大的企业经济利益。

(3) 物流安全可以提高企业的生存能力。首先,物流安全保证了企业生产的顺利进行,保证物流活动的连续性和时间性,使企业在现代的竞争大潮中,能够取信于上下游企业,取信于消费者,对于企业的信用建设有着重要的意义;其次,物流安全可以使企业更加和谐,物流安全可以减少企业的人员伤害,使员工的利益得到保护,增加企业的凝聚力,营造和谐的氛围。

1.2.2 物流安全的意义

随着物流的不断实践和物流理论的日益发展,物流安全问题日益突出,越来越多的关于物流安全的文章强烈呼吁注重物流的安全问题,甚至普遍提出把物流的安全问题正式写入物流教材,这也是作者编写本书的初衷。

物流活动是一个复杂的过程。正向物流过程包括运输、装卸、搬运、堆码、存储、包装和物流加工等七个主要环节,逆向物流过程包括回收、分拣、净化、提纯、维修退回、包装再加工、再利用和废弃物处理等各环节,它们任何一个环节出现问题都会带来不同程度的财产损失、人员伤亡甚至社会危害。注重物流安全具有非同小可的意义,它主要表现在以下几个方面。

(1) 保证生产。物流安全能够保证商品所有者生产活动的不间断进行。物流是生产的延伸和继续,又是生产的准备和先导,产品的销售牵系着物流,原材料的输入也牵系着物流,用公式表示:物流—生产—物流,就这样无限运行着。

(2) 保证消费。人们的衣食住行、柴米油盐都紧紧地依靠物流,如果没有正常的物流运行,人们基本的生活所需将无法供给,社会就会变得无法安定。没有物流,商品也无法得到消费,导致生产也无法继续进行。生产、物流和消费三者构成社会经济运行的一个有机体,缺一不可。

(3) 减少商品在物流过程中的损失。商品如果在物流过程中遭遇损失,致使商品所有权受到侵害或商品的使用价值遭到破坏,使商品拥有者造成经济上的损失,侵害了商品所有者的经济利益,影响物流效益的提高。

(4) 保证物流作业人员生命安全和健康。由于物流作业安全保障设施不完善,导致物流作业危险系数上升,使作业上的工作人员的生命和健康受到威胁,如剧毒品保管或操作不合理引起中毒、易爆炸品引起爆炸造成人员伤亡。

(5) 保证物流设备和设施的安全。由于物流从业人员的操作不当,不但使商品遭到损坏,连物流设备和设施也遭到破坏,造成不应有的损失。

(6) 减少对生态环境的破坏。随着经济的快速发展,物流活动对生态环境的破坏越来越严重,如废气污染、噪声污染、资源浪费、交通堵塞、废弃物增加等。循环物流将形成物流与环境之间的推动与制约关系,进而促进现代物流的发展,达到环境与物流的共生。

科学的可持续发展与和谐发展是当今社会的主旋律,物流安全将成为物流理论发展与完善的重要组成部分。但是国内外已经发表的物流安全问题的有关文章还比较少，所论述的有关内容还远远未形成统一、完整的系统理论。

1.3 安全意识

物流是作业风险较高的一个行业，我国物流企业的安全生产状况与世界一些发达和发展中国家相比有一定的差距。如何提高物流作业人员的劳动安全保障水平，加大安全投入，改善物流作业环境，推进物流技术进步，采用科学的方法进行安全预防、安全预警和安全事故的控制是当前刻不容缓的问题。

安全意识贯穿物流作业人员技术操作及工作内容，是制约安全事故发生的内在因素，即提高物流作业人员的安全意识就能有效遏制安全事故的发生，也是有效降低我国物流安全作业事故发生率的关键途径。

【导入案例】

1. 案例介绍

浙江省绍兴市某特种货物运输有限公司自1995年成立以来，每天96辆危化品运输车，满载着2600余吨丙烯和PX(化纤原料统称)，行驶里程达2.8万公里，却没有发生过一起行车事故。这个浙江省规模最大的危化品运输企业，今年(2009年)刚刚被列为全省12家省级重点扶持物流龙头企业之一。

班时化管理杜绝超速行驶、指纹考勤法预防疲劳驾驶、图像化监控帮助司机改正不良习惯，这三大细节管理帮助他们保证了安全。

1) 班时化管理杜绝超速行驶

沈师傅刚签完单子准备上路，这趟任务是把33吨的PX从宁波镇海运到绍兴滨海。从沈师傅手中的签单上，看到上面写着一个发车时间，空车始发难道也有时间要求？

这就是班时化管理的一个必要程序，到了镇海的时间也是要登记的。班时化管理其实是对车辆运输的全程时间进行考核，如果驾驶员比正常的行驶时间早到目的地，那就说明驾驶员在路上肯定超速行驶了。

公司副总经理黄某打了个比方："公司规定，绍兴滨海到宁波镇海的全程空驶时间是3小时20分钟，如果驾驶员用了不到3小时就到了终点，那就得查查该车的行车记录仪了，肯定有个超速行驶的过程在里面。"

"当然，重车与空车也是有区别的，像这辆运输PX的槽车可以装载33吨的货，因此重车回程的时间我们规定为3小时50分钟，不能快，如果提前到达就会有超速的安全隐患。"黄某说。该公司对班时化管理中违规司机的处罚是很严厉的，除了罚款，还得停车学习两天，让司机充分吸取教训。

班时化管理的成效是明显的，从公司的安全管理模式中尝到了甜头的绍汽集团，把班时化管理推广到城际巴士、公交客运等领域，同样也取得了良好的效果。

2) 指纹考勤法预防疲劳驾驶

与超速行驶相比，疲劳驾驶又是安全行车的一个大忌。分析疲劳驾驶的原因，大多是由于连续跑班引起的，于是，特种货物运输有限公司推出了指纹考勤法来严防驾驶员疲劳驾驶。该公司在货车运输的起讫点都配有指纹考勤仪，驾驶员出车或到达必须通过指纹考勤仪的考勤，一个驾驶员如果想连续跑班，指纹仪那边是通不过的。因为公司规定，每个司机只能跑单班，要有足够的休息后才能继续上路行车。

此外，该公司通过各种资料的收集，对每一辆行车的线路绘制了安全行车示意图，把整条路线的限速地段、危险路段、市区厂区等情况一一标明，发放到每一位司机手中，使他们能提前熟悉路况，提前知晓危险路段。

3) 图像化监控帮助司机改正不良习惯

没有超速，没有违章，在一般人眼里，做到这样已经不错了。但是特种货物运输有限公司并不满足于此，他们对于行车安全的新要求是"看着你开车"，要把驾驶员开车的一举一动都看在眼里。

每个人都有驾驶习惯，而有些习惯会影响行车安全，如司机单手长时间驾车、驾车时吸烟、与押运员闲聊等，这些不遵守驾驶员操作规程的行为无法用 GPS(全球定位系统)、行车记录仪等"数字化"的设备来了解，只能依靠"图像化"的监控来严管。

今年(2009年)年初，该公司尝试在 4 辆车上分别装置 2~4 只摄像头，24 小时值班的监控员可以直观、即时地看到行驶在路上的司机有没有不规范操作行为，一旦发现有不规范行为存在，监控员可以通过车载语音提示系统提醒司机纠正行为，其不规范行为还将录像保存证据，作为处理依据。

一段时间试行下来，收效明显，驾驶员不论白天还是黑夜开车上路，都感到有一双眼睛在注视着自己，因此一些不良职业习惯在短时间内都得到了纠正。

黄某介绍，在试用效果较好的基础上，公司还将投入近 70 万元，给现有的 61 辆危货车都装上视频监控设备，把危货车全部纳入视线范围进行"图像化"即时监控。

2. 案例分析

在当今的电子商务时代，全球物流产业有了新的发展趋势。现代物流服务的核心目标是在物流全过程中以最小的综合成本来满足顾客的需求。因此，物流变化会给整个经济带来影响，经济发生变化，物流也不得不发生变化。总之，要从整个社会的角度来看待物流。其中物流安全是重中之重。为了很好地保证和满足顾客的需求，必须有效地保证在物流过程中的安全问题。而安全与人的不安全行为、物的不安全状态、管理上的缺陷以及环境等因素有关。本案例成功地保证了物流安全，保证了顾客的需求和人们的生命财产安全，是个很成功的物流案例。为此，就物流安全，我觉得应该做到以下几个方面。

1) 管理因素

(1) 要制定相关的规章制度和各种技术操作安全规定和惩罚制度。在本案例中，"班时化管理杜绝超速行驶、指纹考勤法预防疲劳驾驶、图像化监控帮助司机改正不良习惯，这三大细节管理帮助他们保证了安全。"

(2) 要分配相关管理人员和安全员时刻进行监督和管理。

(3) 要实施相关的规章制度以及其他规定，要逐级分配任务进行监督和管理。做到"横向到边，纵向到底"。

(4) 要做到奖罚分明。

2) 人为因素

人为因素是最重要的因素。机械设备是由人来操作的，所以要保证物流安全就要先保证人的各方面安全。因此，对于作业人员，公司要做到以下几点。

(1) 要树立作业人员的安全意识。进行安全教育培训、持证上岗等。

(2) 制定相关制度。如本案例中"公司规定，每个司机只能跑单班，要有足够的休息后才能继续上路行车。"

(3) 要经常进行安全教育宣传，让司机了解更多的安全知识和树立安全意识。

(4) 管理人员和安全员要尽职尽责，将责任落到实处。

3) 物的因素

(1) 要保证车辆及其他的设备设施的安全运转。保证车辆和其他设备在运转过程中不得出现零件或者其他重要部件的失灵和失效。

(2) 要配备相关的设备设施时刻监控驾驶员的行为，纠正并改正驾驶员的不良行为和错误驾车习惯(边吸烟边开车、边打电话边开车等)。如本案例中"图像化监控帮助司机改正不良习惯"的规定。

4) 环境的因素

在雨季、雪季、台风等自然灾害来临时，出车要保证雨刮器的有效并且要做好防滑的措施，如可以给车的轮胎上系好防滑铁链等。

在这个信息通信发达的时代，人们的生活节拍越来越快，安全意识也越来越差。想要保证和满足顾客的需求和生命财产安全就要保证在物流过程的安全，平时做好安全工作，就会很好地保证人们的生命财产安全。

(资料来源：https://wenku.baidu.com/view/d73228819b89680202d82514.html)

1.3.1 安全意识概述

1. 安全意识的概念

意识是一个范围非常宽广的概念，而安全意识是意识范畴内的一个领域，多年来学者们都对其进行研究，由于学者们研究的出发点、研究的方向以及研究的领域不同，一直没有一个统一的结论。本书以物流企业为基准点从四个角度分析安全意识的概念。

1) 从哲学角度

从哲学的角度来看，安全意识属于哲学范畴。根据意识和物质之间的联系，"意识来自于对物质世界的心理反应，与客观存在是对立和区别的关系，是第二性的"。

这是因为意识是产生于物质世界，是客观构成的。意识是大脑活动的一部分，物质构成了大脑，其本质具有物质性和客观性，从其他角度来看，意识不仅仅是物质世界的被动反映，而且它还能够主动地影响物质世界。根据意识的哲学定义，可以描述安全意识为：人类认识和了解安全现状以及自身安全保障的标准和程度，也是人类对自己的经济活动以及社会行为不断进行调整以适应工作安全生产现状和自我安全，从人与大自然、人与社会之间寻找平衡的自觉性。用哲学的观点，赵旭光将安全意识定义为："在人们对物质世界的主观反映中诞生了安全意识，它是综合意识的体现，是人们在生产劳动中，面对各种安全问题的客观反映和认知。"

2) 从心理学和行为学的角度

中国人民公安大学治安学院寇丽平教授指出，安全意识是："人对安全状况这种特定的现象在人脑中形成的最高级别的反映，它是客观现象通过自身具备知识基础上的假想、推理、思考以及对物质世界伤害发生的预判，甚至对镜像的理性认识和感性认识等。"

浙江大学哲学系徐向东教授对安全意识的定义是："人为了避免自身身体及心理受危险因素干扰的物质条件和状态所拥有的自我控制活动之和"。它包含劳动、日常生活和安全关系的理论、思维、感情、认知、道德伦理等思想要点和思想形态之和，也是内心思考的过程，是自身按照指定的标准来执行具体行动。

行为科学理论认为，安全意识是一种理智感，它是在各项外部环境作用下形成的自我安全防备和警戒理智，思维是意识的表达途径，并且控制了个体的行为。通过心理学调查显示，动机是行为发生的关键因素，动机通过某种潜在显示则为安全意识。

3) 从企业要求就业人员所应拥有的安全意识角度

根据《职业安全健康管理体系审核规范》(GB/T 28001—2001)的相关规定，物流企业对物流从业人员应当要求其具备相应的安全意识有四个方面的内容。

(1) 能够按照安全生产标准履行职业安全健康活动，以及充分认识到职业安全健康生产管理体系的重要性。

(2) 深刻认识到在工作活动中可能或实际存在的能够对职业安全健康产生危害的问题，并及时增强安全意识创造出新的职业安全健康效益。

(3) 按照标准履行职业安全健康活动的过程中，完成职业安全健康管理体系的要求，并且能够在紧急情况下及时做出正确反应。

(4) 认识了解而且能够及时规避违规操作所带来的不良后果。

谢兰杰和李增元根据职业规范要求，将安全意识定义为："安全意识是一种存在于人们意识当中的安全生产观念，它是物质世界安全生产在人们意识当中的客观反映，是人们在安全生产活动过程中遭受安全事故造成身体和财产上的损伤后，对各种正确和错误的经验进行分析总结后的论断。"

从以上四个角度的安全意识定义中可以看出，安全意识是人们对安全问题的所有心理认知和观点，以及人们在安全生产活动中所形成的安全知识、安全理智、预判伤害发生能力和自我保护效能的概括。它包括人的内在心理活动，还包括人的伦理道德观念；包括人认识世界的方法和认识世界的水平，同时包括人的行为习惯。

结合以上内容，本书对安全意识进行一项操作性的定义："安全意识是物流从业人员在实际工作环境氛围中通过认知自我安全而产生的心理状态，体现了物流管理人员对自我安全和健康在实际工作中的客观存在关系，既包含了人们在安全领域的意识因素和观念形态的全部，也包含了人类社会精神文化的产生和发展。"

2. 安全意识的特点

1) 能动性

安全意识产生于人类的日常生产劳动，并且对人类的日常生产劳动产生了重要的能动作用。安全意识的能动性具体体现了下面两点：一是可以主观地反映物质世界的现象与外在关系，物质世界与事物中的客观规律也可以经过理性思维来发现，从而建立理论体系和概念系统；二是通过了解物质世界的本质和规律，在大脑中根据自身的需求形成概念、思维、想法，控制自身的活动，为了完成安全的目标而组织和协调人类的各项安全生产活动。

2) 传递性

安全意识能够在人们中间互相影响，尤其是领导阶层对普通阶层之间，并且负面影响比正面影响要大。因此，要想进一步提升安全意识水平，一个重要的方法就是提倡安全文明的工作作风，谴责不安全行为。

3) 波动性

正常来讲，某个企业或个人连续发生事故的机会很少，其中原因一是事故的发生有一定的偶然性；二是发生事故后可以在一定时间段内产生持续的警示作用。然而由于距离上次事故发生的时间越来越久远，工作人员渐渐忘记了上次事故产生的危险，引起工作人员自我安全意识逐渐淡薄，导致安全事故的人为因素逐渐增多。因此，不断加强安全意识是保证安全生产的重要手段。

4) 可塑性

通过宣传，培训可以提高人员安全意识。人的安全意识是通过后天养成的，其水平也是在不断变化中的，是在先天条件上通过后天的安全教育和社会影响等而产生的，安全意识可以通过多种学习和教育手段培养、发展、提高。因此，为了提高人的安全意识水平，保证人们安全生产目标的成功，采用多层次、多种形式的安全教育和培训等手段都是可行的。

5) 制约性

安全意识不是无中生有的，人的安全意识由于各自的成长经历和社会环境不同，在所面对条件相同的情况下，却会有不一样的反应，这些反应的区别往往体现在反应速度、反应数量、反应程度上。而且，特定社会外部环境、历史条件也能对人的安全意识产生影响，在不同的时代有各自的安全意识状况和等级，所处不同的社会阶层也会产生各自的安全意识。

3. 安全意识构成

安全意识的构成即安全意识内部组成因素。一些研究学者对安全意识的构成维度已进行初步的探讨。20 世纪 20 年代，美国的海因里奇(Heinrich)在对七万多起工业安全事故进行调查研究后总结得出：人的不安全行为是工业事故产生的主要原因，在各种导致工业安全事故的因素中占到了 88%，据此研究了动机、意识、认识、态度、个性、智力等因素和安全之间的关系，从此开始了对安全意识的探索研究。

2005 年，瑞奇·马(Ruiqi Ma)和卡伯(David B. Kaber)等人研究评价驾驶员安全意识构成因素时，采用"健康与安全执行的安全气候测评工具(HSE)"对驾驶员安全意识进行调查，研究结果显示，安全意识表现在三个维度上，即安全知识、安全理智感和预判伤害发生能力。2008 年，美国乔治亚州肯纳瑟州立大学的心理学专家波赫尤拉(Veikko J.Pohjola)以及美国的心理研究部门从安全知识、预判伤害发生能力、减少伤害发生能力、自我保护意识四个方面，用测试的方法对经常出事故的工人进行调查，得出安全意识构成子模块的基础评价程序。

尽管目前研究者对于安全意识是建筑企业施工管理人员的安全态度和安全行为的直接

影响原因，是造成事故的主要因素基本达成共识，但是对于安全意识维度如何构建，至今尚有争议，根据国内外大量的文献对安全意识概念的构成要素研究，将形成的一些主要不同的观点整理，如表1-1所示。

表1-1 安全意识构成要素的不同观点

研究学者	构成维度	来源
胡福静	安全理智感、安全知识、安全情感	在安全意识探讨与分析中提出安全意识测量的三个维度
金如峰	安全知识、安全理智感、预判伤害发生能力	上海化工企业职工安全意识调查
朱国锋 何存道	责任感、警觉性、安全知识、安全行为	在海员安全意识初步研究中提出四个安全意识构成维度
李峰	安全知识、安全理智感、安全行为	研究高速公路公司职工安全意识调查中提出三个安全意识构成维度
Ruiqi Ma, David B.Kaber	安全知识、安全理智感、预判伤害发生能力	研究驾驶员安全意识评价分析中，提出安全意识构成的三个维度
Veikko J.Pohjola	安全知识、预判伤害发生能力、减少伤害发生能力、自我保护意识	在研究安全意识基础程序设计评价分析中，提出安全意识构成的四个维度

综上所述，学者波赫尤拉(Veikko J.Pohjola)、瑞奇·马(Ruiqi Ma)、金如峰将安全意识构成维度划分基本集中在安全知识、安全理智感、预判伤害发生能力上。其他学者除了综合考虑上述三个维度外，还从各自研究领域提出了心理、情感、行为因素作为度量安全意识的构成维度。目前安全意识的划分在维度上虽然存在一定的差别，但可以看出，大部分研究者将安全意识的结构组成集中在三个方面：安全主体对知识和经验的掌握；安全主体对安全问题的评价与感受；安全主体面对安全问题时的行为倾向。在生产实践中，当人们掌握了相应的安全知识和经验之后，就会相当自觉地按照安全的方式和方法从事安全活动，以保护自身安全和达到安全作业的目的。而人们对安全问题所持有的情感因素往往对安全意识的能动性发挥具有调控作用，正如人们总是怀着热情去追求自己想做的事情。另外，人们所表现的行为倾向性对安全意识的提高具有潜在的作用。

4. 安全意识影响因素

国内外学者基于不同的研究对象和研究出发点，提出安全意识在各个领域受到诸多因素影响，如经济利益因素、管理因素、社会历史条件因素、文化传统因素、心理素质因素、工作环境因素等，本书主要从管理层面分析安全意识的影响因素。

1995年，戴维(David)等美国学者进行了一项全美飞行员安全意识调查研究，随机抽取了两万名飞行员进行安全意识调查，最后收到7000份反馈问卷。该研究主要用百分比进行描述性统计分析，从个人因素层面(航空资格、飞行经验、训练经验、飞行态度)和安全防护层面(法律法规的监管、安全培训、事故预防及应急处理)提出安全意识影响因素，最终结果显示安全教育培训是影响美国飞行员安全意识的最主要因素。

1998年，我国学者林泽炎在煤矿工人的安全意识调查研究中，从安全管理(安全检查、安全投入、安全措施)、企业环境(井下环境因素、危险情景因素)、法律因素三个层面提出煤矿工人安全意识影响因素。林泽炎还就三个层面对煤矿工人安全意识产生影响的区别和程度进行了分析研究,并找到了强化安全意识的方法。

2008 年,美国乔治亚州肯纳瑟州立大学的心理学专家波赫尤拉(Veikko J.Pohjola)和美国的心理研究部门通过研究安全意识基础程序设计评价分析,提出管理态度(团队成员影响和支持、组织承诺、安全管理机构设置)、安全措施(事故预防及应急处理、安全培训、对安全生产的满意度、事故报告)、法律法规的执行三个层面,分析安全意识影响因素。研究结果证明这三个层面均能够对安全意识产生不同程度的影响。

根据国内外大量文献针对安全意识影响因素的研究,将形成的一些主要不同的观点进行整理,结果见表1-2。

表 1-2　安全意识的影响因素

研究学者	影响因素	来源
David	航空资格、飞行经验、训练经验、飞行态度、法律法规的监管、安全培训、事故预防及应急处理	飞行员安全意识现状分析研究中,提出从个人因素层面和安全防护层面衡量安全意识影响因素
林泽炎	安全检查、危险的想象因素、法律因素、安全措施因素、安全投入、井下环境因素	煤矿工人安全意识测评研究中,提出从安全管理、企业环境和法律因素角度衡量安全意识影响因素
波赫尤拉(Veikko J.Pohjola)	团队成员影响和支持、法规法律的执行、组织承诺、安全管理机构设置、事故预防及应急处理、安全培训、对安全生产的满意度、事故报告	研究安全意识基础程序设计评价分析中,提出从管理态度、安全措施和法律法规角度衡量安全意识影响因素

1.3.2　物流从业人员安全意识及影响因素界定

1. 物流从业人员安全意识构成维度

物流安全意识主要是指物流从业人员在认识自我安全的物流实践中逐步形成的,是物流管理人员在管理过程中对安全生产和身体健康理性思考的客观反映,它是物流管理人员在安全生产过程中产生的全部意识因素和理性思维以及人类社会发展过程中关于安全生产的所有精神文化。

前面介绍了国内外学者对安全意识构成维度分析,结果较多集中在安全知识、安全理智感、预判伤害发生能力分析上。这个观点受到较多学者的认同。本书基于国内外的研究成果,参考建筑施工中对于安全意识的概念及特点,以及对建筑企业进行的实地访谈,发现自我效能也是安全意识构成的一个维度。

北美心理学家班杜拉(Bandura)在20世纪70年代发表的《思想和行为的社会基础:一种社会学习理论》当中谈到了自我效能的概念,由此开始了对自我效能的研究,随后逐步建立了自我效能的理论体系。自20世纪80年代中期,工业及组织心理学家们开始把自我效能纳入组织行为研究领域中。

通过各种研究证明，具体行动的自我效能是意识和行为结果两者之间的联系并且这种关系是正相关的。第一个提出意识领域自我效能的人是约翰泰尼(Tierney)和法默(Farmer)，随后其通过研究证明了意识的潜在主观因素是自我效能。鲍舍(Bowsher)和其他一些研究者认为，可以采用自我效能来衡量心理健康程度。班杜拉(Bandura)以社会认知理论为基础，通过研究指出自我效能是一种信念，能在意识中提高工人生产活动的安全程度。目前，自我效能已经应用在多个领域。因此，安全工作的自我效能是安全意识领域中能够促进工人在工作中采取安全行为的信念，以期保证工作安全的心理。

基于以上理论分析，本书将安全意识的构成分为安全知识、安全理智感、预判伤害发生能力和自我效能四个维度，如图1-2所示。

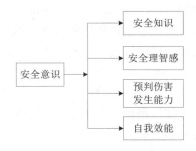

图1-2　安全意识构成维度

1) 安全知识

波赫尤拉(Veikko J.Pohjola)的观点指出，"知识是一个使人或事物发生改变的信息，它既包含让信息转化为行动的方法，也包含具体运用某个信息从而让某个体产生变化或产生更为有力的行为方式"。通过这个观点，安全知识可以定义为：它是一种让人产生行动的信息，这种信息能够使人用安全的方式进行生产工作。赫尔姆坎普(Helmkamp)在研究安全知识和安全意识的联系时，认为安全知识在增强员工安全意识、促进员工在工作中采用安全的方式方面发挥了积极的作用。员工通过学习知识，进一步深入了解到自身在工作中可能遇到的危险情况，提高了对危险的防范意识，促使员工在生产中积极主动采取有利于自我保护的安全行为。

2) 安全理智感

邵辉等研究者指出安全理智感是指人们在安全生产过程中，了解、评价安全和与它有联系的事物，是在安全生产过程中体会到的某种情绪，是一种情感。这种情感是当人们的求真需要及理性观念实现时产生的，比如面临困难时的责任感、接受解决困难任务的使命感、通过安全活动查明问题时的惊奇感、研究问题时的疑惑感、解决困难后的愉悦感等。瑞奇·马(Ruiqi Ma)和卡伯(David B. Kaber)指出，安全理智感是承载安全意识的工具，是产生安全意识的最根本内在因素。安全理智感是促使员工进行安全生产的主观内在因素，当员工拥有良好的安全理智感后，他们在安全生产过程中，严肃认真对待安全问题，严格按照安全规章制度操作，在长期的工作中养成了良好的安全生产习惯，并且持续较长的时间。缺乏安全理智感不仅会导致员工安全意识淡薄、违规操作，而且会造成重大安全事故。

3) 预判伤害发生能力

波赫尤拉指出，预判伤害发生能力是客观现象通过自身具备知识基础上的假想、推理、思考以及对物质世界伤害发生的事前预判。预判伤害能力不但可以直接影响人在安全生产活动中的习惯，还可以影响人的具体行动。预判伤害发生的能力不是一成不变的，它不仅可以经常发生变化，还可以有目的、有计划地进行塑造。要想增强员工的预判伤害发生能力，就必须对员工进行一定的教育和培训。安全意识是随着预判伤害发生能力的提高而提高的，只有提高了能力，才能在事故发生前有所警觉，因为许多征兆都是发生在伤害事故产生之前，假如在伤害事故发生前就提前警觉，就可以及时采取必要的措施，从而制止伤害事故的发生、降低伤害损失。

4) 自我效能

班杜拉(Bandura)指出，自我效能是"自我改变自身的事件，以及掌握自我的具体行动水平的信念"，也就是"自我可以对自身按照指定的标准来执行具体行动的信息"。

自我效能感产生于可以控制个体的行动、举止与外部条件的相互影响，其以目标为方向，是自我控制中的一个方面。技能不是自我效能的重要因素，而是人判断自己所具备的技能可以做什么。所以，拥有相似或同样技能的不同个体或同一个个体在不相同的外部条件下，由于对自我效能判断的不一致，将会产生不同的效果。美国学者吉思特(Gist)指出对自己的能力做出衡量和评价的结果就是自我效能，而这个结论又能控制自己对安全意识的选择、自我控制影响实行安全防护的程度，并决定其在特殊事件中体现出来的能力，自我效能是随着新信息的不断获得而不断变化的。

2. 物流从业人员安全意识影响因素

1) 物流法律法规

法律法规的执行是为了确保劳动者们能够安全、健康地工作，预防和降低安全事故发生率，进一步加强对安全生产的管理。物流安全法规和行业标准以及制订完善的安全管理规章制度，是从事物流工作的行动准则和技术规范，物流企业必须严格遵守执行。因此，本书用物流安全法律法规、物流行业标准和物流安全管理规章制度三个指标测量法律法规。

(1) 物流安全法律法规。

物流安全管理工作引起了党和政府的高度重视，为了确保物流从业人员能够安全、健康地工作，预防和降低安全事故发生率，进一步加强对安全生产的管理，我国陆续出台了一系列安全生产法律法规。其中与物流安全相关的法律法规有《中华人民共和国劳动法》、物流业相关法律法规、《中华人民共和国安全生产法》等，通过法律法规对物流企业安全生产工作进行强有力的约束，为物流企业建立良好的安全意识环境氛围提供了法律依据，进而有效地控制降低物流企业安全生产事故。

注：物流业相关法律法规包含国家法律法规、地方法律法规、物流业相关政策、物流行业标准及地方标准。

(2) 物流行业标准。

物流行业标准是物流企业进行生产活动的行动准则和技术规范，认真落实物流行业标准是减少物流企业安全生产事故的重要方法，其在提高我国物流企业从业人员安全意识中发挥着预防和推动作用。

(3) 物流安全管理规章制度。

物流安全管理规章制度是确保物流企业生产活动能够安全进行，并作为一项长久机制，它是物流企业在生产活动中为确保人和物的安全而建立的各项规章制度、防范措施、安全管理责任制。它是保证物流企业生产活动安全运行的保障制度，是安全意识在实际工作中的具体表现。只有建立一套完整、有效的安全管理规章制度，才能够提高物流从业人员的安全意识，同时该安全规章制度还必须得到物流从业人员的认可。因此，一套完整有效的安全管理规章制度可以对物流从业人员的安全意识起到积极的促进作用。

2) 物流安全管理

(1) 安全管理机构及岗位设置。

安全管理机构及岗位设置是在物流企业中成立专职的安全管理部门，聘用专职的安全管理人员负责物流企业具体的安全工作。物流企业的安全管理工作具有技术性、政策性、群众性等特点，物流企业必须从上到下都建立高效合理的安全管理机构，科学地设计安全管理岗位，该岗位的工作人员必须具备较强的责任心，有较高的文化水平和丰富的工作经验，并且是物流企业的工程技术人员，通过安全管理机构及岗位设置能够便于物流企业管理，提高物流从业人员的安全意识。

(2) 安全检查。

安全检查的主要内容有：对各级管理人员在物流安全作业规章制度的建立和落实情况进行检查；依据物流作业特点、作业方法和物流机械制订的安全技术措施进行检查；检查安全技术交底和操作规章的落实情况、安全设防情况、个人防护情况、安全用电情况、现场防火情况、安全标志牌情况等。定期对各级物流管理人员在安全作业规章制度的建立和落实情况进行检查，能够有效促进、增强物流企业从业人员的安全意识和自我效能。

(3) 安全投入。

人员方面的投入：保证安全管理人员的配置落实，确实做到一岗一人。

资金方面的投入：安全教育培训费和奖励费用；安全技术措施费用；工业卫生措施费用；安全设施维护保养费用；劳保用品费用等。安全资金要做好专款专用，严禁挪用安全资金。

安全设施方面的投入：物流作业过程中的安全设施必须严格根据相关法律法规以及物流行业标准配备。

安全投入的落实必须依照物流企业相关标准和规定，它不仅是顺利开展安全生产工作的保证，更是增强施工管理人员安全意识的必备经济基础。

3) 安全防护

安全防护是指做好准备和保护，以应付突发事故避免受害，从而使被保护对象处于没有危险、不受侵害、不出现事故的安全状态。显而易见，安全是目的，防护是手段，通过现场防护及安全措施，制订事故预防及应急处理方案，对施工管理人员进行安全宣传教育等防范手段，其目标均是为达到或实现安全的目的。

(1) 现场防护及安全措施。

现场防护及安全措施是为了避免及预防在物流作业过程中物的不安全状态，防止安全事故的发生，为物流从业人员提供安全保障。在物流作业过程中采取各项安全措施，对物流作业过程中存在安全隐患进行分析和预测，并在技术管理层面采取相应的措施，建立完善的现场防护及安全措施，对物流作业全过程进行监管，从而为物流从业人员增强安全意识和改善物质环境奠定良好的基础，为安全生产提供保障。

(2) 事故预防及应急处理。

事故预防及应急处理是为了应对火灾、洪灾、爆炸、食物中毒、高空坠落、重大疫情以及重大环境污染等重大事故或险情而制订的应急预案。在制订了应急预案后，物流企业还应当根据应急预案购买相应的应急设备，并且按照应急预案规定安排员工进行演练，找出问题和不足之处，并据此进一步完善应急预案，建立一套合理、高效的应急预案，保障物流企业事故预防机制的形成，促进物流从业人员的应急反应能力的提高，加强物流从业人员应变技能的提升，为物流从业人员的预判伤害发生能力的提高创造良好的条件，从根本上进一步加强物流从业人员的安全意识。

(3) 安全宣传教育及培训。

安全生产教育培训是对受训人员进行各种安全法律法规、安全政策的宣传教育，并且起到了安全警示作用，是帮助培训人员实现其生产和人的价值的文化教育。它的作用在于培养受训人员提高安全意识，使劳动者了解和掌握预防生产事故的知识和技能；让劳动者清楚地理解安全工作的重要性，更积极主动地学习安全知识，是安全生产的有力保障。

【导入案例】

1. 发布时间

2008年5月8日。

2. 发布内容

统计数据表明，2003年广州市道路交通事故死亡人员类型中，外来人口占死亡总人数30%以上。

对于外来人员，尤其是来自农村的外来人员，复杂的城市道路状况迥异于熟悉的农郊小路。他们往往因不熟悉广州的城市道路，不了解城市道路的通行规则而遭遇横祸。广州市一位交通安全专家在接受记者采访时指出，外来人口已经成为惨烈车祸的主要受害群体，其中大部分车祸系外来工自身对危险的不了解、对秩序的不明确造成的。这个问题必须引起社会重视！

3. 原因分析

1) 初入城市安全意识不强

交通安全专家对记者阐述道，大多数外来工都有共同的特点：来自农村或城郊、年纪较轻。他们眼中看到的是城市的繁荣，却看不到繁荣背后巨大的交通隐患；他们尚未真正树立交通安全意识，尚未自觉接受公共秩序的约束。

天河交警大队事故处理中队彭队长向记者介绍，黄埔大道石牌牌坊前的路段，常常发生租住在石牌村里的群众跨栏违章过马路的现象，因此导致的死伤事故，也并不罕见。有的市民，跨过栏要冲过马路时，看见几十米开外有车过来，就会停下脚步；刚到广州不久的外地人，则常常会直闯过去。一位来自北方的伤者就曾说，当时他也看见车过来了，"可当时还远着哩，我就照走，没想到一下子就撞上了。"

对此彭队长分析：乡间小路、城郊小道、慢吞吞的牛羊，在刚到城市不久的人们心中，还留着相当深刻的印象，而且很容易跟城市交通混杂起来，造成错觉。有的外来民工，对于机动车的速度、力量全无认识。

2) 选搭摩托车导致出事故

相反，对于那些已经在广州居住一段时间的外来人员而言，他们虽然已经在一定程度上适应了城市交通状况，但在交通工具的选择上，无论是从经济还是便利上考虑，高危险的摩托车都成为他们的首选。更令人担忧的是，在他们当中，不戴安全头盔、无证驾驶、超载、骑乘无牌摩托车、搭载 2~3 人的现象都非常普遍。

2003 年 7 月，广州市黄埔区发生一宗摩托车交通死亡事故，车上两名外来未成年人在事故中当场死亡。未成年的孩子交通安全意识更是淡漠，没有戴安全头盔就搭载着同学上路了，不料在一个路口一头撞上一辆拐弯的货车，从而造成这宗两人死亡的重大交通事故。

4. 防范措施

(1) 有关交管部门指出，所有的交通参与者都必须坚决遵守交通规则，每个人都能保护自己，同时就保护了他人。

(2) 外来人口要尽快了解广州交通现状，要知道为图便利链而走险的行为是相当不理智的，对自己不负责，对家人更不负责。

(3) 此外，不少市民在接受记者采访时提出，有关单位、部门在对外来工进行管理、培训时，必须帮助他们熟悉广州交通，对他们尽快树立交通安全意识、自我保护意识，自觉遵守社会公共秩序，予以有力、有效的引导。

(资料来源：http://www.safehoo.com/Case/Case/Vehicle/201010/152280.shtml)

1.4 促进物流与安全协调发展的策略

1. 提高管理人员的综合意识

进入 21 世纪，科技高速发展，经济全球化，人们感觉应接不暇，对好多新鲜事物还不是很理解和重视。物流概念是从 20 世纪 70 年代传入我国的，一直停留在理论研究上，直到 21 世纪才开始从理论应用于实践，许多物流公司犹如雨后春笋般出现，但是真正理解物流，能进行科学物流管理的企业却很少。而且社会上缺乏大量的物流人才，许多物流公司只是从传统的运输、仓储公司直接转型过来的，物流概念淡薄，认为物流安全管理更是微不足道。而从事安全管理的人员对物流行业较为陌生，狭义地认为物流就是储存和运输，甚至根本没有听说过。真正具备这两方面知识的人很少，能够科学运用这两种技术，协调管理的人更是凤毛麟角。因此，必须加强两方面管理人员的综合培训，提高他们的综合意识，使其采用安全的思维方式进行物流管理。重视安全不仅是表面现象，还要从根本上认识到安全的物流活动才是提高企业经济效益，才能为企业创造出"第三利润"和"第四利润"。

2. 采用先进的技术和设备

随着高新科技的发展，先进、智能的自动化设备不断出现，为实现物流系统的本质安全提供条件。自动化物流系统是集光机电信息技术于一体的系统工程，典型的自动化物流技术主要包括自动化立体仓储系统、自动输送系统、自动导引车系统(AGVS)、机器人作业系统和自动控制系统等。自动化仓库的主体设备堆垛机能准确、高速地将物品送到指定位置，最高达 50m，载重已达 5000kg，航空集装箱专用堆垛机的载重量已达到 16.5t，工作人员只需控制计算机，即可完成装卸搬运工作，节省大量的人力资源，提高工作效率，同时也减少了装卸中的高处坠落、机械伤害等事故发生。自动分货系统是一种全自动分货设备，广泛应用于医药、卷烟、化妆品、汽车、电子等行业，大大提高了拣选效率，降低误差和工人的劳动强度，降低了人为失误的概率，提高了系统安全性。自动导向小车(AGV)是一种自动化物料搬运设备，不需要人工干预，即可根据程序设定沿规定路线完成物料的搬运，应用于工作人员不宜进入的场所，如搬运有毒物质、地下煤矿等，可提高物流安全。对于物流的安全信息，一是采用专用的网络加密机和主机数据加密设备，保证网络安全；二是采用指纹识别技术，这是一种保密性能最高的技术。除了通过先进的技术和自动化设备，完成各项物流活动，实现了系统的本质安全，还可以利用计算机网络和通信系统，将各个企业、商店、物流园区、运输工具、仓库等都与消防部门、安全管理部门、警察局联网，形成报警系统，一旦发生地震、火灾或盗窃事件，以上机构同时报警，保证物流系统的全程安全。

3. 完善相关的法律法规

我国围绕加强安全生产工作，从管理体制、法制建设、责任追究等方面相继采取了一系列措施，建立了以《中华人民共和国安全生产法》为总纲的相关配套规章、制度等一整套法律法规体系。目前又针对运输、道路安全方面提出了《道路运输危险化学品安全专项整治方案》，以保障危险品运输环节安全。应在各领域建立相关法律法规，并将款项细化，立法同时应进行监督检查，依法行政，严格把关。从人治转向法治；从集中整治向规范化、经常化、制度化管理转变；从以控制伤亡事故为主向全面做好职业安全健康工作转变。督促企业建立安全质量管理体系，规范生产流程中各环节、各岗位的安全生产行为，全面加强基础工作，建立统一指挥、职责明确、功能全面、反应灵敏、运转协调的应急救援体系。另外，安全工作具有滞后性，所以必须坚持长时间的监督管理，不可松懈。

4. 加强从业人员专项安全培训

物流活动中涉及的各项具体活动的从业人员，首先应该对其进行专业技能培训，掌握基本工作要领，提高工作效率以及工作质量，同时也应该对其进行相关的安全教育，加强安全意识，以及事故应急救援的训练。大力倡导"以人为本"的安全理念，在企业内开展全员安全培训，尤其对危险化学品的从业人员按照《中华人民共和国安全生产法》规定必须进行专项安全培训，经考核合格后持证上岗。具有安全意识和法制观念，严格按照安全操作规程进行，面对突发事件能从容应对是每个从业人员的基本素质，并且要认真做好服务过程中的安全防范工作，确保货物的全程运行安全。服务安全的能力和优异业绩就是物流企业的最大竞争优势，也是其利润的来源。

小　　结

近年来，物流安全已从传统物品安全、交通运输安全，延伸到了人员安全、环境安全、经济安全和国家安全的高度，愈发引起了世界各国政府和企业的高度重视。中国企业开始理性地思考该如何更好把控物流安全。

我国目前的物流安全状况，与发达国家相比还有不小的差距。但随着我国企业对物流安全认识的加深，以及国家对物流安全发展的鼓励和扶持，在不远的将来，我国的物流安全事业一定会有一个飞跃的发展。

本章主要从物流安全的基本理论入手，通过介绍物流与安全的关系和物流安全的概念，引申出物流安全的内涵与外延，同时介绍了物流安全的作用和意义，重点分析了促进物流与安全协调发展的对策。通过对本章内容的学习，读者可对物流安全的基本内容与安全意识有一个初步的认识，明确现代企业在现阶段物流快速发展过程中实施物流安全的必要性。

思考与练习

1-1　简述物流的概念。
1-2　简述物流安全的概念。
1-3　物流安全有哪些基本特征？
1-4　简述物流安全的作用与意义。
1-5　分析物流与安全协调发展的策略。

第 2 章 人员安全管理

【导入案例】

2014年9月9日9时30分，青岛甲物流有限公司在组织货物装卸过程中，一名装卸工人从其站立的叉车货叉上跌落受伤，后经抢救无效死亡。

该事故发生后，事故相关单位未按规定上报事故情况，有关部门在接到12350安全生产举报投诉电话后，经城阳区安全监管局会同城阳公安分局查证属实。依据《中华人民共和国安全生产法》和《生产安全事故报告和调查处理条例》等法律、法规有关规定，城阳区人民政府组成了由城阳区安全监管局牵头，城阳区监察局、城阳区总工会、城阳公安分局、城阳区交通运输局、流亭街道办事处参加的事故调查组，并邀请城阳区人民检察院参加，对该事故进行了全面调查。调查组通过现场勘查、查阅资料、调查询问等，经综合分析研究，查明了事故经过和原因，认定了事故性质，形成本调查报告。

1. 事故相关单位及涉及人员概况

(1) 青岛甲物流有限公司，于2005年6月成立，法定代表人为张某，该公司取得了"道路运输经营许可证"，有效期至2014年9月27日，经营范围为普通货运。2013年10月8日该公司与青岛乙物流有限公司签订合同，租赁其公司院内D区一库房用于仓储物流经营。该公司自租赁该处库房从事仓储物流经营后，除法定代表人张某及一名兼职会计外，无其他固定从业人员，日常采用临时雇工方式进行货物装卸作业。

(2) 青岛乙物流有限公司，于2010年6月成立，注册地址为青岛市城阳区流亭街道赵哥庄社区，法定代表人为李某，主要从事道路货物运输站场(以下简称货运站)经营，未取得"道路运输经营许可证"。2013年10月8日与青岛甲物流有限公司签订租赁合同，将本公司货运站内D区一库房租赁给青岛甲物流有限公司用于仓储物流经营，租期为一年，租金为59130元。

(3) 张某，女，32岁，青岛市原四方区人，青岛甲物流有限公司主要负责人。因公司货物装卸作业需要，2014年9月8日15时许，张某联系装卸工头于某让其安排两名装卸工人次日上午7点半到仓库卸货。事发当日张某自行操作平衡重式叉车(以下简称叉车)与装卸工人一同实施装卸作业。

(4) 于某，男，28岁，山东省日照人，无具体工作单位，个人招聘装卸工从事物流企业的劳务装卸活动。事发前，经青岛甲物流有限公司主要负责人张某联系并口头约定，由其根据张某的用工需要安排装卸工为青岛甲物流有限公司实施劳务装卸作业，双方约定了劳务装卸费用计算及支取方式，每次装卸作业结束后，由张某出具装卸费用凭证，装卸工人拿凭证到于某处结算，再由于某汇总凭证不定期与张某结算总装卸劳务费用。本事故中，于某于9月8日接张某电话后，安排工人仪某次日去于某设在夏庄街道万都物流园区内的工人宿舍，再找一名装卸工人一起去青岛甲物流有限公司进行货物装卸作业。

(5) 仪某，男，18岁，山东菏泽人，无固定工作单位，事发前两个月来青岛，在城阳汽车北站看到于某张贴的装卸工招聘广告后，联系加入了于某的装卸队伍，并被安排至夏庄街道万都物流园区内的工人宿舍暂住。9月8日16时许，仪某路遇于某，并根据于某的安排，其次日早到工人宿舍找来当日无活可干的装卸工武某，两人于上午8时30分左右到达青岛甲物流有限公司实施货物装卸作业。

(6) 武某，男，48岁，河南省项城市人，于某装卸队伍工人，事故发生前暂住于某设在万都物流园区内的工人宿舍。9月9日早7时许，仪某到工人宿舍问谁可以一起去青岛甲物流有限公司卸货，武某由于当日没有接到其他装卸活，便随其一同前往该公司实施货物装卸作业。

2. 事故现场勘验情况

青岛甲物流有限公司货运仓库位于青岛乙物流有限公司货运站内D区，仓库为单层砖混结构，建筑面积约为405m^2，仓库门高约2.65m，宽约3m，因该事故为事后家属举报，且事故单位在事发后仍持续经营十余日，事故调查组无法勘验到事发当时的现场情况。经相关当事人叙述，事发时武某站在库房里的升起高度约80cm的叉车货叉上将一散落的货箱往堆垛上码放，现场人员听到"咕咚"声响后，看到武某仰面躺在叉车左侧的水泥地面上，人已昏厥。

3. 事故相关单位安全管理情况

(1) 青岛甲物流有限公司未建立安全生产责任制、安全管理规章制度、安全操作规程、特种设备安全管理等资料，主要负责人张某未参加安全生产教育培训并经考核合格。该公司配置的叉车未经质监部门登记检验，未按规定设置叉车安全管理人员，张某未经专门安全培训并取得叉车司机证书而自行操作叉车。该公司对临时雇佣的装卸工未进行安全教育培训，未对其进行统一管理，对其作业过程中出现的各类违章违规行为等事故隐患未及时消除。

(2) 青岛乙物流有限公司作为货运站的经营单位，未取得从事货运站经营的道路运输许可证，其主要负责人李某未经安全生产培训并经考核合格，设置了一名安全管理人员负责本公司及货运站的安全管理(取得了"安全生产培训考核合格证")。该公司提供了本货运站的《安全生产责任制度》《安全生产管理制度》《突发事件应急预案》《消防应急预案》《安全操作规程》，经查证，上述安全生产管理资料的制定完全不符合本货运站实际，也不能涵盖本货运站生产经营全过程和对从业人员的安全管理实际，现场仅提供了一份"特种设备台账"，统计了货运站内涉及10户业主的11部无证叉车(含青岛甲物流有限公司1部)，此外，未能提供安全教育培训档案、隐患排查治理档案、应急演练记录等任何实际落实各项安全生产责任制、安全管理规章制度的相关资料。提供了与青岛甲物流有限公司于2013年10月8日签订的房屋租赁《合同书》，合同书中未约定有关安全生产管理的事项，提供的"安全生产管理协议书"系与青岛甲物流有限公司于2014年9月30日签订。

4. 安全监管工作情况

城阳区交通运输局作为行业监管职能部门，年内根据区政府安委会关于在重点行业领域开展安全生产专项整治的总体部署要求，于2014年3月24日制订下发了《道路货物运输站(场)安全隐患综合整治活动实施方案》(青城交运安[2014]10号)，对全区货物运输站(场)整治工作进行了部署，实施全面整治。截至9月底，前期全区9家未办理货运站场经营许可的大型物流企业已有6家经整治办理了许可手续，剩余3家物流企业货运站场经营手续正在补证办理中，其中包含青岛乙物流有限公司。2014年4月2日、5月27日，该局组织对青岛乙物流有限公司实施了两次执法检查，出具了"安全生产管理检查记录"，其中在4月2日的检查中发现了该公司虽取得了普通货运经营许可，但存在的站场经营行为未经许可，执法人员按本局专项整治方案部署，督促企业递交相关资料办理许可手续；6月10日，青岛乙物流有限公司将许可手续等材料报至该局，因缺失消防验收和建设许可手续，该局受理后未予审批，按照整治方案督促该公司继续补证。截至事发前，该公司未经许可从事货运站场经营的行为未得到全面制止和纠正。

5. 事故发生的经过及救援情况

1) 事故发生经过及救援情况

2014年9月8日15时许，青岛甲物流有限公司经理张某打电话给于某让其安排两名工人于次日早7点半到其仓库卸货。16时许于某在赵哥庄附近路上遇到仪某，便安排其次日到宿舍再找一名工人去甲物流有限公司进行装卸。9月9日早，仪某找了另一名装卸工武某来到青岛甲物流有限公司，约8时30分许开始按照张某要求进行货物装卸。卸货工序为仪某在仓库门口大货车上向下递货，武某接货后码放到托盘上，码好后张某开着叉车叉起托盘，由武某扶着货物防止散落与张某共同进库放置。约9时30分许，因一托盘货物码放稍高，张某操作叉车进库门时，托盘最上方一箱货物被仓库门框刮碰到地面，武某随即抱起货箱向堆垛处走；待张某放好托盘后将叉车抽出并将货叉起升至60~80cm高度后(经询问张某，停车后将货叉起升此高度是担心会发生以前货叉过低绊倒人的现象而自己刻意所为)，张某离开叉车，在向外走的过程中，发现武某要踩着叉车左前货叉准备将刚才散落的货箱向堆垛上码放，就口头提醒武某别踩叉车码放，在看到武某已经踩上货叉正在码放货箱后，便不再理会继续向库房门口走。就在这时，张某听到身后"咕咚"声响，回头一看，发现武某仰面躺在叉车的左前侧，就赶紧跑过去喊了几声没反应，见武某已呈昏厥状态，此时正在库门口车上卸货的仪某及现场的一货车司机听到喊声也赶过来，张某现场给于某打电话让其尽快赶来；约20分钟后武某醒来，仪某与张某将武某扶到旁边一个托盘上坐下，此时武某鼻孔轻微流血，无力说话；又过了3~4分钟后，于某带着一名邱姓工人开车赶到，10时15分将武某送至城阳第三人民医院救治，经医院入院诊断，武某颅骨骨折、颅底骨折、右侧硬膜外血肿，后被收入院准备实施手术治疗；12时30分，经医院术前检查，确认武某颅骨骨折、颅底骨折、右侧硬膜外血肿，并出现脑疝，手术后武某因伤情严重，医院对其实施重症监护治疗，期间伤情逐日恶化，人始终处于昏迷状态，直至9月19日，武某经抢救无效死亡。

2) 事故应急处置情况

9月17日，武某亲属到城阳区安全监管局举报，称武某在流亭街道一家物流公司装卸货物受伤，目前伤势严重。受理举报后，城阳区安全监管局迅速组织人员到城阳第三人民医院进行核查落实，因前期武某家属多次联系于某，其均不明确提供事故发生单位名称、地点等以及其他有关人员信息，城阳区安全监管局函告城阳公安分局进行协查，并通知城阳区交通运输局对流亭街道各物流场站进行摸排。9月22日下午，城阳公安分局根据线索分别找到张某、于某并进行传唤调查，9月23日城阳区安全监管局接城阳区公安分局初期调查情况后，立即向城阳区政府报告，9月24日城阳区政府依法成立事故调查组对该事故展开全面调查，同时责成流亭街道办事处督促事故相关单位积极妥善做好事故善后处置工作。

3) 事故报告情况

经调查，青岛甲物流有限公司主要负责人张某在装卸工头于某将武某送到医院，并通过于某得知武某住院治疗后，未对其伤情进行全面了解，未将该事故情况在规定的时限内上报区安全生产监督管理部门和负有安全生产监督管理职责的有关部门。在 9 月 20 日仪某给其发的短信中得知武某伤势严重的信息后，张某仍没对该事故的严重性加以重视，待 9 月 22 日下午城阳公安分局民警找其询问时才得知武某已死亡。

6. 事故原因和性质

1) 直接原因

装卸工人冒险作业是事故发生的直接原因。武某踩在升起的叉车货叉上对掉落的货物进行码垛，严重违反叉车安全操作规程及《机动工业车辆安全规范》(GB 10827—1999)中关于"不准在货叉上站人""禁止乘客登在起升机构或属具上"的规定，最终导致失足跌落。

2) 间接原因

(1) 叉车驾驶员无证上岗且违规操作。张某违反了《中华人民共和国安全生产法》第二十三条、《特种设备安全法》第十四条以及《机动工业车辆安全规范》(GB 10827—1999)的规定，未经专门培训并通过考核取得特种设备操作证而擅自驾驶叉车作业，且其在叉车停车后未将承载装置(叉车臂)降到最低位置，相反有意将叉车臂起升，严重违反了叉车安全操作规程及《机动工业车辆安全规范》(GB 10827—1999)中关于"当发动机停车后应使滑架下落，并前倾使货叉着地""驾驶员离开时，承载装置必须降到最低位"等规定。上述违法违章行为为武某违反规定站立在货叉上码放货物提供了条件。

(2) 青岛甲物流有限公司不具备安全生产条件。该公司未建立健全安全生产责任制和安全生产规章制度，主要负责人张某未依法参加安全生产培训并经考核合格，使用未经登记检验的叉车并由未取得操作资格的人员驾驶，不具备《青岛市安全生产条例》第十条规定的安全生产条件。该公司主要负责人张某未依法履行《中华人民共和国安全生产法》第十七条规定的法定职责，未对劳务人员违章违规作业等生产安全事故隐患及时消除，最终导致该事故的发生。

(3) 青岛乙物流有限公司非法违法从事生产经营活动。该公司未取得道路运输许可证擅自从事货运站经营活动，严重违反了《中华人民共和国行政许可法》第八十一条、《道路货物运输及站场管理规定》第四十二条规定，且将生产经营场所出租给不具备安全生产条件的承租单位，未对承租单位的安全生产工作实施统一协调、管理，严重违反了《中华人民共和国安全生产法》第四十一条的规定，且未按照《山东省生产经营单位安全生产主体责任规定》第十五条的规定，在发现青岛甲物流有限公司等承租方的叉车未经登记检验、叉车工无证上岗情况后，仅口头督促办证，而未采取向有关部门报告等有效措施予以消除隐患，致使承租单位安全管理缺失、不具备相关安全操作知识的无证人员驾驶未经登记检验的特种设备等问题长期存在。

(4) 安全监管措施落实不到位。城阳区交通运输局作为行业监管职能部门，在组织对青岛乙物流有限公司货运站的专项整治活动中，对已发现的未经许可从事货运站场经营行为未采取坚决有力措施依法查处，这是造成该公司及货运站场内的安全管理不规范，各类安全生产非法违法行为及事故隐患得不到及时消除的一个重要原因。

3) 事故性质

综合事故现场勘验、资料查阅、调查询问等情况，认定该事故是一起因非法生产经营、无证人员操作特种设备、从业人员违章作业所导致的一起生产安全责任事故。

(1) 武某，违反叉车安全操作规程及《机动工业车辆安全规范》(GB 10827—1999)有关规定，冒险站立于升起的叉车臂上进行码垛作业，最终失足跌落，对本事故的发生承担主要责任。鉴于其在本事故中已死亡，建议不再追究其相关法律责任。

(2) 青岛甲物流有限公司，不具备基本的安全生产条件而从事生产经营活动，使用未经登记检验的叉车进行货物装卸，主要负责人张某不具备与所从事生产经营活动相应的安全生产知识和管理能力，未依法履行安全生产职责，且未经培训并经考核合格取得特种设备操作证而擅自驾驶叉车，对本事故的发生负有次要责任。建议由城阳区安全监管局依据《生产安全事故报告和调查处理条例》第三十七条、第三十八条等规定，按照行政处罚自由裁量权明确的处罚标准，对青岛甲物流有限公司实施12万元以上20万元以下罚款的行政处罚，对该公司主要负责人张某实施其上一年度总收入30%罚款的行政处罚。

(3) 青岛乙物流有限公司，未取得货运站经营许可擅自从事货运站经营，将生产经营场所出租给不具备安全生产条件的承租单位，且未对承租单位的安全生产工作实施统一协调、管理，对承租单位存在的叉车未经登记检验、叉车工无证上岗情况等各类安全生产违法行为未予及时劝阻或报告，对本事故的发生负有一定责任，且依法应对本事故与承租单位承担连带赔偿责任。对青岛乙物流有限公司将生产经营场所出租给不具备安全生产条件的承租单位的违法行为，建议由城阳区安全监管局依据《中华人民共和国安全生产法》第八十六条的规定予以责令限期改正，没收违法所得59130元，并处违法所得一倍以上五倍以下的罚款；对青岛乙物流有限公司未取得货运站经营许可，擅自从事货运站经营的行为，建议由区交通运输局依据《道路货物运输及站场管理规定》第七十条等规定，责令青岛乙物流有限公司停止违法行为，并对其实施罚款的行政处罚。

(4) 城阳区交通运输局作为全区道路交通运输行业监管职能部门，对已发现的安全生产违法行为未采取有力措施予以查处，致使该货运站场各类安全生产非法违法行为及事故隐患得不到及时消除，对本事故发生承担行业监管责任。建议城阳区政府责令城阳区交通运输局写出书面检查。

7. 事故防范措施

(1) 青岛甲物流有限公司要认真吸取本事故教训，严格落实安全生产主体责任，健全完善自身安全生产条件，停止使用一切未经登记检验的特种设备，未取得资格人员严禁操作特种设备，主要负责人要依法参加安全生产培训，认真履行各项安全生产职责，加强对劳务人员的安全教育培训和作业场所的安全管理和隐患排查，坚决杜绝类似事故再发生。

(2) 青岛乙物流有限公司要以此事故为戒，未经许可严禁从事道路货物运输及货运站经营，依法办理许可后应认真审查承租单位资质和安全生产条件，并健全完善货运站场的安全生产管理机制，加强货运站场各承租单位安全生产工作的统一协调管理，加大对各承租单位所从事生产经营范围的查验和涉及库房、场所安全行为的监督检查，大力排查消除各类生产安全事故隐患，全面提升货运站本质安全管理水平，严防各类生产安全事故发生。

(3) 城阳区交通运输局要深刻吸取事故教训，认真履行安全监管职责，举一反三，认真组织对全区货运站及道路货物运输企业开展一次全面清查，对未取得相关经营许可的一律依法查处；对发现的已不再具备有关安全条件、存在重大安全隐患的，要责令限期改正，未按要求改正的要依法提交原发证机关吊销相关证照。同时，要加强自身执法队伍建设，牢固树立安全生产责任意识，要通过强有力的组织领导和扎实有效的监督检查，依法严厉打击道路交通运输领域非法违法生产经营行为，坚决遏制类似生产安全事故的再发生。

(资料来源：http://www.safehoo.com/Case/Case/Drop/201603/432167.shtml)

人员安全管理是物流安全的重要组成部分。对于物流企业而言，员工是企业的一种财富，员工的素质和工作表现直接影响到企业的兴衰荣辱。物流作业过程看起来是对物和事的处理活动，实际上其核心是对人的管理。企业物流活动包括运输和配送、流通加工、仓储、装卸、搬运等，而人贯穿整个物流活动过程的始终，并且在每个环节都充当着非常重要的角色，这就造成了企业对物流从业人员有着较高的素质要求，特别是要有强烈的安全意识。保护劳动者在劳动过程中的安全与健康，是我国的一项基本国策，是保护社会生产力、促进社会生产力发展的基本保证，是保证社会经济建设持续、稳定、协调发展的基本条件，这也是安全管理的目的。

2.1 人员安全管理的作用、任务与内容

造成事故的直接原因：一是设备的不安全状态；二是人的不安全行为。根据事故统计，人为因素导致的事故占 80%以上，因此，要确保生产安全必须控制人的不安全行为，而要控制人的不安全行为企业必须加强对人员安全的管理。

2.1.1 人员安全管理的作用

构成事故的原因虽然多种多样，但归纳起来有四类(即事故的 4M 构成要素)，即人(Men)的错误推测与错误行为(统称为不安全行为)、物(Machine)的不安全状态、危险的环境(媒介，Medium)和较差的管理(Management)。由于管理较差，人的不安全行为和物、环境的不安全状态发生接触时就会发生工伤事故。工伤事故都与人有关，如果人的不安全行为得不到纠正，即使其他三方面工作做得再好，发生工伤事故的可能性还是存在的。例如，叉车性能很好，但操作人员站在叉车货叉上跌落受伤；进入高架货物区不戴安全帽被货物砸伤等。因此，企业的人员安全管理具有以下几点作用。

(1) 人员安全管理可以提高员工安全意识。意识决定行为，行为决定结果。现在大多数企业都没有重视人员安全管理工作，导致企业难以提高员工的安全意识，因此企业难以充分调动和发挥职工遵守安全制度的积极性，员工不能自觉反对违反安全制度行为。因此，必须提高员工的安全意识，变员工"要我安全"为"我要安全"，这样才能主动规范操作，避免违章作业事故。

(2) 人员安全管理可以提高员工操作技能，避免操作失误造成事故。人员安全管理从企业员工出发，一定程度上大大减少了因企业一线员工习惯性违章、不按操作规程操作而导致事故发生的概率。人员安全管理使得企业员工的作业操作更加规范化、标准化，使得企业安全生产得到进一步的保证。

(3) 人员安全管理可以使员工掌握岗位隐患排查治理技术，可以将事故消灭在萌芽状态。各种安全事故都是发生在各工种的岗位上，而发生事故的岗位都存在较多的危险因素，

而危险因素由量变到质变就变成了事故隐患，事故隐患如果不及时排查出来进行整治，最终必然导致事故。因此，企业进行人员安全管理，让其掌握隐患排查技术，才能准确、及时地排查并整治隐患，最终消灭事故。

在大多数情况下，构成事故的"桥梁"是由人的不安全行为和管理不善搭成的，所以安全管理要以人为本。人、物、环境和管理四个因素是相互牵连的，就像正方形的四条边一样，其中的一条边变化，另外三条边也就跟着变化。决定另外三条边的就是人的因素。因为管理规程是人制定、修改、补充的，也是由人执行、监督的；设备是人按规章购置、安装、操作、维修的；企业作业场所的环境也是由人安排的，这就不难看出，一个企业出不出工伤事故，人的因素是起决定作用的。所以，加强对人员的安全管理，对于企业预防事故发生、确保安全生产具有重要的意义。

2.1.2 人员安全管理的任务与内容

1. 人员安全管理任务

人员安全管理的任务就是控制人的不安全行为，预防事故的发生。人的不安全行为有两种情况：一是由于安全意识差而做的有意的行为或错误的行为；二是由于人的大脑对信息处理不当而所做的无意行为。前者如使机器超速运行、使用有缺陷的机器、没有使用个人防护用品、人处于不适当的工作位置或接近危险部位等作业。后者如误操作、误动作；开动、关停机器时未给信号；忘记关闭设备；按钮、扳手、把柄等的操作错误等。引起行为失误的原因有物的缺陷、人的缺陷、作业不合理和管理缺陷等。要预防事故就要减少不安全环境和减少人的不安全行为，提高人员的安全性。

2. 人员安全管理内容

(1) 企业应制订安全管理制度。企业的安全管理制度是要求员工共同遵守、按一定程序办事的规程，它是企业员工在安全工作中的行为规范。企业可根据每个工种和岗位的安全要求，制订和落实本工种和岗位的安全操作规程。安全制度的建立可以约束员工的不安全行为，也可以保证企业正常经营秩序。

(2) 企业应建立常规、有效的安全考核制度。应根据不同的专业层级及不同的人员类别，制订相应的考核方式，如抽取题库考核、现场操作考核和综合考核等。通过考核的职工才可获得入行实习或持证上岗的资格。进行常规性的安全考核，可使职工认识到安全工作不仅仅是安全主任的职责，而是全体职工的职责。

(3) 企业应加强对企业员工安全操作技能的培训。对新从业人员来说，安全操作技能的培训是必不可少的，可以使新从业人员对安全技能操作有更深刻的了解，更加具体化，同时也为新从业人员在之后的工作操作中奠定了安全基础。对在职员工来说，定期的安全操作技能培训可以使员工在日常操作技能上进一步规范化、标准化。

(4) 企业可加强对人员安全文化的教育。如何开展对企业的安全文化教育培训工作，是当前的一个重要课题。物流企业的安全文化教育必须符合现代化要求和企业自身安全文化建设的需要。企业的教育培训工作是企业安全生产的重要组成部分，安全教育培训工作有利于培养企业员工的安全意识，安全教育培训工作的好坏直接影响企业安全生产质量，有时甚至左右着企业的生产和经营。一句话,企业安全文化是全体职工安全素质和良好习惯的体现。

(5) 企业可以对员工采取绩效考核制。对企业主管干部可以从部门工作专业能力、对工作的计划推动能力、对工作的组织能力、对工作上团队运用的协调能力、对工作问题上的改善能力、对平日工作主动积极负责尽职的责任感、自我开发能力方面进行绩效衡量。对企业一般从业人员可以从作业效率、作业品质、作业配合性、服从管理度、出勤状态、行为状态方面进行绩效衡量。恰当的绩效考核可以提升员工绩效和企业绩效,提高劳动生产率,增强企业活力,调动员工的工作积极性,使公司奖惩有所依循。

2.2 运输与配送环节人员安全管理

目前,运输与配送环节的从业人员普遍存在素质不高、安全行车技能差、安全防范意识不强等问题,同时从业人员的流动性较大,对社会和企业来说是一种安全隐患。

2.2.1 运输环节人员安全管理

据历史记载,自汽车诞生以来,已经吞噬了 3000 多万人的生命,特别是 20 世纪 90 年代开始,死于汽车交通事故的人数急剧增加,平均每年达 50 多万。这个数字超过了艾滋病、战争和结核病人每年的死亡人数。汽车所排出的尾气和引起的噪声也严重地威胁着人类的健康,是大城市环境污染的最大污染源之一。

近年来,我国经济快速发展,社会对商品的需求迅猛增长,在货物运输过程中,一旦发生运输事故,对人民的生命财产以及自然环境造成严重的危害。另外,由于我国机动车保有量快速增长,公路上的交通流量越来越大,道路运输的交通环境日益复杂,一旦发生事故,其后果和危害非常严重。

1. 运输的基本含义

按物流的概念,物流是"物"的物理性运动,这种运动不但改变了物的时间状态,也改变了物的空间状态。而运输承担了改变空间状态的主要任务,运输是改变空间状态的主要手段,运输再配以搬运、配送等活动,就能圆满完成改变空间状态的全部任务。其中,运输按服务对象不同可分为客运和货运,在物流中的运输大都指货运。

货物运输具有保值作用。也就是说,任何产品从生产出来到最终消费,都必须经过一段时间、一段距离,在这段时间和距离过程中,都要经过运输、保管、包装、装卸搬运等多环节、多次数的货物运输活动。在这个过程中,产品可能会淋雨受潮、水浸、生锈、破损、丢失等。货物运输的使命就是防止上述现象的发生,保证产品从生产者到消费者移动过程中的质量和数量,起到产品的保值作用,即保护产品的存在价值,使该产品在到达消费者时使用价值不变。同时,搞好运输能够节约自然资源,也能够节约费用。比如,集装箱化运输,可以简化商品包装,节省大量包装用纸和木材。

2. 运输环节的岗位设置

岗位设置是根据公司经营管理活动的性质和工作量，确定岗位层级、名称、职责、编制以及相互关系的过程(见图 2-1)。因事设岗是岗位设置的基本原则，具体有最低数量原则、权责对等原则、有效配合原则和目标任务一致原则。

图 2-1 岗位设置的一般过程

岗位的设置是由企业实际工作需求决定的，这就要求岗位职工必须具备相应的职能素质，并且对自己职位和工作有强烈的责任心与耐心。由于道路交通安全隐患较大，所以在岗职工必须要有过硬的专业技能素质和强烈的安全责任感。公司为了保证安全生产、生产过程规范经营，必须要做到预防因违章作业、违章指挥、违反劳动纪律等导致的安全事故发生，同时也必须要严格规范岗位职责，做到防患于未然，确保人员和商品安全。

在运输环节中，主要设置了驾驶员和车辆管理员，驾驶员主要为货车驾驶员。驾驶员是货物进行运输的直接操作人员，直接影响了货物运输质量；车辆管理员是货物进行运输的安全保障人员，只有车辆安全管理到位，货物运输的安全性才有了基本的保障。

3. 运输从业人员的就业资格

在企业中，具备相应的岗位职能素质是对从业人员的基本要求。从业人员既要具备充足的理论知识，又要具备熟练的操作技能，更重要的是具备强烈的岗位责任感。在操作性较强的物流运输环节中，对每个岗位都有较高的素质要求，所以应聘者必须具备熟练的操作技能。

1) 驾驶员的就业资格

驾驶员是物流运输配送环节中最普遍的但也在作业过程中起着至关重要作用的一个职位，如果驾驶员的工作出现了失误或偏差，将给企业和社会带来无可挽回的惨重损失。所以，一名合格的驾驶员必须做到以下几点。

(1) 驾驶员必须体检合格，拥有非常健康的身体状况，不能有与本职业禁忌的疾病或者隐疾。

(2) 驾驶员必须按照国家相关规定，经过相关的素质技能培训，取得相应的资格证书，有熟练的驾驶技能，并且有一定的驾驶经验的人员。

(3) 驾驶员必须具备强烈的岗位责任感和安全意识，绝不醉酒驾驶、疲劳驾驶，不超载、不超速。

(4) 驾驶员必须遵守企业相关章程，在岗时穿戴好相关工作服和工作证，维护企业形象。

(5) 驾驶员必须爱护自己的驾驶车辆，以延长车龄。

2) 车辆管理员的就业资格

车辆是物流工作环节必不可少的基础设备,所以车辆的管理是一个非常重要且艰巨的任务。作为车辆管理员需要做到以下几点。

(1) 车辆管理员必须十分了解各种作业车辆的性能、构造、使用年限等,有能力及时处理有问题车辆。

(2) 车辆管理员必须有强烈的责任感,对于有问题的车辆及时修整或停用,避免出现安全事故。

(3) 车辆管理员必须做到对车辆进行例行检查、定时清洁。

(4) 车辆管理员必须准确了解到车辆的出入库数量和日期情况,准确追踪去向。

4. 运输从业人员的岗位职责

岗位职责指一个岗位所要求的需要去完成的工作内容以及应当承担的责任范围,这是对每一位就岗人员最基本的要求。任何岗位职责都是一个责任、权利与义务的综合体,有多大的权力就应该承担多大的责任,有多大的权力和责任应该尽多大的义务,任何割裂开来的做法都会发生问题。不明确自己的岗位职责,就不知道自己的定位,也就不知道应该干什么、怎么干、干到什么程度。在物流企业中,设有多种不同的职务和工种,只有每个岗位的工作人员都做到职务与责任的统一,企业才能实现更快更好的可持续发展,岗位职责体系框架如图 2-2 所示。

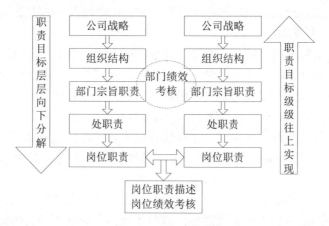

图 2-2 岗位职责体系框架

因此,作为运输环节的从业人员应具备以下岗位职责。

1) 驾驶员的岗位职责

(1) 驾驶员必须服从管理与调度、听从安排,严格遵守公司的规章制度。专职司机应爱车、护车。各车专职驾驶员有义务搞好所驾车辆的内、外清洁卫生,做到整车清洁、室内舒适。

(2) 爱岗敬业、诚实守信、举止文明、礼貌待人、优质服务,树立高尚的职业道德作风。驾驶员必须爱车、护车,时刻保持车辆的良好技术状况。

(3) 新、旧车辆室内装修,需配正常物品,驾驶员须向车队申请,经分管领导同意后才能办理。车辆实行定人定车管理,所有车辆及随车所有证件和工具均由责任驾驶员负责妥善管理。如遇新、旧车交接，原车驾驶员必须将车钥匙、所有证件和随车专用工具全部移交给另一位司机，有义务说明原车辆技术状况。

（4）驾驶员必须保持通信联系畅通，随时听从公司及车队安排出车任务，也可直接听从领导的吩咐出车。自觉服从上级的管理和调派，因事因病或车辆故障，不能承担出车任务时，应及时报告，不得无故拒绝出车。

（5）加强安全学习，加强行车安全意识和责任感。严禁驾驶员违反操作规程，严禁驾驶员违法违规行车、停车，预防和避免交通事故的发生。严格遵守交通法规，增强安全行车意识。做到安全驾驶、文明驾驶、箴言驾驶，不得怠慢丢弃乘客，不得私自出车，严禁酒后驾车。

（6）严禁将车辆交由无证及证件不符人员驾驶。

（7）驾驶员完成当日任务后，应将车辆及时入库，停放安全可靠，不得私自将车在外停放、寄宿，防止车辆被盗和损坏。严禁驾驶员擅自出车。

（8）行驶途中不得随意改变行车路线，严格执行维护修理制度，落实出车前、行车中、收车后的"三检"制度；爱护车辆设备及随车工具，(丢失工具照价赔偿)确保车辆特别是安全系统的完好有效。

（9）待人和气、搞好团结，相互之间不得搬弄是非，维护车队团结，维护车队集体利益。

2）车辆管理员的岗位职责

（1）车辆管理员必须认真执行停车场管理规定，礼貌待人，热情服务，确保车辆安全，维护车场(库)良好的停车秩序。

（2）车辆管理员要坚持原则，不得徇私舞弊，做到客户至上，坚持优质服务。

（3）车辆管理员要及时帮助司机做好车辆停放引导工作，确保车辆安全停放。

（4）车辆管理员要适时提醒司机关、锁好车门、窗，保管好自己的贵重物品。

（5）随时做好巡查工作，检查车辆的车况，发现可疑情况及时报当班领导并通知车主。

（6）车辆管理员要坚持文明用语，注重仪容仪表。不得倚靠车辆、打闹，随意脱岗。

（7）遇车辆门、窗、后备箱未锁的情况，车辆管理员不得私自动用车内物品及驾车玩耍。

明确了各个岗位的岗位职责，企业可以最大限度地实现劳动用工的科学配置，也有效地防止因职务重叠而发生的工作怠慢现象，同时也提高了企业内部竞争活力，使企业更好地发现和使用人才，提高员工工作效率和工作质量，规范员工操作行为，减少违章行为和违章事故的发生。

5. 运输环节安全生产责任制

【导入案例】

2008年7月8日凌晨1时，某车队司机吴某驾驶FN1920号汽车运载钢材南下途中在京珠高速公路北兴路段，车辆在上坡过程中，前方一台拉木材的大货车低速行驶，车上的木材超出车厢近3m，遮挡了车尾灯。而FN1920号汽车的司机吴某车速过快，未能提前发现前车，当两车接近时发现前方有车辆，急忙打方向盘左转，但未能完全避开，造成车头斜向追尾碰撞前方大货车，大货车上的木材击穿驾驶室，致使副司机陈某死亡。本次交通事故导致 FN1920 号汽车严重损坏，副驾驶员死亡。

1) 事故原因分析

(1) 司机吴某在夜间视线不良的情况下车速过快，不能及时发现前车，发生事故时车速约为 73km/h。

(2) 前面的大货车违规装载，遮挡了车尾灯，且未在超长的货物尾部加装警示装置，造成后车判断困难。

2) 事故教训

(1) 要加强司机安全意识教育，在视线不良的情况下不能盲目开快车。

(2) 对超宽、超长货物的装载，不能遮挡车辆的灯光信号，对超出车厢部分要用明显的标志做警示。

(资料来源：http://www.docin.com/p-347791202.html)

俗话说：无规矩不成方圆。在对待制度的认识上，要重视规章制度的约束力，但对待制度人性化的管理采取的是与时俱进的态度。物流企业必须认真贯彻"安全第一、预防为主、综合治理"的方针，建立健全各种安全生产管理制度，采取一切有效措施，全面落实安全生产责任制，加强安全生产监督管理，加强安全技术和安全教育工作，实现安全文明生产。多数道路运输企业都有十余年到几十年的历史，在安全管理上都有一套规章制度，人性化的管理不能离开原有的管理成果，对这些规章要进行很好的梳理，沿用对安全管理行之有效的，摒弃那些多余无用的，建立适应新的营运环境的新规章制度，使制度真正起到约束人、管理人、促进安全生产的作用。

安全生产责任制是经过长期的安全生产、劳动保护管理时间证明的成功制度与措施。企业实行安全生产责任制可以让企业员工自觉遵守安全生产规章制度；在一定程度上使员工不进行违章作业，并且还随时制止他人违章作业；可以促进员工积极参加安全生产的各种活动，且主动提出改进安全工作的意见；员工会爱护和正确使用机器设备、工具及个人防护用品。

实践证明，凡是建立、健全了安全生产责任制的企业，企业领导在认真负责地组织生产的同时，积极采取措施，改善劳动条件，工伤事故和职业性疾病就会减少；反之，就会职责不清，相互推诿，而使安全生产、劳动保护工作无人负责，无法进行，工伤事故与职业病就会不断发生。

1) 车辆与驾驶员安全责任制

对于车辆和驾驶员的安全管理，企业可以依自身情况借鉴，具体规定如下。

(1) 车辆由公司指定人员负责管理。公司根据司机全年工作表现，从司机产值、安全行车、维修费用、服务态度、客户意见等各方面全面考虑，对表现好的司机给予奖励，对表现差的司机按公司有关制度进行处罚。

(2) 车辆使用权方面。由公司指定驾驶员专用，其他人员未经批准不得驾驶，专车司机不能将车转借他人或其他单位使用，如有违反则扣罚若干钱财，造成后果由司机本人承担。

(3) 车辆使用时间限制方面。除执行运输任务外，未经批准不得随便驶离指定的停车场，包括不得私自开车回家和办私事；任务完成后应及时将车辆开回指定的停车场，不准

物流安全

起动发动机在车内睡觉和卸货,一旦发现要追究责任,重犯更要从严处罚。

(4) 车辆进出仓库。要遵守有关纪律、制度,若在厂装、卸货,均要遵守厂方的有关纪律、制度或行车指示,若有违反则追究责任,如罚款或写检讨书,重犯者从严处罚。

(5) 车辆定时检修。出车前和出车后都要及时仔细对车辆进行性能、零部件、轮胎等检查,有问题车辆要及时维修;及时清理维护车辆。

(6) 驾驶员必须持证上岗,有足够熟练的驾驶经验,并且身体满足岗位健康条件。

(7) 驾驶员要有高度的安全意识,坚持"不超载、不超速、不醉驾、不疲劳驾驶"这"四不"原则。

2) 综述

安全生产管理最根本的目的是保护人的身心健康和企业财产不受损失。安全生产是企业发展的基石,离开了安全管理,企业效益无从谈起。安全生产也是保证企业员工安全就业、人们幸福指数、企业和谐发展的重要因素。正确掌握安全生产的规律,增强安全意识,是每个员工义不容辞的责任。

2.2.2 配送环节人员安全管理

1. 工作内容

配送员是随着社会发展,现代物流管理不断完善衍生出来的一种职业称谓。配送员是将物品按类分配再送达到指定地点的人员。配送员工作复杂程度较高,因为不但要保证物品及时、准确送达到指定地点,而且要保证物品的完好度、新鲜度等。具体有以下几项工作。

(1) 备货。这是配送的准备工作或基础工作,备货工作包括筹集货源、订货或购货、集货、进货及有关的质量检查、结算、交接等。配送的优势之一,就是可以集中用户的需求进行一定规模的备货。备货是决定配送成败的初期工作,如果备货成本太高,会大大降低配送的效益。

(2) 储存。配送中的储存有储备及暂存两种形态。配送储备是按一定时期的配送经营要求,形成的对配送的资源保证。这种类型的储备数量较大,储备结构也较完善,视货源及到货情况,可以有计划地确定周转储备及保险储备结构及数量。配送的储备保证有时在配送中心附近单独设库解决。

另一种储存形态是暂存,即是分拣、配货之后形成的发送货载的暂存,这个暂存主要是调节配货与送货的节奏,暂存时间不长。暂存是具体执行日配送时,按分拣配货要求,在理货场地所做的少量储存准备。由于总体储存效益取决于储存总量,所以,这部分暂存数量只会对工作方便与否造成影响,而不会影响储存的总效益,因而在数量上控制并不严格。

(3) 分拣及配货。这是配送不同于其他物流形式的有特点的功能要素,也是配送成败的一项重要关键性工作。分拣及配货是完善送货、支持送货准备性工作,是不同配送企业在送货时进行竞争和提高自身经济效益的必然延伸,所以,也可以说是送货向高级形式发展的必然要求。有了分拣及配货会大大提高送货服务水平。所以,分拣及配货是决定整个配送系统水平的关键要素。

(4) 配装。在单个用户配送数量不能达到车辆的有效载运负荷时,就存在如何集中不同用户的配送货物,进行搭配装载以充分利用运能、运力的问题,这就需要配装;和一般送货不同之处在于,通过配装送货可以大大提高送货水平及降低送货成本;所以,配装也是配送系统中有现代特点的功能要素,也是现代配送不同于以往送货的重要区别之处。

(5) 配送运输。配送运输属于运输中的末端运输、支线运输,和一般运输形态的主要区别在于:配送运输是较短距离、较小规模、额度较高的运输形式,一般使用汽车作为运输工具。与干线运输的另一个区别是,配送运输的路线选择问题是一般干线运输所没有的,干线运输的干线是唯一的运输线,而配送运输由于配送用户多,一般城市交通路线又较复杂,如何组合成最佳路线、如何使配装和路线有效搭配等,是配送运输的特点,也是难度较大的工作。

(6) 送达服务。配好的货运输到用户还不算配送工作的完结,这是因为送达货和用户接货往往还会出现不协调,使配送前功尽弃。因此,要圆满地实现运到之货的移交,并有效、方便地处理相关手续并完成结算,还应讲究卸货地点、卸货方式等。送达服务也是配送独具的特殊性。

(7) 配送加工。在配送中,配送加工功能要素不具有普遍性,但是往往是有重要作用的功能要素。主要原因是通过配送加工,可以大大提高用户的满意程度。配送加工是流通加工的一种,但配送加工有它不同于一般流通加工的特点,即配送加工一般只取决于用户要求,其加工的目的较为单一。

2. 配送从业人员的岗位职责

配送中心有无数商品和设备设施,配送过程也很复杂。为了保证配送人员和货物的安全,满足市场需求,并及时收集反馈市场最新信息,要求配送员必须做到以下几点。

(1) 所有配送人员必须严格遵守国家的法律法规,同时要遵守公司的各项规章制度。
(2) 配送员必须体检合格,拥有非常健康的身体状况,不能有与本职业禁忌的疾病或者隐疾。
(3) 配送人员在配送货物过程中要遵章行事,保证自身和货物的安全。
(4) 配送人员必须保证配送车辆完好无损、电源充足、能够正常使用,并保证当天客户所报货物按时足量地送达。
(5) 配送员必须做好商品安全工作,做到全员都参与商品防损,做好商品保质期管理,规范堆垛,轻装轻卸等各项工作。
(6) 每一位配送员都代表了公司形象,所以,在与客户交往过程中,一定要注意自己的言行举止,树立服务观念的同时,也要做到不卑不亢,以树立和维护公司的形象。
(7) 各个配送人员要发挥团队合作精神,互相配合,提高配送效率。
(8) 配送员应做好相应的维护和保养工作,尽量减少设施设备的损耗,延长设备使用年限。
(9) 配送员必须穿好相关工作服并带工作证,注意相关警示标识。

3. 配送从业人员的绩效考核制度

随着经济全球化和信息时代的到来,每个企业都面临着日益激烈的市场竞争。为了增强市场竞争力和适应能力,很多企业都在探索提高生产力和改善物流绩效的有效途径,物流绩效的改善已经日渐成为企业简化结构、降低成本的重要手段之一。在物流绩效评价制度中,对配送员的绩效考核十分重要。

1) 配送绩效考核存在的问题

现代市场竞争日趋激烈,在这种竞争中,企业要想取得竞争优势,必须不断提高其整体效能和绩效,物流配送的绩效考核问题日渐突出。时间是衡量物流配送效率最直接的因素,能否快速、准确地进行配送,最能体现企业配送中心整体作业能力。企业要根据顾客的要求进行配送,特别是出现特殊情况时,按时按质送货就显得尤为重要。因此,企业要降低顾客从订货到收货的时间,使配送物流活动能在较短的时间内完成。但由于物流信息技术的相对落后、物流信息共享平台不健全、物流信息收集缓慢、电子商务在物流活动中的不健全等问题,导致企业物流配送反应慢、绩效低下,物流配送绩效的考核更加困难。

2) 配送从业人员绩效考核评价表

要解决上述配送绩效考核中存在的问题,同时企业为了更好地对配送从业人员进行绩效考核,应制订配送人员绩效考核表,如表2-1所示。

表2-1 配送从业人员绩效考核表

配送从业人员绩效考核				
被考评对象		部门		
考评负责人	考评时间	至		
考核项目	细分指标/关键指标	权重/分	指标具体内容及定义	
货物配送	配送计划完成率	10	配送计划完成率=实际完成的配送量÷应完成的配送量(以订单及发货单为准)×100%	
	配送的及时性	10	出现一次不及时扣2分,扣完为止。及时是指按照相关部门下达的配送计划量、发货时间要求完成相应的配送工作	
	配送的准确性	10	出现一次不准确扣5分,扣完为止(准确是指所配送物资的品种、规格、数量以及目的地到达等完全符合发货单的要求)	
	个人配送效率	10	个人配送效率=实际每单等待时间÷公司整体每单等待时间×100%	
	物资破损率	10	物资破损率=(运输过程中人为原因造成的物资破损数量÷配送总量)×100%	
	配送服务满意度	10	客户服务满意度是指通过针对售后服务工作进行调查,取得客户的反馈及评分结果	
成本控制	单位货物配送费用控制率	5	单位货物配送费用控制率=(实际单位货物配送成本÷计划单位货物配送成本)×100%,配送成本主要指物料消耗、车辆修理费、燃油费(或者耗油费用)、人工费以及加班费等	

续表

考核项目	细分指标/关键指标	权重/分	指标具体内容及定义
日常工作管理	物流部门管理制度的执行情况	3	严格按照物流部门管理制度与流程工作
	配送单据、作业资料及信息管理	10	各项作业记录填写、提交的准确性与及时性,数据资料保存的完整性。其中包括发货单、交货验收单、配送日报表、盘点报表、6S检查表、安全检查表等
	6S管理	5	检查时发现不良项,一项扣1分,最多扣5分;及时进行改造
	物流安全	5	要求作业过程中零安全事故,出现一次事故,扣5分,最多扣20分
	其他日常工作	2	公司统一开展的活动或要求的事项是否按时完成
知识、技能与品质	知识与技能	5	岗位要求所必需的知识(基础知识、业务知识、关联知识)及技能水平(包括分析判断能力、沟通能力、问题解决能力、团队合作精神)
	愿望与态度	5	主要指公司要求的通用类素质(公司可根据自我需求进行调整),如创新与改善能力、诚信正直、责任感、纪律性、工作热情、服务态度

2.2.3　特殊商品运输配送人员安全管理

【导入案例】

1. 案例简介

2016年3月18日,山东警方破获一起特大非法疫苗案件,涉案人员庞某、孙某,非法购进25种儿童、成人用二类疫苗,未经严格冷链存储运输销往全国18个省(直辖市、自治区)。

随后,3月19日晚山东省食药监局即公布了非法疫苗所涉及的安徽、北京、福建、甘肃、广东、广西、贵州、河北、河南、黑龙江、湖北、吉林、江苏、江西、重庆、浙江、四川、陕西、山西、山东、湖南、辽宁、内蒙古和新疆24个省(直辖市、自治区),以及193个采购问题疫苗的下线人员及省市信息。

2. 案例解析

近年来,多起引发社会广泛关注的药品安全公共卫生事件,流通领域出现问题比重较大。有研究数据表明,不合格药品中17.03%是在药品运输、配送过程中造成的,医药物流已经成为影响药品质量安全的薄弱环节。疫苗是人类对抗传染性疾病的重要手段,而绝大多数疫苗对热是十分敏感的,因此无法在高温下保存,必须依靠冷链系统在低温条件下保持活性。

对于未经严格冷链存储运输的非法疫苗,有医学专家评论,"这是在杀人"。据了解,接种未经 2～8℃存储冷链运输的疫苗，首要风险是无效免疫。例如，狂犬病这类致命性传染病，本可通过接种疫苗免疫来避免死亡，但接种问题疫苗导致免疫无效，接种者可能会感染发病死亡。

一类疫苗是指政府免费向公民提供，公民应当依照政府的规定受种的疫苗。二类疫苗是指由公民自费并且自愿受种的其他疫苗。从 2005 年 6 月 1 日《疫苗条例》实施以来，二类疫苗供应与销售方式发生了变化，国家放开了原先由省级疾控中心垄断的二类疫苗供应体制，允许各级疾控机构及接种点直接向经销商采购二类疫苗。但是在实际操作中，由于二类疫苗的收费性质和商业利益驱使，二类疫苗的接种出现不良状况。

3. 对策建议

(1) 充分发挥政府职能作用，完善标准体系。应尽快制订严格的市场准入制度和公平的市场竞争准则，加快冷链物流的基础设施建设，加强政府、行业组织和企业合作，共同推动医药冷链物流的发展。

(2) 搭建公共服务平台，大力发展第三方冷链物流。建立冷链物流供应链管理系统，对药品运输、配送、储存等全过程进行自动监控，确保物流信息准确、及时传递，有效消除制造商、终端用户、食品卫生监管部门、第三方物流等方面的信息孤岛。

(3) 重视冷链运输配送人员安全管理。一切事故的起因最终还是归咎到人员身上，只有加强从业人员的安全管理，加强人员的安全意识，才能从根本上预防事故发生。

(资料来源：http://news.cqnews.net/html/2018-01/02/content_43595210.htm)

1. 冷链物流

1) 概述

冷链物流是指需冷藏保管的物品在储藏、运输等流通过程中应始终处于规定的温度环境下，以保证商品质量的特殊供应链管理系统。作为第三产业的物流行业本身就是根据客户需要来提供相应的服务，所以冷链物流系统的运作要以客户为中心。在冷藏运输过程中，必须保证稳定的较低温度才能使商品质量不受损害，车厢必须具有良好的保温性能，在控温机组出现故障后，车厢内温度仍然能在一定时间内保持在设定范围内，运输环节若能提高运输服务水平可以使商品在流通过程中减少很大损失。

随着物流行业的发展，冷链物流运输体系也得到了不断完善，企业对冷链运输设备、人员的投资力度也随之提高。但一切设备安全保证的前提还是对人员的安全管理，因此，对于冷链运输配送来说，人员的安全管理也同样很重要。

2) 冷链运输配送从业人员安全管理

(1) 公司应配备有确保冷藏产品温度要求的设施、设备和运输工具。

(2) 工作人员采用冷藏车运输冷藏产品时，应根据冷藏车标准装载，不得出现超载类的情况。

(3) 工作人员采用保温箱运输冷藏产品时，应根据保温箱上的参数选择合适的保温箱。例如，农产品和药品所需运输温度要求不一样，应根据其特殊要求选择相应规格的保温箱；否则运输物品的质量将会受到很大影响。

(4) 运输人员出行前应对冷藏车及冷藏车的制冷设备、温度记录显示仪进行检查，要确保所有的设施设备正常并符合温度要求。

(5) 公司应指定专人负责冷藏产品的出库跟踪，产品到达时应与客户做好交接，记录到货时间(精确到分钟)和到货温度，并请客户确认。冷链记录表至少保存5年。

3) 综述

冷链运输作为物流的重要组成部分，冷链运输人员安全管理是保证冷链运输的基础。想要达到冷链物流全过程的安全管理，还需完善冷链物流体系，大力发展第三方冷链物流，采用先进的冷链物流设备和技术，并加强专业冷链物流人才培养力度。

【导入案例】

1. 事故经过

2009年9月1日，山东省临沂市一辆车牌号为鲁Q·B3000的货车(一般运输资质，无危险货物运输资质)装载了3t的耐火泥、200套茶具和2套机械设备后，又从江苏省宜兴市申利化工厂装载了8t的H型发泡剂(属危险化学品，易燃固体，受撞击、摩擦、遇明火或其他点火源极易爆炸)后运往临沂。9月2日7时，该货车将上述货物运至某物流基地F3区的临沂市某货物托运部，11时起开始卸货，14时左右所有货物卸完，然后驶离该物流基地。卸下的混装货物堆积在托运部营业室门口，仅留一个60cm左右宽的通道进出。15时30分左右，堆积的H型发泡剂起火，火势迅速扩大并发生爆燃，造成正在该货物托运部营业室内领取工资、提货和收款的18人死亡，另有10人受伤。

2. 事故原因分析

初步调查分析，现场存放的可燃物(H型发泡剂)起火并发生爆燃造成火灾事故，事故现场通道不畅导致事故人员伤亡扩大。

现场调查还发现以下主要问题：一是山东某现代物流发展有限公司只有道路运输经营许可证，而其管辖的货物托运部实际从事危险货物配送和储存活动；二是货物托运部尚未取得工商营业执照，属非法经营，且现场管理混乱，安全意识差，卸下的危险化学品堵塞营业室唯一通道；三是运输车辆本身无危险货物运输资质，承运的货物却为危险货物，且与普通货物(耐火泥、茶具、机械设备)混装。

3. 事故教训与预防对策措施

(1) 危险化学品单位要建立健全安全生产责任制，生产、经营、储存危险化学品的场所要符合相关要求，安全管理措施要到位。涉及危险化学品的单位要建立和完善事故应急救援预案，并配备相应的救援器材，定期开展事故演练，切实提高事故应急处置能力。

(2) 危险化学品行业属于高危行业，危险化学品单位应按照《中华人民共和国安全生产法》等相关法律法规的要求，配备相应的安全管理人员。危险化学品单位负责人、安全管理人员、作业人员都应经过相应的培训并考核合格。

(3) 危险化学品经营、运输单位要加强安全管理，严格落实岗位职责。对进出站车辆实施严格安全检查，防止非法运输、超载、超装、混装危险货物的车辆进出，保证经营、运输安全。

(资料来源：http://www.safehoo.com/Case/Case/Blaze/201101/165617.shtml)

2. 危险品物流

危险品物流是一种特殊商品的物流，是物流行业中一个特殊的组成部分，相对普通的物流来说，危险品物流更需要全面、准确、可靠的信息管理和控制。

1) 概述

对于危险品，不同国家、不同行业有不同的规定和表述。在航空运输中，危险品是指在航空运输过程由于气压和温度变化、震动、空间限制等可能对飞机、生命、货物造成伤害的货物；而在海上运输，对危险货物的认定就比较灵活，需根据国别和具体情况来确定，往往需要货主具备一定的鉴别能力或相关知识。当今的科学技术飞速发展，新产品不断出现，新的危险货物会不断面世。一般而言，危险品(Hazardous Material)是一种具有物理、化学或是生物特性的物品。

危险货物，国家标准《危险货物分类和品名编号》(GB 6944—2005)给出的定义是：凡具有爆炸、易燃、毒害、腐蚀、放射性等性质，在运输、装卸和储存保管过程中，容易造成人身伤亡和财产损毁而需要特别防护的货物，均属危险货物。危险品一般都是工业原料或产品，由于其特殊的物理、化学性能，它容易在生产、运输中引起燃烧、爆炸、中毒等灾害事故。为避免事故发生，必须严格遵守有关危险品管理的规定。

2) 危险品物流从业人员安全管理

危险品物流不同于一般物流，它是一项技术性和专业性很强的工作，危险品运输人员应注意以下几点。

(1) 运输装卸危险化学品，应该依照相关法律法规、规章规定和国家标准的要求，并按照危险化学品的危险特性，采取必要的安全防护措施。

(2) 通过公路运输危险化学品，运输车辆必须配备押送人员，并随时处于押运人员的监管之下，不得进入危险化学品运输车辆禁止通行的区域；确实需要进入禁止通行区域的，应当事先向有关部门报备，获得准许后方可通行。

(3) 工作人员应该定期对装运放射性同位素的专业运输车辆、设备、搬运工具、防护用品进行放射性污染程度的检查，当污染量超过规定水平时，不得继续使用。

(4) 工作人员应该清楚地了解相关危险品的标识标签，了解各类危险品的存储方式和存储条件。

(5) 对于运送的危险品，工作人员应该严加看管，不准无关人员乘坐运输车辆，不准无关人员对商品进行触摸。

(6) 对于易燃易爆危险品的管理时刻都不能松懈，严格监控，避免出现火灾隐患。

危险品具有品类繁多、性质各异、危险性大、专业性强等特点，再加上相关法律法规条例较多，危险品物流一直面临严峻的挑战。但是这不仅仅是危险品物流企业存在问题，更深层次反映的是整个物流行业存在问题。只有三者联合起来，才能真正迎接这个严峻的考验。

3. 大件商品物流

1) 概述

大件商品一般指重量较高、体型较大、需要由厂商配送并上门安装的商品，主要有空调、电视机、冰箱、电热水器等家电商品和家具、大型机械等。在大件商品运输配送过程中，最主要的安全事故便是搬运安全事故。大件商品受其体积、重量、形状等因素的影响，在人力搬运配送过程中往往受到空间、力量限制，难以配合，从而出现碰撞、压伤等安全事故。

2) 大件商品物流从业人员安全管理

为了保证大件商品的顺利运输配送，工作人员应注意的事项如下。

(1) 仔细分析所运输设备的特性、技术参数，掌握设备的运输要求，确保运输设备的安全可靠。

(2) 要选择最佳运输路线为大件运输创造良好的运输作业环境条件。

(3) 选择和使用先进的车辆和工器具，留有足够的安全余量，增强进行大件运输时对各种风险的抵抗能力。

(4) 制订安全可靠的运输方案和应急预案。

(5) 加强道路、线路、桥涵的排障工作，并检查和加固等相关记录，确保实际运输时一次性顺利完成。

(6) 在进行实际大件运输作业时要谨慎从事。加强途中检查，严格执行行业及国家有关法律法规。

(7) 严防外来因素的影响。大件设备精密贵重，实施拟人化管理，倍加关爱大件运输吊装工作。

(8) 在运输过程中，确保商品捆扎牢固，避免超载。

2.3 仓储与装卸环节人员安全管理

【导入案例】

1. 事故发生相关单位、人员及设备概况

(1) 青岛某海尔空调器有限公司，住所为青岛胶州市海尔大道海尔工业园，注册资本为1亿元整，公司类型为有限责任公司，一般经营范围为空调器、家用电器及制冷设备制造、销售等。

该公司与山东省某物流有限公司青岛市分公司签订了安全生产管理协议，由安全保卫事业部对其安全生产工作进行统一的协调、管理，每天进行巡查，对发现的安全事故隐患下达"安全隐患整改通知单"限期整改。

(2) 山东省某物流有限公司青岛市分公司，营业场所为青岛市城阳区流亭街道两江路15号，成立日期为2010年6月23日，许可经营项目为普通货运、国内快递业务、国际国内邮件寄递业务、国际快递等，一般经营项目为货物仓储、装卸、包装、装配等。

2013年6月1日，该公司与青岛某海尔空调器有限公司签订协议，承揽其厂内物流(成品及原材料)仓储管理服务，约定安全管理由该公司负责，并接受海尔集团安全保卫事业部的安全检查和各项整改指令，开始从事仓储管理服务业务，未在胶州市办理工商营业执照。

该公司安全生产责任制、安全生产规章制度和操作规程落实不到位，未按规定对从业人员进行安全教育培训，未将叉车在装卸平台上作业防翻落列为事故隐患并采取有效的防范措施，现场安全管理存在漏洞。

(3) 青岛某人力资源管理有限公司，住所为青岛市市北区内蒙古路44号二楼209，注册资本为200万元整，公司类型为有限责任公司，一般经营范围为国内劳务派遣、保洁服务、绿化工程、装卸服务、企业管理咨询、企业形象策划、会议服务等。

2013年6月1日，该公司与山东省某物流有限公司青岛市分公司签订劳务派遣协议，派遣劳务人员到其海尔业务事业部工作，约定安全管理由山东省某物流有限公司青岛市分公司负责。6月1日，该公司派遣李某到山东省某物流有限公司青岛市分公司海尔业务事业部工作，7月25日，与其签订劳动合同。

(4) 厂内鲁B·A鲁UA1492号叉车，制造单位是林德叉车(中国)有限公司，额定载重为2000kg，最高时速为5km/h，使用区域是场(厂)内，2013年12月11日经青岛市锅炉压力容器检验所(胶州)检验检测合格，登记单位为青岛某海尔空调器有限公司。

(5) 叉车驾驶人李某，男，2013年9月2日取得特种设备作业人员证，证件编号为220323199506062894，档案号为TS051079，有效期至2017年9月1日。

2. 事故发生经过和救援情况

2014年1月14日9时许，山东省某物流有限公司青岛市分公司从业人员李某在青岛某海尔空调器有限公司院内成品库上夜班，主要负责驾驶叉车运送货物。1月15日6时6分许，李某在成品库10号库水泥装卸平台(高度为1.2m、宽度为4.8m)上驾驶鲁UA1492号叉车放下货物后向西倒车，因提前向北转方向盘，叉车在左后轮驶出平台后发生倾斜，李某滑落地面被随后翻落的叉车压伤，现场人员立即拨打120急救电话，120急救车赶到后将其送往胶州市人民医院北院救治，后经抢救无效死亡。

3. 事故造成的人员伤亡和直接经济损失

本次事故共造成李某1人死亡。

4. 事故原因和事故性质

1) **直接原因**

李某观察不周，在未确保倒车安全的情况下打转向，导致驾驶的叉车从水泥平台上翻落将自己压伤致死。

2) **间接原因**

山东省某物流有限公司青岛市分公司安全生产责任制、安全生产规章制度和操作规程落实不到位，未按规定对从业人员进行安全教育培训，未将叉车在装卸平台上作业防翻落列为事故隐患并采取有效的防范措施，现场安全管理存在漏洞。

3) **事故性质**

本次事故为一起因从业人员操作错误导致的一般生产安全责任事故。

4) **事故责任认定和对责任者的处理建议**

(1) 李某观察不周，在未确保倒车安全的情况下打转向是导致事故发生的直接主要原因，对事故发生负直接主要责任，鉴于其已在事故中死亡，建议不再追究其责任。

(2) 山东省某物流有限公司青岛市分公司安全生产责任制、安全生产规章制度和操作规程落实不到位，未按规定对从业人员进行安全教育培训，未将叉车在装卸平台上作业防翻落列为事故隐患并采取有效的防范措施，现场安全管理存在漏洞是导致事故发生的原因，对事故发生负有责任，建议市安全监管局依法对其实施行政处罚。

(3) 建议山东省某物流有限公司青岛市分公司根据事故原因，对该事故负有领导责任的公司总经理王某等，按照事故处理"四不放过"原则及公司的有关规定进行处理。

5. 整改措施

山东省某物流有限公司青岛市分公司，认真总结此次事故的教训，并落实以下几方面整改措施。

(1) 健全并认真落实安全生产责任制；健全并完善相关的安全管理制度和操作规程，教育督促从业人员认真学习并遵守；加强对从业人员的安全教育培训，全面提高安全意识；采取有效防范措施，消除叉车翻落隐患。

(2) 切实把安全生产放在首位，落实安全生产主体责任，全面查找公司在安全管理方面存在的问题和不足，全面排查治理事故隐患，确保安全生产。

(资料来源：http://www.safehoo.com/Case/Case/Vehicle/201604/437240.shtml)

2.3.1 仓储环节人员安全管理

仓储安全管理就是针对物品在仓储环节对仓库建筑要求、照明要求、物品摆放要求、消防要求、收发要求、事故应急救援要求等综合性管理措施。物资仓储安全管理属于仓储管理中的重要工作内容之一，其安全管理水平高低直接关系着仓储机械设备及物资的安全性，同时也影响着生产是否能够顺利进行。对物资及物资储存仓库进行安全管理可以保证物资储存及保管等业务有计划、有组织地实施，在一定程度上可以提高物资流通的经济效益，在保证物资安全的同时实现物资的高效利用。

在物资仓储安全管理中需要对物资计划制订、物资采购、物资使用以及物资储备等多个环节进行管理，这些环节相互影响、相互制约，可以说是一个有机整体。物资仓储安全管理人员应对物资仓储安全管理工作引起足够的重视，将管理行为渗透到各个环节，实现对物资的高效管理，从而达到降低企业生产成本的目的，为企业创造更多的经济效益。

1. 仓储安全管理问题

在仓库的堆放过程中，由于物品大小、形状、品类、特性不一，对储存环境的要求也不同。各类物品对温湿度要求的比较如表2-2所示。

表2-2 各类物品的温湿度要求

种　类	温度/℃	相对湿度/%
塑料制品	5～30	50～70
仪表、电器	10～30	70
轴承、钢珠	5～35	60
汽油、煤油	≤30	≤75
工具	10～25	50～60
树脂、油漆	0～30	≤75

物流安全

现代仓库从运输周转、储存方式和建筑设施上都重视通道的合理布置。确定货物的分布方式和堆积的最大高度，并配置经济有效的机械化、自动化存取设施，以提高储存能力和工作效率。但是如果没有一个好的仓库管理系统，那么就算你有多大的仓库，也不能达到你理想的储存量。为了减少商品吊运次数，提高人工作效率，减少库存，加快物流，达到降低库位管理成本的目的，对仓库进行堆放管理显得尤为重要。

由于仓库内的商品可以多层堆放，在物流复杂、商品频繁移动的情况下，就会出现上层商品重复吊运、相邻商品相互挤压、人工指挥依赖程度高等问题。仓库安全管理问题具体表现如下。

(1) 仓库内材料的堆放位置未进行详细的定义，只划分了几个大的区域。每次移动时都需要地面人员到区域内查找材料的具体位置，并指挥行车吊运，人力资源浪费严重，工作效率低，且存在安全隐患。

(2) 库内材料的堆放原则未进行详细的定义，只是由现场操作人员依据经验决定材料的堆放位置。多层堆放时，如果判断不准确，上层材料就有滚落的危险。

(3) 材料在仓库内的移动要人工录入系统，系统内信息严重滞后，不利于实时、准确掌握仓库内材料的堆放情况。

(4) 收料和发料的作业要依据事先打印的计划单操作，一旦计划有变动就要重新打印，造成资源浪费。

(5) 多层堆放时，入库的材料很有可能被指吊到即将离库的材料的上层，待下层材料离库时上层材料已形成障碍，需要先行吊离，这样就增加了行车吊运次数，降低了物流的效率。

2. 仓储从业人员的岗位职责

为了解决仓库堆放安全问题以及更好地预防仓库安全事故的发生，仓库各工作人员应更好地遵守各工作的岗位职责，具体表现为以下几点。

1) 仓库管理员的岗位职责

(1) 遵守公司各项规章制度，负责仓库进、出货、存货管理，执行物料管理规定。

(2) 及时、完整、准确登记存货仓库账，序时登记，定期编制存货进出存报表。

(3) 负责仓库存货保管，保证库内存货安全，禁止无关人员及危险物品随意进入仓库。

(4) 负责存货日常管理，包括存货分类码放、整理、标识及进出库调度。要求熟悉存货特性，分类管理，合理摆放，便于物流及安全。

(5) 按会计岗位要求定期或不定期核对存货入库、出库、结存数量。要求账目清楚、标识清晰、账卡物核对相符。经常对账点数，定期盘点。

(6) 严格执行存货收发流程及要求，正确、及时办理原料入库、生产领料、完工入库、销售出库以及其他类存货入库出库的开单、收发料和签字手续。

(7) 廉洁自律，不得损害公司形象及利益，杜绝商业舞弊行为。

同时，仓库管理员为了更好地履行岗位职责，应具备专业的物流、仓储专业知识，包括货物的存放条件、分类保管及盘点知识，也应具备一定的组织协调、发现问题解决问题、良好的沟通交流、运算和计算机使用操作能力，同时也要认真和耐心。

2) 仓库安全员的岗位职责

仓库作为物品堆积的地方,保证仓库的安全就是在很大程度上保证了物品的安全,因此专门的仓库安全员的职责显得尤为重要。

(1) 检查落实各防火措施,定期组织消防培训和演习工作,确保用火安全;负责安全设施、防护器材、灭火器材的管理。

(2) 深入现场监督检查,及时发现安全隐患,大胆管理,按章办事,不徇私情,坚决制止违章作业,对紧急情况和不听从劝阻者要果断正确处理,并立即报告主管领导。隐瞒不报或未发现隐患而发生安全事故,负失职责任。

(3) 做好日常安全巡检,及时发现安全隐患;按照规定的安全检查表进行逐项检查、评分,进行动态管理。

(4) 检查出的隐患和问题除口头通知有关人员外,还必须发书面整改通知,并规定完成整改时间,督促有关人员及时整改,并要求有关人员将整改情况及时反馈。

(5) 负责仓库明火管理,仓库区域严禁吸烟。

(6) 完成上级主管领导交办的其他工作。

3) 叉车操作员的岗位职责

叉车是指对成件托盘货物进行装卸、堆垛和短距离运输作业的各种轮式搬运车辆。这种车辆往往存在于物流环节,而且需要配备专业的叉车操作工。虽然叉车的破坏性和操作性不及大货车,但是为了企业安全生产,也不能忽视它的安全隐患。叉车操作员除了需要具备叉车从业资格证、遵守公司规章制度等一般驾驶员的从业资格外,叉车操作员还有以下岗位职责。

(1) 叉车操作员需要做好生产准备,工作前首先检查叉车轮胎气压,刹车系统是否符合要求,方向是否灵活,燃料润滑油是否符合规定要求,装卸部位是否有安全隐患等。

(2) 叉车操作员在生产过程中要根据指令和生产周转需要,用叉车将转运、装卸物资安放到所在位置。叉车行驶时,不得超速行驶。

(3) 叉车操作员做好叉车维护保养,班前、班后检查叉车车况,其中包括各种油料的添加、故障的排除、轮胎充气、润滑系统润滑,使铲车处于良好状态。

(4) 叉车操作员也要保证工作质量与生产安全,严格执行叉车安全操作规程,杜绝违章铲运,注意来往车辆行人,避免发生车辆和人身伤亡事故,不野蛮装卸,不乱堆乱放,保证装卸物品完整。

(5) 叉车操作员需要对作业现场进行管理,现场工作保持环境整洁,叉车不乱停乱放,按指定的部位停放,无操作证的人员杜绝使用本车,存在不安全因素及时报告。

(6) 叉车操作员需要有良好的安全防护意识,进入工作区正确佩戴和使用劳动防护用品,一旦发现安全隐患要第一时间报告并采取有效的措施以防止事态扩大。

3. 应急事故处理

在仓储管理中,往往出现一些不可预见的意外事故,它考验的是工作人员对应急事故的处理能力,处理好了便可以有效减少财产的损失和人员的伤亡。所以,企业管理者应该制订仓库事故应急预案,并成立专门的应急事故处理小组,以备在突发情况下对事故(事件)做出及时处理。

1) 工作原则

(1) 仓库卫生，物品摆放。仓库是保证公司正常生产的重要部门之一，整洁、清晰的处置，可保证整洁快速的生产，因此一定要保证仓库物品摆放合理、干净、整洁，同时对各类物品摆放作出明细，危险品要特别标注，并且储放在特定位置。

(2) 安全第一，预防为主。仓库是一个物品集中的地方，安全工作必须放在首位。遵循预防为主、常备不懈的方针，加强仓库安全管理，落实事故预防和隐患控制措施，有效防止仓库安全事故发生。在仓库相关位置安装消防设施，对于易发生危险的库房，设置2～3个通道，以便出现问题时能够迅速进入解决。

(3) 统一指挥，分工负责。由于仓库归生产管理处所负责管理，设置仓库主管一名，目前库房有原辅料库房、包材库房、成品库房和化学品库房，对于仓库应急预案由生产管理处长统一管理指挥，相关人员辅助管理。对仓库每日或每周进行安全检查。做到明确责任、分工负责。

(4) 快速反应，立足自救。在仓库事故(事件)处理和控制中，采取各种必要手段，防止事故(事件)进一步扩大。

2) 工作小组

(1) 组织结构。

成立仓库应急事故小组。

组长：1人。

副组长：1～2人。

成员：仓库全体职工。

(2) 工作职责。

① 对仓库每日进行盘查，尤其是遇到特殊情况，如暴雨、火灾等情况，要进行重点盘查，并对仓库应急预案作出新的调整措施。

② 对于每日盘查情况汇总，并对可能存在的安全隐患及时提出上报，以便及时作出相应调整。

③ 负责仓库事故的应急处置工作。

④ 负责仓库事故调查、上报和查处工作；协助有关部门对仓库突发事故的调查、取证。

⑤ 负责检查仓库附近在场各类人员情况，杜绝仓库附近吸烟现象发生，确保仓库安全。

⑥ 负责应急处置物资的配备和维护。

⑦ 组织仓库人员进行自救，对仓库工作人员进行突发事故应急处置知识的培训和演练。

3) 有关应急预案

(1) 火灾应急预案。

① 发现火情后，第一目击人应立即向仓库应急领导小组报告，视情况拨打火警电话119，并采取有效措施灭火。

② 仓库应急领导小组迅速组织人员利用仓库现有灭火器材扑救，转移存放的物资，同时切断可燃物燃烧路线，阻止火势蔓延。对于存放危险品的仓库，一旦发现火灾，视情况要第一时间拨打火警电话119。

③ 如火势较大，仓库应急领导小组应组织疏散人员和车辆撤离至安全区域，加强现场警戒，杜绝闲杂人员进入，并协同相关部门对附近情况进行盘查，以防止蔓延，同时派

专人引导消防车辆,以保证消防车辆快速到达现场。

④ 仓库应急领导小组应在规定的时间向办公室报告,及时将损失情况以及相邻库房情况反馈至办公室。

⑤ 火情解除后,仓库应急领导小组要迅速清理现场,对库存物资进行盘点,核实损失,配合办公室人员做好恢复重建和财产理赔工作。

(2) 洪涝灾害应急预案。

① 发现水情,仓库负责人应立即切断总电源,并迅速向仓库应急领导小组组长报告。

② 仓库应急领导小组应及时做出相应计划,迅速赶到现场,对于存放冲压件等需要防水物资快速做出调整计划,以保证快速转移。

③ 情况紧急,危及人员生命安全时,应急小组应组织人员迅速撤离至安全地带,并第一时间通知办公室人员,以便作出新的调整计划。

④ 灾情结束,仓库应急领导小组组织人员清理现场,核实损失情况,在灾情结束后1天内以书面形式上报到办公室。

(3) 地震灾害应急预案。

① 按照地方政府地震灾害速报管理办法的规定,若发生 3.0 级以上地震,仓库负责人要将仓库内的危险品和人员迅速撤离现场至附近较安全地点,避免人员伤亡;在安全距离以外观察危险品库房周围的震后反应,必须确保人员的安全。

② 对于 3.0 级以下的地震,仓库值班人员要在地震发生后 5 分钟以内将初步了解的灾情报告仓库应急领导小组,做到"有灾报灾、无灾报安"。

③ 如发生破坏性地震,仓库及库区其他建筑物有倒塌、陷裂、爆炸等危险时,仓库值班人员要立即向仓库应急领导小组报告,并及时开展先期救援处置。

(4) 仓库被盗应急预案。

① 发生盗窃事件,仓库管理员应保护好现场,并立即向仓库应急领导小组报告。

② 仓库应急领导小组立即组织人员对仓库物品进行清查,向办公室报告,并积极配合有关部门做好调查取证工作。

③ 发现窃贼正在行窃,仓库值班人员应立即通知保卫科,并采取相应的措施保证人身安全。在条件允许的情况下,应尽可能记住盗窃嫌疑人的相貌、体态特征及逃逸方向和使用交通工具的车种、车型、颜色、牌号等。

(5) 停电应急预案。

① 整个公司发生停电时,在紧急情况下,需要使用仓库物资时,仓库仓管人员要做好应急照明准备,以保证相关部门在停电情况下物品正常出库使用。

② 对于仓库突发性停电,仓库仓管人员应及时上报,并安排专业电工迅速查明停电原因,如属设备故障,并组织维修人员及时抢修。

(6) 危险品泄漏应急预案。

① 发现危险品泄漏后,仓库保管人员应在保证自身安全的前提下,立即进行先期应急处置,防止事故进一步扩大,并立即向仓库应急领导小组报告。

② 仓库应急领导小组组织人员进行处置,疏散仓库附近人员,并采取一定措施,防止危险品扩散,在势态严重时,可上报相关部门,做出应急调整。

③ 处置结束后,聘请品管部门或权威检测部门进行检测,并出具检测报告,彻底消

除安全隐患。

(7) 雷击灾害事件应急预案。

① 仓库发生雷击灾害，仓库值班人员应立即向仓库应急领导小组报告，迅速检查现场情况，并检查附近是否发生人员伤亡事故。

② 接报后，仓库应急领导小组立即组织人员赶赴现场，开展应急处置，在保证人员安全的情况下，迅速采取相应措施，保证仓库不受影响。

③ 由雷击引发仓库火灾事故，参照仓库火灾应急预案进行处置。

2.3.2 装卸环节人员安全管理

伴随着各种产品源源不断的生产，产品装卸也在有序进行，是企业每天都在进行的日常操作。产品装卸环节涉及企业、客户和劳务派遣人员三方，装卸环节的安全管理牵涉面广，同时运输客户和劳务派遣人员流动性大，管理难度大，需从管理和设备操作等方面严格管控，以确保装卸环节的安全。

1. 货物装卸要求

装卸是指随物品运输和保管而附带发生的作业，装卸活动的基本动作包括装上、卸下、堆垛、入库、出库以及连接上述各项动作的短程输送，是随运输和保管等活动而产生的必要活动。在物流过程中，装卸活动是不断出现和反复进行的，它出现的频率高于其他各项物流活动，每次装卸活动都要花费很长时间，所以往往成为决定物流速度的关键。因此，提出货物装卸要求，规范作业操作过程是十分重要的，在货物装卸过程中应把安全放在第一位，具体如下。

(1) 装卸人员在入职后必须掌握公司仓库区域划分情况以及各区域的具体功能作用。

(2) 仓库货物堆放必须要求各个客户的货物间要留有间隙或其他明显标识区分，以防混淆。

(3) 操作员、装卸人员(含叉车司机)在入职后必须掌握仓库内各类搬运和装卸设备的日常维护、正确使用与管理的方法。

(4) 公司的叉车司机必须能进行叉车日常维护和普通故障的排除；装卸人员必须懂得各类手推车的结构、维护与使用。

(5) 叉车作业时，一定要有人员在旁指挥与协助，其他人员不得在旁围观，要特别注意人员与货物的安全，不要损坏被装卸的货物和邻近的货物，保证货物堆码与摆放整齐、平稳。

(6) 装卸人员在用各类手推车(老虎车)时，在装货物时不得强行将手推车插入货垛底，原则上要有人从旁协助，以保证货垛底层货物包装的完好性；卸车时不能用抛甩、脚踢的方式使货物快速存放到位。

(7) 装卸人员在入职后要学会在捆绑货物、防雨篷布时绳子打活结的方法。

(8) 对客户送货来的车辆，装卸人员要注意车辆的车厢及篷布状况，发现异常情况要及时提醒客户。

(9) 装卸人员要根据货物的特性、卸车操作员的特别提示，在货物搬运、卸车过程中做好对易碎、易损、贵重、精密货物的保护，装卸工具上铺垫保护物，轻拿轻放，放置稳固、整齐，货物严禁倒置等。

(10) 装卸人员在卸车时要就发现或新发生的货物质量异常(货物、包装变形或破损、泄漏等)立刻报装卸操作员处理。

(11) 装卸人员在卸车时将货物按客户进行分类，若有批次要求还要进行货物分批，并将货物放在仓库指定位置，如发现货物数量异常情况要立刻报告经理处理。

(12) 装卸人员在卸车过程中要及时用包装带、胶带等将包装破损的货物重新包装好。

(13) 装卸人员在进行货物卸车的同时，要协助卸车操作员做好货物运号标签的检查、张贴或补贴。

(14) 装卸人员在装卸货物时要小心谨慎，轻拿轻放，货物要沿区域线整齐堆放；做到货物横看成行，竖看成列，垛形垂直；大不压小、重不压轻、好不压坏；并按包装箱上标识的箭头方向正放，严禁倒置；货运标签朝外，便于查看。

(15) 袋装货物一律成垛堆码，一般情况下，每垛货物的件数相同，要视货物的重量、耐压强度和高度来确定每垛货物的高度(不准超高码放)，方便拿取和保证人员、货物的安全。

(16) 箱装货物，一般情况下，每垛高矮要一致且件数相同，垛向相同，排列整齐，不可倾斜，排列后余下的零星货物须放置在最显眼处。

(17) 圆柱形货物水平放时，货物底部要加放垫板，以防其在装卸时滚动伤人损物。

(18) 杂货零担货要按票数分开，标识朝外且垛码件数一致。行距为0.5m左右，条形货物要理顺集中堆放，圆柱形货物要竖放成形。

(19) 电器类货物一般要按货物包装上堆高提示进行堆码。

(20) 卸车操作员一定要监督装卸人员做好特殊类货物(如贵重、精密、易损、易碎和污染性)的隔离与保护措施，贵重货物不能长时间放在仓库门附近。

(21) 在客户的货物发生损坏时，原则上每个客户的货物要依其好坏情况分开放置并作相应的识别标识。

(22) 经理要每班安排相应的值班装卸人员协同操作员巡查仓库，包括仓库卫生情况、货物质量情况(如货垛底部货物变形、虫鼠害情况、货物泄漏、雨天防水防潮等)、货物摆放情况(如货物乱放、货垛倾斜、不整齐等)和货物安全情况，报告检查情况并及时采取相应的措施。

(23) 装卸人员不得踩踏或坐在货物上，也不得将个人物品、仓库内用的各类工具等放在货物上。

(24) 装卸人员找不到要装车的货物、发现要装车的货物数量异常(或多或少)时，要立刻报告经理处理；否则造成的后果由装卸直接责任人承担。

(25) 装卸人员发现要装车的货物(包装)变形或破损、泄漏等质量异常时，要立刻报告经理处理；否则造成的后果由装卸直接责任人承担。

(26) 装卸人员装车时要将货物摆放平稳、水平方向紧凑(防止货物在行车中的晃动)、重不压轻、按箭头方向正放、易碎易损件在上，整车货物的重心要低、居中略靠汽车前方，多层货物装车时视情况每层间要加放层板以形成底层货物的整体抗压性能。

(27) 单个或几个大件货物装车时要做好相应的紧固措施，在装小件货物时要用纸皮等缓冲物塞满货物间的空隙，以保证同层货物水平方向紧凑，防止货物在行车中晃动或倾倒而损坏货物。

(28) 在货物装车时，贵重或易损货物要靠中、靠车厢里端装车，不能靠门窗以防外物刮坏、磨损。

(29) 装卸人员在装车时要检查正在装车的货物质量，并要做好货物装车时的保护措施。

(30) 机械叉车作业时，在旁指挥与协助的人员一定要在叉车的插杆承受货物底部托盘全部宽度时才能让司机升降货物，以防止货物在行车过程中因晃动而掉下；在货物(一般是抗压性能较好且外包装要求低)没有托盘时指挥人员要组织装卸人员在旁协助作业，以保证货物或其包装不受损。

(31) 用叉车装卸多层货物时，叉车行进一定要平稳，必要时要用皮筋将货物稍加紧固。

(32) 叉车、手推车在货物搬运过程中，行车速度适中而平稳，不得走飞车，要保证人员与货物的安全。

(33) 装卸人员在人工徒手作业或用其他方式作业时，不得将货物在地面上拖行，不得远距离抛接货物。

(34) 装卸人员在货物装完车后要协同装车操作员迅速查看仓库，看所要装车的货物是否已经全部装车，不能有遗漏或错装，要特别注意货物的尾数、零散货物是否装车。

(35) 装卸人员在装车操作员确认货物已经全部装车后，做好车厢的安全封闭措施。

(36) 装卸人员在完成每次货物装卸作业后，及时整理作业现场，将装卸工具、卫生工具归放到指定位置整齐摆放，清扫作业现场，保持其干净整洁。

(37) 装卸人员每天上班前做好装卸工具的检查和日常维护，叉车司机要按车辆管理的相关规定进行叉车的操作与维护。

2. 装卸安全操作规范

1) 装卸安全操作规程

为了保证装卸过程中人员与货物的安全，特别是危险品的装卸，除了上述的货物装卸要求外，装卸从业人员还应遵守以下安全操作规范。

(1) 装卸过程中存在高处坠落、物体打击、火灾、爆炸、中毒、车辆伤害、环境污染等危险危害因素，为防止装卸过程中发生安全生产事故，制定本规程，管理人员、装卸作业人员、押运员、驾驶员、仓库保管人员必须严格执行。

(2) 装卸前必须对装卸人员进行安全教育或进行安全交代，交代有关安全注意事项及预防措施。

(3) 装卸前必须了解装卸物品的数量、规格、品种(名)、储存和搬运方式，检查包装容器是否完好，对包装容器有缺损、变形的应及时作出安全处理，装车时应按先重后轻、先下后上的原则进行；卸货时则按相反顺序进行，对贵重和有毒有害的物品应采取相应保护方式装卸。

(4) 装车或储存货物一般应采用搭码的方式堆码，防止货物垮落，货物装车不应超过规定的高度，仓储堆码和临时堆码高度一般不应超过1.8m，临时堆码还应做好防雨、防晒措施。

(5) 装卸危险化学品时，还应弄清货物的理化性质及其危险性，了解其灭火方法、预防和防护措施、中毒和应急处理方法等,并现场落实灭火器材、防护用品,以及解毒药品和其他应急处理的器材、设施等方可装卸。

(6) 装卸危险化学品应严格遵守安全技术说明书(全标签)的安全注意事项,一般应轻拿轻放,避免撞击、重压、摩擦、倾倒,禁止用钗车、铲车、翻斗车、自行车装卸和搬运易燃易爆化学品。

(7) 易燃液体(如甲醇)的装卸应与所装卸的栈台和储罐保持足够的安全距离,一般装卸栈台与储罐、栈台与槽车均应保持 13~15m 的安全距离。槽车装卸时应确保静电接地良好,避开高温时段,在装卸时禁止启动车辆。装卸前装卸人员、司机、押运员等应关闭手机、禁带火种,作业现场禁止有其他可能产生明火的作业;装卸前应检查输料管线是否有破损,接口是否牢靠,接地是否良好,品名与规格是否相符,禁止使用非金属管罐装易燃液体,采用非金属管输送易燃液体时,必须采取可导电的管子或内设金属网丝,并可靠接地;在装卸时应严格控制易燃液体的流速和静置时间,防止静电危害,采用压罐的应使用惰性气体,采用泵罐的应符合防爆等级要求;在装卸时,液体应从槽车或容器底部进入或将注入管伸入容器底部;在装卸时,驾驶员、装卸人员、押运员、仓库管理人员不得脱离岗位。

(8) 装卸有毒有害品、腐蚀品,装卸人员应正确穿戴相应的劳动防护用品,没有劳动防护措施不得装卸、搬运过重易产生粉尘的物品,装卸时还必须佩戴防尘口罩。

(9) 车辆未停稳,装卸人员不得上车装卸,装货后司机、押运员必须先检查周围及车底是否有货物、人员及其他障碍物,货物是否捆扎牢靠,防雨防晒措施是否落实,并在启动前鸣喇叭三声。

(10) 如果有毒有害品、腐蚀品接触到皮肤和眼等部位,应立即用大量清水清洗,出现中毒和灼伤症状立即就医。

(11) 危险品和贵重物品的装卸应制订安全可靠的装卸方案,并经批准。

(12) 用叉车装卸货物时,应使用托架,并防止货物滑落。

(13) 押运员、管理人员加强装卸现场的监督,督促装卸人员做好安全防护工作,保证装卸安全。

(14) 装卸人员必须服从管理、听从指挥,做好装卸安全工作。

2) 不同货物形态装卸安全操作规范

由于不同货物包装形态不同,对于装卸工作的操作要求也自然不同,具体如下。

(1) 散装货物。

对于散装货物,装卸人员首先应根据物资的性能、形状、作业环境选择适用的工具和采用正确的装卸工艺。然后做好机械与机械之间、机械与人力之间的配合工作,安全作业。在人力搬运较大的货物时应注意有无裂缝、倒塌的危险,对不易搬动的应用撬棍拨动,不得用手拨、脚踏。搬动货物时,应从上到下阶梯式落垛,层层搬取,严禁掏挖,防止塌方。最后在作业完毕要对作业现场进行清理。

(2) 包装货物。

装卸人员应根据货物的包装和性质不同而选用配合的工具托盘等。装车时要平稳牢固,四方整齐,点数清楚。装车时工人不得少于两人,保证装货时的准确性与安全性。

(3) 桶装物资。

装卸桶装物资时应采用合适的工索具(铁担钩、桶钩)。起吊前，应用手扶住钩子，待完全吃紧再松手，做到稳起、稳吊、稳落。卸装时要自上而下，不得从底层抽装，桶口视要求确定朝上还是卧装。装车不得少于两人，保证装货的准确性与安全性。

3. 装卸工管理制度

为确保公司的货物能得到正确和妥善的装卸、搬运、堆码与保护，维护公司的整体服务质量与服务形象，从装卸工的劳动纪律、作业流程乃至着装、言行、食宿等方面进行规范与要求，特制定本管理办法。

(1) 积极服从组长、操作员的工作安排，动作要迅速，按要求装卸、搬运、堆码货物，不得找借口或磨洋工，严格服从调度人员的安排和调遣；如有顶撞上司，不服从安排的每次给予相应罚款。

(2) 严禁上班时间喝酒，上班严禁溜岗，每晚必须在12点之前归宿休息，如有没打招呼不按时归宿者每次给予相应罚款。

(3) 当班时间不得随便外出，擅离岗位，离开时要向组长打招呼，经同意后方可离开。

(4) 同事之间应团结协作，避免发生冲突，如有严重争吵、辱骂、打架的现象，公司给予主动方和被动方相应罚款，情况严重的则给予扣除当月工资的处罚。

(5) 树立尊客爱货思想，确保货物完好无损，杜绝蛮干以免造成事故，如发现与发货客户发生争执或摔货者，每次给予相应罚款并向发货客户道歉，造成毁损的按照货物价值的100%进行赔偿。

(6) 严禁在车上吸烟，一经发现将给予相应罚款。

(7) 不得乱放个人物品，更不能放在货物上，不得乱吐口水，不准乱扔杂物与垃圾。

(8) 装卸工一律留短发，着装整洁，作业后要及时做好个人卫生，不准灰头土脸的。

(9) 自觉遵守各项安全规章制度，不违章和冒险，并及时制止其他人的违章行为，对无视安全，强令冒险作业指令应拒绝执行，并向现场负责人汇报。

(10) 装卸工作业轻拿轻放，不得有抛掷、翻滚、脚踢、在地上拖拉货物等野蛮装卸动作。

(11) 每次作业结束后要立刻做好装卸工具与货物防护材料的归位整理，以及现场的清洁，装车完毕后要将篷布叠好收回，如有余货，要用篷布盖好。

(12) 协助好叉车司机及时、准确地叉货。

(13) 公司对于尽职尽责、无怨无悔、高效工作的员工，每月可进行现金奖励(按照人事部考核标准奖励)。

(14) 每位员工必须按时参加公司组织的培训教育及其他活动。

(15) 发生事故及时组织抢救和保护好现场，并立即向领导汇报，认真吸取教训。

(16) 辞职者必须提前半个月提出申请；否则扣除当月工资的20%。

4. 现场作业人员的岗位职责

装卸作业时，作业现场的天气情况、场地状况、照明等多种因素都影响着装卸安全。雨、雪等恶劣天气，会影响作业人员的视线，导致地面湿滑，极易发生安全事故；场地高低不平、地面松软等，会增加装载机、汽车吊等移动设备的操作难度，并产生倾斜风险；照明不好，影响夜间作业人员的视线，妨碍对物体及周围环境的观察，容易导致碰撞危险；闲杂人员进入作业区，会影响正常作业，甚至出现人身伤害事故。为了保证装卸现场作业的安全，装卸人员应该明确自身的岗位职责，从自身做起，避免安全事故的发生，具体如下。

(1) 装卸工人是负责(摆放)产品，对所装卸(摆放)产品的数量、质量负责，并配合监督仓管员是否按单收、发产品。

(2) 装卸(摆放)工作要实行正确的装卸(摆放)方式，要轻拿轻放、堆码稳固、大不压小、重不压轻、严禁野蛮操作，装卸管材时必须佩戴安全防护用具。

(3) 根据装卸货物和装卸工艺要求领取相应工属具、备品(矛钩及撬棍等)、器材(灭火器)，并认真检查其安全状况，做到正确使用和妥善保管，不能使用带有安全隐患的工属具。作业完毕后按规定归还。

(4) 作业前应明确掌握货物的属性、件重，工属具及机械的负荷，严禁超载作业。

(5) 作业过程中，不准随意改变工属具结构，不准乱用其他工属具代替；发现工属具损坏或达到报废标准的，不准使用；吊装大型设备时，发现工属具损坏应及时向有关人员报告。

(6) 接卸危险品或带有异味的货物时，先开门通风，经有关部门检测，确认无误后，作业人员戴好防护面具方可上车作业。

(7) 及时清理作业地面上撒漏、掉落的货物以及各种障碍物、杂物。

(8) 与流动机械、起重机械配合作业时，应在吊钩停稳后方可摘挂钩作业。

(9) 班前、班中严禁饮酒，确保作业中精力充沛。

(10) 进入作业现场，必须穿戴好防护用品，衣着利索，佩戴安全帽，若没有佩戴安全帽或者帽带没有系好不准进入作业现场。

(11) 装卸工人要根据仓库、场地的安排，整齐规范摆放产品。

(12) 严禁在车帮上、车皮下、道轨上、道心内、道挡后、门机轨道、门机台车上、门机腿附近、门机梯子上休息。

(13) 起重机械(汽车吊、轮胎吊、门机、船机)起、落钩时，作业人员严禁在货物运行线下面作业或停留，要躲开起、落钩货物的迎面。

(14) 现场装卸作业每个环节要有专人指挥，并且佩戴袖标或明显标志。

(15) 协助配送、当班点货人员做好入库货物与数量方面的查验和在库安全保管措施。

5. 危险品装卸人员的岗位职责

危险品的装卸安全是每个物流企业都非常重视的一个方面，由于危险品属于非常敏感同时危险性又很大的一类货物，在物流活动的每个环节都不可放松警惕。尤其是在装卸过程中，如果由于工作人员工作失误而造成危险品泄漏或爆炸，将会带来无法挽回的惨重损失和人员伤亡。

(1) 作业现场应统一指挥，有明确固定的指挥信号，以防作业混乱发生事故。作业现场装卸搬运人员和机具操作人员，应严格遵守劳动纪律，服从指挥。非装卸搬运人员，均不准在作业现场逗留。

(2) 对各种装卸设备，必须制定具体的安全技术操作规程，并由经过操作训练的专职人员操作，以防事故发生。

(3) 在装卸搬运危险品操作前，必须严格执行操作规程和有关规定，预先做好准备工作，认真、细致地检查装卸搬运工具及操作清洗后方可使用。

(4) 人力装卸搬运时，应量力而行，配合协调，不可冒险违章操作。

(5) 装卸化学易燃物品时，必须轻拿轻放，严防震动、撞击、重压、摩擦和倒置。不准使用能产生火花的工具，不准穿带钉子的鞋，并应当在可能产生静电的设备上安装可靠的接地装置。

(6) 进入库区的机动车辆，必须戴防火罩，并不准进入库房。

(7) 对散落、渗漏在车辆上的化学易燃物品，必须及时清除干净。

(8) 各种机动车辆在装卸物品时，排气管的一侧不准靠近物品。各种车辆不准在库区、库房内停放和修理。

(9) 两种性能相互抵触的物品，不得同时装卸。对怕热、怕潮物品，装卸时要采取隔热、防潮措施。

(10) 装卸危险品应轻搬轻放，防止撞击摩擦、震动摔碰。液体铁桶包装卸垛，不宜用快速溜放办法，防止包装破损。对破损包装可以修理的，必须移至安全地点，整修后再搬运，整修时不得使用可能发生火花的工具。

(11) 散落在地面上的物品，应及时清除干净。对于扫起来的没有利用价值的废物，应采用合适的物理或化学方法处置，以确保安全。

(12) 装卸作业完毕后，应及时洗手、洗脸、漱口、淋浴。中途不得饮食、吸烟，并且必须保持现场空气流通，防止沾染皮肤、黏膜等。如装卸人员出现头晕、头痛等中毒现象，应按救护知识进行急救，严重者要立即送医院治疗。

(13) 库房、堆场装卸作业结束后，应当彻底进行安全检查。

2.4　其他环节人员安全管理

【导入案例】

2003年4月5日，包装车间一线贴标机操作工龙某在夜班生产即将结束时，进行机台设备卫生清扫准备交班。当重新启动贴标机将包装线上剩余的酒贴标处理完时，发现贴标机的标板上有脏物，便伸手绕过胶水滚筒到标板上取脏物，被运转的标板夹住右手的三个手指，造成三个手指骨折。后送医院进行断指再接手术，由于手术后断指结合处肌肉坏死，导致三个手指被截掉，致使右手功能大受影响。

1. 事故原因

(1) 麻痹大意，放松安全警惕性，自我保护意识不强。

(2) 缺乏基本安全常识。在重新慢速启动贴标机时，对转动的标板与胶水滚筒会夹住手没有预见性。

(3) 违反安全操作规程。贴标机岗位安全操作规程规定，要用竹镊子或刷子等专用工具来清理设备表面卫生，不准直接用手进行清理。而操作工却用手直接伸进运转的设备去清理，而不是按规定用竹镊子或刷子等专用工具来清理，因此造成了这起严重的运转设备伤害事故。

2. 经验教训

安全意识不牢，在进行设备维护保养和卫生清理时存在麻痹大意、懈怠的思想，认为设备运转速度慢，不会出问题，清扫时图方便，不按安全操作规程操作。操作工对设备机械原理要熟练掌握，严格执行岗位安全操作规程，机台设备卫生清理时不能图方便、省事，每时每刻都要预见到设备对人体特别是四肢伤害的危害性，不管是生产过程中还是维护保养清扫期间，必须牢固树立安全第一的思想。

本案例是一起机械伤害重伤事故，它再一次提醒我们任何时候都不准将手(脚)肢体伸入运转的设备部件中(如旋转的进瓶螺旋、星轮、滚筒和转动的链条等)。特别是在设备停顿后重新启动时更要充分考虑是否有安全隐患，严禁手(脚)肢体进入到设备运转的区域。此次重伤事故给伤者本人和家庭带来极大的痛苦，也是公司近年来最严重的一起人身肢体重伤事故。

3. 整改措施

(1) 以这起事故为安全教育的案例，对全体员工进行安全意识再教育，增强员工安全意识，遵循"四不放过"原则。

(2) 包装车间运转设备机台多，生产操作过程、设备维护保养和现场卫生期间，都要强调安全第一；员工要保持良好的精神状态，杜绝非理性行为发生，增强员工自我保护意识。

(3) 车间对各岗位安全操作规程进行梳理，使之更合理、规范；特别强调进行设备保养或搞机台卫生时一定要停机。

(4) 发动员工互相监督，发现安全隐患及时整改，车间要加强检查和监督，特别是发挥班长的作用，利用班前、班后时间提醒员工做好安全生产预防工作。

(5) 公司要加强定期巡检安全生产情况，安全预防和检查考核要双管齐下。

(资料来源：http://www.safehoo.com/Case/Case/Machine/201210/288591.shtml)

2.4.1 搬运环节人员安全管理

搬运环节在物流活动中起着承上启下的作用，企业中货物的搬运效率将直接影响到企业物流系统的效率，进而影响企业的生产成本。传统的搬运一般采用人工及半人工方式，这种方式通常使人员设备投资高、效率低，而且存在一定的安全隐患。要想在搬运活动中做到安全生产，需要对搬运人员和机器进行安全管理。

1. 搬运安全操作规范

有相关数据显示，25%的事故与搬运有关，其中搬运事故占严重事故的6%。因此为确保企业的货物能得到正确、妥善的装卸、搬运、堆码和保护，维护公司的整体服务质量与服务形象，从装卸工的劳动纪律、作业流程乃至着装、言行、食宿等方面进行规范与要求，有必要对搬运工进行安全操作规范管理，具体如下。

(1) 搬运工服从仓管员统一调配，对物流部负责，按时、按量完成物流部下达的任务。

(2) 工作前须严格检查所使用的工具(拖车、叉车、梯子)是否安全可靠。

(3) 搬运任何物品均应做到重不压轻、大不压小、堆放平稳、捆扎牢固。

(4) 人工搬运装卸产品、物料时，应遵守仓库管理规定与仓库、场地的要求，在仓管员的指挥下，摆放整齐、合理，产品、物料须用垫板垫上，对易滑动的物品要用物件固定，严禁将货物堆放在安全通道上。

(5) 搬运工应服从管理人员的指挥，应爱惜货物、产品，装卸时应做到轻拿轻放，实行正确的搬运方式，严禁野蛮操作，属于货物本身的质量问题，应及时通知仓管员，因人为因素造成货物破损须照价赔偿，恶意损坏货物时处以2～3倍的负激励。

(6) 不准搬运人员及其他人坐、踩或躺在产品上，违反者处以10元/次的负激励，造成货物破损的以恶意损坏论处。

(7) 装卸、搬运时，应注意站立位置确保人身安全；应严格遵守安全操作流程，规范使用劳动工具(拖车、叉车、梯子等)，不得超负荷使用；严禁使用工具嬉戏打闹，违反规定造成工具损坏须负赔偿责任，造成人身伤害的后果自负。

(8) 因工作需要调整上、下班时间，搬运工须积极配合，准时到岗。

(9) 不准搬运工及其他人员在仓库内吸烟、吃零食，严禁烟火，不准乱丢烟头、瓜子壳等垃圾，违法者处以罚款负激励，造成严重后果的追究其法律责任。

(10) 搬运货物时，如有"小心轻放""不可倒置""防湿"等字样，应特别小心，按标识要求装卸。

(11) 敢于向坏人坏事作斗争，发现有人破坏盗窃，应及时制止，并上报上级领导处理，按挽回公司损失的情况给予揭发者相应的现金奖励。

(12) 鼓励搬运工或其他人提出更有利、可操作的装卸方式，给予提供者相应的现金奖励。

2. 人力搬运安全管理

搬运工最早是指从事体力劳动，进行搬运工作的人们，主要是搬运货物的工作，是公司内的基层员工。装卸工的主要工作就是对货物进行装卸搬运，稍有不慎，将会损坏货物，甚至给人员造成安全威胁。为了确保商品和人员安全，搬运工需要进行安全操作培训和岗位职责培训。

1) 搬运工的安全操作要求

(1) 工作前应认真检查所使用工具有否完好、可靠。所用各类吊具是否符合要求，不得超负荷使用。

(2) 根据搬运工作的情况，应穿戴好必要的防护用品。

(3) 搬运任何物品均应做到重不压轻、大不压小、堆放平稳、捆扎牢固。

(4) 人工搬运、装卸物件时，个人搬运应防止砸伤，多人搬运同一物件时，要有专人指挥，并保持一定间隔，一律顺肩，步调一致。

(5) 搬运化学危险物品、易燃、易爆等物品时，应穿戴好必要的安全防护用品。

(6) 乘车时人不得站立在物件和前栏板间，开车时要坐稳坐好，车未停稳不得上下车。

(7) 使用吊车进行装卸料，应与吊车工密切配合，并随时注意吊位变化，注意站立位置，严禁站在吊物下面。

(8) 跟车搬运工必须坐稳坐好，所运物件必须捆扎牢固，防止货物滑下伤人，所送物品不得堆放在安全通道上。

(9) 发生事故时要保护现场，及时报告有关部门。

2) 搬运工的岗位职责

(1) 热爱本职工作，遵守公司各项规章制度，爱护商品和仓库一切物品。

(2) 努力学习业务知识(对产品的型号、摆放位置、单据操作)，不断提高自己的业务能力，成为公司栋梁。

(3) 搬运工人负责(摆放)商品，对所搬运(摆放)商品的数量、质量负责。有监督仓管员是否按单收、发商品的权力。

(4) 搬运工人要遵守劳动纪律，服从仓管员的指挥，执行仓管员的工作指令，在规定的时间内完成规定的工作。

(5) 搬运(摆放)工作要实行正确的搬运(摆放)方式，严禁野蛮操作。

(6) 严禁破坏。大件商品搬运(摆放)必须有两人或两人以上操作。商品严禁拖地操作，商品从高处下放，要按搬运方式操作，严禁乱丢、乱放商品。严禁用商品作垫台往下丢商品。要根据商品的各种搬运(摆放)要求，严格执行各种搬运(摆放)方式。

(7) 搬运工人要根据仓库、场地的安排，整齐规范摆放商品。

(8) 搞好工作场所的清洁卫生。做好仓库的防火、防盗窃、防破坏工作。

(9) 敢于与坏人坏事作斗争，发现有人破坏或盗窃，要及时制止，并上报上级领导进行处理。

3. 搬运机器人

随着经济和社会的不断发展，出现了人力成本的增加、劳动力资源短缺等一系列问题。因此，自动化程度高的工业机器人开始被广泛采用。在生产中，大量使用工业机器人具有很多优点，它可以改善工人的工作条件，减少原材料的消耗，提高生产物品的标准化程度和质量，同时有利于加快产品升级换代速度，显著提高劳动生产率，同时它也可以在高温高压、高污染等环境中工作。

搬运机器人是可以进行自动化搬运作业的工业机器人。搬运机器人可安装不同的末端执行器以完成各种不同形状和状态的工件搬运工作，大大减轻了人类繁重的体力劳动。世界上使用的搬运机器人被广泛应用于机床上下料、冲压机自动化生产线、自动装配流水线、码垛搬运、集装箱等的自动搬运。部分发达国家已制定出人工搬运的最大限度，超过这一限度的必须由搬运机器人来完成。

虽然搬运机器人的智能化和自动化的程度已经很高，但毕竟属于大型机械，一旦发生意外，破坏性和伤害性仍然很大。在搬运现场，机器人操作员应该做到以下几点。

(1) 确保机器人活动路线上干净平坦，没有乱堆乱码的商品阻碍。

(2) 机器人作业时，清理现场不相干人员，以免接近机器人，造成意外伤害。

(3) 完善作业现场的安全警告标识，以免发生意外。

(4) 每次机器人工作前要仔细检查其零部件，确保其工作性能。

(5) 做到工作现场不离人，现场监督人员不能玩忽职守，确保机器人工作正常进行。

(6) 机器人工作完成后，要好好保养，检查是否有损坏。

2.4.2 流通加工环节人员安全管理

流通加工不是物流的主要功能要素。另外，流通加工的普遍性也不能与运输、保管相比，流通加工不是对所有物流活动都是必需的。但这绝不是说流通加工不重要，实际上它也是不可轻视的，它具有补充、完善、提高与增强的作用，能起到运输、保管等其他功能要素无法起到的作用。因此，对流通加工环节的人员进行安全管理也是十分重要的。

1. 流通加工的重要性

(1) 提高原材料利用率。利用流通加工环节进行集中下料，是将生产厂直接运来的简单规格产品，按使用部门的要求进行下料。例如，将钢板进行剪板、切裁；钢筋或圆钢裁制成毛坯；木材加工成各种长度及大小的板。集中下料可以优材优用、小材大用、合理套裁，有很好的技术经济效果。

(2) 进行初级加工，方便用户。用量小或临时需要的使用单位，缺乏进行高效率初级加工的能力，依靠流通加工可使使用单位省去进行初级加工的投资、设备及人力，从而搞活供应，方便了用户。

(3) 提高加工效率及设备利用率。由于建立集中加工点，可以采用效率高、技术先进、加工量大的专门机具和设备。

(4) 流通加工可以增加物流企业的经济效益。流通加工是一种低投入、高产出的加工方式，往往以简单加工解决大问题。实践证明，有的流通加工通过改变装潢使商品档次跃升而充分实现其价值，这是采取一般方法提高生产率所难以企及的。根据我国近些年的实践，流通加工仅向流通企业提供的利润，其成效并不亚于从运输和储存中挖掘的利润，是物流中的重要利润源。

此外，流通加工还有提高商品附加值、回避流通阶段的商业风险、提高运输保管效率等作用。

2. 流通加工从业人员安全管理

人员安全管理是流通加工为企业带来的所有效益的基础。人员安全管理保证了企业安全的流通加工环境，降低了企业车间安全事故发生的概率，这就意味着为企业创造了正面的经济效益。

(1) 车间严格按生产计划安排生产，根据车间设备和人员精心组织生产。

(2) 生产流通确认之后，任何人不得随意更改，如在作业过程中发现错误，应立即停止生产，并向负责人报告研究处理。

(3) 车间人员每日上岗前必须将所操作设备及工作区域进行清理，保证工序内环境卫生，通道或公共区域主管安排人员协调清理。

(4) 车间人员领取物料时必须持车间主管开具的材料单，不得私自拿走物料。生产完成后，如有多余的物料要及时退回仓库不得遗留在车间工作区域内。

(5) 生产过程中好坏物料必须分清楚，车间人员要做出明显的标记，不能混料。在生产过程中要注意节约用料，不得随意乱扔物料、工具，移交物料要交际协调好，标识醒目。

(6) 车间人员下班时，要清理好自己的工作台面，做好设备保养工作。最后离开车间要将门窗、电源关闭，若发生意外事故，将追究最后离开者的责任以及生产主管的责任。

(7) 车间人员严格按工艺规程及产品质量标准进行操作，擅自更改生产工艺造成品质问题，由作业人员自行承担责任。

小　　结

人员安全管理是物流安全的重要组成部分，且人贯穿于物流活动的全过程，在一定程度上可以说，人员安全管理是全局掌控物流安全的基础。作为物流活动的主体，人员的安全管理可以提高员工的安全意识、防范安全事故的发生、保障人身安全。此外，还要细化对各个物流环节的人员安全管理上去，针对不同的环节的岗位设置情况、安全操作要求制定具体的行为规范。

本章介绍了人员安全管理的作用、任务与内容，详细介绍了运输与配送环节人员安全管理、仓储与装卸搬运环节人员管理，还列举了其他作业环节的人员安全管理。通过对本章内容的学习，读者可对物流安全的人员安全管理的具体要求与任务有一个初步的认识。本章是物流安全方法体系的基础，相关概念和方法将在本书后面内容中反复使用。

思考与练习

2-1　简述配送环节岗位工作内容。

2-2　简述冷链物流的含义。

2-3　简述仓储环节人员安全管理内容。

2-4　简述装卸环节人员安全管理内容。

2-5　简述危险品装卸人员安全管理内容。

第3章　商品安全管理

【导入案例】

1. 案情介绍

2003年8月3日9时50分左右，意大利某邮船公司所属巴拿马籍集装箱船"意实"轮在盐田港锚泊时发生火灾，经深圳海事局及时组织施救，于8月6日扑灭。"意实"轮为第五代集装箱船。在锚泊盐田港之前，先后在上海、宁波两港装货，共装载3709个集装箱，总重量为34 290t。其中有47个集装箱装载危险货物(36个在上海港装船，11个在宁波港装船)。积载时按《国际海运危规》的要求进行隔离。积载的甲板面清洁，箱体完好无损。集装箱固定绑扎良好。

8月1日，"意实"轮驶往深圳盐田港区。8月2日15时，在盐田港区4号锚地候泊。

8月3日上午9时50分，船长发现第四舱舱面31BAY位左舷有白烟冒出(注：BAY指堆放货物的分隔间)，立即下令船员采取应急措施。大副立即跑到31BAY位处，发现主甲板4号货舱面31BAY位第一层的左舷外档，BAY位号为311482的集装箱内起火。火焰从集装箱门底部接缝处冒出，已达到集装箱四分之一的高度；集装箱门顶部接缝处则冒出大量白色和黑色浓烟。大副随即查实，该箱内货物为液体过氧化甲基乙基酮。

船长立即向深圳海事局报告，并且立即组织船员用水泵打水灭火。但是火势未能受到控制。深圳海事局及时组织救援，将着火货物和危险货物安全转移离船，保护了船舶和其他货物的安全，未造成人员伤亡。这场火灾造成的损失是："意实"轮第4舱面有烧损痕迹，损失轻微；10个20ft和35个40ft的集装箱全损；49个集装箱内货物全损。火灾造成的直接损失达1000万元。

2. 事故原因分析

根据现场勘查和船员的描述，可以确定积载在BAY311482号位的集装箱是这次火灾的起火点。由于该箱号位的外部没有引发火源的条件，因此，起火原因应当从箱内货物的特性上查找。积载在该箱位的是一只在上海港装上船的集装箱，箱号为EISU3504664。内装货物为过氧化甲基乙基酮。在该箱右舷装有四个内装打火机的集装箱；前方位BAY29位对应位置积载的四个集装箱内装的也是打火机；后方位BAY37位积载的是装有易燃液体和腐蚀品的集装箱各两个。

过氧化甲基乙基酮，联合国编号为3101，属第五类·有机过氧化物，无色透明液体，受热和受震动引起爆炸的敏感性极强。过氧化甲基乙基酮要投入运输，必须用苯二甲酸二乙酯作溶剂稀释，在45%稀释溶剂中的自行分解温度为63℃，在100℃时会分解爆炸。该物品有多种异构体，有些结构状态对振动的敏感性特别强，稍有振动就会爆炸，因而储运要求特别严格。该物品遇氧化物、有机物、易燃物、促进剂都会引起剧烈反应。

一只20ft的集装箱如果满载这种货物可装载18t，但该批货物仅有13.3t，因此这只集装箱并没有装满。合理的积载方法应当是用木板和木棱在箱内衬垫、支撑和固定，防止货物在运输途中因颠簸而引起碰撞、挤压、移动甚至倒塌。有机过氧化物的装箱要求尤为严格：箱壁的四周要有木板隔离，箱内所留有的空隙(包括货物与货物之间)应用木板、填补器或支撑的办法加以固定，钉子还不能外露，所用的材料质地要良好，木板上不能有树皮，没有油污、杂物沾着，集装箱内不得有酸类、硫化物、木屑及粉状等可燃物质。

从该集装箱起火及完全受损的现状分析，最大的可能是：箱内的过氧化甲基乙基酮在没有满载的情况下，装箱人员没有按严格的积载要求给予固定。从上海港装船后，该船在宁波港加载，航行驶至盐田港，到事故发生之日共17天，如果装箱不稳妥，箱内货物就会发生倾斜甚至倒塌。由于过氧化甲基乙基酮在常温下就会分解，湿度越高分解越快，所以在包装桶的开口处留有透气孔。这种特殊的密封透气装置就是为了减少桶内的压力而设计的。当包装桶倾斜或侧放时，稀释溶剂就会堵住透气孔，但桶内货物的分解反应仍在继续进行，这样桶内的压力在不断增大，桶内液体的泄漏速度也就会加快。集装箱长期使用后必然会出现油漆脱落、锈蚀、螺栓、螺母裸露等现象，这是一些具有还原剂性质的物质，过氧化物与之接触后的反应是相当强烈的，反应产生热量使温度升高，高温促使反应加快。温度只要上升到70℃左右，燃烧的条件就具备了。集装箱在船上积载具有特殊性，集装箱本身的封闭性又给火灾发生后的救援工作带来难度，反之相邻的集装箱受热辐射则很快升温，致使易燃物受热燃烧。因此，火灾扩散快，而灭火难度相当大。

3. 案例评议

包装件货物集装化运输是海上货物运输的发展趋势。目前，发达国家90%以上的包装件货物已经集装化运输。我国的集装箱运输近年来发展速度相当快，其中危险货物的集装箱运输更因其优越性而被广大用户接受，因而装箱率超过一般货物。如何确保装箱质量，保证货物在长途运输中的安全性，就成为一个极重要的课题。当货物装进集装箱，并在其后的运输过程中无法再进行检查的情况下，装箱人员的责任性和对各类危险货物的认识程度，决定了货物运输的安全性。

(资料来源：http://www.safehoo.com/Case/Case/Blaze/201012/164211.shtml)

产品出厂进入流通渠道成为商品，最终到达消费者手中成为消费品。在整个流通过程中，商品质量安全涉及产品的多种形式、供应链的多项环节和流通的多个组织，商品的安全范围广泛、影响因素繁多。商品最终成为消费品过程中链接了厂商、批发商与消费者，同时也需要配送的支持。商品安全问题直接影响生产厂家、流通企业的形象，同时损害消费者权益。更为重要的是，大量存有安全问题的缺陷商品造成能源、资源的浪费，同时引发社会诚信问题，保障商品质量安全意义重大、势在必行。

3.1 运输与配送环节商品安全管理

3.1.1 运输环节商品安全管理

运输是把商品从生产地运往消费地的活动，任何产品从生产出来到最终消费，都必须经过一段时间、一段距离，在这段时间和距离过程中，都要经过运输、保管、包装、装卸搬运等多环节、多次数的货物运输活动。在运输过程中，产品可能会淋雨受潮、水浸、生锈、破损、丢失等。货物运输的使命就是防止上述现象的发生，保证产品从生产者到消费者移动过程中的质量和数量，保护产品的存在价值，使该产品在到达消费者时使用价值不变。

1. 运输环节商品安全管理存在的问题

现在，我国运管机构沿用"市、区分级负责"的传统管理体制。但随着市场经济的成熟和交通运输业的快速发展，这种体制的弊端也显露出来，在一定程度上制约和影响了运管机构职能的发挥。

1) 现行运输管理体制缺"效"

(1) 人员编制不规范，机构性质不统一。以长沙市为例，按照交通部对运管机构每百台车定一人、每百站(场)定三人的设想，运管队伍应是一支精干高效的队伍。但由于长沙市的交管所都分属地方政府管理，而市运管局对区交管所无人事权属关系，导致区运管机构的人员与业务出现不平衡现象，存在"管事不管人，管人不管事"等诸多问题，甚至出现个别运管人员素质低、业务能力差、服务意识淡薄等现象。另外，长沙市各区县运管所的建制不规范统一，多为科级建制，甚至还有股级建制。科级单位要负责一个区的道路运输行业管理和指导，还要对运输市场的发展变化进行分析预测，其实际能量实在有限，很多运管所都有"小牛拉大车"的感觉，难免在道路运输管理中存在着缺位问题，平日里往往疲于完成各项工作任务和处置各种道路营运纠纷，很难静下心来思考辖区道路运输行业的发展问题。

(2) 执法分离后弊端日益显现。长沙市于 2012 年 8 月成立了长沙市交通行政执法局，在主城区实行了行政审批权与执法处罚权分离，这种改革避免了执法部门间的相互推诿、相互扯皮等现象，加强了相互监督，提升了交通形象。但作为道路运输行业的许可管理部门缺失了执法权，或者说执法权没有得到充分的利用，就像失去了"一只手"一样，在行使管理权时有时出现尴尬和不到位的情况。如对辖区维修企业超范围经营的治理上，没有了执法权，不能对其违章违规行为进行及时、有效的处罚，存在一定的安全隐患。

(3) 职权责任不明确。从对外来讲，运管部门所担当的职责是对道路客运、货运经营、站经营、机动车辆维修经营、机动车驾驶员培训等的管理，具体行使着法律赋予的对以上行为的行政许可、行政管理、道路运输安全监管职权，并在某种意义上担负着维护社会稳定的职能。但这些管理职权实际被公安、建设、农机等部门所肢解，因而在管理职责上存在着重叠现象。从内部来说，市和区级的运管机构权责关系不明确，区交管所对客运企业及营运线路仅有初审权，而又要对本辖区的客运企业进行管理，而有终审权的市运管局对客运企业又没有直接参与管理，出现了"审批的不管理""管理的不审批"的局面，一旦发生线路纠纷，由于区交管所缺乏解决问题的有效手段，所以导致纠纷升级，很容易演变成集体上访，甚至堵塞交通和罢运的现象，对社会稳定造成极坏的影响。以上因素导致在运输管理工作中，权、责、利不够明确，运管部门缺乏手段，对运输矛盾纠纷的处理不够及时等，工作难以实现高效率。

2) 营运公司管理缺"责"

(1) 经济意识过强，社会责任意识薄弱。我国商品运输市场部分营运公司为追求垄断利润，为争取营运指标，不考虑任何社会责任，不惜以损害公司形象为代价，甚至有意制造事端，以此作为向政府部门换取线路或指标的筹码，一旦得逞后，即刻转变目标，将资金风险、安全风险转嫁给承包者，根本不会在社会责任的承担和服务质量的提高上下功夫。

(2) 管理松散，对驾驶员制约性差。交通运输行业是一个城市的窗口行业，代表着城市的文明程度。驾驶员言语不文明、着装不雅、不遵守交通规则等现象极大地影响了外界对城市的评价和认识。如果公司对驾驶员的管理只注重经济，不重服务质量，与驾驶员之间缺乏经常性的沟通，驾驶员工作积极性不高，商品运输的质量及效率都会大大地受到影响。货运公司大都采取挂靠的经营模式，公司只要收取了管理费，对驾驶员的其他行为根本不做任何要求，货运行业驾驶员的管理有待进一步加强。

2. 运输环节商品安全管理采取的措施

为了解决上述运输环节商品安全管理所存在的问题，首先政府应加强监察力度，在不断完善管理制度的同时，也应增大对运输设备及人员培训的投资，具体措施如下。

(1) 加强物流运输管理监督工作。在政府部门的统一协调、部署下，公路、铁路、水运、航空等运输部门联合协作，共同加强对危险品运输的监督、管理工作，特别是在联运过程中，严格交接手续，查找交接漏洞，及时通报信息，开展联合办公。在检查、监督过程中，实事求是，深入现场，掌握第一手资料，严格生产许可证制度，在受理、承运过程中，严格检查把关，杜绝瞒报、谎报情况的发生，将事故杜绝在物流运输过程之外。

(2) 及时修订、完善危险品运输管理制度。及时了解危险化学品生产企业的生产现状，了解国际危险化学品生产动态，根据实际情况，及时修订、增补危险品运输规则，针对新型品类，制订运输事故预案，使物流运输整体系统处于安全、可控的监督体系之下。

(3) 健全有效的保险、保价理赔制度。保险公司和运输企业应当从国家、社会整体利益出发，建立有效的勘察、理赔制度。不应单纯地将保险、保价工作当作创收的一个新来源，只注重收益，不看重赔偿。当事故发生后，应及时赶赴事故现场，开展调查取证工作，确定事故原因和责任，在规定的时间内及时将赔偿金额支付给受损企业，力争将损失及时弥补，最大限度地为受损企业服务，取得他人的信任，为自身赢得信誉，开拓潜在市场。

(4) 及时引进新技术、新设备，提高运输安全性。物流行业是一个新兴的系统工程行业。需要根据新兴的科技、发明和专利，改进运输方法，改造运输车辆，采用新材料、新包装发放，提高货物运输安全性，降低危险品货物运输的事故发生率。

(5) 开展人员培训，提高从业人员的整体素质。由于我国运输业发展迟缓、运输业整体水平较低，从业人员和管理人员的素质亟待提高。个别企业因为追求短期自身利益的目的，忽视人员培训工作。人是生产过程中最活跃的因素，人员素质的高低直接决定了行业的生产效率和安全水平。因此，必须建立人员培训的长效机制，有计划、有组织、有周期地开展员工培训，将培训工作纳入企业长期发展的整体规划中。

3. 货运站场安全管理制度

货运站场就是货物的保管、配送、管理的物流市场，是商品安全管理措施具体实施地之一。为了确保站场运输生产安全，增强从业人员的安全防范意识，提高站场服务水平，落实安全责任制，杜绝重大责任事故的发生，应制订相关安全管理制度。具体内容如下。

(1) 坚持"安全第一，预防为主，综合治理"的方针，自觉遵守《中华人民共和国道路交通安全法》和《道路运输案例》的有关规定，自觉做好车辆的出入库检验及发车前、行驶中、收车后的安全检查，保持车辆的技术状况良好，随车手续、灭火器材等配备齐全有效，严禁无技术检验合格的车辆参加运营，严禁车辆带"病"行驶。

（2）严格执行《超载、超限运输车辆管理方法》的规定，切实按照规定的吨位载货，严禁超载、超限。

（3）严格遵守各项安全规章制度和操作规程，坚持中速行驶，礼貌行车，不开冒险车，不开疲劳车，不酒后驾驶，不强超抢会，不客货混装，对装载的货物要捆扎牢固，配备防雨设施，确保行车安全、货物安全。

（4）站场内配载业户，对配载车辆实行严格的检查制度，检验驾驶员身份证、驾驶证是否齐全真实有效。检验车辆行驶证、发动机号、车架号码是否一致，对有疑问的车辆严禁配载。

（5）配载业户与车辆驾驶员、货主要签订协议，明确权利、义务、责任。货物准时发运率达95%以上，在运输过程中，严禁出现货损货差。及时处理商务事故，建立商务事故处理登记制度，事故处理结案不超过三个月。

（6）仓库设施保持完好，消防设施、防盗设施齐全有效。理货员和库管员认真负责，移交货物时点交、点接，保持票货相符，库内严禁存放国家禁运物品，对化工原料腐蚀性物品要单独存放，重点管理，防泄漏、防扩散。

4．商品运输安全运行要求

不同商品使用相应正确的运输设备是运输环节中商品安全的基本保障，因此商品运输安全运行要求则显得非常重要，具体内容如下。

（1）道路运输经营者应当根据拥有车辆的车型和技术条件，承运适合装载的商品。如果商品性质相抵触、对运输条件要求各不相同的，不得混合装载。

（2）运输商品装载量必须在公路、桥涵载质量和车辆标记核载质量范围之内，超载的商品运输车辆必须就地卸货。

（3）危险商品和大型物件运输车辆，应当到当地县级以上人民政府交通行政主管部门办理审批手续。

（4）国家和本省规定限运或者凭准运证运输的物资，应当由托运人按照规定办理准运手续后，承运人方可承运。

（5）运输环节中搬运装卸危险商品和大型物件，应当具备相应的设施、工具和防护设备，并到当地县级以上人民政府交通行政主管部门办理审批手续。搬运装卸经营者应当按照国家和本省有关安全操作规程组织搬运装卸，禁止违章操作。

3.1.2 配送环节商品安全管理

配送环节是维护商品质量、保障消费者权益的最终端环节和关键屏障。强化配送环节商品安全，不仅对消费者有益，而且有利于生产厂家与零售企业的持续发展，培养社会责任，促进社会和谐的发展。

1．配送环节商品安全管理存在的问题

配送环节的商流活动与物流活动管理不慎都会引发商品质量安全问题，商流活动与物流活动衔接不畅也会影响商品的安全。同时商品生产厂家也应当对其生产的产品质量负责。

(1) 信息传递不畅。由于在业务信息传递过程中采用纸面单据、人工交接的形式，从而致使单据信息冗余，相同信息重复填写；人为差错时常出现，造成信息传递错误；单据接收和传送需要占用车辆及人力资源，增加成本；出库处理、结算处理过程中纸面单据传递延迟，以及单据信息不一致等现象，使业务处理效率降低。

(2) 货物配送效率低。由于调度处理过程完全依赖人为经验，对委托方、承运方以及承运车辆尚未建立信息管理和评价体系，常导致调度结果不合理，车辆的信息不能及时掌握，在途信息不能及时反馈，很难实现联运管理。车辆空载率高和运力紧张情况同时出现。同时，由于不能及时掌握运输订单的执行情况，对承运车辆的货物装运计划无法在货物发出前得知，对在途车辆的位置状态信息也无法追踪，导致到货信息与出库信息中承运车辆不一致现象时有发生，到货延迟率及货物遗失破损率较高。

(3) 资源整合能力差。没有与合作生产企业建立系统连接，企业的生产、销售信息不能及时共享，不能满足企业业务的快捷需要。同时，整合社会闲散资源及其他物流公司的库存资源、运输资源较差。由于信息的不通畅，传统的管理方式无法实时地获取不断变化的配送资源信息。

(4) 缺乏对配送线路的规划设计。配送运输由于配送方法不同，其运输过程也不尽相同。影响配送运输的因素很多，如车流量的变化、道路状况、配送地点的分布状况和配送中心的选址、道路交通网、车辆定载重量以及车辆运行限制等。没有信息化管理，难以做出科学的配送线路规划，以致影响配送的准时性和商品抵达时的质量情况，影响到物流供应链的整体效率和效益。

(5) 顾客服务水平低。传统的配送管理方式无法做到对货物的实时跟踪，无法满足客户了解在途货物的运输状况的需求。这有可能影响到按 JIT 模式生产企业供应链的管理。

(6) 资金结算周期长。传统业务处理不能为委托方和客户提供订单具体执行情况的实时查询，向委托方递交的统计报表比实际出库操作通常延迟一个工作日，向收货方递交的出库清单比实际出库操作延迟 6~10 个工作日，造成客户满意程度较低、结算周期较长。

加强物流配送的信息化建设，完善物流配送管理信息系统，是改变物流配送中服务能力差、服务质量低的一条关键途径。因此，发展物流配送管理信息系统，提供准确、快捷和全面的物流信息，进而为企业提供决策支持，做好社会资源整合，实现供应链一体化，是实现企业物流战略，进而在市场竞争中获得优势地位的重要保证。

2. 配送环节商品安全管理采取的措施

(1) 商品配送安全应注意商品装箱环节的技术把握。商品装箱时应注意避免某些商品的倒置摆放以及避免所有商品的过分挤压。玻璃制品、洗漱用液体商品、饮料制品等要求开口朝上的商品，在装箱时不能因为贪求减少空间，降低工作量而不顾特定商品置放要求，将商品倒置堆放装箱。有些商品挤压会变形，或是会擦坏，如塑料制品，挤压容易刮花变形，应避免一箱内放置过量的商品。

(2) 商品配送安全应避免装卸过程中的野蛮举动。商品的装卸过程由于商品的数量一般较多，为使工作完成得快，有部分装卸员喜欢在装卸过程中，将装箱商品以扔、抛、丢等方式传到货柜。这个过程容易因为磕碰弄坏商品，当抛接动作的接出现意外，装箱商品直接被摔到地上或货柜上，更容易造成商品的损坏。

（3）商品配送安全要求驾驶员拥有熟练驾驶技术技能。商品在车厢内容易因为货车的突然刹车，由于惯性作用而出现严重的挤压现象。可以想象，满满的一车货在高速路全速前进中，司机紧急刹车，货箱内的商品是怎样的状态。如果货车的承重能力较差，突然的惯性作用甚至可以把货车的前方铁皮撞烂，如果是开敞式货车，商品甚至会冲破货车的束缚而抛至路面。

（4）商品配送安全应注意防范配送过程中的商品丢失。有些商品的配送目的地较远，配送车在中途需要停止加油或是中途休息。在货车停止行驶时，就会容易发生商品的失窃事件。因此，货车停驶时应该加强对商品的监管，再次上路前应做好商品的点算，如果商品量过多，可以进行粗略目视或大件商品的点算等，预防商品的丢失。

3. 商品配送管理制度

配送环节的商品管理制度主要是为了解决因配送人员个人工作原因造成的商品质量及数量受到破坏的情况，商品配送管理制度可以规范配送服务行为，确保送货人员严格履行岗位职责，全面提升配送服务水平和能力。具体内容如下。

（1）到达店前时驾驶员负责唱票，押运人员负责检查核对客户许可证是否到期及清点箱内商品是否与配送单品种、数量信息一致，待核实准确后由驾驶员负责照看车内商品，押运员负责监督零售业户按操作规程安全地将商品送到客户店中，客户收货清点完成后在配送单签字确认，押运员将底联交付给客户。

（2）送货结束后，押运员及时将配送单收款联缴存财务科，并与报账员办理好相关交接手续。

（3）财务科根据配送单收取货款现金或客户银行交款凭证。

（4）将当天的送货服务情况及时向部门负责人汇报，并将送货服务情况如实记录；将当天的单据及时进行整理，配送单一周装订一次，交由办公室一联留存档案。

（5）配送人员严格按照送货线路进行送货，禁止中途甩货、故意延长送货时间或办私事；配送时不准私自截留，不准掺假、掺私，不准串换品种。

（6）送货司机出车前要认真检查车辆有无故障、车况如何、手续是否齐全，确认无误后方可出车；送货完成后，要对车辆进行彻底清洁、保养，并将车辆存放在指定位置，严禁车辆乱停乱放。

3.2 仓储与装卸环节商品安全管理

3.2.1 仓储环节商品安全管理

1. 仓储环节商品安全管理存在的问题

由于商品种类繁多且具有一定的复杂性，在安全管理中要对商品进行综合考虑，不然很容易产生一系列的商品仓储安全管理问题。那么要做好商品仓储安全管理工作，首先要明确商品仓储安全管理工作过程中的问题所在，当前商品仓储安全管理中存在的问题主要有以下四个方面。

(1) 商品仓储管理模式存在滞后性。在商品仓储安全管理中明确商品规范是基础,就当前我国商品仓储安全管理现状而言,商品仓储管理模式还存在一定的滞后性,诸多企业在商品仓储安全管理中依然采用传统粗放型管理模式,该模式管理方向不够明确,并且缺乏符合企业实际且健全的商品仓储管理体系及科学合理的指导方案。随着我国社会科学技术的不断发展,商品编码也在不断革新,然而新版本的商品编码并没有及时应用到商品仓储安全管理工作中,从而导致商品仓储管理水平依旧处于一个较为落后的状态。

(2) 商品仓储设备缺乏先进性且设备不够齐全。商品仓库是实现商品储存必不可少的因素,而商品仓库中相应的储存设备质量及其先进性会对仓储管理质量及水平造成直接性影响。现今我国许多企业内部的商品仓库设备设施都普遍存在设备布局缺乏合理性及先进性的问题。有部分发展较为缓慢的企业在商品仓储管理中依然采取人工拣选、码放以及搬运等方式,这是导致商品仓储管理工作效率低下的主要原因之一。据相关调查统计,利用传统商品仓储设备设施和先进商品仓储设备设施的企业相比,在很大程度上传统商品仓储设备设施会增加企业对设备设施的投资成本,影响企业整体的经济效益。

(3) 商品仓库归属较为分散。在商品仓储安全管理过程中需要根据商品实际应用情况对各个仓库的库存商品进行合理调度,保证各仓库中商品储存的平衡度。当前,有很多企业的下属部门在内部设置了仓库,如分公司、物流中心以及建设单位等,该情况在地理分布上占据很大优势,有明确隶属部门,这样各企业在商品仓储管理过程中可以对资产进行清晰核算,省去了很多麻烦。然而该方式并不是完美无缺的,也存在一定弊端,由于目前大部分企业无法对这些储存的商品做出统一化管理与调度,因此会影响商品流通。另外,各商品仓库之间没有进行及时、有效的沟通,会导致企业在生产过程中对所需要的商品无法及时进行调拨与共享。不仅如此,若各仓库之间不定期进行交流沟通,易出现商品重复采购的情况,进而造成资金浪费。

(4) 商品仓储安全管理信息化水平有待提高。随着互联网时代的到来,商品仓储安全管理要想发挥其根本作用力,也应与时俱进,在商品仓储安全管理工作中融入先进的网络及信息化技术。然而我国目前有相当一部分企业在商品仓储安全管理中依然沿用搬运、平面码放等存储方式,这种方式不仅需要投入大量的劳动力,加大企业的劳动支出,同时还会影响商品储存效率,增加商品占地面积,其弊端显而易见,在这种情况下全面提高商品仓储安全管理的信息化水平势在必行。

2. 仓储环节商品安全管理采取的措施

当前商品仓储安全管理过程中存在的问题,企业应引起足够的重视,它们是决定商品仓储安全管理水平的关键因素,在实践中努力克服这些问题,才能从根本上实现商品仓储安全管理,达到商品仓储安全管理的最终目的。

(1) 建立现代化商品仓储安全管理理论体系。一套完善且符合现代化发展的商品仓储安全管理理论体系,确保了商品仓储安全管理的规范性与科学性,完善的商品仓储管理理论应包含以下两方面内容。

① 商品库存管理理论。库存在企业发展过程中是必然存在的,可以保证企业生产活动的顺利进行。但一旦出现商品积压,商品仓储管理的难度将会增加,仓储费用将会增加,

甚至可能对正常生产及经营活动产生影响。在商品仓储管理中应用库存管理理论，可以有效优化商品储备量，最大限度地降低商品积压，对商品仓储安全管理具有一定的推动作用。

② 零积压管理理论。零积压理论需要企业的商品供应能力与配送能力在实践中不断协调，是商品仓储安全管理中实现零积压管理的基础性依据。

(2) 强化领导与工作人员的安全责任意识，落实安全生产责任制。领导在商品仓储安全管理控制中发挥着引导性作用，其对商品仓储安全管理的重视程度在很大程度上直接决定了管理人员的商品仓储安全管理水平。要做好商品仓储安全管理工作，应从两方面入手，一方面应强化领导与工作人员对商品仓储的安全责任意识，让领导及相关工作人员认识到商品仓储安全管理的作用及重要性，只有具备强烈的安全责任意识才会将安全管理行为落实到实际工作中；另一方面在商品仓储安全管理工作中应抓好三个落实。

① 落实商品安全生产的第一责任人，明确领导的工作内容，使领导从思想上对商品仓储管理引起高度重视。

② 落实企业领导对商品的安全承包制度，制订各领导的管理承包职责，并对商品应用及仓储实况进行定期检查，保证安全管理活动现场有记录人员，以便及时了解商品仓储安全管理实际情况。

③ 落实企业领导安全管理工作考核制度，定期对领导在商品仓储安全管理中的工作行为进行考核，根据考核结果采取一定的奖罚措施，以此来保证商品仓储安全管理工作的有效开展。

(3) 创新商品仓储管理模式，推行精细化商品仓储管理。为了保证商品仓储安全管理工作的有效落实，企业应结合生产及实际经营状况合理进行商品仓储管理模式创新，全面推行精细化商品仓储管理。在商品仓储精细化管理过程中，在商品入库时应建立相对完善的信息台账；在商品应用之前要进行严格审批，审批合格后方可投入到生产应用中。

(4) 建立完善的商品仓储安全管理信息系统。商品仓储安全管理信息系统应包括映射信息数据库、射频识别系统、电子系统等子系统。在商品仓储安全管理过程中，该系统既能够满足商品仓储安全管理工作的多功能需求，如客户关系管理、应急商品管理、配送管理、预警处理以及数据集成分析等，同时还能够实现商品仓储安全管理的可视化与信息化。在安全管理中充分应用计算机信息技术及商品仓储安全管理信息系统，可以有效提升企业商品仓储管理的工作效率，同时在某种意义上来说还可以节约企业在商品仓储安全管理方面的成本投资，具有一定的经济学意义。

(5) 强化商品仓储工作人员的培训力度，提升商品仓储人员的综合素质。强化商品仓储工作人员的培训力度应从两方面入手：一方面对于企业新招聘的员工应采取先培训后上岗的培训模式，通过培训将不合格或者无法满足企业人才要求的工作人员淘汰，同时要将商品仓储及相关管理技能作为培训的侧重点；另一方面应通过培训有意识地提升商品仓储安全管理人员的工作积极性，从而确保商品仓储安全管理工作落实到实际行动中。与此同时，企业还应建立完善的激励与监督机制，对于商品仓储安全管理工作中表现较为优秀的工作人员，应给予适当的物质奖励及精神奖励。此外，还可以在商品仓储安全管理内部建立绩效考核制度，有效激发工作人员的斗志，增强其在商品仓储安全管理工作中的责任感。

3. 商品库存管理

库存管理是指在物流过程中商品数量的管理，改进商品库存管理对商品安全管理具有重大意义。优化商品库存管理包括三个方面：一是合理安排库内分区，按照库房功能、作用以及物资品名、型号等分区管理；二是引进货架等先进设施；三是改进库存保管环境，特别是温湿度控制。

1) 库内分区的几种方式

仓库商品的分区分类储存是根据"四一致"的原则(性能一致、养护措施一致、作业手段一致、消防方法一致)，把仓库划分为若干保管区域；把储存商品划分为若干类别，以便统一规划储存和保管。具体内容如下。

(1) 根据业务量大小划分，即业务量大的物资，尽量安排在出入方便、空间较大、距离较近的库房进行存储，这样可以缩短物资之间的运输和搬运，降低经营成本；规模较小、业务量小的物资，尽量安排在位置偏僻、空间偏小的库房存储。

(2) 按照功能划分，将库房划分为质量合格区、不合格区、退货区、待发货区、保管员日常办公区。

(3) 根据产品特性划分为常温库、阴凉库，方便物资的保管和质量安全。

(4) 根据物资型号、品名、规格和包装进行划分，将同种物资按照不同批号分开堆放，将容易混淆的品名、包装品种分别存放，将包装体积较大的物资放在容易存取的地方。

通过以上方式的分类存放，可以提高查找物资存放位置的准确度，有利于对物资进行分类保管、盘点等，确保物资质量安全，同时将会有效降低发出物资型号不符的出错率。库内分区也有利于仓库保管员熟悉商品的性能，提高对商品保管养护的技术水平；同时也有利于仓储商品的安全，减少损耗。

2) 先进设施的引进

随着市场需要和技术的发展，传统的仓储方式发生了转变，即由平面式储存转变为立体式储存。货架是现代化仓储企业不可或缺的组成部分，是物流中心的主要存储设备，已成为仓储系统甚至整个物流系统中的重要环节。

为了更好地利用仓储空间，立体货架的使用尤为必要。按货架系统结构，可以分为搁板式货架、托盘式货架、贯通式货架、重力式货架、压入式货架、阁楼式货架、钢结构平台、悬臂式货架、流动式货架、抽屉式货架、旋转式货架、料盒式货架等。

货架的使用可以使叉车直接进入货架区域，一侧进行货物存入，另一侧可以取出货物，操作更加简便快捷，空间得到充分利用，减少了无效搬运，提高搬运活性。因此，大规模使用货架、托盘、仓库笼等单元容器，可以进一步提高仓储单位机械化、自动化、标准化水平，使库存周转速度明显加快，装卸费用显著下降，大大提高仓储作业准确率和工作效率。

3) 改进库存保管环境

现在商品在保管、出库过程中发生质量安全问题的情况较多，因此需进一步改进库存保管环境，特别是对库房温湿度条件的控制。一是利用春秋气候干燥、风力较大和昼夜温差大的特点，增强日间或夜间通风时间和次数，促进库内外湿热空气的流动，对库房进行通风排潮；二是通过增加通风孔、鼓风机、空调或保温材料等降温，加大辅助空气流通，从而有效降温；三是在仓库窗户外侧增加遮阳棚，悬挂厚重避光窗帘，来有效遮挡阳光，改变过去张贴避光纸易脱落的弊端；四是对于主要密封防潮的物品，在出入库人员较少时，多使用小门进出，避免利用升降门而加大与库外空气的接触；五是在雨季或阴天不易通风时段，可以采用生石灰、无水氯化钙、氯化镁吸湿剂以及吸湿机等进行吸潮降湿。通过以上各种调节措施的运用，将温湿度控制在物资保管规定范围之内，有效防止温湿度不达标现象的发生，确保物资安全储存。

3.2.2 装卸搬运环节商品安全管理

装卸搬运近几十年来在我国得到了迅速发展。从最初的人力搬运，经机械化阶段逐步向自动化发展，使工人的劳动强度大大降低，同时极大地提高了生产效率，为国民经济的发展做出重要贡献。

1. 装卸环节商品安全管理存在的问题

当前我国装卸搬运技术总体上还处于机械化向自动化过渡阶段。由于我国经济发展的不平衡、劳动力丰富且廉价等原因，现阶段还广泛存在着落后的人力装卸搬运。因此，装卸搬运环节商品安全管理存在的问题具体内容有以下几点。

（1）无效的装卸搬运。指用于货物必要的装卸搬运劳动之外的多余劳动。例如，进行粘贴条形码和装卸货物的时候存在过多的无效作业活动，主要包括以下两点：一是由于货物堆积在一起，财务人员在粘贴条码时需要搬动货物以方便粘贴，最后再将货物堆积在一起。在此过程中存在无效的装卸搬运活动；二是装车时货物在车上的位置不确定，在装进一部分货物时，装卸搬运工觉得这样的配载方式装不下今天的货物，就会在车厢内将已装车的货物重新摆放，便会卸下有一部分已装车的货物，进行二次装车。在此过程中也出现了无效的装卸搬运，使得装卸搬运时间加长，装卸搬运效率降低。

（2）没有合理利用重力设备进行装卸搬运。现在大部分企业在装卸搬运方面没有使用重力设备，如滑梯等，而是采用叉车和人力结合的方式，装卸搬运作业时间较长，而且员工在装卸搬运较重货物时作业强度大，消耗体力快，在装卸搬运过程中可能随时中断，但是采用滑梯后，装卸搬运员工的作业强度会减少，缩短了装卸搬运时间，降低了装卸搬运工的作业强度，提高了装卸搬运效率。

（3）暴力装卸货物。在现在的物流企业中，也存在暴力装卸搬运的行为，诸如一些比较轻，耐碰撞，耐压的货物，装卸搬运工一般采用低空坠物的方法，直接将其从车上扔下，或者直接扔上车，此类情况在快递公司中较为常见。由于运输车是箱式货车，在夏季进行作业时，车内的温度要高于车外，车内的环境比较恶劣，粉尘之类的颗粒弥漫整个车厢，工人在此环境下没有任何的保护措施进行装车，而且车厢内工人的劳动量要远大于车外的工人，容易脾气暴躁，遇到重货时会摔货，由此导致货损。

2. 装卸搬运环节商品安全管理采取的措施

1）防止和消除装卸搬运中的无效作业

消除和防止无效作业对装卸作业的经济性和效率性的提高具有重要作用，主要可以从以下四个方面来防止、消除和减少装卸搬运中的无效作业。

（1）尽量减少装卸的次数，使装卸次数降到最低，避免没有物流效果的装卸作业。

（2）提高被装卸搬运物料的纯度，物料的纯度主要是指物料中含有的杂质、水分和与物料本身使用无关的其他物质的质量。物料的纯度越高,则表明装卸搬运作业的有效程度越高;反之,则表明无效作业越多,效率性及进行性越低。

(3) 适宜的包装。包装的实用化、简单化和轻型化会不同程度地减少装卸搬运作用于包装上的无效劳动,使效率性和经济性均得到提高。

(4) 尽量缩短装卸搬运作业的距离,物料在装卸搬运中,要实现水平和垂直两个方向的位移,选择最短的路线完成这一活动,就可以避免超越这一最短路线所带来的无效劳动,从而减少人、财、物的投入,降低物流成本。

2) 提高装卸搬运的灵活性

装卸搬运的灵活性是指在装卸作业中对物料进行装卸作业时的快慢和难易程度。所以,在设计和堆放货物时,事先要考虑到物料装卸搬运作业的方便性,提高物料的活性指数。

3) 实现装卸搬运作业的省力化

装卸搬运作业使物料发生垂直和水平位移,要尽力实现装卸搬运作业的省力化以提高效率,就要在作业中尽可能地消除重力给装卸搬运带来的不利影响。可以采取的方法还是比较多的。例如,在有条件的情况下可以利用重力进行装卸,它可减少能量的消耗,减轻劳动强度;将没有动力的小型运输带(板)斜放在卡车、货车或站台上进行装卸作业,使物料在倾斜的输送带(板)上进行移动,这种装卸主要是依靠重力的水平分力完成的;在搬运作业中,可以不用手搬,而是把物资放在一台车上,由器具承担物体的重量,人们只要克服滚动带来的阻力,使物料水平前移就可以,这无疑是十分省力的办法。

4) 合理组织装卸搬运设备

组织物资装卸搬运设备是以完成装卸任务为目的和起点,并以提高装卸搬运设备的装卸质量、生产率和降低装卸搬运作业成本为中心和目的的组织活动,它包括下列内容。

(1) 确定在一定时间段内的装卸搬运作业任务量,根据物流计划、经济合同、装卸次数、装卸车时限等,来确定目标作业现场的具体装卸搬运任务量。根据装卸搬运设备的生产率和装卸搬运任务的大小等因素,确定装卸搬运设备需用的数量和各项技术指标,根据装卸搬运设备的生产率、装卸任务和需用设备数量等,编制装卸搬运作业进度计划。

(2) 根据装卸搬运的实际情况,下达装卸搬运进度计划,安排适当的劳动力和作业班次,统计和分析装卸作业取得的成果,评价装卸搬运作业的效率和经济效益的高低,以及应该如何改进等。

5) 推广组合化装卸搬运法

在装卸搬运作业过程中,通常是根据不同物料的种类、重量、形状和性质等的不同来确定不同的装卸搬运作业方法。处理物料装卸搬运的方法主要有三种。

(1) 分块处理法,是将普通包装的物料逐个进行装卸搬运。

(2) 散装处理法,是将颗粒状物资不加小包装而原样装卸搬运。

(3) 集装处理法,是将物料以托盘、集装箱、集装袋等为单位进行组合后装卸搬运。对包装物料应尽可能进行集装处理,因为实现集装化和单元化的装卸搬运,可以充分利用机械化进行操作,提高作业效率,降低装卸搬运成本。

组合化装卸搬运作业具有非常多的优点,如装卸搬运单位数量多、作业效率高,可大量节约装卸搬运作业的耗费时间;能提高物料装卸搬运的灵活性;可以不用劳动力直接接触各种物料,达到保护物料和节省劳动力的效果。

物流安全

6) 合理规划装卸搬运作业方式和过程

装卸搬运作业过程是指对整个装卸搬运作业过程的连续性进行合理安排，以尽量减少装卸搬运距离和装卸搬运次数，从而提高装卸搬运的有效性。提高装卸搬运作业的连续性可以从以下三个方面进行。

(1) 在物料作业现场，装卸搬运机械应合理衔接和有效安排。

(2) 不同装卸搬运作业在相互连接使用时，应力求使它们的装卸搬运速率相等或接近，以避免差距过大影响效率。

(3) 充分信任和发挥装卸搬运调度人员的作用，一旦发生装卸搬运作业障碍或停滞时，应立即采取有力的措施进行补救以减少损失。

3.3 其他环节商品安全管理

3.3.1 零售环节商品安全管理

随着消费者消费意识的加强与零售企业竞争的加剧，确保商品安全是零售行业必须关注的问题。零售环节商品安全问题可从零售商流过程与零售物流过程两方面展开。物流管理不仅支持零售商流活动，而且强化零售环节商品安全监管力度。

1. 零售环节商品安全的内涵

产品出厂进入流通渠道成为商品，最终到达消费者手中成为消费品。这个过程中，产品质量安全涉及产品的多种形式、供应链的多项环节和流通的多个组织，产品安全范围广泛、影响因素繁多。零售连接厂商、批发商与消费者，同时需要物流配送的支持。随着消费者自我保护意识的提高和零售业态的多元化发展，零售环节的商品安全问题受到更多的关注。

1) 零售环节的物流过程

零售环节分为三个过程，分别是采购、销售和售后。零售环节是商品流通过程与消费领域的结合点，商品流通零售环节的三个过程有机结合，实现商品的价值和使用价值。零售环节的三个过程存在时间的先后和场所的转移，需要物流服务支持于商流活动。零售商品的采购、销售与售后过程的良好衔接和过程安全控制，有利于实现商品在零售环节的质量与安全。但由于零售环节的问题与商品自身的问题，会在零售过程中出现(或发现)缺陷产品，这时需要追加缺陷产品的召回过程，这样基于商品安全的零售环节过程得到修正。

2) 零售环节商品安全的定义与表现

零售环节商品安全表现在两个方面：一是零售商流过程中的商品安全；二是在物流过程中的商品安全。二者可能是"合二为一"，也可能是"各自运作"，二者的出发点不同，零售商流过程关注商品自身的质量安全，物流过程更关注外部环境对商品质量的影响。

零售商流过程是指从批发商(或者生产厂商)到零售商、再到消费者的商品流转过程，是商品所有权在零售环节的依次转移。零售商流过程商品安全主要由零售商负责，首先表现为在采购、出售商品时确保商品自身的产品规格、等级、所含成分与保质期等品质安全；其次表现为商品的销售包装、产品合格证明和其他标识；再次表现为在销售环节注明或告知消费者准确的商品使用方法，避免使用不当造成的产品本身损坏或者危及人身、财产安全；最后表现为召回已流入消费领域、在售以及库存的缺陷产品。

与零售商流过程中零售商功效相对应的，则是零售物流过程中的物流商的功效。零售物流过程是指零售环节中商品实体的转移过程，服务于零售商的物流部门(或配送中心)发挥商品实体转移的作用，零售物流过程服务于零售商流过程。在零售物流过程中，物流部门发挥确保商品安全的主要作用。物流部门采用厢式货车、冷藏车运输商品，确保商品从配送中心到零售场所、消费者的运输过程中安全，实现商品的场所性价值；物流部门在仓储环节创造合理的商品养护环境以保护在库商品的品质，通过库存管理做到商品的"先进先出"，实现商品的时间性价值；物流部门通过包装、流通加工、送货上门、安装调试，保证商品售后质量；更为重要的是物流对于缺陷产品的召回也发挥了巨大作用。

3) 零售环节商品安全涉及的主体

目前我国零售业物流服务水平参差不齐，零售环节商流活动与物流活动未能实现完全意义上的"商物分离"，但是毋庸置疑的是配送中心(或物流部门)在零售环节的作用越加凸显。零售环节的商品安全除了商品自身安全外，还与商流活动和物流活动的环境相关。可见影响零售环节商品安全的主体是与零售商流活动和物流活动密切相关的组织与部门。零售商品主要在批发商、零售商和消费者之间顺序传递，三者是影响商品安全的直接主体。鉴于原材料与生产工艺亦会影响商品质量，原材料供应商、生产厂家等市场营销渠道成员也是零售环节商品安全涉及的主体。随着物联网技术的逐步应用，物流信息商与配送中心、运输车队等部门也构成了零售环节商品安全的相关主体。

此外，关注零售环节商品安全的主体还包括国家监管部门、社会舆论媒体等。国家监管部门主要有各级工商行政管理部门、质量技术监督部门、消费者协会、零售企业主管部门等。同时，社会舆论媒体密切关注关乎消费者切身利益的商品安全问题，通过电视、电台、网络等媒介通告监督商品安全问题。

2. 零售环节商品安全管理存在的问题

零售环节的商流活动与物流活动管理不慎都会引发商品质量安全问题，商流活动与物流活动衔接不畅也会影响商品的安全。同时商品生产厂家也应当对其生产的产品质量负责。

1) 零售环节商流活动中商品安全问题与安全隐患

零售环节商流活动商品安全问题主要发生在商品零售场所和消费场所。零售场所主要有超市、商场、集贸市场等。超市商品安全问题主要集中在自有品牌商品方面。大型超市自有品牌产品质量标准模糊，让消费者无法比较产品质量优劣。部分超市熟食产品安全问题也被消费者质疑，部分熟食产品菌落指数超标、产地不明。同时部分超市也存在出售假冒伪劣产品的现象。此外，一些超市布局不合理，引发商品串味影响产品质量。农贸市场商品安全问题主要有两方面：一是果蔬残留农药指标难以及时监测；二是市场环境不达标，防尘、防蚊、防蝇等卫生措施不到位。消费场所商品安全问题主要包括消费者与零售企业信息沟通不畅导致消费者使用不当，商品不安全包装影响商品质量，商品售后服务难以及时满足，以及购买问题商品后消费者权利难以得到保护等。

2) 零售环节物流活动中商品安全问题与安全隐患

零售环节物流活动引发商品质量问题表现在存储、运输、包装等物流环节上。配送中心或批发商仓库囤积大量商品,由于物流操作人员缺乏商品质量管理专业知识,物流活动操作不当影响商品质量。在存储方面缺乏良好的商品养护环境,库房温度、湿度不适宜导致存放商品发生化学变化和生理变化;仓库库存信息处理不当,可能导致商品保质期过期。在包装方面,商品出厂包装不当有损商品品质,同时储运环节包装不当将导致商品散包、破损、湿浸、串味、溢泄、变形等。在运输方面,车辆选型不当、运输时间过长,可导致畜禽死亡、生鲜商品变质;运输、装卸不当,易造成商品二次污染。

食品作为一种特殊商品对冷链物流要求较高。我国缺乏冷链物流标准,与食品物流安全直接相关的食品冷链安全体系基础建设依然薄弱,这些都影响到食品质量安全。零售领域的食品在存储、运输、装卸、配送等物流环节温度控制不当,导致食品质量下降。

3) 零售环节管理不善引发商品安全问题

零售环节管理工作包括零售商流活动与物流活动的衔接,质检、工商部门实施商品质量监管,以及消费者商品安全意识的培养等方面。这些工作做得不好也会影响零售环节商品安全。

不论商物分离还是商物合流,零售环节的商流活动和物流活动总是发生千丝万缕的联系。零售环节的商流活动和物流活动在订单处理、商品交接与消费者服务方面进行沟通与协作,这些都与商品安全密切相关。零售企业的采购订单、店面配送订单若发生信息障碍,将影响物流部门的入库、补货与配送等活动,从而导致错误的商品采购、上架与送货上门服务。工商、质检部门监管若在标准制定、检验人员培训、原料检测等技术方面存在问题,则难严把产品质量关,无法确定零售环节商品安全。质检、工商部门工作不力会加剧问题商品流向消费者,同时对问题商品溯源也不利。若消费者商品安全意识不足,如无视商品QS标志及真实性、不注意商品保质期、无索票索证行为等,则存在购买、使用问题商品的安全隐患,同时助长生产厂家、零售企业生产、销售问题商品的滋生。

4) 生产厂商存在的商品安全问题对零售环节的影响

商品安全的最大程度和最早环节是由生产厂商决定和掌控的。生产厂商可能在以下方面发生问题:质量法制观念淡薄,故意掺杂掺假,以假充真;企业生产环境、生产设施、生产人员卫生条件较差,影响商品与包装质量;生产过程质量控制、商品出厂检验等全过程质量管理制度不健全,不能持续保证商品质量的稳定;为降低生产成本,不严格按照标准生产,会导致商品质量达不到标准要求。

生产厂商主观和客观原因生产不安全产品,导致这些产品进入流通环节,同时会继续恶化零售环节的商品安全。出厂产品质量和包装不达标,对零售环节的运输、仓储、超市货架环境要求更高,而零售企业和物流企业若出于成本原因、能力原因与生产厂商谋求不正当的利益,则将不安全商品风险转嫁到消费者身上。

3. 零售环节商品安全管理采取的措施

针对零售环节商流与物流过程中商品可能发生的安全问题,可从零售模式的改进、物流服务的支持、召回物流实践以及将物流部门纳入商品安全监控网络等角度分析商品质量安全保障措施。

1) 实施"商物分离"的零售模式

在现实经济生活中,进行商品交易活动(商流)的地点,未必是商品实物流通(物流)的最佳路线的必经之处。如果追求商品实物的运动过程路线与商品交易路线完全一致，一方面造成实物路线的迂回、倒流、重复等不合理现象，不仅造成资源和运力的浪费，还缩短商品的货架期；另一方面商品多次周转，会引起商品包装的破损。为了避免这些弊端发生，"商物分离"的做法早已应用于零售环节。"商物分离"的零售模式是指由零售企业负责商品所有权的转移，物流企业(或物流部门)负责商品实体的转移。零售企业进行商品交易，从生产厂商(批发商)购买商品，再转卖给消费者，相对应的物流企业负责商品的采购、运输、库存与配送，特殊情况下物流企业可实现商品直接由生产厂商配送至消费者，消除二次转运与多次装卸搬运。

实施"商物分离"的零售模式，商品零售经过一定的经营环节来进行业务活动，而物流则不受经营环节的影响，简化物流环节与操作，可按时保质地将商品送到消费者手中。在该模式下，零售环节商流过程应做到购销合同规范、进销台账完整、经营场所布局合理、商品明码标价、计量器具准确、生鲜产品低温控制等，来确保销售商品的质量安全。

2) 提供完善的物流服务支持商品安全

基于"商物分离"的零售模式对物流服务提出更高的要求，做到保管、输送、配送、信息系统集成的同时，还应加强物流环节的商品检验与养护和物流送货与售后服务支持。

零售业物流保管活动取消零售企业库存仓库和营业店面仓库，用配送中心集中保管方式取代分散保管方式，易做到连锁企业的统一采购、直接转运，缩短采购、库存时间。物流输送活动则由原先的从生产厂商仓库至零售公司仓库，再到店面仓库，最后到零售店的商物一致的三段输送形式，转变为商物分离模式中由生产厂商仓库至配送中心，然后直接送至零售店，甚至直达消费者的两段输送。配送中心实行回路配送取代分别向各零售店送货，提高了运输设备利用率，零售店面或消费者的服务质量也可得到改善。对于生鲜产品，物流保管、运输、配送提供全程冷链保证。

配送中心与运输线路构成完善的物流实体网络，实现商品的及时、快速、便捷转移。同时做好配送中心物流信息系统与零售企业购销信息系统的接口，健全零售环节商流、物流信息网络集成，不再由零售企业、仓库和店面分头处理采购与商品信息，而由配送中心集中处理，用现代化通信系统进行各环节的集中控制，做好全程监控。

零售环节的商品在品质、数量、重量、卫生安全以及包装运输等方面的准确可靠，还需做到物流环节的商品检验与养护。商品的各种化学成分对商品品质、用途、性质和效用有着决定性的影响。配送中心分析，做好商品的物理性质、机械性质、化学性质、生理生化性质和微生物学性质的检验，有助于确定、维持物流储存、运输、包装的合适条件和养护环境，从而确保物流环节商品的安全。

3) 加强缺陷商品的安全检测、预警、溯源与召回

缺陷商品易在零售环节和消费环节发现，应加强这两个环节的商品质量检测，及时发现商品质量问题。通过建立与维护商品零售环节质量检测系统和商品安全快速预警系统相结合，切断问题商品流通渠道，防止更多的问题商品流入消费群体，防患于未然。发现问题商品后，追本溯源，从根本上切断问题商品发生的途径，同时流入流通渠道的问题商品则需要召回。商品检测、预警、溯源与召回，形成一体化、全程化的商品安全监控体系，从而有效控制问题商品的发生、流通和扩散，保证商品的质量安全，同时也使商品从生产到消费全过程实现透明化。安全监控体制是加强商品安全管理的有效举措之一，其将生

产、检验、监管和消费等环节连接起来，保证流通环节商品质量，有利于保护消费者权益。

当零售环节出现问题产品、缺陷产品时要进行召回。目前在国内召回机制与具体运作正处于发展阶段，召回物流处于探索阶段。由于缺陷产品关乎消费者利益和社会诚信问题，要求召回速度快，导致召回成本过高、召回效率不高。若能在流通企业供应链物流管理中加上对召回活动的支持功能，则能有效降低召回成本，同时保障缺陷产品迅速召回。召回物流是为最大限度地降低缺陷产品对消费者和社会的损害，快速、及时地将缺陷产品从最终消费端或供应链某个下游环节向上游生产商或物流场所转移并进行集中处理所形成的物流管理过程。就农产品召回物流管理为例，将召回功能纳入农产品供应链物流管理，借助RFID(射频识别)技术及时监测、追踪农产品安全信息，借助召回物流中心实现缺陷农产品的召回与资源分解，构建农产品生产、流通安全链，缺陷农产品召回物流管理模型如图3-1所示。

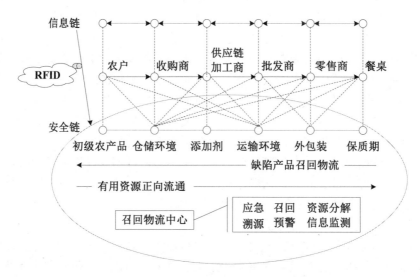

图3-1　缺陷农产品召回的物流管理模型

4) 创造良好的商品安全社会环境

保障商品安全不仅仅是生产厂商、批发零售企业的职责，创造良好的商品安全社会环境也可为商品安全生产、销售与消费培育沃土。首先，政府部门充分发挥指导、监督作用，加大政府监管力度，强化零售企业自律行为，同时将物流部门纳入商品安全监管网络；其次，社会舆论、消费者应重视商品安全问题，多元化舆论媒体可促进政府、厂商、消费者重视商品安全问题，同时消费者有意识的维权行为则进一步促进生产厂家与流通企业的商品安全意识；再次，在电子商务、网络营销商业模式下物流与消费者关系更为密切，物流部门做到自身正确的操作与管理的同时，有义务及时将物流环节与售后服务环节的商品安全问题及时通告零售企业；最后，全社会应提倡绿色物流与绿色生产、绿色流通、绿色消费的结合，形成绿色供应链。通过绿色包装、托盘配送、文明装卸等活动减少物流环节对商品质量的不良影响。在资源日益紧张、环境亟待保护的今天，绿色供应链管理也将成为商品安全与社会安全的一个发展方向。

3.3.2 包装环节商品安全管理

进入21世纪，科技的发展日新月异，新材料、新技术不断出现，聚乙烯、纸、玻璃、铝箔、各种塑料、复合材料等包装材料被广泛应用，无菌包装、防震包装、防盗包装、保险包装、组合包装、复合包装等技术日益成熟，从多方面强化了包装的功能。流通过程中对物品进行包装有利于保护物品，方便运输，促进销售。适宜的包装容器使得物品在运输、装卸、仓储等物流过程中质量有了良好的保障。

1. 包装行业的发展过程及其定义

当今社会发达的生产能力创造出了丰富的商品世界，发达的市场经济又为这些商品提供了一个既绚烂又充满竞争的舞台，由单一到多类多样的产品、由满足需求到创造需求，既红火又惨烈的商品世界的现实，使得今天的商品从开发到销售必须经过快速有效和安全的流通，才可能在市场中赢得先机，这些商品营销市场上的拼争与角逐，反过来要求商品的包装必须要以安全作为自身的首要标准，才能保证商品的原有价值，进而达到商品包装促进商品销售的目的，商品包装不仅要注重形态、色彩、信息咨询以及审美等方面的问题，更重要的是要解决商品的保值问题，因为这是商品包装最基本的标准，也是商品包装的本意所在。

包装作为国民经济的配套服务行业，伴随着我国社会主义建设不断发展壮大。我国商品包装行业的产生与发展，应从1980年12月21日经国务院批准成立了中国包装技术协会以后开始的，逐步形成多门类的庞大包装行业体系。商品包装行业是一个朝阳产业。中国的现代包装行业从1978年前基本为零的状态，到现在已建成为拥有纸包装、塑料包装、金属包装、玻璃包装、包装材料、包装机械六大现代门类的工业体系。包装产值以每年18%的速度高速增长，品种规格繁多。包装工业在国民经济中所占地位从原来的40多个行业中最末几位跃居到第15位。随着进出口贸易的发展，中国的包装制品的水平有了极大的提高，很多方面已经与国际先进水平不相上下，包装工业制品产量跨入世界前五名，使我国成为世界包装大国。包装工业的快速发展大大减少了商品损失，提高了商品价值，为GDP的增长、市场繁荣、外贸发展做出了重大贡献。

根据国家标准化管理委员会《包装通用术语》(GB 4122—1983)定义，包装是指在流通过程中保护商品，方便运输，促进销售，按一定的技术方法而采用的容器、材料及辅助材料等的总体名称，也指为了达到上述目的而采用容器、材料和辅助物的过程中施加一定方法等的操作活动。商品包装安全是保证商品安全的重要环节，也是商品包装行业存在的依据。虽然各国都颁布了针对商品包装安全性能的法律法规，但商品包装安全还没有比较清晰和简明的定义。结合前人的研究成果，本书认为，商品包装安全就是储存、运输和装卸商品的容器、工具和设备应当安全、无害，保持清洁，防止商品损坏或者失去使用价值，并符合保证商品安全所需的特殊要求。

2. 包装环节商品安全管理存在的问题

物流包装技术是影响现代物流产业的重要因素之一，在商品的运输过程中，不但要考虑在运输过程中包装应能够保证商品不会改变其物理化学性质,既要做到商品不破损、不散失、不渗漏、不降低商品的使用价值,而且要考虑包装物应能保证运输工具和装卸人员的安全,并能够提高运输装卸作业的效率。随着影响因素不断增多,我国目前包装环节商品安全管理还存在以下几点问题。

1) 各类产品因包装不良导致巨大损失

在过去较长的一段时间内,我国各行业对运输包装技术不够重视,使得运输包装的质量出现过许多问题,造成了大量的产品损坏和散失。据报道,我国每年因包装不善造成的经济损失一直在百亿元以上,其中80%的损失是因运输包装不当造成的。

2) 物流包装的传统运营模式存在弊端

我国物流包装的传统运营模式存在的弊端主要表现在服务模式与供应链环境不协调、物流效率低、包装原材料成本高和环境污染严重几个方面。

(1) 服务模式与供应链环境不协调。为了适应越来越短的供应链生产提前期,物流包装企业应该与供应链实现无缝连接,但是当前的包装企业大多仍按照传统的"交货—使用—回收—加工—再利用"的服务模式和供应链与物流企业进行合作,并未深入到供应链中去。因而导致往返作业多,交货期滞后,流转效率低。

(2) 物流效率低。按传统习惯,上游供应商和下游客户群常常会针对不同的产品使用不同规格的包装,这样每个物流环节都会产生大量的包装废弃物。在缺乏有效回收流程体系的情况下,必然使得运输、堆垛、存储等流通环节中的作业量增加,以及空间、设备、时间和人力资源的占用,从而降低物流业的运作效率。

(3) 包装原材料成本高。由于近年来全球原材料供求关系的变迁,导致原材料成本不断增大,因而带来物流包装业的成本及整个供应链的成本不断上升。如何降低整个供应链上的物流包装成本,已成为包装企业提升自身竞争力所面临的重要课题。

(4) 环境污染严重。按照目前物流包装企业的运营模式,每个服务环节的包装物都需要回收,并再度加工。再加工过程中,不仅加工量很大,而且不可避免地产生很多"三废"(废水、废气、固体废弃物),对环境造成污染。

3) 物流与包装的标准化衔接不好

物流包装的标准化是个大问题。包装标准中关于各种包装标志、包装所用材料规格、质量、技术规范与要求、包装检验方法等的规定并不是孤立的,而应是在整个物流供应链中都要考虑和实施的。各种运输方式之间装备标准的不统一、物流器具标准的不配套、行业规范的非标准化等均会导致物流企业的无效作业增多,物流速度降低,物流事故增加,物流成本上升,服务质量落后,这已严重影响了我国物流企业的效益和市场竞争力。

4) 包装引发的国际商务纠纷多

国际贸易中,因货物包装问题而造成的损失较大,导致国际商务纠纷频频发生。主要表现在以下几个方面:①使用的包装材料违反进口国法规;②脆弱易碎商品的包装不够坚固;③贵重商品包装过于简易或封装不严;④危险品包装容器结构薄弱与密封不良;⑤包装规格与容量不适当;⑥包装设计违反进口国宗教与风俗习惯。

5) 遏制商品过度包装的法律体系不够完善

我国的包装业起步较晚,一些相关的法律体系不够全面,有许多漏洞。许多企业常常利用不正当的手段来实现利润最大化的目标,如在包装上使用过多的材料,使商品体积、重量明显大于正常的包装商品，也有的商家采用过于华丽的装潢，来提高商品的价值，从而误导消费者。国家相关的管理部门无法可依，不能通过法律从源头上有效治理商品过度包装这一状况。

3. 包装环节商品安全管理采取的措施

为了解决上述包装环节商品安全管理中所存在的问题，应采取以下九点措施。

1) 树立现代物流与运输包装的集成化理念

由于中国的物流业与包装业的部门分隔，已有的研究中很少将包装和物流这两个领域联系起来考虑。包装研究者主要着眼于包装的直接服务对象——产品，研究各种保护产品流通的相关技术；而物流研究者主要关注物流系统内部的运作规律，只是将包装视为物流链的一项配套服务来讨论，很少主动研究物流系统与包装系统之间相互协调的问题。

对包装学界来说，应该树立物流包装集成化理念，或基于现代物流平台的运输包装理念。物流运输包装的技术开发工作，除了要关注各类对象产品的防护技术外，更要注意使运输包装的材料、容器、作业程序、标准等符合相关的技术管理体系，能够真正地合乎现代物流循环的总要求，以提高物流整体效益。

2) 建立区域性物流包装技术服务平台

根据中国地域经济特点、资源条件和物流业建设的目标，集企业、高校、行业协会等多方之力，建设若干区域性的现代物流包装服务平台，与供应链的上下游用户建立密切而广泛的服务关系，是切实可行的办法。各服务平台通过物流包装技术研究、优化规划，给制造方、销售方和其他用户提供不同包装材料与制件的合理组合，确保较好的包装可靠性，降低包装生产成本，缩短交货时间，提高物流效率和便捷性。同时，运用现代包装科学知识与技术手段，向企业提出改进包装制件或容器的设计与制造、实施物流包装标准化、提高运输效率、改善商业经营方式等建议。

该服务平台可由设计研发基地、评估试验基地、咨询培训基地和制造基地组成。每种基地由一个主单位和多个副单位组成，形成一个能有效合作的网格化结构服务平台。

3) 改进物流运输包装技术

随着包装技术的不断发展，物流运输包装技术也应进行相应的变革，主要有以下五种包装方式。

(1) 充气包装。充气包装是采用二氧化碳气体或氮气等不活泼气体置换包装容器中空气的一种包装技术方法，因此也称为气体置换包装。这种包装方法是根据好氧微生物需氧代谢的特性，在密封的包装容器中改变气体的组成成分，降低氧气的浓度，抑制微生物的生理活动、酶的活性和鲜活商品的呼吸强度，达到防霉、防腐和保鲜的目的。

(2) 真空包装。真空包装是将物品装入气密性容器后，在容器封口之前抽真空，使密封后的容器内基本没有空气的一种包装方法。一般的肉类商品、谷物加工商品以及某些容易氧化变质的商品都可以采用真空包装，真空包装不但可以避免或减少脂肪氧化，而且抑制了某些霉菌和细菌的滋生。同时在对其进行加热杀菌时，由于容器内部气体已排除，因此加速了热量的传导。提高了高温杀菌效率，也避免了加热杀菌时，由于气体的膨胀而使包装容器破裂。

(3) 收缩包装。收缩包装就是用收缩薄膜裹包物品(或内包装件)，然后对薄膜进行适当加热处理,使薄膜收缩而紧贴于物品(或内包装件)的包装技术方法。收缩薄膜是一种经过特殊拉伸和冷却处理的聚乙烯薄膜,由于薄膜在定向拉伸时产生残余收缩应力,这种应力受到一定热量后便会消除,从而使其横向和纵向均发生急剧收缩,同时使薄膜的厚度增加,收缩率通常为30%～70%,收缩力在冷却阶段达到最大值,并能长期保持。

(4) 拉伸包装。拉伸包装是20世纪70年代开始采用的一种新包装技术,它是由收缩包装发展而来的,拉伸包装是依靠机械装置在常温下将弹性薄膜围绕被包装件拉伸、紧裹,并在其末端进行封合的一种包装方法。由于拉伸包装不需进行加热,所以消耗的能源只有收缩包装的5%。拉伸包装可以捆包单件物品,也可用于托盘包装之类的集合包装。

(5) 脱氧包装。脱氧包装是继真空包装和充气包装之后出现的一种新型除氧包装方法。脱氧包装是在密封的包装容器中,使用能与氧气起化学反应的脱氧剂与之反应,从而除去包装容器中的氧气,以达到保护内装物的目的。脱氧包装方法适用于某些对氧气特别敏感的物品,使用于那些即使有微量氧气也会促使品质变坏的食品包装中。

4) 推广物流包装的优化规划

包装优化是通过优化包装规划,给零售点或用户提供不同包装件的合理组合,包括箱盒组件、集装箱组件等。而最终用户可以得到优化的集装箱或包装件的设计,使得包装箱具备较好的包装稳定性,并能减少包装箱的生产成本,缩短企业与用户的订货交货时间,提高货物的运输效率和准确性。

现代物流平台中,每个环节的直接利益侧重点各有不同,价值取向的分歧会导致物流供应系统不能优化运行。流通中心、零售商和承运商最关心的是搬运的效率问题,而不太关心搬运过程中的物品保护问题。而包装供应商最注重的是包装的保护作用,而非包装搬运效率。

体现产品包装合理性的第一要点是包装应能保护产品的价值,并便于装卸和储运;第二要点是包装物的经济性,不规范与不合理的结构尺寸势必会增加运输仓储的费用。

有效的包装规划方法可以减少包装材料和降低物流成本。如可考虑:选用更好、更经济的初始包装,减少需要作二次包装的物量,研发新的集装运输模式,优化运输组件中的托盘位置和提高集装箱的空间利用率等。为了使单元运输成本最小,一定要使空间利用率最大化。

5) 改进物流包装业的运营模式

改进的物流包装行业的运营模式应该具有以下特点。

(1) 包装企业不再向包装物制造企业出售包装产品,而应根据下游客户的要求提供包装物,由客户通过其供应商制造企业向包装企业租用包装设备。

(2) 包装企业不再只是包装物的供应商,更是为包装产品在供应链运作中提供物流服务的物流商。包装企业通过包装产品流通中心,在制造企业与其下游客户之间实现包装物的持续快速周转和同步生产配合。

(3) 包装企业与制造企业、下游客户等多方实现信息沟通和网络共享。在包装产品的设计、日常供货、循环周转等各个阶段,包装企业能够深入了解客户对包装在设计概念、使用数量和日期、返回日期等各方面的需求,并提供恰当的服务,从而有效解决传统方式下包装物大量占用运输、堆垛、存储资源的问题,提高了物流效率。

(4) 包装产品生命周期相对延长。传统模式下原材料大量消耗,初次投入相对较高。

新型的包装产品多数可以反复使用，包装产品的重复利用，取消了再加工环节。把这笔较高投入分摊到整个包装的使用寿命内，单次成本就可以降低很多，因而可大大降低整条供应链的包装生产成本。

6) 选择最佳的包装作业时机

这是一个类似于企业管理中 JIT 的物流概念：为了减少物流包装的成本与增加其价值，如何在流通过程中寻找最合理的作业地点、时间及形式。应用"时机选择"原理是指为了使企业获得规模经济效益，包装产品的制造和运输作业时机应该发生于最合适、最有利的时间。有时还需要"适当延迟"，即通过时间与形式的变化来减少风险，库存应定位在市场流中最后可能的地点上。传统的货物交易通过适当延迟，可能减少风险、降低成本。

7) 完善遏制商品过度包装的法律体系

国家应当健全和完善相关法律，加强执法监督力度。尽快制定和完善主要商品的包装标准，并从税收政策和产业准入政策上鼓励简单包装。

8) 消费者心理理性化

商品过度包装现象愈发的严重，消费者也有很多的责任。对于那些过度包装的商品，如果大家共同抵制，那么商品就没有多少人去买，商家也不会再过多地推出过度包装的商品，过度包装现象就不会像现在这样愈演愈烈。消费者应理性消费，不要为了盲目的攀比心理与虚荣心去买那些包装"精美"的商品，而应该买那些包装简单但实用、有价值的商品。

9) 加强包装废弃物的回收利用

包装废弃物的回收利用可以使资源重复利用，也可以保护环境。包装废弃物并不是"废物"，它是一种有待开发的"第二资源"。包装废弃物的回收利用有利于人类的可持续发展，可以有效利用宝贵的资源而不造成浪费。通过回收，可以减少对环境的污染，如果不进行回收利用，这些废弃物的最终结果要么是被填埋，要么是被焚烧，这对环境造成的污染十分严重。

3.4 特殊商品安全管理

【导入案例】

1. 事故简介

2001 年 8 月 2 日，新疆乌鲁木齐市某大学学生公寓楼工程施工过程中，因使用汽油代替二甲苯作稀释剂，调配过程中发生爆燃，造成 5 人死亡、1 人受伤。

2. 事故发生经过

乌鲁木齐市某大学学生公寓楼工程由新疆建工集团某建筑公司承建。2001 年 8 月 2 日晚上加班，在调配聚氨酯底层防水涂料时，使用汽油代替二甲苯作稀释剂，调配过程中发生燃爆，引燃室内堆放着的防水(易燃)材料，造成火灾并产生有毒烟雾，致使 5 人中毒窒息死亡、1 人受伤。

3. 事故原因分析

1) 技术方面

调制油漆、防水涂料等作业应准备专门作业房间或作业场所，保持通风良好，作业人员佩戴防护用品,房间内备有灭火器材,预先清除各种易燃物品,并制定相应的操作规程。

此工地作业人员在堆放易燃材料附近,使用易挥发的汽油,未采取任何必要措施,违章作业导致发生火灾,是本次事故的直接原因。

2) 管理方面

该施工单位对工程进入装修阶段和使用易燃材料施工,没有制订相关的安全管理措施,也未配有专业人员对作业环境进行检查和配备必要的消防器材,以致火险后未能及时采取援救措施,最终导致火灾。

作业人员未经培训交底,没有掌握相关知识,由于违章作业无人制止导致发生火灾。

4. 事故结论与教训

1) 事故主要原因

本次事故主要是由于施工单位违章操作,在有明火的作业场所使用汽油引起的火灾事故。在安全管理与安全教育上失误,施工区与宿舍区没有进行隔离且存放大量易燃材料无人制止,重大隐患导致了重大事故。

2) 事故性质

本次事故属于责任事故。由于该企业片面强调经济效益,忽视安全管理,既没制订相应的安全技术措施,也没对作业现场环境进行检查和配备必需的防护用品、灭火器材等,盲目施工导致发生火灾事故。

3) 主要责任

(1) 施工项目负责人事前不编制方案、不检查作业环境,对施工人员不进行交底、不作危险告知,以致违章作业造成事故,且没有灭火器材自救导致严重损失,应负直接领导责任。

(2) 施工企业主要负责人平时不注重抓企业管理和对作业环境不进行检查,导致基层违章指挥、违章作业负有主要领导责任。

5. 事故的预防对策

1) 施工前应编制安全技术措施

《中华人民共和国建筑法》和《建设工程安全生产管理条例》都有明确规定,对危险性大的作业项目应编制分项施工方案和安全技术措施,要对作业环境进行勘察了解,按照施工工艺对施工过程中可能发生的各种危险,预先采取有效措施加以防范,并准备必要的救护器材防止事故延伸扩大。

2) 先培训后上岗

对使用危险品的人员,必须学习储存、使用、运输等相关知识和规定,经考核合格后上岗,在具体施工操作前,需根据实际情况进行安全技术交底,并教会使用救护器材,较大的施工工程应配有专业消防人员进行检查指导。

3) 落实各级责任制

对于危险品的使用除应配备专业人员外,还应建立各级责任制度,并有针对性地进行检查,使这一工作切实从思想上、组织上及措施上落实。

6. 专家点评

本次事故违反了《化学危险品管理条例》的相关规定,要求对危险品的储存、使用远离生活区,远离易燃品,配备必要的应急救援器材和施工前编制分项工程专项施工方案并派人监督实施。易燃易爆物品的主要防范是要严格控制火源。使用各种易挥发、燃点低等材料时，必须了解其含量、性质，存放保持隔离、通风，作业环境应有灭火器材和无关人员应远离易燃物品，严禁火源。

建筑施工过程中的防水工程、油漆装饰等作业，常常使用的稀释剂中，不仅含有有毒有害物质，同时因其挥发性强、燃点低也属易燃物品。在施工中必须预先考虑危险品材料存放库，随用随领；使用场所应远离木材、保温等易燃材料；专门设置油漆配制等工序的作业区，下班后将剩余少量的稀释剂妥善存放，防止发生意外。

本次事故是因明火场所使用汽油，这是严格禁止的，对于装修专业队伍本是基本知识，而此次事故说明该施工单位平时疏于管理，再加上现场混乱，易燃材料随意堆放，使火灾发生且扩大，导致火灾事故。

(资料来源：http://www.safehoo.com/Case/Case/Blaze/201001/36633.shtml)

近年来，我国企业的安全生产形势不容乐观，火灾、爆炸、泄漏等事故时有发生，造成了严重的人员伤亡、经济财产损失和重大的环境污染，其中一些特殊货品装卸、储存和运输企业的安全生产事故更加具有灾害性、突发性和社会性。特殊货品在企业的生产过程中具有易燃易爆、有毒有害、高温高压等高危特点，当前特殊货品的安全管理体系建设普遍不健全，成为导致火灾、爆炸、环境污染，重大财产损失，甚至人身伤亡事故的重要原因。因此，特殊货品的安全管理体系建设不仅关系到企业的生存发展，也是影响我国经济发展的一个重要因素。

3.4.1 危险化学品安全管理

1. 危化品的概念及分类

危化品即危险化学品，是指具有易燃、易爆、有毒、有害和放射性等特性，在运输装卸和储存保管过程中易造成人员伤亡和财产毁损而需要特别保护的化学物品。现根据危化品的特性，可将其分为以下八种。

(1) 爆炸品。爆炸品是指在外界作用下(如受热、摩擦、撞击等)能发生剧烈的化学反应，瞬间产生大量的气体和热量，使周围的压力急剧上升，发生爆炸，对周围环境、设备、人员造成破坏和伤害的物品。

(2) 压缩气体和液化气体。压缩气体和液化气体是指压缩的、液化的或加压溶解的气体。这类物品当受热、撞击或强烈震动时，容器内压力急剧增大，致使容器破裂，物质泄漏、爆炸等。

(3) 易燃液体。本类物质在常温下易挥发，其蒸气与空气混合能形成爆炸性混合物。

(4) 易燃固体、自燃物品和遇湿易燃物品。这类物品易于引起火灾。

(5) 氧化剂和有机过氧化物。这类物品具有强氧化性，易引起燃烧、爆炸。

(6) 毒害品。毒害品是指进入人(动物)肌体后，累积达到一定的量能与体液和组织发生生物化学作用或生物物理作用，扰乱或破坏肌体的正常生理功能，引起暂时或持久性的病理改变，甚至危及生命的物品，如各种氰化物、砷化物、化学农药等。

(7) 放射性物品。放射性物品属于危险化学品，但不属于《危险化学品安全管理条例》

的管理范围，国家还另外有专门的"条例"来管理。

(8) 腐蚀品。腐蚀品是指能灼伤人体组织，并对金属等物品造成损伤的固体或液体。

2. 危化品的安全管理存在的问题

近几年，随着我国危化品物流行业的蓬勃发展，危化品物流是逐渐发展起来的现代服务业，处于起步阶段。它的发展在给化工企业带来了很多便利的同时也给人们带来了弊端。在我国危化品运输过程中的事故接连不断发生，造成了人员及财产的重大损失。危化品物流安全管理现状主要有以下四个方面。

(1) 危化品专业人才匮乏及相关人员的素质普遍偏低。在我国，危化品物流事故的发生，人的因素占99%，可见，人的因素是危化品物流安全管理的重要因素之一。一方面，从事危化品物流的人员缺乏专业性，对专业性知识似懂非懂，特别是高级人才极度短缺。有的从业人员没有经过正规的专业知识、技术等方面的岗前培训，给企业的发展带来了危害；另一方面，从事危化品物流行业的人员，存在从业门槛偏低的严重问题，有一部分虽然在危化品行业工作，但未曾获得相关认可的从业资格证，也就是无证上岗。还存在从事危化品行业的人员文化水平普遍偏低的现象，存在初中文化水平，甚至有的是小学文化水平。再加上企业对员工的各方面培训不到位或者有的甚至都未曾参加过培训，导致大部分员工危化品安全意识不强和操作技能缺乏，没有事故发生时的应急处理能力，经常出现驾驶员疲劳驾驶、违章驾驶的现象，给危化品物流的安全管理及运输带来了安全隐患。

(2) 运输危化品的车辆设施不符合规定，存在安全隐患。车辆作为危化品物流最为重要的交通工具，在我国存在对危化品运输车辆设施的管理不严格的现象，有的车辆没有达到国家级车况要求就上路。部分物流公司只关注利益，而忽视运输车辆超载超限现象，极易造成刹车系统失灵，从而引发事故。同时，危化品物流对设备设施等硬件的要求高，而危化品物流行业进入门槛低，普遍物流公司达不到国家标准的要求就直接承担运输和配送业务，存在着极大的安全隐患。

(3) 对危化品物流运输过程没有有效的管理和控制。就目前而言，我国绝大多数运输危化品的物流企业并没有对运输的车辆进行安全行驶的记录，也没有专业的危化品物流安全管理人员通过专业的安全管理知识对运输事故的发生进行预防性分析。由于我国危化品安全管理立法相对落后，没有适合危化品物流安全管理的行政立法。没有健全的安全管理系统对车辆驾驶员以及押运员发挥作用。另外，危化品物流事故在我国由于没有事故处理的应急救援体系和相关机制，缺少处理应急突发事故的救援组织，导致事故现场局面混乱，致使救援的速度、效率偏低，使救援没有在最佳时期发挥作用，后果不堪设想。

(4) 危化品物流没有统一的行业标准，监管存在困难。随着我国化工产业和石油产业的飞速发展，危化品的市场需求越来越大，我国缺乏相应的危化品物流市场的行业标准来支持，给危化品物流的安全管理带来了隐患。危化品物流企业同时受到多个部门的治理和监管，交通、公安、卫生、环保、质检以及工商等部门都制定了自己行业相关的规章和法规，但各部门的管理存在承接问题，再加上管理力度和管理标准因地区的不同而有所差异，造成管理难度非常大。

3. 危化品的安全管理采取的措施

有效地借鉴国外对危化品物流的安全管理对策，使我国避免及减少事故发生的核心任务就是找到切实可行的安全管理办法。企业对物流安全管理的投资、相关人员的安全意识及素质是决定危化品运输过程中是否安全的关键因素。

(1) 加强人员招聘、培训和培养是关键。危化品安全运输首先必须管理好相关的人员，据有关数据统计分析，危化品事故中有 70%～80%是人的原因引起的。危化品物流企业在招聘人员时必须按照程序严格执行，在每一个环节都要认真审查核对。被录用人员，在上岗之前必须经过岗前培训及三级安全教育。从业人员为了与企业的发展同步还要进行相关的知识培训，与此同时要进行考核，本企业的从业人员必须参加，保证达到100%的培训率。通过大力宣传安全管理危化品物流的方法，达到相关人员安全意识有所提升，同时处理应急事故的能力有所提高。

(2) 不断修改和完善运输方式的管理流程。危化品的运输离不开运输方式，就选择汽车运输而言，对车辆的购置、检查、保养与维修的管理体现了该企业对危化品物流的安全管理的重视程度。企业在购买车辆时要选择优质的供应商，目的是保证车辆不但要有良好的运载能力，而且还能保证安全。要对运输车辆进行合理的检查，发现异常要及时修复，防止造成巨大的危害。此外，还要根据车辆的保养与维修标准对车辆的相关部分进行记录的更新。要严格执行危化品物流过程中的安全管理，禁止危化品运输车辆不安装切断装置上路。

(3) 信息化运用到危化品的安全管理，实时掌握危化品物流的动态。为了避免或降低危化品在运输过程中发生意外，建立健全我国危化品物流管理的信息平台是必要的。通过全球定位系统(GPS)、地理信息系统(GIS)、无线射频(RFID)技术等先进技术，全方位监督控制危化品，实时监控危化品在运输过程中的基本情况，并将信息反馈给有关负责部门，一旦危化品事故发生，在最短的时间内对其进行处理，尽可能降低危害和损失。

(4) 对危化品运输物联网平台进行完善。我国应该通过先进的科学技术，通过网络平台，将所有的危化品供应商、消费者、物流方都在公安系统备案，尽量减少危化品物流的手续，并使物流企业和公安系统随时随地地观察危化品运输车辆的实时信息。

(5) 标准化运用到危化品物流的安全管理，使企业的发展走向规范化。正所谓"没有规矩不成方圆"，每个行业都离不开本行业的标准，危化品物流企业也不例外，危化品物流发展的基础就是标准化。由于目前我国有关危化品物流水平还相对滞后，存在行业标准、监管困难的难题。因此，首先应该制定一个统一的行业标准，建立危化品行业监管体系的标准，为物流发展打好基础。

(6) 合理规划、设计、调整危化品物流企业的布局。政府应该将从事危化品物流的企业的地理位置进行布局结构的规划设计等，利于将危化品运输的风险降低到最小。在危化品突发意外情况时，可以迅速采取应急措施，将危害程度尽可能降低。

(7) 完善危化品道路运输突发事故的应急救援体系。危化品的安全管理不仅关系到生态环境的发展，还与人的生命以及财产安全息息相关。特别是在危化品物流过程中遇到了坏天气、交通不便、驾驶员因疲惫状态不佳等原因，极有可能造成事故，导致危化品燃烧、扩散或爆炸等严重后果。所以，应该将科学技术应用到危化品道路运输突发事故的应急救援体系中去，使救援能力有所提高，并最大限度地避免事故的发生或降低事故所造成的危害和损失。

4. 危化品的安全操作

由于危化品的特殊性，在操作过程中为了保证商品以及人员的安全，应做到以下八点。

(1) 在装卸搬运危化品前，要预先做好准备工作，了解物品性质，检查装卸搬运的工具是否牢固，不牢固的应予更换或修理。如工具上曾被易燃物、有机物、酸、碱等污染的，必须清洗后方可使用。

(2) 操作人员应根据不同物资的危险特性，分别穿戴相应合适的防护用具，工作时对毒害、腐蚀、放射性等物品更应加强注意。防护用具包括工作服、橡皮围裙、橡皮袖罩、橡皮手套、长筒胶靴、防毒面具、滤毒口罩、纱口罩、纱手套和护目镜等。操作前应由专人检查用具是否妥善，穿戴是否合适。操作后应进行清洗或消毒，放在专用的箱柜中保管。

(3) 操作中对危化品应轻拿轻放，防止撞击、摩擦、碰摔、震动。液体铁桶包装下垛时，不可用跳板快速溜放，应在地上，垛旁垫旧轮胎或其他松软物，缓慢下。标有不可倒置标志的物品切勿倒放。发现包装破漏，必须移至安全地点整修，或更换包装。整修时不应使用可能发生火花的工具。化学危险物品撒落在地面、车板上时，应及时扫除，对易燃易爆物品应用松软物经水浸湿后扫除。

(4) 在对化学危险物品进行作业时，不得饮酒、吸烟。工作完毕后根据工作情况和危险品的性质，及时清洗手、脸、漱口或淋浴。装卸搬运毒害品时，必须保持现场空气流通，如果发现恶心、头晕等中毒现象，应立即到新鲜空气处休息，脱去工作服和防护用具，清洗皮肤沾染部分，重者送医院诊治。

(5) 装卸搬运爆炸品、一级易燃品、一级氧化剂时，不得使用铁轮车、电瓶车(没有装置控制火星设备的电瓶车)，及其他无防爆装置的运输工具。参加作业的人员不得穿戴有铁钉的鞋子。禁止滚动铁桶，不得踩踏危化品及其包装(指爆炸品)。装车时，必须力求稳固，不得堆装过高，如氯酸钾(钠)车后亦不准带拖车，装卸搬运一般宜在白天进行，并避免日晒。在炎热季节，应在早晚作业，晚间作业应用防爆式或封闭式的安全照明。雨、雪、冰封时作业，应有防滑措施。

(6) 装卸搬运强腐蚀性物品，操作前应检查箱底是否已被腐蚀，以防脱底发生危险。搬运时禁止肩扛、背负或用双手揽抱，只能挑、抬或用车子搬运。搬运堆码时，不可倒置、倾斜、振荡，以免液体溅出发生危险。在现场须备有清水、苏打水或醋酸等，以备急救时应用。

(7) 装卸搬运放射性物品时，不得肩扛、背负或揽抱，并尽量减少人体与物品包装的接触，应轻拿轻放，防止摔破包装。工作完毕后以肥皂和水清洗手脸和淋浴后才可进食饮水。对防护用具和使用工具，须经仔细洗刷，除去射线感染。对沾染放射性的污水，不得随便流散，应引入深沟或进行处理。废物应挖深坑埋掉。

(8) 两种性能互相抵触的物品，不得同地装卸、同车(船)并运。对怕热、怕潮物品，应采取隔热、防潮措施。

3.4.2 大件商品安全管理

1. 大型物件的确定与分级

1) 大型物件的确定

(1) 货物外形尺寸。长度在 14m 以上或宽度在 3.5m 以上或高度在 3m 以上的货物。

(2) 重量在 20t 以上的单体货物或不可解体的成组(捆)货物。

道路大型物件运输是指我国境内道路上运载大型物件的运输。

2) 大型物件的分级

大型物件，按其外形尺寸和重量(含包装和支承架)分成四级。大型物件的级别，按其长、宽、高及重量四个条件中级别最高的确定。

(1) 一级大型物件是指达到下列标准之一者：①长度大于 14m(含 14m)小于 20m；②宽度大于 3.5m(含 3.5m)小于 4.5m；③高度大于 3m(含 3m)小于 3.8m；④重量大于 20t(含 20t)小于 100t。

(2) 二级大型物件是指达到下列标准之一者：①长度大于 20m(含 20m)小于 30m；②宽度大于 4.5m(含 4.5m)小于 5.5m；③高度大于 3.8m(含 3.8m)小于 4.4m；④重量大于 100t(含 100t)小于 200t。

(3) 三级大型物件是指达到下列标准之一者：①长度大于 30m(含 30m)小于 40m；②宽度大于 5.5m(含 5.5m)小于 6m；③高度大于 4.4m(含 4.4m)小于 5m；④重量大于 200t(含 200t)小于 300t。

(4) 四级大型物件是指达到下列标准之一者。①长度在 40m 及以上；②宽度在 6m 及以上；③高度在 5m 及以上；④重量在 300t 及以上。

2. 大型物件运输业户开业的安全条件

1) 一类道路大型物件运输业户条件

(1) 车辆装备。具有装载整体大型物件实际能力在 20t 以上 100t 以下的超重型车组，包括牵引车和挂车(半挂车、凹式低平台挂车)，并有相应的配套附件。车组技术状况良好，在重载条件下能顺利通过 8%的坡度。

(2) 技术人员。具有助理工程师以上职称的汽车运用专业技术人员不少于 1 人；主管技术的车队长须有从事大型物件运输两年以上的实际经验。

(3) 技术工人。具有符合《交通行业工人技术等级标准》(JT/T 27.1—1993)的超重型汽车列车驾驶员、超重型汽车列车挂车工、公路运输起重工，其中各类工种工人的等级不低于初级。凡尚未按该等级标准考核的地区，可根据该等级标准规定的技术要求进行应知、应会、工作实例等考核。

(4) 技术、安全规章。具有上级或本单位制订印发的车组和起重装卸机工具的使用技术、操作规定、质量保证制度等规章。

(5) 历史记录。已开业业户应提供以往运过的主要大型物件重量、外形尺寸、件数、安全情况和货主反映。

2) 二类道路大型物件运输业户条件

(1) 车辆装备。具有装载整体大型物件实际能力在100t及以上200t以下的超重型车组，包括牵引车和挂车(半挂车、凹式低平台挂车、长货挂车、其他变型挂车)，并有相应的配套附件。车组技术状况良好，在重载条件下能顺利通过8%的道路坡度。

(2) 技术人员。设有分管技术的副经理；具有工程师以上职称的汽车运用专业技术人员不少于1人；主管技术的车队长须有从事大型物件运输四年以上的实际经验。

(3) 技术工人。具有符合《交通行业工人技术等级标准》(JT/T 27.1—1993)的超重型汽车列车驾驶员、超重型汽车列车挂车工、公路运输起重工，其中各类工种的中级工人不少于1人。凡尚未按《交通行业工人技术等级标准》(JT/T 27.1—1993)考核的地区，可根据《交通行业工人技术等级标准》(JT/T 27.1—1993)规定的技术要求进行应知、应会、工作实例等考核。

(4) 技术、安全规章。具有上级或本单位制订印发的车组和起重装卸机工具的使用技术、操作规定、质量保证制度等规章。

(5) 历史记录。已开业业户应提供以往运过的主要大型物件重量、外形尺寸、件数、安全情况和货主反映。

3) 三类道路大型物件运输业户条件

(1) 车辆装备。具有装载整体大型物件实际能力在200t及以上300t以下的超重型车组，包括牵引车和挂车(半挂车、凹式低平台挂车、长货挂车、三纵列或四纵列挂车、其他变型挂车)，并有相应的配套附件。车组技术状况良好，在重载条件下能顺利通过8%的道路坡度。

(2) 技术人员。设有分管技术的副经理；具有高级工程师职称的汽车运用专业技术人员不少于1人；主管技术的车队长须有从事大型物件运输六年以上的实际经验。

(3) 技术工人。具有符合《交通行业工人技术等级标准》(JT/T 27.1—1993)的超重型汽车列车驾驶员、超重型汽车列车挂车工、公路运输起重工，其中各类工种的高级工人不少于1人。凡尚未按《交通行业工人技术等级标准》(JT/T 27.1—1993)考核的地区，可根据《交通行业工人技术等级标准》(JT/T 27.1—1993)规定的技术要求进行应知、应会、工作实例等考核。

(4) 技术、安全规章。具有上级或本单位制订印发的车组和起重装卸机工具的使用技术、操作规定、质量保证制度等规章。

(5) 历史记录。已开业业户应提供以往运过的主要大型物件重量、外形尺寸、件数、安全情况和货主反映。

4) 四类道路大型物件运输业户条件

(1) 车辆装备。具有装载整体大型物件实际能力在300t及以上的超重型车组，包括牵引车和挂车(半挂车、凹式低平台挂车、长货挂车、三纵列或四纵列挂车、其他变型挂车)，并有相应的配套附件。车组技术状况良好，在重载条件下能顺利通过8%的道路坡度。

(2) 技术人员。设有分管技术的副经理或总工程师；具有高级工程师职称的汽车运用专业技术人员不少于2人；主管技术的车队长须有从事大型物件运输十年以上的实际经验。

(3) 技术工人。具有符合《交通行业工人技术等级标准》(JT/T 27.1—1993)的超重型汽车列车驾驶员、超重型汽车列车挂车工、公路运输起重工，其中各类工种的高级工人不少于1人。凡尚未按《交通行业工人技术等级标准》(JT/T 27.1—1993)考核的地区，可根据《交通行业工人技术等级标准》(JT/T 27.1—1993)规定的技术要求进行应知、应会、工作实例等考核。

(4) 技术、安全规章。具有上级或本单位制订印发的车组和起重装卸机工具的使用技术、操作规定、质量保证制度等规章。

(5) 历史记录。已开业业户应提供以往运过的主要大型物件重量、外形尺寸、件数、安全情况和货主反映。

3. 大型物件安全管理存在的问题

随着大型建设项目的需要，大型物件运输在当今的社会经济发展中起到越来越重要的作用，承担大型物件运输企业也随之得到发展。但在市场上承担大型物件运输的企业主要是由原货运公司演化而来，由于运输市场的过度竞争，其管理模式粗放，具有二级以上大型物件运输资质企业所占比例较低。同时，大量企业与运输车辆之间存在着挂靠关系，无法实现真正的实时监管。大型物件运输需求与运输市场的安全供给能力之间的矛盾加重，安全运输形势严峻。大型物件运输事故对交通参与者、企业和社会都带来了严重的危害，甚至威胁社会的安定和稳定。如何加强大型物件运输安全工作，减少责任事故的发生，已愈来愈成为亟待解决的重要课题。

随着我国经济的快速发展，大型物件运输的需求也在快速发展。而在市场经济竞争条件下的大型道路运输存在着诸多的问题，使得事故频繁发生，给社会、企业和当事人的生命财产带来巨大损失，当前大型物件运输事故频发的原因主要体现在以下四个方面。

1) 市场管理混乱

经济体制转变使承运企业和个人成为自主经营、自负盈亏的市场竞争主体，并在竞争中优胜劣汰。我国大型物件运输业经营主体多，但整体看来规模小、专业化水平低，市场混乱、产业集中度不高。这些企业的资质多为股份制，其中有不少是为了消除个体运输车辆和挂靠车辆而在整改时成立的，实行以车入股租赁经营。公司与租赁者签订安全责任协议，变相地继续进行个体经营，致使安全管理流于形式，给安全管理留下隐患。运输企业或个人常常为了经济利益而无视交通安全，各种违章行为时有发生且屡禁不止。为了获得高额的利润常常选择牺牲安全成本。例如，为了获得更多的利益，企业和驾驶员在运输中常常超载、超速，隐患重重。

2) 从业人员素质较低

承担大型物件运输的驾驶人员，没有经过系统的安全运输知识特别是大型物件运输安全知识的培训，对大型物件运输安全认识不足，安全意识较差，存在着侥幸、省时、经济至上等容易产生不安全行为的意识。同时，必要的辅助人员(如押运人员、装卸人员等)专业理论和实践能力不强，不能协助驾驶员处理运输过程中遇到的问题。

3) 运输车辆技术水平低下

由于我国经济水平和物流业总体发展水平较为落后，承担大型运输任务的车辆较发达国家有一定的差距。大多数承担大型物件运输的车辆仍使用普通货车或经过改装的车辆运输。同时，由于技术、经济和管理上的原因，大型物件运输车辆的安全装备落后，甚至缺失。一些企业只顾生产效益，忽视对车辆安全技术性能的管理，缺乏源头管理、动态监管方法和措施,不能及时掌握车辆技术状况的完好程度,不按照"强制维护、定期检测、视情修理"的要求对车辆进行维护和检测,使运输车辆处于"亚健康"状态。

4) 运输安全组织不严

根据大型物件安全运输的需要,在承担运输任务前必须对车辆安全进行检查,装卸必须有专人负责同时监管到位,运输路线选择应经过合理的规划,还要根据运输里程和复杂程序配备驾驶员,在运输过程中实时要求驾驶相关人员停车对车辆状况进行安全检查。但上述的运输组织要求在当前的大型物件中很难落实到位。同时,落后的技术水平和管理能力使其无法运用信息化的手段进行运输组织和调度,与其他单位或组织的协调和沟通较少。

4. 大型物件的安全管理采取的措施

1) 强化运输企业安全主体责任,落实风险抵押金制度

风险抵押金制度是一种有效的安全保障制度。风险抵押金由道路交通运输企业按时足额存储,并实行专户管理、专款专用,主要用于企业生产安全事故抢救、救灾和事故善后处理。一旦发生交通事故,将按规定从抵押金中提取资金,用于第一时间之用。该制度的实施既保证事故应急资金的来源,同时也增加企业安全主体责任意识。

2) 消除人的不安全行为,提高驾驶员安全素质

通过驾驶员的教育提高驾驶员的安全驾驶技能,强化驾驶员的适应能力,合理调节驾驶员的心理状态,改变和抑制人的异常行为和建立健全驾驶员的考核制度等手段,降低驾驶过程中由于驾驶员因素诱发事故的可能,从而减少事故的发生。

3) 落实车辆技术要求,提高车辆安全状态

车辆技术状况的好坏,直接关系到能否安全行车,而承担大型物件运输任务的车辆技术状况要求更为严格,车况要求更高,其技术状况必须符合《机动车运行安全技术条件》(GB 7258—1997)的相关规定,车况达到一级。同时,对每辆车建立车辆档案,并按要求做好车辆的检修工作。

由于大型物件运输的体积和重量一般都比较大,对于车辆的要求较高。首先,车辆的承重必须符合运输要求,并且有一定的安全冗余;其次,车辆应该有监控装备,确保运输过程中的实时监控;同时,车辆应该有一定的警示装备,运输中要悬挂明显的标志,以引起其他车辆和行人的注意,标志要悬挂在货物超限的末端,白天行车时悬挂标志旗,夜晚行车和停车休息时悬挂、装设标志灯,必要时还需要导引车辆进行导引。

4) 全程控制,优化运输组织

承运人应根据大型物件的外形尺寸和车货质量,在起运前会同托运人勘察作业现场和运行路线,了解沿途道路线形和桥涵通过能力,并制订运输组织方案和应急措施。涉及其他部门的应事先向有关部门申报并征得同意,方可起运。要随时勘察运行路线是否能通过。运输大型物件,应按有关部门核定的路线行车;运送货物之前,应对承运路线的道路和桥梁的宽度、弯道半径、承载能力以及其他车辆的流通情况,进行充分的调查研究,并请公路及有关部门在沿途和现场作技术指导,必要时还要对桥梁加固,以确保安全运行。

对于超高、长大、笨重货物,为确保安全通行,运输时需由托运人配备电工、携带应用材料、工具随车护送,必要时还需请有关部门协同在前引道开路,以便排除障碍,顺利通行和提示过往车辆注意。

5) 重点控制，做好装卸环节安全监控

由于大型物件本身具有较大的长度、体积和重量，在装卸过程中应特别注意安全技术措施和管理，主要应注意以下四个方面。

(1) 大型物件运输的装卸作业，由运输企业负责的，应根据托运人的要求、货物的特点和装卸操作规程进行作业。运输企业应将车开到装卸地点，并监装、监卸。

(2) 运输企业和相关人员要了解货物的尺寸、货物的实际质量及形状、货物的质心位置、装运中有何特殊要求、可否卧倒装运等。

(3) 装卸货物前应查看装卸场地附近有无电缆、水管、电话线、煤气管道、沟管及其他地下建筑物，车辆能否进入装卸场地，现场是否适合机械装卸。

(4) 货物装车后，必须用垫木、铁丝或钢丝绳固定牢固，以防滑动；货物长度超过车身时，应在后栏板用坚固方木垫高或前低后高状；对于圆柱体及易于滚动的货物，必须使用座架或凹木加固。

6) 科技保障，强化信息化安全管理能力

将 GPS、GIS 等信息化手段用到大型物件运输的监控，可以有效地对运输过程进行安全监督和控制，从而有效地降低事故发生的概率。GPS 监控系统是一种"事前监督与事后核查并举"的技术，它尽可能地做到"防患于未然"。GPS 可以提高企业安全行车的动态管理，消除驾驶员违法违规行为，有效地预防道路交通事故，确保行车安全。在发挥各职能部门安全监督管理作用的同时，通过配套的运输企业客户端应用软件，可对运行数据进行宏观分析，提升企业管理水平，带来经济效益。

3.4.3 医药品安全管理

药品既可以治病也可能致病，是一种关乎人们生命安全与健康的特殊物品，药品的研制、生产和使用均建立最严格的质量管理体系。因此，医药品的安全管理也是商品安全管理的重要部分，这里主要将药品分为三大类，即常规药品、特殊药品和冷藏药品。

1. 常规药品采购、保管、存放相关制度

(1) 药品采购工作必须保质保量完成，保证药品供应及满足临床需要，杜绝药品采购配送中的违法违规行为。

(2) 医院药品一律由配送公司统一采供、药剂科调配，任何科室和个人禁止经营、销售、购买任何药品。

(3) 配送公司一经选定签约，必须按照协议进行配送，满足医院需求，违约应解除合同，另选配送公司。

(4) 医院药品管理人员必须熟悉药品品种、规格、价格、厂家、配送公司等基本信息。药剂科负责审查配送公司的资料证书是否齐全，禁止采购和销售证件不全的药品。

(5) 药剂科严把药品质量关，杜绝购进无生产批准文号等假、冒、伪、劣、过期变质药品。

(6) 配送公司应严格按照库房计划和时间要求进行配送，进货时仓储部要严格按审批数量、规格、品种入库，防止积压和脱销。保证临床用药的及时性、持续性。

(7) 药品采购严格遵守财经制度，药品发票必须真实，发票与药品同时入库，严格验收，做到药品、账、凭证相符。

(8) 药品质量监督员和库管人员必须按照法定的药品质量标准及合同的质量条款，对药品进行逐批验收入库。

(9) 验收时要特别检查药品合格证、药品标签或说明书、药品外包装、批准文号、有效期、注册商标、外观等。

(10) 完善验收记录，包括供货单位、数量、到货日期、品名、剂型、规格、批准文号、生产批号、生产厂家、有效期、质量状况、验收结果、验收人等。

(11) 对怀疑不合格药品要及时送药检室检验，对不合格药品要及时与配送公司协调解决。

(12) 进口药品，其包装的标签应以中文注明药品的名称、主要成分及注册证号，并有中文说明书，核对检验报告。

(13) 中药材除验收药材的品种、数量、生产厂家、批准文号、生产批号外，还要验收药材质量，检验规格，有无伪劣残次、虫蛀、霉变、泛油等。

(14) 药品出库要坚持先进先出，易变先出，近期先出的原则，严禁过期变质，无故报损。

(15) 库房按药房计划配送药品，双方清点后在出库单上签字。

(16) 对所有药品必须及时登记入账，出库后核对库存，保证账物相符，坚持每季度盘点一次。

(17) 药品有效期报表、计划报表、库存报表必须按规定报出。

(18) 非药库管理人员，未经许可，不得进入药库，严禁在药库内会客吸烟。

(19) 各种凭证、资料每月进行搜集、整理、装订成册。

2. 特殊药品管理制度

麻醉药品、精神药品、医疗用毒性药品、放射性药品等属于特殊管理药品，在管理和使用过程中应严格执行国家有关管理规定，具体管理制度内容如下。

1) 毒性药品管理制度

(1) 毒性药品的经营必须按国家《医疗用毒性药品管理办法》的规定执行，并做好供应和管理工作。

(2) 毒性药品实行双人验收、双人复核，未经验收合格的不得入库和销售。

(3) 毒性药品验收时，除按普通药品的验收项目外，还必须对其内、外包装上印有的特殊标志进行检查，《到货验收记录单》单独存档，保存至超过药品有效期一年，不得少于三年。

(4) 毒性药品应设专柜、双人、双锁管理。应由责任心强、工作认真负责、业务熟练的保管员担任。

(5) 毒性药品要坚持日动碰、月盘点、账货相符率达到100%。发现问题立即逐级汇报，并及时查处。

(6) 毒性药品必须凭合法有效出库凭证出库，没有合法有效凭证不得出库，并做好销售、出库复核记录。

(7) 毒性药品必须单装箱，不得与一般药品混装。

(8) 毒性药品的报损销毁按《麻醉药品、一类精神药品管理制度》执行。

2) 二类精神药品

(1) 采购二类精神药品必须向合法的生产企业或具有经市药品监督管理部门批准经营二类精神药品经营单位。

(2) 二类精神药品可供给合法的医疗机构。

(3) 销售二类精神药品的经营单位，必须核对采购单位的经营范围，无二类精神药品经营范围的企业不得供应。

(4) 二类精神药品验收程序、项目同普通药品。《到货验收记录单》单独存档，保存至超过药品有效期一年，不得少于三年。

(5) 二类精神药品存放于指定区域，并有明显标志。

(6) 二类精神药品必须凭合法有效出库凭证出库，没有合法有效凭证不得出库，并建立销售、出库复核记录。

3. 冷藏药品管理制度

建立冷藏药品的管理制度，使公司冷藏药品从购进到出库的全过程都能得到有效控制，保证冷藏药品的质量，具体管理制度如下。

1) 冷藏药品的采购、收货、验收、销后退回、购进退出、质量查询

(1) 购进冷藏药品时，要与供货单位明确适合运输冷藏药品要求的冷链设备，确保在途质量。

(2) 冷藏药品的收货区应设置在阴凉处，不得置于阳光直射、热源设备附近或其他可能会提升周围环境温度的位置。

(3) 冷藏药品收货时应会同验收员一起检查药品运输途中的实时温度记录，并用温度探测器检测其温度。做好实时温度记录，并签字确认。

(4) 冷藏药品从收货转移到待验区的时间应在 30 分钟内。

(5) 验收在冷库的待验区下进行，验收合格的药品及时出具验收单和保管员交接，不合格的出具拒收报告单，及时与采购联系，药品转至冷库退货区。

(6) 对销后退回的药品，应视同收货，严格按上述(1)~(5)的规定操作，并做好记录，必要时送检验部门检验。

(7) 购进退出的冷藏药品应凭采购中心的进货退出通知单放置于冷库的退货区。等待原供货单位接收处理。

(8) 质管科对公司冷藏药品的各个环节进行全程质量查询和控制，配合采购、销售部门做好咨询及服务工作。

(9) 冷藏药品的收货、验收记录应保存至超过冷藏药品有效期一年以备查，记录至少保留三年。

2) 冷藏药品的储藏、养护

(1) 冷藏药品储藏的温度应符合冷藏药品说明书上规定的储藏温度要求。

(2) 储藏冷藏药品时应按冷藏药品的品种、批号分类码放。

(3) 冷藏药品应按《药品经营质量管理规范》规定进行在库养护检查并记录。发现质量异常，应挂黄牌暂停发货，做好记录，及时报告公司质管科处理。

(4) 养护记录应保存至超过冷藏药品有效期一年，记录至少保留三年备查。

3) 冷藏药品的发货

(1) 冷藏药品的发货应做到及时、准确，拆零拼箱应选择合适的冷链设备并在冷库中完成，并放置于冷库的待发区。

(2) 运输冷藏药品时，冷藏车应预冷至符合药品储藏运输温度。

(3) 冷藏药品由库区转移到符合配送要求的运输设备的时间应在 30 分钟内。

(4) 冷藏药品的装载区应设置在阴凉处，不允许置于阳光直射、热源设备附近或其他可能会提升周围环境温度的位置。

4) 冷藏药品的运输

(1) 采用保温箱运输冷藏药品时，根据保温箱上的参数选择合适的保温箱。

(2) 采用冷藏车运输冷藏药品时，应根据冷藏车标准装载药品。

(3) 冷藏药品出库前应对冷藏车及各类冷藏设备、温度记录显示仪进行检查，要确保所有的设施设备正常并符合温度要求。

(4) 在运输过程中，要及时查看温度记录显示仪，如出现温度异常情况，应立即报告仓储中心负责人。由仓储中心作出应急处理方案。

5) 冷藏药品的温度控制和监测

(1) 冷藏药品应进行 24 小时连续、自动的温度记录和监控，温度记录间隔时间设置不得超过 30 分钟/次。

(2) 自动温度记录设备的温度监测数据可读取存档，记录至少保存三年。

(3) 温度报警装置应能在临界状态下报警，应有专人及时处置，并做好温度超标报警情况的记录。制冷设备的启停温度应设置在 3～7℃。

(4) 冷藏车在运输途中要使用自动监测、自动调控、自动记录及报警装置，对运输过程中进行温度的实时监测并记录，温度记录时间间隔设置不超过 10 分钟，数据可读取。

(5) 采用保温箱运输时，根据保温箱的性能验证结果，在保温箱支持的保温范围内，符合药品储藏条件的保温时限内送达。

(6) 应按规定对自动温度记录设备、温度自动监控等设备进行校验，保持准确完好。

小　　结

物流作为商业活动中实物交付的重要手段，不同的物品应根据自然属性进行分类管理。物品的自然属性包括理化特性和生物特性等，还包括价值高低等经济属性。根据上述特性可以将物品分为一般物品和特殊物品分别加以管理。但是，如果物品在物流过程中遭遇损失，导致损坏、数量短少或者灭失，将使货物交付无法正常履行，将会使商业活动受到损失，影响人们正常的生产和生活，也会影响到物流企业自身的信誉和经济效益。因此，物流企业应将保证商品安全作为物流的重点工作来抓。

在产品的流通环节中，商品安全问题是商品生产经营中经常出现的问题，商品的安全范围广泛、影响因素繁多。一旦商品在流通领域中出现安全问题，将会影响生产厂家、流通企业的形象，也会损害消费者权益。因此，对商品安全管理的剖析论述和围绕"如何减少损失、降低、预防、损耗"进行阐述至关重要。

本章主要从商品安全管理的角度出发，分别介绍运输与配送环节商品安全管理、仓储与装卸环节商品安全管理、其他环节商品安全管理和特殊商品安全管理存在的问题，来分析商品安全管理的大环境并提出相关对策。通过对本章内容的学习，读者可对各环节的商品安全管理的环境有个初步的认识，并学会自己思考分析关于商品安全管理采取的相关措施。

思考与练习

3-1　简述运输环节商品安全的含义。
3-2　简述配送环节商品安全的含义。
3-3　简述运输环节商品安全管理存在的问题。
3-4　简述配送环节商品安全管理存在的问题。
3-5　简述零售环节商品安全的内涵。
3-6　分析包装环节商品安全管理采取的措施。
3-7　分析危化品的安全管理采取的措施。

第4章 物流设施设备安全管理

【导入案例】

> **1. 事故简述**
>
> 2012年10月27日10时10分左右,位于广东省佛山市顺德区容边居委会桂洲大道东8号,某物流基地A103、A105号的容桂宏旭货运咨询服务部内,叉车司机李某驾驶一辆租用的叉车在仓库外装了一车货驶进服务部周转仓库内。叉车进入仓库大门约1m后,因没留意在仓库内玩耍的一名两岁多的儿童,驾驶叉车碰撞并碾压到该名儿童,导致其体内出血,头部变形,当场死亡。
>
> 经查,当事人未能提供事故叉车的特种设备登记证和检验报告等资料,叉车司机在没有取得叉车特种设备作业人员证的情况下操作叉车。
>
> **2. 原因分析**
>
> (1) 直接原因。叉车司机李某无证驾驶叉车作业,在驾驶叉车运输货物时,安全作业意识不强,没有留意作业区域内其他人员的安全状况,导致叉车行驶中碰撞碾压致使人死亡。
>
> (2) 间接原因。事故单位明知司机李某无叉车作业人员证,仍安排其上岗作业,叉车作业场所工作期间放任小孩玩耍,在叉车作业现场未安排人员进行安全管理及现场指挥。没有对作业人员进行安全教育培训及安全交底,间接导致事故发生。
>
> **3. 防范措施**
>
> (1) 事故单位应加强特种设备使用安全管理,建立健全相关安全责任制,制订完善的安全生产规章制度和操作规程;不得安排未取得叉车操作人员证的司机从事驾驶叉车工作。加强作业现场安全管理及指挥,以确保操作规程的遵守和安全措施的落实。
>
> (2) 定期开展安全检查,及时发现并消除各种事故隐患,强化对特种设备作业人员的安全交底及教育培训,提升作业人员安全防范意识和安全操作技能。
>
> (资料来源:《特种设备典型事故案例集(2005—2013)》主编:吴旭正)

近几年,中国物流业发展迅速,但物流安全事故却让人触目惊心,其中,物流设备的损坏导致的安全隐患不容小觑,如托盘的破损、装载机、堆垛机、传送带的故障;货架的倒塌、起重机的吊物坠落、整体倒塌及起重吊杆断臂等事故;再者,包装机械设备属于结构复杂、动作多样、操作涉及面广的机械设备,其高温、高压、高速、剪切、冲压、电气等性质容易带来安全隐患,如今物流设施设备安全管理已经引起了人们的高度重视。

4.1 物流设施设备的概念及分类

物流设施设备就是指进行各项物流活动和物流作业所需要的设备与设施的总称。它既包括各种机械设备、器具等可供长期使用,并在使用中保持基本原有实物形态的物质资料,也包括运输通道、站台和仓库等基础设施。物流设施设备是开展现代物流业的重要工具，它对于提高物流系统的能力与效率、降低物流成本、保证物流质量等方面都有非常重要的影响。

4.1.1 物流设施的概念及分类

1. 物流设施的概念

设施是指社会生产系统或服务系统运作必需的有形固定资产，是一个投入—产出系统的载体。物流设施是指物流全过程中为物品流动服务的一切设施，它是物流活动不可缺少的物质基础。物流设施是保证物品以最快速度和最少的耗费保质保量地从生产地进入到消费地的重要前提条件，提高设施管理水平是物流经济管理的重要内容。各种交通运输设施是整个社会物流系统运作的基础，它们固定在某个地点或者线路上，如铁路、公路、机场、港口等，这些基础设施共同构成了综合运输网络。以这些交通运输为基础的铁路货运中心、公路货运中心、航空货运站、码头集装箱堆场等都是为社会提供服务的物流综合基础设施；而物流中心、配送中心等设施往往是由企业自主建设的综合性物流基础设施。上述各种综合性物流设施一般都是由仓库、场站、站台、道路等基本设施构成。

2. 物流设施的分类

物流设施包括公路、铁路、航空、水运、管道及港口和通信等基础设施，这些基础设施的建设水平和通过能力直接影响着物流各环节的运行效率。基础设施贯穿于物流运输、配送、仓储、装卸、流通等各个环节，物流活动在基础设施的支持下得以顺利进行。由于各基础设施之间拥有相同组成因素，本书经整合分析后现将物流设施分为以下三大类。

(1) 仓库。这是与仓储相对应的概念，仓储就是指围绕库存物资所进行的储存、保管以及其他物流作业。而仓库一般就是指以库房、货场及其他设施、设备为劳动手段的，对货物进行保管、储存、整理、分发等工作的场所，在工业领域则是储存各种原材料、零部件、相关设备、机具和半成品、产品的场所。

(2) 线路。线路是指连接物流网络中节点的路线，或者称为连线。物流网络中的线路是通过一定的资源投入形成的。从广义上来讲，线路包括属于综合运输网络的铁路、公路线、水路线、航空线、管道线；以及连接综合运输网络与仓库的线路，如铁道专用线、汽车线。铁道专用线简称专线，是与铁路网相连的专供仓库使用的线路，通常用来解决大量进出货的问题。汽车线则是指和公路干线中相连接的汽车线路，可以进入到仓库内部甚至库房中，一般进出货量不大。

(3) 站台。站台是线路与仓库的连接点，是仓库进发货的必经之路，其基本作用是车辆停靠、装卸货物、暂存货物。利用站台最大的好处就是方便地将货物装进车辆中或从车辆中取出，提高装卸搬运的效率。尽管站台不需要太大的投资，但是站台货位数量及站台高度是仓库需要首先考虑的两个问题，这两个问题直接影响着仓库收发货的作业效率。站台货位数量是由卡车数量、卡位停靠时间决定的。站台高度的设计可以根据库区内停靠车辆的种类认真选择，可以考虑车种的平均高度，不管采取什么高度，目的只有一个，即提高装卸搬运的工作效率。

4.1.2 物流设备的概念及分类

1. 物流设备的概念

物流机械设备是现代化企业的主要作业工具之一，是合理组织批量生产和机械化流水作业的基础。对第三方物流企业来说，物流设备又是组织物流活动的物质技术基础，体现着企业的物流能力大小。物流设备是物流系统中的物质基础，伴随着物流的发展与进步，物流设备不断得到提升与发展。物流设备领域中许多新的设备不断涌现，如四向托盘、高架叉车、自动分拣机、集装箱等，极大地减轻了人们的劳动强度，提高了物流运作效率和服务质量，降低了物流成本，在物流作业中起着重要作用，极大地促进了物流的快速发展；反过来，物流业的快速发展对物流设备也提出了更高的要求。

2. 物流设备的分类

物流设备门类全，型号规格多，品种复杂。根据物流设备所完成的物流作业为标准，把设备分为六种类型。

(1) 包装设备。包装设备是指完成全部或部分包装过程的机器设备。包装设备是使产品包装实现机械化、自动化的根本保证，主要包括填充设备、罐装设备、封口设备、裹包设备、贴标设备、清洗设备、干燥设备、杀菌设备等。

(2) 物流仓储设备。主要包括货架、堆垛机、室内搬运车、出入境输送设备、分拣设备、提升机、搬运机器人以及计算机管理和监控系统。这些设备可以组成自动化、半自动化、机械化的商业仓库，来堆放、存取和分拣承运物品。

(3) 集装单元器具。主要有集装箱、托盘、周转箱和其他集装单元器具。货物经过集装器具的集装或组合包装后，具有较高的灵活性，随时都处于准备运行的状态，利于实现储存、装卸搬运、运输和包装的一体化，达到物流作业的机械化和标准化。

(4) 装卸搬运设备。指用来搬移、升降、装卸和短距离输送物料的设备，是物流机械设备的重要组成部分。从用途和结构特征来看，装卸搬运设备主要包括起重设备、连续运输设备、装卸搬运车辆、专用装卸搬运设备等。

(5) 流通加工设备。主要包括金属加工设备、搅拌混合设备、木材加工设备及其他流通加工设备。

(6) 运输设备。运输在物流中的独特地位对运输设备提出了更高的要求，要求运输设备具有高速化、智能化、通用化、大型化和安全可靠的特性，以提高运输的作业效率，降低运输成本，并使运输设备达到最优化利用。根据运输方式不同，运输设备可分为载货汽车、铁道货车、货船、空运设备和管道设备等。对于第三方物流公司而言，一般只拥有一定数量的载货汽车，而其他的运输设备就直接利用社会的公用运输设备。

3. 物流设备的特点

物流设备是物流技术水平高低的主要标志，现代物流设备体现了现代物流技术的发展。中国近年来的物流设备现代化、自动化程度较高，其特点主要表现在三个方面。

(1) 设备的社会化程度越来越高，设备结构越来越复杂，并且从研究、设计到生产直

第 4 章 物流设施设备安全管理

至报废的各环节之间相互依赖、相互制约。

(2) 设备出现了"四化"趋势，即连续化、大型化、高速化、电子化，提高了生产率。

(3) 能源密集型的设备居多，能源消耗大；同时现代设备投资和使用费用十分昂贵，是资金密集型的，因而提高管理的经济效益对物流企业来说非常重要。

4.2 运输与配送环节设施设备安全管理

运输与配送环节是直接决定物流速度的关键性环节，在电子商务高速发展的时代，消费者最直接的感受便是物流速度。其中运输与配送环节的设施与设备又是保证物流速度的基础，因此，运输与配送环节的设施设备安全管理对物流企业来说尤为重要。

4.2.1 运输与配送环节设备概念及分类

1. 运输设备的概念及分类

1) 运输设备的概念

运输设备是货物从一个地方运往其他地区的载体，是运输方式的工具。运输方式是客、货运输的手段、方法与形式，是为完成客货运输任务而采取一定性质、类别的技术装备和一定的管理手段。

2) 运输设备的分类

运输设备按运输方式分为公路运输设备、铁路运输设备、水路运输设备、航空运输设备和管道运输设备五大类。

(1) 公路运输设备。

① 自卸式货车。这种货车动力大，通过能力强，可以自动后翻或侧翻，物品可以凭借本身的重力自行卸下。一般用于矿山和建筑工地及煤和矿石的运输。物流公司通常不会使用这种货车。

② 散粮车。散粮车的专用性很强，供承运粮食使用。

③ 箱式车。箱式车结构简单，运力利用率高，适应性强，是物流领域应用前景最广泛的货车。封闭式的车厢不仅可以使货物免受风吹日晒和雨淋，还可以防止货物的散失，减少货损，提高运输质量。

④ 敞车。因为顶部敞开，敞车可以装载高低不等的货物。

⑤ 平板车。这种车主要用于运输钢材和集装箱等货物。

⑥ 罐式货车。这种车具有密封性强的特点，适用于运输流体类物品(如石油)及易挥发、易燃等危险品。

⑦ 冷藏车。这种车主要用于运送需对温度进行控制的冷藏保鲜的易腐易变质的及鲜活物品。

⑧ 栏板式货车。这种车的特点是整车重心低，载重量适中。主要用于装载百货和杂品。

⑨ 集装箱牵引车和挂车。集装箱牵引车专门用于拖带集装箱挂车或半挂车，两者结

合组成车组,是长距离运输集装箱的专用机械,主要用于港口码头、铁路货场与集装箱堆场之间的运输。集装箱挂车按拖挂方式不同,分为半挂车和全挂车两种,其中半挂车最为常用。

⑩ 载货汽车。载货汽车按载货量分,有重型、轻型载货汽车;按汽车的大小分,有大型、中型、微型载货汽车。其中,进行室内的集货、配货可以用微型和轻型货车,长距离的干线运输可以用重型货车,短距离的室外运输可以用中型货车。

(2) 铁路运输设备。

① 内燃机车。内燃机车是采用内燃机作为动力装置的机车。内燃机车由柴油机、主传动装置、辅助传动装置、车体(包括司机室)、走行部及各辅助系统组成。机车辅助系统包括燃油系统、机油系统、冷却水系统、预热系统、空气制动系统及其他用风系统、控制系统、照明系统、充电系统、检测系统、诊断系统和显示记录系统等。内燃机车具有速度快、马力大、能较好地利用燃料的热能、适合缺水地区使用、适合复杂环境等优点。

② 电力机车。电力机车虽然问世较早,但直到 20 世纪 60 年代才开始受到人们的重视,被大量使用。电力机车具有功率较大、绿色环保、无污染、简单便捷等优点。

③ 动车。动车一般指自带动力的轨道车辆,有别于拖车。动车和拖车一起构成动车组。动车类似机车要牵引拖车,因此动车的时速高于它所在动车组的时速。

中国的动车组列车分为三大级别:高速动车组(时速为 250km/h 及以上,标号为 G,主要对应高速铁路),目前还没有上限时速;一般动车组或中速的(标号为 D,有 160km/h 和 200km/h 两种,主要对应快速铁路);低速动车组(南车青岛公司把技术能力下延而研究出 140km/h 的,以适应城市轻轨)。

(3) 水路运输设备。

① 港口。港口是具有水陆联运设备和条件,供船舶安全进出和停泊的运输枢纽,是水陆交通的集结点和枢纽,工农业产品和外贸进出口物资的集散地,船舶停泊、装卸货物、上下旅客、补充给养的场所。由于港口是联系内陆腹地和海洋运输(国际航空运输)的一个天然界面,因此人们也把港口作为国际物流的一个特殊结点。

② 码头。码头是海边、江河边专供轮船或渡船停泊,让乘客上下、货物装卸的建筑物。通常见于水陆交通发达的商业城市。人类利用码头作为渡轮泊岸上下乘客及货物之用,其次还可能是吸引游人及约会集合的地标。在码头周边常见的建筑或设施有邮轮、渡轮、货柜船、仓库、海关、浮桥、海鸥、鱼市场、海滨长廊、车站、餐厅或者商场等。

③ 船舶。船舶是各种船只的总称。船舶是能航行或停泊于水域进行运输或作业的交通工具,按不同的使用要求而具有不同的技术性能、装备和结构形式。按用途可分为客轮、货船、货客船、救助作业船、工程船、指航船、渔船、快艇、军用舰艇等;按材料可分为钢制船、木船、合金船、玻璃钢船等。

(4) 航空运输设备。

① 空运航线。飞机飞行的路线称为空中交通线,简称航线。飞机的航线不仅确定了飞机飞行具体方向、起讫点和经停点,而且还根据空中交通管制的需要,规定了航线的宽度和飞行高度,以维护空中交通秩序,保证飞行安全。航线按飞行地点可分为地区航线、国内航线和国际航线;按飞行时间可分为定期航线、不定期航线。

② 飞行器。飞行器是由人类制造、能飞离地面、在空间飞行并由人来控制的在大气

层内或大气层外空间(太空)飞行的器械飞行物,在物流运输中即为运输飞机。

③ 航空货运站。航空货运站是针对航空运输过程中对于货物进行集结、暂存、装卸搬运的场所。

④ 航空港。航空港为航空运输的经停点,又称为航空站或机场,是供飞机起飞、降落和停放及组织、保障飞机活动的场所。

(5) 管道运输设备。

管道是用管子、管子连接件和阀门等连接成的用于输送气体、液体或带固体颗粒的流体的装置。通常,流体经鼓风机、压缩机、泵和锅炉等增压后,从管道的高压处流向低压处,也可利用流体自身的压力或重力输送。管道的用途很广泛,主要用于给水、排水、供热、供煤气、长距离输送石油和天然气、农业灌溉、水利工程和各种工业装置。

2. 配送设备的概念及分类

1) 配送设备的概念

物流配送环节需要物流作业及物流信息管理的设备包括商品运输、保管、装卸、包装、分拣、信息管理等。物流配送环节使用的物流主要设备设施有配送车辆、自动分拣系统等。

(1) 配送车辆。配送车辆主要以中、小型货车为主,对于一些有特殊要求的货物需要冷藏配送车、多温配送车等。

(2) 自动分拣系统。自动分拣系统是先进配送中心所必需的设施条件之一,具有很高的分拣效率,通常每小时可分拣商品 6000~12000 箱,自动分拣机是提高物流配送效率的关键因素之一。自动分拣系统能连续并大批量地分拣货物,分拣误差率极低,分拣作业基本实现无人化,自动分拣系统一般由控制装置、分类装置、输送装置及分拣道口组成。

2) 配送环节设备的分类

(1) 配送车辆。

配送的主要经济活动是送货,配送车辆大都负责短距离的城区配送,其服务对象有商家、个人、下一级分销商。

① 快递配送车辆。快递配送车辆为从事快件揽收、投递和运输配送等服务的车辆。主要车型分为电动三轮车、封闭式厢式货车;随着科学技术的发展,无人配送车已成为配送界的新发明。

② 冷藏车。冷藏车在配送环节中是指用来配送冷冻或保鲜货物的封闭式厢式运输车,冷藏车是装有制冷机组的制冷装置和聚氨酯隔热厢的冷藏专用汽车。冷藏车常用于配送冷冻食品(冷冻车)、奶制品(奶品运输车)、蔬菜水果(鲜货运输车)、疫苗药品(疫苗运输车)等。

③ 普通配送货车。对于没有特殊要求的货物,一般选择普通的货车来配送,与一般的运输货车没有差异。

(2) 智慧配送设备。

智慧配送不仅可以实现配送信息的自动识别、配送信息的自动预警,而且能实现配送路径优化的智能管理,是物流智能配送的一大创新,将极大地提高物流配送效率,降低配送成本。

① 配送机器人。配送机器人是智慧物流体系生态链中的终端,面对的配送场景非常复杂,需要应对各类订单配送的现场环境、路面、行人、其他交通工具以及用户的各类场

景，进行及时、有效的决策并迅速执行，这需要配送机器人具备高度的智能化和自主学习的能力。

② 无人机快递。无人机快递即通过利用无线电遥控设备和自备的程序控制装置操纵的无人驾驶的低空飞行器运载包裹，自动送达目的地，其优点主要在于解决偏远地区的配送问题、提高配送效率，同时减少人力成本。缺点主要在于恶劣天气下无人机会送货无力，在飞行过程中无法避免人为破坏等。

(3) 自动分拣机

自动分拣机是按照预先设定的计算机指令对物品进行分拣，并将分拣出的物品送达指定位置的机械。随着激光扫描、条码及计算机控制技术的发展，自动分拣机在物流中的使用日益普遍。

① 堆块式。堆块式分拣机由链板式输送机和具有独特形状的滑块在链板间左右滑动进行商品分拣的堆块等组成。堆块式分拣系统是由堆块式分拣机、供件机、分流机、信息采集系统、控制系统和网络系统等组成。

堆块式分拣机可适应不同大小、重量、形状的各种不同商品；分拣时轻柔、准确；可向左、右两侧分拣，占地空间小；分拣时所需商品间隙小，分拣能力高达每小时 18000 个；机身长，最长达 110m，出口多。

② 交叉带式。由主驱动带式输送机和载有小型带式输送机的台车(简称"小车")连接在一起，当"小车"移动到规定的分拣位置时，转动皮带，完成把商品分拣送出的任务。因为主驱动带式输送机与"小车"上的带式输送机呈交叉状，故称为交叉带式分拣机。

交叉带式分拣机适宜于分拣各类小件商品，如食品、化妆品、衣物等；分拣出口多，可左、右两侧分拣；分拣能力一般达每小时 6000～7700 个。

③ 斜导轮式。斜导轮式分拣机是指当转动着的斜导轮，在平行排列的主窄幅皮带间隙中浮上、下降时，达到商品分拣目的的设备。

斜导轮式分拣机对商品冲击力小，分拣轻柔；分拣快速、准确；适应各类商品，主要是硬纸箱、塑料箱等平底面商品；分拣出口数量多。

④ 轨道台车式分拣机被分拣的物品放置在沿轨道运行的小车托盘上，当到达分拣口时，台车托盘倾斜 30°，物品被分拣到指定的目的地。

轨道台车式分拣机可三维立体布局，适应作业工程需要；可靠耐用，易维修保养；适用于大批量产品的分拣，如报纸捆、米袋等。

4.2.2 运输设施设备安全管理

1. 运输设施设备安全管理存在的问题

1) 公路运输存在的问题

(1) 交通工具与环境因素。引起交通运输事故的原因可能是交通工具本身的状况不佳造成的，也可能是环境方面的原因。一方面，交通运输工具本身有良好的质量，才能确保交通运输的安全进行，但是当前对运输工具不够重视，没有做好定期的维护和保养，没有制度性地进行修理与检查，导致交通事故的发生；另一方面，外部环境的不良影响也导致交通运输安全的隐患，我国道路运输业违规违纪行为严重，群众的安全意识淡薄，甚至有章不遵。

(2) 安全意识不足。一线操作人员的素质较低，安全意识有待提高，较多运输人员没有参加过专业的职业培训，在法律意识和安全意识上都有所欠缺。一线操作人员易忽视物流运输中的超载、超速的危险性，从而引发管理上的问题，在某种程度上阻碍了物流的持续发展，也对一线人员和他人的生命构成了直接的威胁。

(3) 管理体制欠完善。必须建立符合当前形势下的合理的管理体制，传统管理体制不能满足现代物流的发展，脱离现代物流发展与管理的需要，不利于物流的持续、安全发展。

2) 铁路运输存在的问题

(1) 管理问题。现如今，对于安全管理的理念比较陈旧，管理一般都是小范围且大多都是静止的，管理机制的漏洞也是相对比较多的，对于目标也同样不够明晰化，重心也在逐渐发生转移，再加上工作人员的安全意识淡薄，管理的约束与激励机制也没有及时地予以完善，另外对于考核制度与相应的安全检查的力度不够，这诸多问题都十分容易促使安全事故的发生。

(2) 客运人员素质较低，安全工作落实不到位。目前，我国列车的客运人员大部分存在能力弱、素质较低的情况，这对于铁路运输的安全管理而言势必会带来一系列隐患。另外，客运人员的工作并未落实到位。其中，部分客运人员在铁路运输安全管理的过程中，对于组织纪律并没有明确，这也会使得在工作的过程中不负责任，急功近利，对于工作质量的重视度不够。

(3) 列车晚点率高。现如今，铁路运输行业一般都会存在列车晚点的问题，与此同时这也是阻碍列车安全管理的关键点。特别是在中间站发生列车晚点的现象居多，这也就十分容易使得中间站点的旅客因为信息没有及时发布，导致漏乘的情况，这直接关乎旅客的安全。

(4) 铁路设施设备故障频发。对当前的我国铁路设备使用情况进行分析可以发现，在列车上装置安全监控等设备，其缺乏一定的稳定性，并且工作能力也相对较弱，从而容易导致安全事故的发生。如果有故障发生，却不能得到及时解决，就会对列车的正常运行造成影响。当前对于列车的行驶调速以及定位停车等都尚未实现自动控制，在一些情况下需要人工对其进行控制，一旦操作失误就会引起不安全事故的发生。

(5) 环境问题。在铁路运输系统中，运输环境主要包括运输系统的内部作业环境和外部的运输自然环境等。一些客观的自然条件影响以及内部系统的影响都是引发不安全事故的重要原因。

3) 水路运输存在的问题

(1) 缺乏综合性的长远规划，国家投入长期不足。新中国成立至今尚没有国家级水上交通安全监管和救助系统的长远规划，难以指导水上交通安全监管和救助工作的开展和基础设施的建设，且国家投入长期不足，设备设施配备结构不合理，布局较为分散，远不能适应发展的要求。

(2) 设施设备数量不足、性能落后，水上安全保障能力薄弱

① 有效监管范围小，预控能力不强。我国内河通航里程、海岸线长度和 200 海里专属经济区面积均居世界前列，与美、日等发达国家以及与我国国情相似的印度管理水域面积相当，但水上交通安全监管和救助装备水平差距很大，目前我国万船事故率与百万吨港

口吞吐量死亡人数是发达国家的 6～7 倍，未能成功救助人员的比例是发达国家 4～5 倍。

② 搜寻救助装备落后，应急反应和救助能力弱。船舶船龄长、航速低，救助船舶平均航速不到 14 节，三分之一的巡逻船航速小于 15 节；船舶操作性能差，抗风浪能力低，大中型船舶能在 6 级海况(风力 9 级、浪高 4～6m)下出动的不到 40%。我国沿海岸 50 海里监管救助力量应急到达时间平均为 210 分钟，平均每次搜救时间为 7.2 小时，分别是发达国家的 2 倍多和 5 倍。

③ 溢油设施布局不完善，应急设备严重不足。发达国家早已建立溢油监视、监测、控制、回收和处理的完备体系和机制，而我国目前仅有两个小规模的船舶溢油应急中心，大部分地区没有国家级的应急设备库，没有抗风能力强的、可在开敞区域作业的溢油应急回收船，无现代化的溢油监测手段，散装危化品泄漏处理设备尚属空白，尚未建立有效的油污防控体系。

④ 缺乏现代化的打捞设备，制约了打捞的能力和效率。

(3) 安全监管和救助的人才队伍亟待加强。水上交通安全监管和救助工作专业性强、技术复杂，对人员素质要求很高。随着水上交通安全形势的日趋严峻，监管救助装备的技术水平不断提高，数量也不断增加，监管和救助工作对人才的需求越来越大。目前，水上交通安全监管和救助队伍的中高层次的搜救指挥人才、高素质技术保障人才和高技能的专业人才(包括监管值班员、船员、飞行员和潜水员)十分缺乏，人才队伍建设急需加强。

总体而言，我国水上交通安全监管和救助系统建设严重滞后，突出表现为险情预控水平低、应急反应速度慢、恶劣海况下监管救助能力弱及船舶污染防治力量不足。

4) 航空运输存在的问题

航空运输的主要缺点是飞机机舱容积和载重量都比较小，运载成本和运价比地面运输高。由于飞行受气象条件一定限制，影响其正常、准点性。此外，航空运输速度快的优点在短途运输中难以充分发挥。因此，航空运输比较适宜于 500km 以上的长途客运，以及时间性强的鲜活易腐和价值高的货物的中长途运输。航空运输除了上述存在的问题外，我国目前航空运输设施设备还存在以下问题。

(1) 航空配套基础设施有待完善。我国通用航空相配套的基础设施落后，严重制约着我国通用航空业的发展。

① 在飞行员的培训方面，我国缺乏一个既培养员工科学知识又可以提高员工专业技能的培训机构，通用航空的劳动力市场也尚未形成，严重制约了员工的自由流动和发展。

② 在通用航空器的购买、咨询、装修以及维修保养等方面也均没有形成相应的市场，致使许多航空公司增加了购买以及维修通用航空器的成本。

③ 我国通用航空的服务能力也很难与国外的通用航空器相比，从而抑制了对通用航空器的需求和相应业务的数量增加，我国通用航空机场建设十分落后，这是由于通用航空机场建设审批手续都比较复杂，也缺乏统一的建设标准。

④ 我国通用航空业也尚未形成一定的产业化，通用航空的购买、维护、修理以及保养没有形成一个有效的体系，致使目前国内大部分通用航空器的维护和修理工作都是由国外通用航空器生产商完成的，而且我国通用航空器的维护和保养技术也十分落后，以上这些因素严重阻碍了我国通用航空业的发展。

目前我国国内 370 家维修单位中有 91 家是专门从事航线维修的单位，因而造成通用飞机大修或发动机修理就必须送到海外工厂完成。

(2) 通用航空安全管理环节不全面、监管手段落后。

民航监管按照监管时间的前后可以分为事前监管、事中监管和事后监管三个环节。但到目前为止，我国民航监管机构重视的主要是事前监管，而忽视对事中以及事后的监管。即通过制定各式各样的政策法规来规范通用航空前期运行的许可标准，而对于通用航空企业进入市场以后的运营以及事后信息反馈和危害补偿缺少有效的监管机制，进而造成我国通用航空业在监管过程中出现重视进入许可而轻视日常管理、重视规则性监管而轻视真实性监管、注重事后处罚而轻视事前引导和事中跟踪等现象。而且我国通用航空监管方式缺少事先预防、事中管理以及事后紧急应对措施，一般都是在问题出现以后，就大刀阔斧地对企业进行停顿整改，缺乏应对紧急事故的机制以及根据事故原因做出及时调整的机制。甚至个别监管工作中也存在违法监管、徇私舞弊等现象，一方面降低了监管机构的权威性，另一方面也破坏了通用航空业的安全监管环境。以上这些因素严重阻碍了我国通用航空的良性发展。此外，我国通用航空安全监管手段严重落后，现行的安全监管手段主要是依靠逐级上报，而监管措施的实施也主要靠逐级传达，这样很容易造成监管信息的真实性、监管滞后和监管的不全面，缺乏一个有效的安全监管系统。

5) 管道运输存在的问题

(1) 运输地区偏僻。管道运输量与最高运输量间的幅度小，因此，在油田开发初期，采用管道运输困难时，还要以公路、铁路、水陆运输作为过渡。由于石油天然气的储地经常在偏远地区，因为对它们往往要进行远距离管道运输，它们的运输管道直径一般较大，且很多管道都处于高压运输状态，因此它们的运输系统往往比较复杂，这给系统操作人员提出了很高的要求，如果操作不当很容易出现运输过程中的安全事故。

(2) 管道人为破坏严重。有些管道由于对其缺乏有效的保护，遭受人为破坏的现象比较严重。有些是政府在市政施工中，由于缺乏施工前对施工地地下石油天然气运输管道的有效探查，和运输管理人员管理工作的不到位，导致施工过程中极易对它们造成破坏。还有些施工单位，在没有获得相关部门的许可下，就直接动用大型机械设备开始施工，这极易造成对运输管道的破坏。还有些不法分子，为了盗取石油和天然气资源，他们会不择手段地对管道进行移动、撬砸、切割等。这些违法行为不仅造成了国家财产的重大损失，还给石油、天然气的管道运输埋下了深深的安全隐患。

(3) 环境恶劣，外界干扰。外管道多处于埋地状态，自然条件复杂恶劣，土壤潮湿酸碱度不同，存有多种化学性腐蚀，随着运行时间的延长，管道老化、保护层破损等造成的腐蚀在所难免。另外，管道建设时期，尽管采取了一系列防腐措施，但随着经济社会不断进步，电力、电气化铁路的迅猛发展，极易受到杂散电流侵扰，进而加速管道腐蚀，一旦这类隐患得不到及时排查和治理，随时可能出现腐蚀穿孔，发生油品泄漏事故。

(4) 灵活性差。管道运输不如其他运输方式(如汽车运输)灵活，除承运的货物比较单一外，它也不容易随便扩展管线。实现"门到门"的运输服务，对一般用户来说，管道运输常常要与铁路运输或汽车运输、水路运输配合才能完成全程输送。

2. 运输设施设备安全管理问题的解决措施

根据上述运输设施设备安全管理所存在的问题，按照具体情况提出以下解决措施。

1) 公路运输问题的解决措施

(1) 提高养护意识，强化管理理念。科学的管理意识能够有效地提高公路养护建设工作效益，特别是对公路设备的管理意识，通过转变管理理念，建立系统化、层次化的管理模式，科学合理地进行设备管理和养护措施的施行。

① 加强机械设备的固定资产管理，通过建立系统化的管理办法，建立统一的机械管理中心，在公路处、公路段以及公路站三个重要部位都建立系统完善的管理体系。

② 完善对公路养护的固定资产账户管理，建立恰当的技术档案，通过原始的机械技术文件进行登记和维修，加强机械设备的单机考核以及效益管理，有效地降低养护工作的成本投入。

③ 提高管理人员的专业素养和职业道德，建立系统化的专业技能培训是根本措施，通过专业的课程培训提高管理人员的技能和素质，在机械管理中能够充分了解力学性能，将其效能发挥到最大。

④ 在新产品和新设备不断更新的今天，能够更好、更快地使其应用于实际操作，通过一定的技能考核保障管理人员的整体素质和技能提升。

⑤ 强化道路施工管理，提高道路通行能力，高速公路以及国道、省道常常通过养护和维修办法加以维护。一些道路以不断施工来完善道路的运输功能，并达到养护目的，这对正常的交通运行增加了客观难度，为确保施工期行车安全，在对施工单位审批市政许可的同时，还要加强对施工现场的检查指导。公安、路政在施工期间要检查设施作业时的标志、标牌摆放和设置情况，使其必须符合《中华人民共和国道路交通安全法》的有关规定，减少人为因素影响交通安全。

(2) 增加机械投资，保证重点建设。公路养护和设备安全管理的关键是资金充沛，能够在正常的周期内更换建设设备，较好地维护公路状况。首先要做的是传统机械设备资金的单一化格局，采用多渠道的资金筹备方式，解决公路中的机械设备，并突出重点养护建设，着重加强交通量较大的公路养护，保障交通的顺畅。通过科学有效的现代化建设设备投入，提高设备的折旧提成，积累有效资金，将设备建设和管理与公路的发展步伐相适应。保障公路建设的资金困难局面得到有效的扭转。

(3) 建立科学的设备管理体系。建立科学系统的公路养护和设备管理体制，首先必须革新传统的管理模式，采用责任到人的新型管理模式，简化设备更新程序，提高公路养护和设备管理效率。通过在公路养护处的实际勘察，深入研究分析，提出科学的中长期配置规划，合理地购置机械设备，按照养护里程和养护的配置落实各处的公路养护工作。在机械设备购置时，要努力克服盲目性，树立长远的眼光和意识，注重机械设备的适用性，避免盲目的购置高技术、大功率而针对性不强的设备。特别是对于山路型的公路，针对性比较强，需要利用小型的农用自卸运输车和小型拖式保温沥青撒布车。另外，对于新设备的投入和使用，要根据公路建设和养护的实际情况进行分析，避免盲目地投入大宗高性能高科技的设备而没有针对性，不但浪费资金，而且对于道路的养护建设效益提升没有帮助。因此，科学的公路养护和设备管理体制是要根据客观实际，建立具有针对性的管理体系。

(4) 高速公路设备修理供应管理策略。高速公路设备管理中的修理供应的管理也比较关键，这是两个层面的内容。

① 从修理管理的层面来说，这是高速公路设备管理的最终管理部分，设备的使用过

程中由于时间的原因会发生磨损以及损坏的现象出现，这样修理管理在这一过程中就发挥着重要的作用，修理管理的优化在很大程度上取决于之前的一些管理效率，前面一系列的管理效率得到了提升，在这一环节的效率就自然相应能够提升，对设备的综合使用率就能增强。

② 供应管理方面主要就是对设备配件的管理，在这一环节进行科学合理化的管理就能解决诸多实际问题，如对各种类型的配件储备以及储备的数量和订货、交付等都要能够合理化地管理。

(5) 高速公路设备制度管理策略。将高速公路的设备管理得以优化需要制度管理的支持，只有在规范的制度作用下才能对管理工作有序地进行实施。制度的制订要从多方面进行实施。

① 在修理制度层面要能够得以完善实施，当前的组织形式已经不能有效适应实际的管理需求，所以要对其积极地改革完善。将设备维修保养的任务交给维修人员是一大弊病，对应急的故障排除来说，操作人员在这一过程中有着很大的优势发挥，主要就是因为设备的操作人员对问题发生的各方面环境都比较清晰，在信息的掌握上也比较准确，所以在对设备的检查方面只需要操作人员进行实施即可。由于高速公路设备的种类比较多，这样也就对维修人员对任何设备的掌握程度都是有限的，在这一过程中，设备操作人员的操作水平以及保养工作的实施效率就成了决定设备工作性能及状况的重要影响因素。所以，双方进行协作配合才是最为重要的。

② 构建完善的设备档案管理制度。设备档案管理是整体管理中的重要部分，将设备档案管理实行规范化以及科学化能够促进管理效率的提升，同时也能够反映出设备的运营成本效益等，通过档案所提供的技术参数对设备的作用最大化发挥就有着重要的意义。在信息化技术迅速发展背景下，通过计算机网络技术来实施档案管理，能将档案管理的科技含量得以有效提升。

2) 铁路运输问题的解决措施

(1) 建立健全的安全管理体制。安全管理体制是有效保证铁路运输安全的纲领，安全管理体制应该渗透进铁路运输安全工作的各个角落。

① 健全的安全管理体制要求，铁路安全的管理者应该树立安全的管理观念，重视铁路安全的管理工作，担任好领导者的角色，做好铁路安全运输的把关工作，提高决策水平。

② 要从以人为本的理念出发，加强对客运人员的管理，提高其高度的工作责任感，共同为铁路安全事业贡献自己的力量。

③ 要健全各项安全管理制度，形成规范的安全管理体制，各项工作严格按照安全规章制度进行工作和实施。

④ 要加强安全负责制的实施，加强对安全工作的考核，完善对客运人员的管理约束机制，以提高客运人员的责任感，在工作时认真谨慎。

⑤ 要建立健全铁路安全法规和监督机制，以不断提高铁路的安全管理。

(2) 加强对铁路设备实施的技术改进。现代社会是一个科技社会，任何工作领域都必须拥有先进的技术设备。尤其针对铁路运输事业，更需要强有力的技术设备支持，才能保证其运行的安全性。因此，铁路运输要加强对设施设备的技术改进，加大对设施设备的建设投入。依靠先进的科学技术，引进科学适用的技术设备以减轻客运人员的工作强度，进而降低由人为因素造成的安全事故。这种设施设备的改进，要充分考虑铁路运输的安全性，不断升级改造行车安全监管装置，消除铁路运输设备上的安全隐患。同时还要加强对信息安全管理系统的应用，用现代化技术保障铁路运输安全管理工作。

(3) 加强铁路与地方部门及各工作站点的合作。为了减少铁路运输过程中由外界因素造成的安全事故，铁路应该加强与地方部门的合作，抓好铁路沿线的综合治理工作，打击破坏铁路设施的行为，加强沿线治安工作的治理，以维护铁路沿线的社会稳定。同时还要严厉禁止行人或机动车进入铁道，避免交通事故的发生。为了保证铁路与各站点间旅客的安全，铁路应加强与各中间站的合作和沟通，尽量减少列车晚点的现象，以避免造成不必要的旅客漏乘现象和安全事故。同时，要加强对旅客站点休息的管理，从旅客的人身安全利益着想，充分保障旅客的生命财产安全。

(4) 加强铁路客运人员队伍建设。加强对铁路客运人员的培养，是保证客运人员对安全管理工作高效进行的途径。首先，要强化客运人员的安全管理意识，以保障旅客的生命财产为宗旨，加强工作的责任感。其次，要加强对铁路客运人员安全教育的投入，提高其业务水平、文化水平及人文素养，以高度的责任心及综合能力做好铁路运输工作。最后，要加强对使用技术设备的人才建设，提高客运人员技术素质和安全素质，加强对列车运行期间设备设施的规范使用，以减少由人为因素造成的安全事故。

3) 水路运输问题的解决措施

(1) 加强领导，统筹规划。首先港航管理系统要统一思想，提高认识，加强领导，充分认识到建设规范的水路运输市场体系，对积极稳妥推进水路运输市场，实现管理信息化、资源社会化具有极其重要的作用。因此，成立由港航管理局为牵头单位，各地方港航管理局、航运交易所等相关单位组成的领导工作小组，加强对水路运输经济运行的指导和统筹协调工作。同时加快制订相应的法规制度、监管队伍和信息技术及装备建设等方面的专项规划，确保水路运输市场监管体系建设的落实。

(2) 明确职责，落实责任。港航管理部门要把水路运输市场监测平台建设列入重要议事日程，把水路运输市场监测体系建设的任务分解到相关部门，明确职责，并建立责任制，落实责任到人。而各地方港航管理部门协同辖区内各县(市)区相关职能部门，做好企业平台数据申报的统筹、服务、指导、监督工作，确保相关信息数据的及时性和准确性。加强与企业的联系沟通，建立政企联动机制，并把这项工作进行常态化管理，将每年完成情况作为考核评价各单位行业管理工作的重要内容。

(3) 完善水路运输市场准入制度。水路运输市场准入是一种行政许可行为，按政府对市场管制的强弱，水路运输市场准入管理模式大致有"审批制"和"登记制"两种方式。而我国目前采用的是"审批制"方式，即按一定申报流程，报交通运输主管部门审批，审核通过领取道路运输许可证，然后到工商行政管理部门办理注册登记，取得企业营业执照。但目前存在"只进不出"的尴尬局面，没有一家企业因经营违规而强制退出市场。通过完善水路运输市场准入与淘汰制度，提高准入门槛和加大淘汰力度，营造一个健康繁荣的水路运输市场。

4) 航空运输问题的解决措施

(1) 加强航空基础设施建设。

① 加强机场的建设。我国通用机场的定义尚未完全统一，迫切需要从国家层面给出

统一的、具有明确内涵的通用机场定义。从通用机场建设条件、服务对象和运行特征的分析中可以看出,通用机场更多的是服务于小型、轻型、配备简单设备的航空器,航空器的运营机动性强,更多的是航空作业飞行和公务包机飞行。而我国通用航空机场主要借助运输机场和军用机场,通用航空机场严重不足,所以应该加强通用航空机场的建设。一方面,政府应鼓励民航企业扩大规模,增加机场的面积;另一方面,应该积极鼓励和允许民间资本及个人投资建设机场,从而扩大通用航空机场的数量。

② 建立安全预警系统。安全预警系统是防备安全事故发生的有效保障,是通用航空安全的重要基础。要健全安全预警系统,就应该拥有安全信息网络和数据库,使通用航空器从生产到运行都可以通过数据库进行监督,并使得监督的结果能够及时得到真实有效的反馈,一旦在运行过程中出现某些安全故障或者安全隐患,可以及时把故障信息反馈给安全预警系统,然后安全管理人员可以根据预警系统反馈回来的信息做出调整,进而可以避免安全事故的发生。

③ 建立分析系统。分析系统是一个比较大的系统,通常包括对数据的分析、对安全性能的分析等,其主要责任就是分析处理预警系统反馈回来的信息,使得信息更加真实有效。分析系统在通用航空安全系统也占有一定的位置,一方面它可以把通用航空数据进行及时的整理分析,使安全管理人员可根据分析的结果对通用航空安全进行监管;另一方面也可以对通用航空安全性能进行充分分析,使通用航空安全管理人员可以根据分析结果对安全性能做出及时的调整,以免安全事故的发生。

(2) 完善监管体系。

① 监管部门要对通用航空企业进行持续安全监管。由于我国政府对通用航空企业的监管主要集中在企业的进入许可上,而对企业进入市场后的运行和安全监督较少,使得一些不具备通用航空经营的企业依然在市场上经营,进而给通用航空安全埋下隐患,所以,政府应当建立有效的监管机制,对通用航空企业持续监管。

一方面,要对企业的营业状况进行持续监管,定期审查通用航空企业的财务报告,了解企业的经营收支情况,因为只有经营状况比较好的企业才能有效地保证通用航空安全,对于经营状况比较好的企业,鼓励他们积极引进先进的通用航空设备、积极进行自主研发,使其成为我国通用航空发展的领头军;而对于经营状况较差的企业,政府监管部门应该采取强制措施,使其退出通用航空市场。

另一方面,政府监管部门应对通用航空企业的安全措施进行持续监管,安全措施是通用航空安全的基础,是需要企业经过长期投入来实现的,然而许多通用航空企业在运营过程中,企业的盈余大都被通用航空的所有者和管理者所瓜分,而真正用于改善安全措施的投入只占到全部盈余的小部分,所以政府监管部门应该对通用航空安全措施进行持续监管,通过制定有效的盈余分配方案,保证通用航空企业的盈余能够尽量多地投入到安全措施建设上。总之,对通用航空企业进行监管,使通用航空企业健康运营,也是通用航空安全管理的重要组成部分。

② 监管部门要对通用航空安全管理专业人员进行持续监管。通用航空安全管理归根到底还应该需要通用航空安全管理专业人员来实施,所以政府监管部门有必要对通用航空安全管理专业人员进行持久监督。

一方面,政府监管部门要对通用航空安全管理人员的监管技能进行持续监管,随着通用航空业的发展，必然会引进新的技术及监管工具，而安全管理人员的技能水平很可能赶不上技术更新的速度，所以政府监管部门应该在专业技能上对通用航空安全管理人员持久监督，不断培训提高其专业技能。

另一方面，通用航空安全管理人员的监管素质也会随着时间和利益的变化而变化，所以应该建立安全管理人员档案系统，对通用航空安全管理人员的专业技能和监管素质进行监督，进而保证通用航空安全。

5) 管道运输问题的解决措施

(1) 做好防火措施。

企业应该定期对管道运输设施进行维护和保养，做好设施的防火设计工作。设计的问题往往会引发石油天然气的泄漏，因此，做好防火设计有着重要的意义。在进行管道设计和安装过程中，要严格按照国家标准进行，根据不同的工艺流程，选择合适的管道材质，严格按照规范进行设计与安装。防火安全体系的构建需要遵守相关的行业规范，做好防火的审核把关工作，杜绝消防安全隐患。

同时，需要做好消防队伍的建设工作，对管道运输起到有效的保障作用。对于禁火区域内需要动火的管线、设施和其他附件要及时拆卸，在安全地带动火也要做好隔离措施。做好易燃易爆物的浓度检测，杜绝动火期间火灾和爆炸危险的发生。

(2) 做好防腐处理。

① 剥离或者阴极剥离会导致管线出现腐蚀开裂的情况，在材料制作期间，对夹杂物的形貌与数量进行控制与改善，降低管线中氢含量及硫含量，提高钢管材料要求。

② 在管道的设计过程中，应该充分考虑管材壁的厚度问题，适当降低管材的强度，增大管壁的厚度，对管材壁厚度进行合理选配。

③ 对现场补口的质量进行控制，对补口位置的钢管表面做好处理，务必使罐体表面保持清洁。

4.2.3 配送设施设备安全管理

1. 配送设施设备安全管理存在的问题

1) 配送流程管理不完善

配送流程管理是流程的作业管理，配送中心配送流程包括收货流程、转区流程、分拣流程、库存流程、出货流程、运输流程。配送流程管理的不完善，一方面源于企业未对质量管理进行重视；另一方面源于企业采取的质量管理不适应实际情况。

配送流程管理的不完善将造成损耗率高、商品破损率高、配送差异率高等问题，这些问题存在于流程的各个环节。收货环节需要进行供应商预约，未按照预约进行收货操作，会造成供应商排队等候、订货单交接错乱、收货时间延长，在大宗货物与小批量货物夹杂收货时，收货缓冲区不能及时对货物转区，造成货物积压，增加了配送中心前区的运转压力。

小批量分拣流程操作是叉车操作员将货物由收货区、转区到稳定库存，或者转区到分拣区，同时作为缓冲区未能及时进行分拣的整板卡板货物，按照规则(如日期、时间)来分别等待拣货。对于按照日期进行分拣的整板货物，根据连锁店订单分拆卡板进行取货，按照连锁店编号人工进行归类各种商品。在包装过程就是对按照编号分类的商品核对标签与订单,进行封存,封存货物进行卡板整组。可见,人工分拣流程有更多的人工操作,流程环节的错误易导致货物配送差异,如再包装、编号分拣、卡板再整组等流程。

2) 配送中心设施设备落后

配送基础设施落后,是造成配送中心货物破损率高、配送效率低下的最直接原因。目前我国物流加速信息化、机械化的进程,是物流发展的迫切需求。由于配送中心机械化程度低,在仓储、搬运、运输等环节,由于商品再包装不规范、人工装卸不文明、分拣流程多碰撞等因素,造成商品破损较严重。同时仓储功能仅限于保管,配送中心资源利用率很低,企业效益受到限制。配送中心增加叉车数量,可以减少人工搬运过程中的货物破损和安全事故,提高配送中心内部作业效率。增加冷藏运输的投入,能够保证商品的配送质量,提升连锁超市终端的竞争力。

配送中心对设施设备的投入过少,将导致货物在配送中心内停留时间增加,降低了货物运转速度,提高了缺货率水平,同时增加了配送作业难度和配送中心成本。配送中心内部信息系统的建立,有利于信息共享和信息传递,货物流程追踪可以查询货物问题,同时有利于配送中心与连锁超市的信息互换,将订单需求与索赔退货需求及时、高效地呈现。

3) 物流和配送方面的人才严重缺乏

物流从业人员是否具有一定的物流知识水平和实践经验,会直接影响到企业的生存与发展。由于我国在物流方面的起步较晚,所以在物流和配送方面的教育还相当落后,只有少许高校开设物流课程和专业,与物流相关的职业教育也十分匮乏,尚未建立完善的物流教育体系和人才培训体系,物流人才缺乏已经成为阻碍物流业发展的一项重要因素。

2. 配送设施设备安全管理问题的解决措施

1) 优化配送流程

配送中心内部优化流程,需要注重全员参与到服务质量管理中来,把用户满意度作为服务质量管理的源头和依据,全面实施质量管理,充分调动配送中心全体管理者和员工的积极性,完善质量管理方法,促进员工不断提高服务素质,促使全员关心服务质量并参与质量管理。同时把配送中心的质量管理上升到事前预防层次,努力改善配送中心流程管理。

2) 推进配送中心设施设备的信息自动化

近几年来,信息自动化成为物流配送系统建设的重心,是保证信息及时高效传递、缩减人工成本、减少人工作业安全隐患、提高分拣仓储作业效率的必需条件。实现配送中心的自动化运作,能够更加有效地利用配送中心内部的资源,自动化分拣设备提高了配送中心作业效率,减少了人工操作,降低了作业成本。

为促进企业的机械化进程,完善整个流程的信息系统化,配送中心应加大投入,引进自动化立体仓储设备,实现库存的更有效合理运作。同时完善运输车辆的全球定位系统,为货物实时追踪提供支持,对于卡板的使用,实现更先进的堆货、叠货器具,减少卡板损耗,降低利润。叉车等机械化运作会提高整体运作效率,充分利用了立体化仓储的空间,减少安全事故的发生。收货、分拣、出货、库存各个流程引进 RF 设备,能够及时查询货物信息实现配送中心内部系统的无缝连接。

在稳定库存中投入 PC 机、RF 终端、高速打印机、标签打印机、手铲车可以有效地保证与工作相关的信息更新在第一时间进行共享，保证收货标签上商品保质期的一致，同时利于观察拣货员是否正确地将拣货标签相应数量与终端报告的标签数量相一致，并核对货物的货槽号是否一致，同时利于货物补货到货槽之后，核对条码与货槽条码是否一致。同时使用配送中心的 MLNA 系统可以查询各个货槽的状态是否由配送中心的叉车转区，有利于跟踪货物。

3) 培养高素质的物流配送经营管理人才

在物流人才培养上，首先应由政府管理部门牵头行动，着手建立包括高校学历教育、物流职业教育、企业岗位教育、社会培训机构继续教育互相结合、多种层次、互为补充的人才培养体系，加快启动我国物流人才教育工程。其次，加快我国高校的物流教育工程。政府主管教育的部门，应当积极鼓励各高校结合本身的特点探索物流专业的课程设置和学生的培养，以各种形式推动我国的物流学历教育，扩大物流管理专业的教育规模。

【导入案例】

1. 事故简述

2016 年 5 月 26 日 15 时 30 分左右，广东省东莞市司机黄某驾驶货柜车到某物流公司 2 号路 D 栋成品仓一楼装货台装货。某物流公司装货工人把相关货物装进货柜后，发现货物超出车厢，致使货柜车厢后车门无法正常关闭。因装载的货物包装材料比较松软，黄某和物流公司装货工人按照往常的习惯做法，由装货工人拿起装货台上约 1m 长的木方，将木方一头支撑在装货台边缘，另一头顶在货柜车厢后车门上，黄某缓慢倒车，利用倒车的推力把货柜车厢后面左边车门顶到闭合位置。当货柜车厢左边门顶到闭合位置后，黄某拿着车上自带的铁管(锁车厢门的工具)下车，走到车尾用铁管套住左边门锁轴的门把，把车厢左边门锁紧。黄某在离开车尾的过程中，顺手用手中的铁管把支撑在装货台与车门之间的木方敲掉，货车瞬间发生后溜，把黄某挤压在装货台侧面。

2. 原因分析

1) 事故直接原因

黄某停车后在未拉驻车制动器的情况下，敲掉装货台与货柜车门之间的支撑木方。

2) 事故原因分析

导致事故发生的直接因素是货车未拉驻车制动器。经现场勘察，事故现场是由水泥平地、水泥缓坡和水泥装货台组成的人造装货环境。黄某把货车停在坡度为 8°的缓坡上，停车后未拉驻车制动器，同时又把支撑车辆的木方敲掉，导致车辆瞬间后溜。

(资料来源：http://www.dgsafety.gov.cn/dgsafety/scaqs/201609/)

4.2.4 运输车辆安全管理

近年来，在我国物流业不断发展的同时，交通运输事故也在不断地发生。运输货车事故一旦发生，对物品以及人员都会造成极大的威胁。在路上，经常见到大货车号牌被灰尘蒙住、车尾灯破损的情况，以及不按规定粘贴反光标识、尾灯不亮或过亮特别容易引发交通事故，尤其是晚上在高速公路上，后车看不清前车的后尾灯或反光标识最容易引发重大交通事故。运输车辆的安全管理则可以较大程度上减少车辆运输事故的发生，同时也可以保质保量、安全地完成运输任务以及有效地控制物流运输成本。

1．运输公司车辆安全管理制度

运输车辆管理制度是指为了确保运输车辆安全、可靠工作而制订的遵章运行、日常维护、定期检查、按时维修等。运输公司只有采取更规范的车辆管理制度，才能更好地增强企业的凝聚力，明确司机利益与公司效益的密切关系，提高司机的工作责任心，保证物流运输的质量。车辆管理制度具体内容如下。

1) 货运车辆与司机的管理制度和奖罚制度

(1) 车辆由公司指定人员负责管理，公司根据司机全年工作表现，从司机产值、安全行车、维修费用、服务态度、客户意见等各方面全面考虑，对表现好的司机给予奖励，对表现差的司机按公司有关制度进行处罚。

(2) 车辆由公司指定驾驶员专用，其他人员未经批准不得驾驶，专车司机不能将车转借他人或其他单位使用，如有违反处以现金罚款(根据公司具体规章制度而定)，造成后果由司机本人承担。

(3) 车辆除执行运输任务外，未经批准不得随便驶离指定的停车场，包括不得私自开车回家和办私事，任务完成后应及时将车辆开回指定的停车场，不准起动发动机在车内睡觉和卸货，以上如发现第一次扣罚一百元并追究责任，重犯要从严处罚。

(4) 车辆进出码头，均要遵守码头有关纪律、制度，限速为20km/h，若在厂装、卸货，均要遵守厂方的有关纪律、制度或行车指示，如有违反第一次追究责任，罚款并写检讨书，重犯者从严处罚。

(5) 司机每天按时上班(时间按公司具体规章而定)，特殊情况除外(如当天零时后收车者)，不得无故旷工、迟到、早退。请假要事先通知管理人员，经批准后方可休息；否则，报公司从严处理。

(6) 司机不得向货主提出要小费、吃饭、住宿等，不得参与赌博、嫖娼等违法犯罪行为；否则，报公司处理和送交公安部门。

(7) 司机执行运输任务时，在外遇特殊情况或不幸发生事故，不论在何时何地必须马上通知公司领导或公司管理人员。

(8) 司机报销过桥费等必须要做到如实反映，不得弄虚作假、虚开发票收据，如发现经核实后要从严处理。

(9) 司机对待货主要文明有礼，努力提高服务素质。

(10) 对放柜在公司停车场而不及时卸柜的司机第一次处以相应罚款，重犯者从严处罚。

(11) 对装货或卸货回来而不到理货部报到却直接卸柜的司机，第一次处以相应罚款，重犯者从严处罚。

(12) 将拖架或拖板放在场外而不及时拖回的司机第一次处以相应罚款，重犯者从严处罚。

(13) 对发现拖板或拖架爆胎等需维修的却故意不及时维修的第一次处以相应罚款，重犯者从严处罚。

(14) 在规定时间内公司管理人员要求司机对调好拖架或拖板而司机故意不及时对调好的，第一次处以相应罚款，重犯者从严处罚。

(15) 在运输途中私自携带他人上车的，第一次处以相应罚款，重犯者从严处罚。

(16) 晚上私自提前休息的每次处以相应罚款，重犯者从严处罚。

(17) 对在工作时间内穿拖鞋或不穿上衣等影响公司形象的司机第一次处以相应罚款，重犯者从严处罚。

(18) 在运输途中和码头装柜过程中有特殊情况，如车辆须维修或装柜时间过长等，却不及时反映而给公司造成不必要损失的，第一次处以相应罚款，重犯者从严处罚。

(19) 管理人员有急事呼叫司机，而司机故意不复机的每次处以相应罚款。

(20) 在目的地装卸货时不注意观察柜的破损情况，不及时要求客户签收，而给公司造成不必要损失的，第一次处以相应罚款，重犯者从严处罚。

(21) 开篷柜在厂卸货时不叫厂方装卸工盖好帆布和清洁干净柜的，每次处以相应罚款。

(22) 对公司要求过磅而不过磅的司机，每次处以相应罚款。

(23) 对故意不及时归还散货工具的每次处以相应罚款，对遗失随车工具的按工具购买单价赔偿。

2) 安全行车制度

(1) 司机必须积极参加安全学习会，进一步落实各项交通安全措施，加强安全行车意识。

(2) 司机必须严格遵守公安、交通部门所颁发的一切条例规定，严格按机动车驾驶操作规程行车，严禁将车辆交给无驾驶证人员驾驶。

(3) 严格遵守交通规则，不能超速、乱抢道等违章行车。

(4) 司机在上班时间内不能饮酒，严禁醉酒驾驶，开车时要集中精力，不能在行车中你推我让，搞其他小动作。

(5) 由货物或车辆造成的违章罚款(如证件不全、车辆发生故障，货物超重、超高、超长宽等)，公司给予全报。

(6) 若司机个人原因造成的违章罚款，公司不予报销。

2. 运输车辆安全事故的施救

1) 事故类型和危害程度分析

运输车辆是实现商品从生产商最终到消费者手上的基础设施，但在运输过程中易发生交通事故，从而引起人员伤亡、商品破损等，按照事故类型可分为交通事故、自燃事故、货物丢失事故，因此车辆安全是公司安全工作的重点。

(1) 交通事故。

交通事故由人、物以及自然各种因素的影响而发生，具体如下。

① 车辆本身机械故障，机件失灵(特别是制动和方向存在的问题)，刹车抱死、跑偏或刹车片损坏，轮胎磨损严重，车辆超期服役，维修保养未及时做好。

② 车厢中人货混装，货物超载。

③ 驾驶员的驾驶技巧、经验，行车安全意识、精神状态，路况熟悉度，不良习性后的驾驶，如酒后驾驶、超速驾驶。

④ 夏季炎热高温，冬季低温干冷，雨季、台风季节、低温结冰等恶劣气候。

(2) 自燃事故。

① 车辆漏电、短路、漏油等车辆质量问题容易造成车辆自燃起火。

② 夏季时，将车放置在阳光底下暴晒。例如，将一次性打火机放在仪表台上，易引发火灾事故的发生。

③ 夏季高温天气、冬季干冷的天气，都易造成车辆发生自燃事故。

④ 导静电连接装置失灵。

(3) 货物丢失。

① 运输过程中货物被盗、被抢。

② 驾驶员麻痹大意，车厢门未锁好。

2) 应急处置的基本原则

(1) 保护人员安全优先。防止和控制事故蔓延，遵守统一指挥、分级负责、公司自救与社会救援相结合的原则。

(2) 坚持时间就是生命的原则。事故发生时采取最快捷的方式实施应急救援，同时上报应急总指挥、副总指挥，启动综合应急预案。

(3) 坚持"属地为主"的原则。充分利用当地事故应急救援的各种资源，在当地政府统一领导下，组织开展事故应急救援工作。

3) 预防与预警

(1) 危险源监控。

① 严把司机进公司准入关，司机须持有与其驾驶车型相符的合格驾驶证。

② 每班必对驾驶员三检执行情况进行检查，必对灭火器、安全锤、车内设施是否有拆改进行检查。

③ 每班出车前检查车辆的转向装置、刹车装置、信号灯具、喇叭和轮胎等，保持车况良好，严禁带"病"车辆上路。

④ 严格按规定对车辆实施保养、检修、年检，坚持运输"三检制"，确保车况完好。

⑤ 每月对线路检查一次，对重点车辆及驾驶员的行车、操作、情况处置进行检查。

⑥ 每月根据不同形势以及季节特点，对驾驶员进行两次安全培训教育。

⑦ 定期对驾驶员进行培训，增强员工安全行车意识及车辆自燃事故的应对处理培训。每年对运营驾驶员进行 24 小时脱产安全培训教育。

⑧ 对事故多发的驾驶员(重点人)进行重点教育培训，并记录在案。

⑨ 开展经常性、有针对性的安全生产大检查活动。

⑩ 夏季天气炎热，车内温度高，为防止车辆和运输易燃物品车辆自燃现象的发生，应尽量将车停在阴凉处或定时对车辆洒水降温。

(2) 预警行动。

驾驶员途中发生事故后，应第一时间打电话报警，同时组成现场处置小组对事故进行应急处理，以防事故扩大，并上报公司应急指挥办公室，办公室判定事故的大小，立即上报公司应急指挥部，指挥部根据事故严重程度启动相应的应急预案。同时指挥部接到报警后应立即成立应急救援领导小组前往事故现场进行处理，尽量在最短的时间内到达事故现场，保证事故人员以及物品的安全。其中，应急救援领导小组组织结构如图4-1所示。

4) 现场应急处置措施

在指挥部的应急救援领导小组到达事故现场之前，随行的运输工作人员也应采取相应的应急救援措施，以免事故影响进一步扩大。

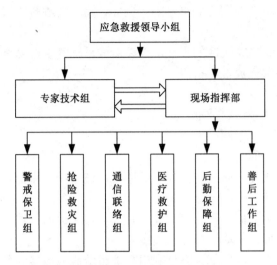

图 4-1　应急救援领导小组组织结构框图

(1) 交通事故现场的应急处置措施。

根据现场情况，驾驶员、押运员组成现场处置小组立即采取以下应急措施。

① 把车辆移至安全地带，在确保安全的情况下，在车后放置危险警示标志，拨打交通事故报警服务电话 122 报告交警大队，协助事故现场的清理。

② 检查伤亡人员，死亡人员用草席塑料布等可遮盖物覆盖尸体，对受伤人员马上进行抢救，伤势重者马上拦截过往车辆送至医院抢救，靠近市郊的马上打 120 急救电话，让医院派救护车出车抢救。

③ 如无车辆应急抢救，可用手机及相机对现场拍照取证保留，或者用石灰绳索等标记伤员位置及肇事车辆的位置，然后动用肇事车辆抢救伤员。留守人员看护现场，并抢救物资。

④ 保护现场，保护内容为肇事车辆停车位置、伤员位置、各种碰撞碾压痕迹、刹车拖横、血迹等。保护材料可就近寻找，如石灰、绳索、树木、石头等，禁止其他无关人员进入现场。待交警部门现场取证后才可撤销保护。

⑤ 应急救援人员到现场后按相应职责进行处置。

(2) 自燃事故现场的应急处置措施。

根据现场情况，驾驶员、押运员组成现场处置小组立即采取以下应急措施。

① 车辆拯救。初起火时，驾驶员可使用车辆上的灭火器进行灭火，在情况允许的条件下应关闭油路、气路和电路总阀，有可能的情况下卸下车上货物。如火势扩大的，应放弃拯救，到安全的地方躲避，等待消防人员前来灭火。

② 救援人员协助救援。救援人员到场后，应在能力范围内对伤员进行救治，或协助相关部门转移伤员。救援人员可使用灭火器对起火车辆进行灭火。如火势扩大的，应放弃拯救，到安全的地方躲避，等待消防人员前来灭火。

(3) 被抢、被盗事故现场的应急处置措施。

根据现场情况，驾驶人员应立即保护现场，保护内容为肇事车辆停车位置、被抢被盗状态、各种被抢被盗痕迹、记清抢劫人员的体貌特征等。待出警部门现场取证后才可撤销保护。

交通事故的施救离不开设备、工具与人员，但交通事故的施救需要专业的救助人员和相关知识，许多简单而有效的救助装备是必不可少的，如灭火器、消防铲、灭火沙、危险警示标志、医药箱、手套、手电筒、常用药物等。由公司运管部门保存好公司上述物资，交通拯救物资另外有车辆、随车工具等。

4.3 仓储与装卸搬运环节设备设施安全管理

仓储是集中反映工厂物资活动状况的综合场所，是连接生产、供应、销售的中转站，对促进生产和提高效率起着重要的辅助作用；装卸搬运是物流过程中操作最为频繁的物流作业。近年在仓储与装卸搬运环节发生的事故不在少数，对其设施设备的安全管理势在必行。

4.3.1 仓储与装卸搬运环节设备的概念及分类

1. 仓储设备的概念及分类

1) 仓储设备的概念

仓储设备是指能够满足储藏和保管物品需要的技术装置和机具，其并非仅指以房屋、有锁之门等外在表征的设备，具体可分为保管设备、计量设备、养护检验设备、通风照明设备、消防安全设备、劳动防护设备以及其他用途设备和工具等。

2) 仓储设备的分类

(1) 装卸搬运设备。装卸搬运设备是用于商品的出入库、库内堆码以及翻垛作业。这类设备对改进仓储管理，减轻劳动强度，提高收发货效率具有重要作用。

(2) 保管设备。保管设备是用于保护仓储商品质量的设备。

(3) 计量设备。计量设备是用于商品进出时的计量、点数以及货存期间的盘点、检查等，如地磅、轨道秤、电子秤、电子计数器、流量仪、皮带秤、天平仪以及较原始的磅秤、卷尺等。随着仓储管理现代化水平的提高，现代化的自动计量设备将会更多地得到应用。

(4) 养护检验设备。养护检验设备是指商品进入仓库验收和在库内保管测试、化验以及防止商品变质、失效的机具、仪器，如温度仪、测潮仪、吸潮器、烘干箱、空气调节器、商品质量化验仪器等。在规模较大的仓库等设备使用较多。

(5) 通风保暖照明设备。通风保暖照明设备是根据商品保管和仓储作业的需要而设。

(6) 消防安全设备。消防安全设备是仓库必不可少的设备，它包括报警器、消防车、手动抽水器、水枪、消防水源、砂土箱、消防云梯等。

(7) 劳动防护用品。劳动保护主要用于确保仓库职工在作业中的人身安全。

2. 装卸搬运设备的概念及分类

1) 装卸搬运设备的概念

装卸搬运设备是指用来搬移、升降、装卸和搬运物料或货物的机械。装卸搬运设备是实现装卸搬运作业机械化的基础，是物流设备中重要的机械设备。它不仅可用于完成船舶与车辆货物的装卸与搬运,而且还可用于完成库场货物的堆码、拆垛以及舱内、车内、库内货物的起重输送及搬运。

2) 装卸搬运设备的分类

(1) 列车装卸区装卸设备。

港站铁水联运列车装卸区装卸设备主要完成集装箱货物装上(卸下)列车的起重设备,一般可以选作起重设备的机械有轮胎式起重机、有轨式起重机、集装箱正面吊等。

① 轮胎式起重机。轮胎式起重机简称轮胎吊,属于吊顶式吊车。轮胎式起重机由主梁、门腿、升降结构、运行机构(包括小车运行机构和大车运行机构)、小车转动机构、驾驶室、控制系统和内燃系统等组成。

② 有轨式起重机。有轨式起重机简称轨道吊,也属于吊顶式吊车。有轨式起重机由主梁、门腿、升降结构、运行机构(包括小车运行机构和大车运行机构)、小车转动机构、驾驶室及控制机构等组成,可以对集装箱进行装卸、堆放、简单搬运等操作。

③ 集装箱正面吊。集装箱正面吊属于侧式吊车。正面吊在吊臂上与轮胎式起重机和有轨式起重机相似,都具有伸缩功能,但在其他构造如底盘、动力装置、传动装置等部件又与叉车几乎完全相同,正面吊具有装卸、堆码、短途搬运等功能。

(2) 堆场区装卸搬运设备。

① 叉车。叉车是集装箱辅助装卸区和堆场区常见的一种集装箱装卸机械。叉车主要用于空箱堆垛、拆装箱等作业,也用于简单装卸和短距离搬运作业。叉车搬运集装箱时采用吊运式和叉运式两种方式,吊运式即采用叉车顶部的专业吊具吊运集装箱,叉运式利用货叉插入集装箱底部叉孔搬运。

② 跨运车。跨运车以门型方式跨在集装箱上,通过液压式吊具升降集装箱完成搬运和堆垛,采用旋锁方式与集装箱结合与脱离,吊具可以侧移、倾斜来满足集装箱对位的要求。

③ 底盘车在堆场区,集装箱存放在底盘车上不脱离,装船或装车时由牵引车将装有集装箱的底盘车拖至码头或列车装卸区,这种堆存方式不需要其他装卸机械协助。

(3) 码头装卸桥。

码头装卸机械一般采用装卸桥,装卸桥是一种高架式可移动大型吊机,装卸桥的装卸效率是影响船舶在港停留时间的重要因素之一。装卸桥由门架结构、外伸悬臂、起升装置、横行装置、行走装置、载重小车、驾驶室等结构构成,装卸桥靠近海侧的外伸俯仰式悬臂,用以装卸船舶,并设有平衡装置,用以保持装卸桥的稳定和平衡。

4.3.2 仓储设施设备的安全管理

越来越多的物流企业认识到,没有强大的仓储资源网络,没有控制和管理物流仓库的能力,就难以发展成为有竞争力的大型物流企业,其中仓储设施设备的安全管理是仓储发展的基本保障。

1. 仓储设施设备安全管理存在的问题

(1) 仓储设备使用和维修保养脱节。各单位在设备管理使用上表现为"重用轻管",

第4章 物流设施设备安全管理

造成机械设备常常超负荷运转或带"病"作业,甚至违章操作。设备维修往往局限于"事后维修","预防维修"意识不强,对设备的故障及劣化现象未能早发现、早预防、早维修,造成人力、物力、财力不必要的浪费。

(2) 仓储设备管理制度不健全。通过管理提升活动,各单位初步建立了设备管理制度,除部分单位管理制度较为系统外,其余单位都缺乏完整、严格的设备管理制度,对设备台账、技术资料档案、维修保养等工作无章可循、管理无序。

(3) 仓储设备安全管理落实不到位。各单位高度重视安全生产工作,但落实不到位。各类设备操作规程不健全,部分设备操作规程不细,有些设备没有操作规程,对使用人员培训不够,存在违章操作隐患。

(4) 仓储设备购置前期调研不充分。很多物流企业在购置设备时,没有充分进行调研,仅从集中采购目录中选择已使用产品,满足当前简单生产需要,未从行业发展趋势,环保、节能、提高生产效率、降低使用成本和质量及收购方式考虑设备性能和规格,没有实现设备购置后提高生产效率、降低费用的目标。

(5) 仓储设备管理和维修人员匮乏。各单位普遍缺乏懂技术、会管理的人才队伍,设备维修保养工作不到位,设备带病工作比较多,加速了设备磨损和老化,增加了设备维修成本,影响企业效益。不适应新形势下新设备特别是智能化设备对人的要求,不能充分发挥设备的性能,不能深挖设备潜能,提高企业效益。

2. 仓储设施设备安全管理问题的解决措施

为了解决上述我国仓储行业设施设备所存在的问题,应采取以下七点措施完善我国仓储安全管理。

(1) 规范设备管理制度。企业应该按照《仓储机械设备管理办法》的要求,补充完善设备管理有关制度,形成程序化操作规程,对设备采取"一类一制""一类一规"的管理方法,做到有章可循、有据可依,杜绝违章操作。在机械使用、检修等环节,通过实行"三定"制度(定机、定人、定责),将有效监管贯穿全过程,进一步强化责任人的安全规范操作意识,切实将相关管理规程落实到位。

(2) 优化设备采购性能。采购设备时,要围绕高产能、低能耗、智能化、信息化的方向考虑设备选型,通过一段时间内的设备更新,使辖区出入库生产设备的产能从30~60t/h提高到80~100t/h,通风设备降低功率,实现高效、低耗、绿色环保的生产方式。

(3) 加强出入库现场管理。在出入库期间,每日由设备管理人员对机械作业现场全过程、全方位盯控,明确现场作业分工,做到"五掌握、三到位",即掌握机械设备的数量、动态、技术状况、使用维修和安全情况;检查到位、协调到位、指导到位。对使用中的设备及时进行清理维护,防止设备超负荷运行,降低设备损坏率,减少使用费用。

(4) 强化设备日常维护管理。严格制订详细的机械设备维修保养计划,根据全年出入库计划,合理安排设备使用轮换,充分进行维修保养,切实完成设备使用期间日常基本维护工作。分类归档,做好维修管理记录工作,注明名称、型号、规格,有关维修记录齐全,确保设备维修管理有据可查。

(5) 深入开展设备事故分析。设备事故分析是设备管理中的一项重要工作,对于设备故障应根据"三不放过"原则及时进行处理,即事故原因不查清不放过、事故责任人及广大职工不受教育不放过、没有防范措施不放过。设备管理人员每年要对所有设备事故进行分析总结，并作为培训内容对职工进行培训。

（6）注重设备的安全管理。安全生产是企业生存与发展的前提，确保企业员工人身安全和国有资产使用安全，对我们具有更加重要的意义。要定期开展职工和外包劳务人员的安全培训工作，强化安全意识。健全安全管理制度，落实机械管理安全责任。

（7）加大机械设备管理和维修人员培养。随着企业的发展，出入库数量大幅增加，设备品种越来越多、越来越复杂，使用越来越频繁，对机械使用、维修和管理人员的业务技能要求越来越高。通过新招大学生、培养已有员工等方式，补充设备管理人员数量，提高业务素质。对已有维修人员进行技能培训，提高维修技能，降低维修成本。

4.3.3　装卸搬运设施设备的安全管理

1. 装卸搬运设施设备安全管理存在的问题

（1）岸边集装箱起重机。在目前我国岸边集装箱起重机的使用中，作业过程中的对集装箱锁孔与起重机吊具之间还是要靠司机自己对位，在船舶和码头沿岸的高低差太大，司机作业一方面要对位锁孔作业，另一方面每作业微小移动都受高低差影响，严重影响效率，而且司机作业极易产生疲惫。现有的岸边集装箱起重机对超高的特殊集装箱作业效率处理能力相当低，在设计选材中也没有普及合金材料。

（2）轮胎式龙门起重机、轨道式龙门起重机。在我国轮胎式龙门起重机(RTG)和轨道式龙门起重机(RMG)的使用中，作业时也是要靠司机自己对位作业，作业效率相对依赖性太大，效率低，故障率较高。在对场内过街作业时还要依靠柴油来驱动，没有完全实现绿色环保。现有的堆场设备虽然有大车纠偏、高低速控制技术，但在日益激烈的行业竞争中，所追求的是更准确、更高效的设备需求。

（3）集装箱正面吊运机。集装箱正面吊的使用也是依靠司机的自己对位作业，由于驾驶室后置的设计，使得正面吊的可视范围窄，驾驶室及内部设计一直是国内正面吊运机设计的薄弱环节，行业配套能力不足也影响了产品整体水平的提升，且可靠性差、故障率偏高；工作效率低，轮胎磨损较严重，运行成本增加。

（4）集装箱堆高机。在集装箱空箱堆高机工作过程中，需要在工作范围内进行往复运动，行走频繁，它的行走驱动装置基本采用液力传动形式。这种结构存在的缺点就是在集装箱堆高机作业时，行走装置的行走速度通常在 0～14km/h 范围内，根据液力变矩器的工作特性和液力变矩器的传动特点可知，在低速行走时这种液力传动的发热较大，整机的传动效率低，还需配置专门的散热器，功率浪费较大。现有集装箱空箱堆高机的驾驶室高度都是固定、无法调整。这样无法满足堆垛不同的层数时，驾驶室内操作者视角范围的要求，造成一定程度上的操作安全隐患，同时也无法最大限度满足行走时的道路限高要求。工作效率低，轮胎磨损较严重，运行成本增加。

2. 装卸设施设备安全管理问题的解决措施

为解决上述装卸搬运环节设施设备存在的问题，应采取以下五项措施。

（1）完善基础管理制度，健全设备管理体系。为强化装卸机械基础管理，结合 ISO 9001

质量认证体系和装卸安全基础达标评比办法，建立健全(设备购置)投资主体、生产维修班组、设备使用者三级设备管理体系。修订完善《装卸管理细则》《机械操作规程》《日常保养维修制度》等，对机械设备的管理、安全生产、人员业务素质等方面提出明确的标准和要求。将机械技术档案、各种台账资料、机械运用分析、日常保养及一、二级保养等内容进行细化分工，做到定责定人、统一考核。应坚持日保养、月检查、季评比制度，对各班组机械管理和维修保养等工作，做到奖优罚劣，对查出的问题，落实到人，限期完成。

(2) 加强业务培训教育，提高职工业务技术素质。职工业务技术素质的高低，直接关系到机械设备管理是否规范，使用是否合理，检修是否科学，对优质、高效、快捷、安全地完成装卸任务尤为重要。结合装卸生产经营管理实际，制定职工教育长期规划，明确职工业务技术培训重点，细化年度职工培训计划，鼓励职工参加各类继续教育，考取职业技能技术等级证书；采取走出去、请进来的方法，有计划地组织岗位技术培训，进行专业知识讲座，强化实作技能演练，开展技术比武学技练功活动，推行现场观摩和标准化作业演练；积极推进职工竞争上岗的激励机制，努力营造能者上岗、强者带兵的氛围；严格日常奖罚考核制度，把业务学习纳入经济考核，充分调动职工自觉学习积极性，全面提高职工业务素质。

(3) 强化设备监管力度，开展科学技术攻关。根据设备状态、年作业量、运转工作小时等技术资料，结合现场生产经营实际，编制年度设备检修计划和每月综合检修计划。要求维修人员根据检修计划进行有针对性的检修，实现维修方式从"事后修理""故障维修"向"定期检修""防范维修"方向转变。对设备日常使用情况加大监控力度，采取日常定期检查和不定期抽查相结合，巡视检查机械设备情况，促进日常作业标准化、规范化，提高作业效率，及时纠正作业中的不规范行为，超前防范因使用不当造成的机械磨损；组织班组技术骨干，围绕设备管理的新问题开展技术攻关，集思广益，及时排除设备隐患，定期进行有针对性的检修。

(4) 用活经济责任奖罚，推行单车核算制度。在经济责任制考核上，采取维修人员包车、包完好率、包检修率、包设备技术状态等综合考核办法，严格按照《装卸机械检修技术规范》明确检修项目、检修工艺和技术标准。检修人员每检修完一个项目，维修组长和技术人员进行鉴定验收。将检修人员的工资奖金收入与所包台车完成的作业量、经济效益挂钩；对工作责任差错造成影响一线生产者严格考核。调动检修人员的工作积极性，提高工作效率和检修质量，缓和生产班组的供求矛盾。

(5) 净化配件进货渠道，推行配件动态管理。建立健全材料采购、入库检验制度，明确规定从国家定点生产厂家正常供货渠道采购。对同类国家标准产品进行性价比较分析，优选出质量高且价格低的产品，采购入库时管理员和技术人员共同检验产品质量、产品合格证、使用说明书，不合格产品拒绝入库，并及时予以退换和处理。维修人员在领料时对配件质量进行认真检验，在维修和试车过程中若发现配件质量差和不能使用时及时退回料库另行处理。禁止维修人员或司机对新配件随意调整或改造后使用，确保设备检修质量，降低设备停修率。与信誉好、产品质量可靠的定点厂家建立长期产品购销协议，推行网上查阅资料、电话订购配件、产品送货上门的设备零件配送购销方式，为排除故障争取时间。同时引进计算机系统，对装卸机械配件储备进行系统管理，将配件名称、型号规格、适应车型、安装部位、库存量等数据输入计算机系统，料库采购入库、发放时必须及时修改计算机数据,实现动态管理。技术人员和业务主管可随时通过计算机查询配件储备情况,根据库内配件储备量变化情况提出购买计划。

4.4 流通加工与包装设施设备安全管理

包装在流通加工过程中可以分为销售包装和运输包装,流通加工与包装过程的机械化、现代化是企业提高物品加工与包装效率的重要手段,它有利于加快物流系统的装卸搬运、保管等的作业速度,从而加快全物流过程的速度。

4.4.1 流通加工环节设施设备安全管理

1. 流通加工设备的概念

流通加工设备是指货物在物流中心根据需要进行包装、分割、计量分拣、添加标签条码、组装等作业时所需的设备。它可以弥补生产过程加工程度的不足,有效地满足用户多样化的需要,提高加工质量和效率以及设备的利用率,从而更好地为用户提供服务。

2. 流通加工设备的分类

1) 按流通加工形式分类

(1) 剪切加工设备。剪切加工设备是进行下料加工或将大规格的钢板裁小或裁成毛坯的设备。例如,用剪板机进行下料加工,用切割设备将大规格的钢板裁小或裁成毛坯等。

(2) 集中开木下料设备。集中开木下料设备是在流通加工中将原木截成各种锯材,同时将碎木、碎屑集中起来加工成各种规格的板材,还可以进行打眼、凿孔等初级加工的设备。

(3) 配煤加工设备。配煤加工设备是将各种煤及一些其他发热物质,按不同的配方进行加工,生产出各种不同发热量燃料的设备,如无锡燃料公司开展的动力配煤加工等。

(4) 冷冻加工设备。冷冻加工设备是为了解决鲜肉、鲜鱼或药品等在流通过程中保鲜及搬运装卸问题,采用的低温冷冻的加工设备。

(5) 分选加工设备。分选加工设备是根据农副产品的规格、质量离散较大的情况,为了获得一定规格的产品而采取的分选加工设备。

(6) 精制加工设备。精制加工设备主要用于农、牧、副、渔等产品的切分、洗净、分装等简单加工的设备。

(7) 包装加工设备。包装加工设备是为了便于销售,在销售地按照所要求的销售起点进行新包装、大包装改小包装、散装改小包装、运输包装改销售包装等加工的设备。

(8) 组装加工设备。组装加工设备是采用半成品包装出厂,在消费地由流通部门所设置的流通加工点进行拆箱组装的加工设备。

2) 根据流通加工的对象分类

(1) 金属加工设备。金属加工设备是对金属材料进行剪切、折弯、下料、切削加工的机械。它主要分为成型设备和切割加工设备等。其中,成型设备又包括锻压机械、液压机、冲压设备、剪折弯设备、专用设备；切削加工设备包括数控机床、线切割机床、激光成型机、钻床、锯床、剪板机、组台机床等。此外，用于金属流通加工的还有金属切削机床、金属焊接设备、机械手、工业机器人等。随着金属成品、半成品迈入超精密加工时代，放电机床所扮演的角色更为重要，它已成为各中小型金属加工厂不可或缺的金属加工设备。

(2) 水泥加工设备。水泥加工设备主要包括混凝土搅拌机械、混凝土搅拌站、混凝土输送车、混凝土输送泵、车泵等。混凝土搅拌机械是水泥加工中常用设备之一，它是制备混凝土，将水泥、骨料、砂和水均匀搅拌的专用机械。

(3) 玻璃加工设备。在流通中，用于玻璃的加工设备主要是指对玻璃进行切割等加工的专用机械，包括各种各样的切割机。在流通中对玻璃进行精加工还需清洗机、磨边机、雕刻机、烤花机、钻花机、丝网印刷机、钢化和夹层装备、拉丝机、拉管机、分选机、堆垛机、瓶罐检验包装设备、玻璃技工工具和金刚石砂轮等。

(4) 木材加工设备。木材是容重轻的物料，在运输时占有相当大的容积，往往使车船满装但不能满载；同时，装车、捆扎也比较困难，需要利用机械设备对木材进行磨制、压缩和锯裁等加工。这类设备主要有磨制、压缩木片机械和集中开木下料机械两类。

(5) 煤炭加工设备。煤炭加工机械是对煤炭进行加工的设备，主要包括除矸加工机械、管道输送煤浆加工机械和配煤加工机械等。除矸是提高煤炭纯度的加工形式；煤浆加工主要是便于运输，减少煤炭消耗，提高利用率，在流通的起始环节将煤炭磨成细粉，以使煤具备一定的流动性，再用水调和成浆状则更加具备了流动性，可以像其他液体一样进行管道输送；配煤加工是在使用地区设置集中加工点，将各种煤及其他一些发热物质，按不同配方进行接配加工，生产出各种不同发热量的燃料。

(6) 食品流通加工设备。食品流通加工设备依据流通加工项目可分为冷冻加工设备、分选加工设备、精制加工设备和分装加工设备。冷冻加工设备是为了解决一些商品需要低温保质保鲜的问题；分选加工设备主要用于按照一定规格、质量标准对一些农副产品进行分选加工；精制加工设备主要用于去除食品无用部分后，再进行切分、洗净等加工；分装加工设备主要用于将运输包装改为销售包装。

(7) 组装产品的流通加工设备。很多产品是不易进行包装的，即使采用防护包装，其成本也很高，故对一些组装技术不高的产品，如自行车之类的产品，其组装可以在流通加工中完成，以降低储运费用。

(8) 生产延续的流通加工设备。一些产品因其自身特性要求，需要较宽阔的仓储场地或设施，而在生产场地建设这些设施是不经济的，因此可将部分生产领域的作业延伸到仓储环节完成。这样做既提高了仓储面积、容积利用率，又节约了生产场地。例如，服装的检验、分类等作业，可以在服装仓库专用悬轨体系中完成相关作业，一举多得。

(9) 通用加工设备。通用加工设备主要包括：裹包集包设备，如裹包机、装盒机等；外包装配合设备，如钉箱机、裹包机和打带机；印贴条码标签设备，如网印设备、喷印设备和条形码打印机；拆箱设备，如拆箱机和拆柜工具；称重设备，如称重机、地磅等。

3. 流通加工设施设备安全管理

1) 流通加工设施设备存在的问题
(1) 维护不到位。在流通加工企业中，大多数流通加工设备操作人员往往忽视对各类机械设备的管理维护工作，企业的领导部门也没有形成对流通加工设备作保养的意识，仅关注企业整体在加工过程中的生产效率，一旦设备出现问题，不仅影响正常工作，而且还影响企业的生产效率。此外，由于加工设备的维护工作人员的责任意识不强，在加工设备出现问题时，得不到及时的检测修护，这就造成加工设备的故障得不到有效排除，有可能会使设备向更严重的趋势发展。

(2) 使用不规范。操作工人在操作流通加工设备时，没有完全掌握流通加工设备的操作要领，同时在设备操作时也没有按照设备的使用规范操作，这样很容易造成流通加工设备处于超负荷工作状态，或是设备处于带着问题继续运行的状态，再加上违规操作，则会大大增加流通加工设备的磨损程度。

(3) 制度不健全。流通加工企业没有健全的设备安全管理制度，同样会增加流通加工设备的损坏速度。

2) 流通加工设施设备问题的解决措施

(1) 加强点检管理。设备的点检管理主要是利用人的五感或一些检测设备，按照一定的方法对流通加工设备进行规定点是否有故障的检测，可以较好地将设备的故障消除在萌芽阶段，做到早发现、早解决。同时，利用设备点检测的数据资料，可以制订优化合理的流通加工设备的零件更换与设备维修的计划方案。此外，设备的点检测可以提高设备检测人员的责任意识，很大程度上确保了流通加工设备的工作可靠性，也大大增加了设备的使用时间，增加了企业的生产效率。

(2) 实行"三定"管理制度。"三定"管理制度主要是定机、定人、定岗位制度，流通加工设备的操作人员一定要经过设备规范化操作与考核，考核合格后才可以进行流通加工设备的操作，当生产车间采取轮班制度时，这样一台设备可能需要不同的人员进行操作，这就需要每个人在操作设备时务必严格按照设备规范化操作制度，对于加工车间新购买的设备或是大规模的修理后的机械设备，在使用以前必须要经过设备的试运转过程，增加设备的使用时间，避免设备中的零件出现早期较大程度的磨损。此外，还要落实流通加工设备的安全管理交底制度，使设备操作人员对设备的规范化操作要求、加工车间的环境等安全生产要素有充分的了解，确保流通加工设备操作的安全。

(3) 加强流通加工设备使用管理。流通加工设备在日常的使用过程中，应该严格按照设备的规范化操作规定，并定期对设备的运行状态进行检测，确保设备维修人员做好设备的正常维修工作，做好设备的大、小维修，确保设备正常工作的同时，车间主任应该按照生产任务合理地规划人员。此外，设备维修人员应该做好设备的维修记录。

(4) 优化设备管理。优化流通加工设备的安全管理和维修，流通加工设备的运转、检测、维修、保养等基本工作分别由相应的人员来负责。这样可以落实设备安全责任制度，但减少了设备在各个过程之间的相互交流。因此，为了加强流通加工设备的安全管理与正常的维修工作，提高设备的生产效率，则需要加强对设备运转、检测、维修、养护等工作之间信息的沟通。同时，采用先进的设备管理与维修技术，优化设备的管理过程，做到预防与防治结合，降低设备运行中出现事故的概率，减少设备的维修成本，提高流通加工设备的安全可靠性。

4.4.2 包装环节设施设备安全管理

1. 包装设备的概念及作用

1) 包装设备的概念

包装设备是指能完成全部或部分产品和商品包装过程的设备。包装过程包括充填、裹包、封口等主要工序，以及与其相关的前后工序，如清洗、堆码和拆卸等。此外，包装还包括计量或在包装件上盖印等工序。使用机械包装产品可提高生产率，减轻劳动强度，适应大规模生产的需要，并满足清洁卫生的要求。

2) 包装设备的作用

包装是产品进入流通领域的必要条件，而实现包装的主要手段是使用包装机械。随着时代的发展、技术的进步，包装设备在包装领域中正起着越来越大的作用，其主要作用有以下几点。

(1) 可大大提高劳动生产率。机械包装比手工包装效率高，如糖果包装，手工包糖一分钟只能包十几块，而糖果包装机每分钟可达数百块甚至上千块，提高效率数十倍。

(2) 能有效地保证包装质量。机械包装可根据包装物品的要求，按照形态、大小，得到规格一致的包装物，而手工包装是无法保证的。这对出口商品尤为重要，只有机械包装才能达到包装规格化、标准化，符合集合包装的要求。

(3) 能实现手工包装无法实现的操作。有些包装操作，如真空包装、充气包装、贴体包装等压灌装等，都是手工包装无法实现的，只能用机械包装实现。

(4) 可降低劳动强度，改善劳动条件。手工包装的劳动强度很大，如用手工包装体积大、质量重的产品，既耗费体力又不安全；而对轻小产品，由于频率较高，动作单调，易使工人得职业病。

(5) 有利于工人的劳动保护。对于某些严重影响身体健康的产品，如粉尘严重、有毒的产品，有刺激性、放射性的产品，用手工包装对人威胁性大，而机械包装则可避免，且能有效地保护环境，减少污染。

(6) 可降低包装成本，节省储运费用。对松散产品，如棉花、烟叶、丝、麻等，采用压缩包装机压缩打包，可大大缩小体积，从而降低包装成本。同时由于体积大为缩小，节省仓容，减少保管费用，有利于运输。

(7) 能可靠地保证产品卫生。某些产品，如食品、药品的包装，根据卫生法是不允许用手工包装的，因为会污染产品，而机械包装避免了人手直接接触食品、药品，保证了卫生质量。

2. 包装设备的分类

包装设备中对于完成全部或部分包装过程的机器的分类有 11 种。

1) 充填机

充填机是指将包装物料按预先设定的数量充填到包装容器内的机器。有容积式充填机、称重式充填机和计数充填机三种。

(1) 容积式充填机。包括量杯式充填机、气流式充填机、柱塞式充填机、螺杆式充填机、计量泵式充填机和插管式充填机。

(2) 称重式充填机。包括单秤斗称重充填机、组合式称重充填机、连续式称重充填机。

(3) 计数充填机。包括单件计数充填机、多件计数充填机和定时充填机。

2) 灌装机

灌装机是指将液体产品按预先设定的数量灌注到包装容器内的机器。分为等压灌装机、负压灌装机、常压灌装机和压力灌装机。

3) 封口机

封口机是指将产品盛装于包装容器内后，对容器进行封口的机器。分为热压式封口机、熔焊式封口机、压盖式封口机、压塞式封口机、旋合式封口机、卷边式封口机、压力式封口机、滚压式封口机、缝合式封口机和结扎式封口机。

4) 裹包机

裹包机是指用柔韧性包装材料裹包产品局部或全部表面的机器。分为半裹式裹包机和全裹式裹包机。全裹式裹包机包括折叠式裹包机、扭结式裹包机、接缝式裹包机、覆盖式裹包机、缠绕式裹包机、拉伸式裹包机、收缩裹包机和贴体裹包机。

5) 多功能包装机

多功能包装机是指能完成多项包装工序的机器。

(1) 成型-充填-封口机。包括箱(盒)成型-充填-封口机、袋成型-充填-封口机、冲压成型-充填-封口机和热成型-灌装-封口机。

(2) 其他。包括真空包装机、充气包装机和泡罩包装机。

6) 贴标签机

贴标签机是指采用黏合剂或其他方式将标签展示在包装件或物品上的机器。分为黏合贴标机、套标机、订标签机、挂标签机、收缩标签机和不干胶标签机。

7) 清洗机

清洗机是指对包装容器、包装材料、包装物、包装件进行清洗以达到预期清洁度要求的机器。分为干式清洗机、湿式清洗机、机械式清洗机、电解清洗机、电离清洗机超声波清洗机和组合式清洗机。

8) 干燥机

干燥机是指对包装容器、包装材料、包装辅助物以及包装件上的水分进行去除，并进行预期干燥的机器。分为干燥机、机械干燥机、化学干燥机和真空干燥机。

9) 杀菌机

杀菌机是指对产品、包装容器、包装材料、包装辅助物以及包装件上的有害生物进行杀灭，使其对人的伤害降低到允许范围内的机器。分为高温杀菌机和微波杀菌机。

10) 捆扎机

捆扎机是指使用捆扎带或绳捆扎产品或包装件，然后收紧并将捆扎带两端通过热效应熔融或使用包扣等材料连接好的机器。分为机械式捆扎机、液压式捆扎机、气动式捆扎机、穿带式捆扎机和压缩打包机。

11) 集装机

集装机是指将包装单元集成或分解，形成一个合适的搬运单元的机器。分为集装机、堆码机和拆卸机。

3. 包装设施设备的安全管理

1) 包装设施设备管理中的问题

(1) 包装设备管理中缺少"标杆人"。无论是什么工作都需要人来完成，人是决定一项工作完成好坏的决定性因素，设备专业人员在包装设备管理中应该起带头作用。操作人员有时并不重视，总认为处理问题与自己无关。要达到包装设备管理目标就要发动所有的人，集合所有的力量来进行全过程安全管理。

(2) 队伍文明检修和质量管理有待改善。从很多企业管理现状来看，包装设备管理力度大部分跟不上车间对其工作要求，多数企业从低成本出发，没有自身的质保体系和专职检查员，其员工技术素质不高，使包装设备运行维护质量和包装设备停车修理质量不能得到有效保证，不能有效形成专业维护闭环和维修预防闭环运行。

(3) 基础工作不精细、长效管理不够。有些职工把全员设备管理简单地理解为就是查找问题而忽视了解决问题和从小事做起的重要性，好高骛远、眼高手低。总认为会判断和解决包装设备故障就感觉高人一等，认为整理、整顿、清扫、清洁、保养可有可无，那是一种吃力不讨好的事。殊不知在包装设备运行的故障中，80%以上都是因为整理、整顿、清扫、清洁、保养这些小事情不到位而引起。所以，全员设备管理是一个长期做的事情，是从小事情和小细节做起，从车间的现状来看，显然与全员设备管理方面的要求还存在不小的差距。

2) 包装环节设施设备安全问题的解决措施

现如今包装设备已被广泛应用于各行各业，涉及食品、日化、制药、化工、建材等方面，使用包装设备应注意以下安全要求。

(1) 包装设备运转中有可能松脱的零部件必须有可靠的防松措施。

(2) 包装设备上可造成人身危害的危险部位必须采取相应的安全措施。

(3) 包装设备需进行排废料、排烟时，应装有相应的装置，以避免对操作人员造成危害。

(4) 包装设备上一般应装有安全开关，在任何紧急情况下，按下此开关即能停机，以避免事故的发生。

(5) 当机器或设备进入运动状态之前，需提醒一切人员及时离开危险区域的情况下，包装设备上应装示警装置。

(6) 包装设备应在明显部位固定产品标牌，并写明机器或设备正常工作所必需的主要技术参数，如额定电流和电压、额定压力和热温度等。

(7) 包装设备上应有清晰醒目的操纵、润滑、安全或警告等各种标志。安全色及安全标志应符合 GB 2893 和 GB 2894 的规定，标志中的图形符号应符合有关标准或规定。

(8) 处于易燃易爆环境下工作的包装设备，其机械与电气装置应有可靠的防护措施并符合有关标准或规定。

4.5 其他物流设施设备安全管理

没有现代物流设施与设备的支持，就没有现代物流的实施和运作。现代物流设施与物流设备在现代物流实施中具有重要的地位和不可替代的作用。其中，集装单元器具存在于物流各个环节，冷藏运输车作为特殊的物流设备，对其进行安全管理是物流设施设备安全管理过程中非常重要的一部分。

【导入案例】

1. 事故简述

2011年某码头，桥吊司机武某在卸箱过程中，作业到15-17BAY吊舱内的20′箱子时，询问控制员彭某是否可以两箱一吊，彭某回答：箱较重，暂时单箱吊。武某单箱吊了4箱后，彭某告诉武某：我已与修理工沟通，据讲限位在上一班已经解除，可能还没有复位，你吊吊看。武某即试着双箱吊，但吊不起。彭某决定仍旧先单箱吊，并由当班通知修理工上车检查。近一小时后武某对修理工讲述当时的情况，修理工一听说后面要进行双箱作业就解了限位。修理工走后，武某在16BAY双箱吊了6关，在16BAY第7关调上码头等候集卡时，发现箱子有下移情况，即试图让箱子着地。但正在他刚把指令推到"下降1-2"挡时，发生了失控，箱子快速下落到码头。事发后经秤重，箱重分别为31.7t和28t；并经码头技术部检查：桥吊起升钢丝绳的断丝数已超过标准范围，刹车片有冒烟现象。

2. 事故原因分析

盲目操作，违章超负荷作业，由于所吊的集装箱超重造成该起事故的发生。

3. 整改措施

(1) 集装箱超重是整个集装箱运输行业的问题，必须从源头抓起，规范集装箱运输业。

(2) 实施两箱一吊时，一定要确定在安全负荷下才能起吊。

(3) 规范桥吊操作，对相关机械设施设备进行定期检查，确保时刻处于完好的工作状态。

(资料来源：http://www.safehoo.com/Case/Case/Crane/201101/166919.shtml)

集装单元化是现代物流重要特征之一，已运用在物流全过程的各个环节中，具有极其重要的经济和社会意义，集装单元化程度的高低是判断一个国家现代物流是否发达的重要标志之一，集装单元设备的安全管理是我国集装单元化平稳、安全发展的保障。

4.5.1 集装单元化设备安全管理

集装单元化设备是指用集装单元化的形式进行储存、运输作业的物流装备，其中托盘与集装箱是物流行业的重要发明。托盘与集装箱的出现，使得物流过程中操作作业的工作效率得到了很大的提高。

1. 托盘的安全管理

1) 托盘的概念

中国国家标准《物流术语》(GB/T 18354—2006)对托盘的定义是：用于集装、堆放、搬运和运输的放置作为单元负荷的货物和制品的水平平台装置。托盘是使静态货物转变为动态货物的媒介物，一种载货平台，而且是活动的平台，可以提高装卸效率。

2) 托盘的分类

(1) 根据托盘的材料分类，可分为木托盘、钢托盘、塑料托盘、复合材料托盘和纸托盘。

① 木托盘。以天然木材为原料制造的托盘，其价格便宜、结实，是现在使用最广泛的一种托盘。该类型的托盘精确度高、不易变形、牢固性强。

② 钢托盘。采用镀锌钢板或烤漆钢板为原材料制造的托盘，用于出口时不需要熏蒸、高温消毒或者防腐处理。这种类型的托盘结实耐用、轻量化、包装性能稳定、防水防潮及防锈，特别是其可以回收再利用，不浪费资源。

③ 塑料托盘。以工业塑料为原材料制造的托盘。它比木质托盘价格稍高，载重也较小，但正在改进取代木质托盘。该类型的托盘重量轻、平稳、美观、整体性好，无钉无刺、无味无毒、耐酸、耐碱、耐腐蚀，易冲洗消毒，不易腐烂、不助燃、无静电火花，可回收等。

④ 复合材料托盘。采用新型复合材料制成，这类托盘不易磨损、耐用、耐冲击，承重能力强，操作安全，抗紫外线，耐腐蚀等。

⑤ 纸托盘。以纸浆、纸板为原料加工制造的托盘。

(2) 根据绝缘性可分为防静电托盘、导电托盘、绝缘托盘。防静电托盘，表面阻值为 $10^6 \sim 10^9 \Omega$；导电托盘，表面阻值为 $10^6 \Omega$ 以下；绝缘托盘，表面阻值在 $10^{12} \Omega$ 以上。

3) 托盘安全堆码及使用规则

(1) 对托盘货物的码放方式有以下要求。

① 木质、纸质和金属容器等硬质直方体货物单层或多层交错码放，拉伸或收缩包装。

② 纸质或纤维质类货物单层或多层交错码放，用捆扎带十字封合。

③ 密封的金属容器等圆柱体货物单层或多层码放，用木质货盖加固。

④ 需进行防潮、防水等防护的纸质品、纺织品货物单层或多层交错码放，拉伸或收缩包装或增加角支撑、货物盖隔板等来加固结构。

⑤ 易碎类货物单层或多层码放，增加木质支撑隔板结构。

⑥ 金属瓶类圆柱体容器或货物单层垂直码放，增加货框给板条加固结构。

⑦ 袋类货物多层交错压实码放。

(2) 为了使托盘能够长久安全地使用，希望按下列要求正确使用托盘。

① 托盘应避免遭受阳光暴晒，以免引起老化、缩短使用寿命。

② 严禁将货物从高处抛掷在托盘内。合理确定货物在托盘内的堆放方式。货物均匀置放，不要集中堆放、偏心堆放。承载重物的托盘应放在平整的地面或物体表面。

③ 严禁将托盘从高处抛落，避免因猛烈地撞击而造成托盘破碎、裂纹。

④ 叉车或手动液压车作业时，叉刺尽量向托盘叉孔外侧靠足，叉刺应全部伸进托盘内，平稳抬起托盘后才可变换角度。叉刺不可撞击托盘侧面以免造成托盘破碎、裂纹。

⑤ 托盘上货架时，必须采用货架型托盘。承载量根据货架结构而定，严禁超载使用。

2. 周转箱的安全管理

1) 周转箱的概念

周转箱也称为物流箱，广泛用于机械、汽车、家电、轻工、电子等行业，能耐酸耐碱、耐油污，无毒无味，可用于盛放食品等，清洁方便，零件周转便捷、堆放整齐，便于管理。周转箱可与多种物流容器和工位器具配合，用于各类仓库、生产现场等多种场合，实现了物流容器的通用化、一体化管理,是生产及流通企业进行现代化物流管理的必备品。

2) 周装箱的分类

(1) 根据用途可分为防静电周转箱、导电周转箱、阻燃周转箱、零部件周转箱、仪器周转箱、饮料周转箱、农药周转箱、精密仪器的内包装、药品包装箱、邮政包装箱、水果周转箱等。

(2) 根据性能主要分为可推式周转箱、折叠式周转箱两种。

① 可推式周转箱。箱体四面均有新型一体化无障碍把手,符合人体工程学原理,便于操作人员更有效、更安全地抓取箱体,使搬运更加舒适、方便。光滑内表面及圆角设计,既增加强度又便于清洗。箱体四面都有卡槽,可根据需要安装易装卸式塑料卡片夹。底部设计有密集型小方格的加强筋,能非常平稳地在流利架或滚道流水线上运行,更有利于存储和拣选作业。堆叠稳固,不易翻倒,箱体四边预留条形码位,方便永久性条码的粘贴并有效防止脱落。四角设计特别牢固的加强筋,提高箱体承载能力及堆码时的稳定性。选配平面形箱盖,并可选择与箱体配套的金属铰链、提手等配件。

② 折叠式周转箱。折叠式周转箱的产品尺寸误差在±3%以内,重量误差在±3%以内,侧壁变形率不大于1%,箱底平面的变形量不大于5mm,箱体内对角线变化率不大于1%,均属于企业标准允许的范围。适应环境温度为-25~+60℃(尽量避免阳光暴晒及靠近热源)。所有产品均可按照客户要求加工成抗静电或导电制品。

3) 周转箱的管理规则

(1) 建立空箱管理中心,隶属于物流部门,使用管理系统,定制专用的空箱单,分为外部空箱单和内部空箱单。

(2) 大循环周转箱的产权由客户和供应商协商解决,每种零件只能使用一种周转箱放置,不可同时使用两种,如要更换包装需书面提前通知流转的各方,且要供应商和客户确认后才可投入使用,使用新的包装后,旧包装不可再使用在对应零件上。

(3) 大循环和小循环用的周转箱必须分开存放,不得混淆堆放。

(4) 为了原料上线,任何上线零件的包装数不得大于班产需求量。

(5) 由供应商投放的周转箱,应当打上供应商自有的 Logo,且不可流转到其他供应商处,不同供应商的周转箱需要分开存放管理,不可混淆发放。

(6) 供应商处和客户都应当建立周转箱台账管理,周转箱出入库都要使用空箱单,签收后的空箱单当天必须录入系统。

(7) 每次去供应商提货,车辆应当提取相同数量的空箱返还供应商;同理,自送的供应商,每次来送货后,应当返还相同数量的空箱给供应商。

(8) 供应商空箱短缺应当及时通报管理中心,管理中心协调积压的空箱送至短缺处,如果是上门取货的供应商,管理中心来安排车辆送空箱;如果是自送的供应商,则管理中心负责协调,让供应商自取。

(9) 监控空箱系统,供应商如有多余的空箱,则管理中心开始限制空箱的返还,直至空箱循环正常。

(10) 不能将周转箱作为非零件的盛放工具,严禁盛放垃圾等污染性物品。

(11) 不能露天堆放周转箱,露天堆放容易造成周装箱积灰、锈蚀,影响零件的包装质量,缩短包装的使用寿命。

(12) 周转箱如有损坏,供应商不得随意报废。一旦出现损坏,供应商应当及时返还管理中心;反之供应商的周转箱在其他方也不得随意报废。

3. 集装箱的安全管理

1) 集装箱的概念

集装箱是指具有一定强度、刚度和规格专供周转使用的大型装货容器。使用集装箱转运货物,可直接在发货人的仓库装货,运到收货人的仓库卸货,中转时无须将货物从箱内取出换装。集装箱最大的成功在于其产品的标准化以及由此建立的一整套运输体系。能够让一个载重几十吨的庞然大物实现标准化,并且以此为基础逐步实现全球范围内的船舶、港口、航线、公路、中转站、桥梁、隧道、多式联运相配套的物流系统。

集装箱的分类如下:按所装货物种类分为干货集装箱、散货集装箱、液体货集装箱、冷藏箱集装箱,以及一些特种专用集装箱,如汽车集装箱、牧畜集装箱、兽皮集装箱等;按集装箱制造材料分为钢制装箱、铝合金集装箱、玻璃钢集装箱,此外还有木集装箱、不锈钢集装箱等;按集装箱结构分为固定式集装箱、折叠式集装箱、薄壳式集装箱;按集装箱用途分为冷冻集装箱、挂衣集装箱、框架集装箱、罐式集装箱、冷藏集装箱、平台集装箱、通风集装箱、保温集装箱。

2) 集装箱的管理

(1) 货物装货前必须检查集装箱的完整性和安全性,包括门的锁闭系统的可靠性,并做好相关的记录。

(2) 集装箱进入装卸区后,必须停放在指定货柜装载区域,操作人员必须在指定的时间内实施装柜作业,现场安排人员全程记录装柜过程,有异常发生时,第一时间报告负责人,并记录相关异常情况。

(3) 货柜车装完并加封后应立即发运至港口;特殊情况下,货柜车需在厂内过夜,应在次日起运前,检查柜锁、封条是否有损,确认无误后方可开具放行条放行。

(4) 装柜车在运往目的港的途中,不得做无正当理由的滞留,更不得以任何借口打开货柜。

(5) 货物装柜时,仓管人员应监督整个装柜过程,严格按照装箱单核对装柜产品是否正确并作记录后装柜。

4.5.2 冷藏设施设备安全管理

冷藏是把物品储存在低温设备里,以免变质、腐烂的一种保鲜、保质的手段。随着现代物流的不断发展,消费者对冷藏物品的需求不断增加。为了保证物品在物流过程中的质量,就必须要加强对冷藏设施设备的安全管理。

1. 冷冻、冷藏库房的安全管理

库房管理得好坏不仅直接影响经营活动,而且关系到库有物资的安全完整。为了更好地保障库房货品安全,提高库房工作效率和物流对接规范,应制订冷库房管理制度,具体内容如下。

1) 冷冻、冷藏库房的作业管理

(1) 库房内依商品性质、厂商品牌,规划暂存区位置。

(2) 每日进出库要轻拿轻放,同时应整理商品,要按照进货日期放置整齐,检查是否有商品解冻变质现象。

(3) 商品库存高度不可高于风扇,避免倾倒与挡住风扇,影响温度。

(4) 进入库房须检查安全开关是否正常,出库后随手关灯、关门(库门要轻开轻关)。库门不可长时间打开。

(5) 在库房内须有防寒衣、鞋。

(6) 风扇与地面发现结冰须立即清除。冷藏库地面要随时保持干爽、清洁。

(7) 冷冻库每月至少清理一次,冷藏库每周至少清洁一次。

(8) 仓库人员必须每天三次(早、中、晚)记录库房温度及电量,如有温度异常须通知技工检修并通知仓库负责人。

(9) 非工作需要,仓库人员不可随意在库房内逗留,以免造成人员伤害,出货完毕需立即将冷冻库房门关闭。

(10) 客户与非仓库部门人员,未经许可,不得随意进入,如需进入冷藏、冷冻库,必须在仓库人员的陪同下方可进入。

2) 冷藏、冷冻设备的清洁维护标准作业

(1) 各式冷藏、冷冻设备陈列货品时须避免挡住出风口及入风口。

(2) 冷藏、冷冻库房内,货品堆放须离地面及墙面 5cm 以上,有利于空气流通。

(3) 严禁用水冲洗风扇,以免造成短路。

(4) 所有管路不可任意移动,清洁时须注意避免碰撞以防冷气外泄。

(5) 蒸发器散热片非常锋利,清洗时须戴手套,以免割伤。

(6) 有异常状况及仓库风扇有异常声音,须通知仓库负责人。

冷藏、冷库管理是保税仓库功能得以充分发挥的保障,不可有任何的疏忽和大意。仓库管理制度的原则和目标是库容利用好、货物周转快、保管质量高、安全有保障。

2. 冷藏车的安全管理制度

只有保证冷藏车的安全,才能够保证货物的完好运送和保存。因为冷藏车是专门用于对温度敏感的产品所使用的,因而温度的保证是冷藏车的关键。只有按时对设备进行正确的维护和保养,才能保证设备的正常使用和延长设备的使用寿命。冷藏车作为特种车辆,在行车前有一些必须注意的事项,以防在行车途中产生一些不必要的麻烦,因此需要制订冷藏车安全管理制度,具体内容如下。

(1) 冷藏车燃油。柴油或汽油供应必须足以保证发动机至少运行到下一个检查点。

(2) 冷藏车发动机油。发动机油位供应在(满)标记处,不要加油过量(每年更换一次)。

(3) 冷藏车冷却液。检查冷却液液面计,看冷却液量是否正确,指针应在白色范围内。如果冷却液液位在红色范围内,需往冷却液箱加冷却液。通常冷却液为乙二醇与水的混合物(根据产品使用地的实际情况采用不同比例),并应提供保护到-34℃时不冻结。注意:当冷却液热时,不要打开冷却液箱的盖子。

(4) 冷藏车电池。接线端子必须牢固,没有腐蚀。电解液应在满的标记处。

(5) 带皮带必须良好并调整到适当的胀紧度,应在带轮之间跨距中央13mm下垂度。

(6) 电气。检查电气控制线路中所有电气接头,确保它们固定牢靠。电线和接线端子应无腐蚀、烧损开裂或水分。

(7) 结构。目视检查机组有无泄漏、零件松动或断裂和其他损坏。

(8) 垫片。机组的安装垫片应牢牢压紧,状态良好。

(9) 冷藏车盘管。冷凝器和蒸发器盘管应清洁无脏物。

(10) 除霜排水装置。检查除霜排水软管和接头,确保它们畅通。

(11) 货厢。装货时货物不能遮挡蒸发器出风口和回风口,保持货厢内冷气循环畅通,以确保货厢内不会有热点。

3. 冷藏药品储藏、运输的设施设备安全管理

冷藏药品是指对药品储藏、运输有冷藏、冷冻等温度要求的药品。如医院使用量较大的血液制品、各种胰岛素、抗生素等,绝大多数冷链药品对储存和运输的过程都需要在严格限制的指标和保证药品有效期和药效不受损失的情况下进行,其中重要的就是不间断的保持低温、恒温状态,使冷链药品在出厂、转运、交接期间的物流过程以及在使用单位符合规定的冷藏要求而不"断链"。因此,冷藏药品的设施设备安全管理则显得尤为重要,具体内容如下。

(1) 冷藏药品的储藏应有自动监测、自动调控、自动记录及报警装置。

(2) 冷藏药品运输方式选择应确保温度符合要求,应根据药品数量多少、路程、运输时间、储藏条件、外界温度等情况选择合适的运输工具。

(3) 保温箱应根据不同材质、不同配置方式以及环境温度进行保温性能测试,并在测试结果支持的范围内进行运输。

(4) 冷藏车应符合冷藏药品运输要求,并具有自动除霜功能、自动温度监控记录功能。

(5) 冷藏设施应配有备用发电机组或安装双路电路。

(6) 冷藏药品储藏、运输设施设备应有校准方案、定期维护方案和紧急处理方案,有专人定期进行检查、校准、清洁、管理和维护,并有记录,记录至少保存三年。

(7) 建立健全冷藏药品储藏运输设施设备档案,并对其运行状况进行记录,记录至少保存三年。

小　　结

物流设施与设备是支持各项物流活动顺利完成所建造的各种设施和使物流作业流程顺利实现的各种设施与设备的总称。它们贯穿于物流活动的全过程,深入到物流活动的各个环节,可以说没有物流设施与设备就不会有现代的物流活动。

它既包括各种机械设备、器具等可供长期使用,并在使用中基本保持原有实物形态的物质资料,也包括公路、铁路、水路、航空、管道、货运站场和仓库等基础设施。

在物流活动中大量使用搬运装卸机械、运输工具等,如果物流从业人员的操作不当或者不对物流设施设备进行日常的保养和维护,不但会导致物流设施设备不能正常工作,有时甚至连物流设施和设备也遭到破坏,还可能导致货物的损坏,造成不应有的损失。

本章主要从物流设施设备的概念与分类入手，通过介绍运输与配送环节设施设备安全管理、仓储与装卸搬运环节设施设备安全管理、流通加工与包装设施设备安全管理与其他物流设施设备安全管理，阐述了物流设备的选择与管理方法，旨在帮助读者掌握各种常用的物流设施设备的原理、使用维护、运营管理，从而实现物畅其流、物尽其用。通过对本章内容的学习，读者可对物流设施设备安全管理有一个基本的了解，能够掌握物流活动各个环节上的设施设备的安全规范与实例操作。

思考与练习

4-1 简述运输设备的概念。
4-2 简述运输环节设备安全管理存在的问题与解决措施。
4-3 简述仓储设备安全管理问题的解决措施。
4-4 简述流通加工设备的内涵。
4-5 简述包装设备的内涵。
4-6 简述集装箱安全管理制度的内容。

第 5 章 消防安全管理

【导入案例】

1. 事故经过

2005年9月18日9时许，某公司物流部原材料仓库指派送料工蒋某和邵某将硝体(6-硝基-1,2重氮氧基萘-4-磺酸)等原料送至指定地点存放，邵某等二人未严格按照车间定置管理的要求将硝体堆放在指定地点，而是将硝体堆放在103号釜附近、靠近主蒸汽管道的地方。操作工张某负责原料的验收工作，而当时操作工张某作为动火监护人，正在108号釜旁进行现场监护，因此未及时与送料工进行交接验收。13时左右，张某仅对原料的数量、批号等进行了核对，之后就将回执单返回原料库，而未能发现硝体靠近蒸汽管道的事实。14时10分左右，张某与另一名操作工周某在104号釜投料制备铬化液，突然发现103号釜旁的硝体着火，冒出大量黄烟，张某用灭火器进行灭火无效后，通知了当班组长熊某。14时14分左右，熊某赶至现场时，整个车间内部黄烟弥漫，人员已无法靠近，他要求周某和张某立即撤离现场，并立即向车间主任张某报告。14时16分左右，车间主任张某赶到现场，立即组织人员用消防水枪从外部对物料进行灭火，14时17分，张某向闻迅赶到现场的生产主管石某做了汇报。14时18分，石某向当地消防中队报警，14时22分左右，消防官兵赶到现场，14时40分左右，灭火成功。事后经勘查现场后发现，除现场堆放的硝体阴燃外，现场无其他原料、设备燃烧，厂房完好。

2. 经济损失

在此次事故中除现场堆放的硝体阴燃外，未造成厂房、设备及其他原料损失，无人员伤亡或中毒现象，事故的直接经济损失约为6.2万元。

3. 原因分析

事故发生后，公司立即组织生产、技术、环保、工会等部门对事故原因进行了调查分析，事故原因如下。

(1) 送料工邵某和蒋某违反规定，将硝体堆放在靠近蒸汽管道的地方，经长时间较高温度的烘烤，硝体的温度达到其燃点而发生阴燃，这是导致此次事故的直接原因。

(2) 操作工张某工作责任心不强，在验收原料时未能及时发现硝体堆放在蒸汽管道附近，是导致事故的主要原因。

(3) 当班组长熊某及车间负责人张某对现场工作缺乏监督检查，在巡查过程中未能及时发现这一事故隐患，是造成事故的间接原因。

(4) 公司安全技术措施落实不到位，对安全隐患整改不到位，对危险热源未实施有效隔离也是导致事故的间接原因。

4. 整改措施

(1) 组织一次公司范围内安全隐患排查，对构成事故隐患的高温热源用铁栅栏进行安全隔离，使之与周围的原料等易燃物品保持安全距离。

(2) 将该起事故通报全公司，加强安全教育培训，提高员工的安全意识和安全生产技

物流安全

术水平，督促员工严格遵守公司规章制度和作业规程，严禁违章作业。

(资料来源：http://www.safehoo.com/Case/Case/Blaze/201303/305931.shtml)

对于物流行业来说，消防事业非常重要，每天都要吞吐大量物资，一旦发生火灾事故，将带来重大财产损失。另外，车辆进出频繁、高密度的货物堆放，也给消防安全带来挑战。因此，国家制定了严格的消防安全法律法规。在现代物流各项作业的运营管理过程中，一定要重视消防安全，不打折扣地执行和遵守各种消防管理规定。

5.1 消防设施设备的配备

消防设施设备是指建筑物内的火灾自动报警系统、室内消火栓、室外消火栓等设施，消防设施设备的配备是每个物流企业日常安全生产生活的基础保障。

5.1.1 安全疏散设施安全管理

1. 安全疏散设施设置

建筑物发生火灾后，火场中人员容易产生慌不择路的各种现象。因此，为了使人们能在火灾情况下从建筑物内顺利疏散出去，作为建筑物内消防安全疏散设计、施工及有关疏散设施维护显得十分重要。其设计、施工维护应遵循以下原则：

(1) 安全疏散路线应简洁明了。疏散路线一般分为四个阶段：第一阶段为室内任一点到房间门口；第二阶段为从房间门口至进入楼梯间的这段路线，即走廊内的疏散；第三阶段为在楼梯间内的疏散；第四阶段为出楼梯间进入安全区。这四个阶段必须步步走向安全，不能产生逆流。疏散走道上不允许有突然改变地面标高的路障。《高层民用建筑设计防火规范》(GB 50045—95)(2005 版)明确规定，楼梯间及其前室内不应附设烧水间，可燃材料储藏室，非封闭的电梯口，可燃气体管道或甲、乙、丙类液体管道等，楼梯间内不应有影响疏散的突出物。

(2) 建筑物内一般应设两个或两个以上安全出口。即一个方向或方法行不通时，还有另一个方向可以进行疏散，避免仅有一个安全出口，一旦火灾将此出口封住，在该座建筑内的人员就会陷入死胡同。

(3) 安全疏散路线上，应保证有事故照明和疏散指示标志。建筑物在发生火灾的情况下，为了避免因火灾而引起次生电气火灾，或其他意外如触电事故，往往要切断生产、生活用电。但为了建筑物内的人员在发生火灾的情况下，不至于因黑暗而引起惊慌失措，须设事故照明和疏散指示标志。

(4) 设置室内安全区或在房间内的外墙上设阳台，在建筑中设室外疏散楼梯和屋顶避难所。这些场所与大气相接，烟气不能滞留，可以设置成为避难的场所。

(5) 疏散通道上的防火门应能在火灾时保持自动关闭状态。因为一般作防火用的门在平常并不起什么作用，而且具有阻碍交通的缺点。因而在施工中或在建筑使用管理中，往往考虑人们日常生活习惯，将此门固定成常开状态，一旦建筑发生火灾，烟和火在没有任何阻挡的情况下,直接进入疏散通道,使整个建筑疏散系统在火灾状态下起不到应有的作用。

2. 疏散楼梯的设置

楼梯是建筑物中的主要垂直通道,疏散楼梯应设楼梯间。作为竖向疏散通道的室内外楼梯,是安全疏散的重要通道。根据防火要求可分为敞开楼梯间、封闭楼梯间、防烟楼梯间及室外楼梯。为了保证疏散的安全,疏散楼梯间的平面和竖向布置应满足以下要求。

(1) 靠近标准层防火分区的两端布置,并应设置楼梯间(室外楼梯除外),便于双向疏散。

(2) 靠近电梯间布置,将人们经常使用的路线和应急路线结合起来,利于快速疏散。

(3) 靠近外墙设置。这种布置方式有利于采取安全性最大的带开敞前室的疏散楼梯间形式,并便于自然采光、通风和消防队的救援行动。

(4) 除与地下室相连的楼梯和通向高层建筑避难层的楼梯外,楼梯间竖向设计要保持上下直通,在各层的位置不应改变。

(5) 避免人流交叉。高层部分的疏散楼梯不应与低层部分的交通大厅、楼梯间、自动扶梯混杂,以免紧急疏散时人流冲突,引起阻塞和意外伤亡。

(6) 地下室半地下室楼梯间与首层之间应有防火分隔措施,且不宜与地上层共用楼梯间。一般应在首层采用耐火极限不低于 2.00 小时的隔墙与其他部位隔开,并宜直通室外。必须在隔墙上开设门时,应为乙级防火门。

(7) 疏散楼梯间和走道上的阶梯应符合安全疏散要求,不应采用螺旋楼梯和扇形踏步。

(8) 楼梯间内不应有影响安全疏散的突出物。楼梯间及其前室内不应附设烧水间、可燃材料储藏室、非封闭的电梯井,可燃气体及甲、乙、丙类液体管道。

(9) 首层楼梯间应设直通室外的出口。

(10) 居住建筑内的可燃液体管道不应穿过楼梯间,如必须局部穿过时,应采取可靠的保护措施。

3. 疏散走道及安全疏散距离

我国现行的《建筑设计防火规范》(GB 50016—2014)和《高层民用建筑设计防火规范》(GB 50045—95)(2005 版)对于人在各类建筑不同疏散阶段的距离长短作了明确规定。

(1) 房间内的最远点到房门或住宅户门的距离。为了保障房间内的人员能迅速地疏散,从房间内最远点到房门(或住宅房门)的距离不宜过大,通常不宜超过 15m。对于人员密集的公共场所,如商场营业厅,附设在高层建筑内的影剧院、餐厅、大型会议室等。考虑其特殊需要,从房间内最远点到房门的距离不宜超过 30m。

(2) 建筑内人员从房门(或住宅户门)到最近安全出口的距离,首先必须了解不同建筑在不同情况下影响建筑物内人员安全疏散距离的各类因素。

① 发生火灾时烟气对人的影响因素,据火场实测资料,人在烟雾中通过的极限距离一般不超过 30m,所以从房门(或住宅户门)到最近安全出口的距离为 30m。

② 使用建筑物的人员素质情况,如医院病房、托幼建筑等,使用这类建筑物的人员往往需要在别人的协助下才能进行疏散,因此,对这类建筑安全疏散距离应严格加以限制。

③ 建筑内人员密集程度对人在建筑内疏散阶段的距离长短有着很大的影响,人员密

集的建筑发生火灾时，容易出现拥挤、混乱等情况。因此，对人员密集程度高的建筑物，其安全疏散距离应比人员密集程度低的建筑物的安全疏散距离短。

④ 建筑内人员对疏散路线的熟悉程度对建筑内安全疏散距离长短也有影响，一般来说，发生火灾时，熟悉疏散路线的人不易受阻，不熟悉疏散路线的人容易惊慌且不容易找到安全出口，影响疏散时间。

(3) 对于高层民用建筑位于两个安全出口之间的房间，与安全出口或楼梯间的距离，医院的病房部分不大于24m，其他部分不大于30m；对于教学楼、展览楼，则不大于30m，其他建筑大于40m。房间位于袋形走道两侧或尽端，则按上述距离减半。

4. 安全出口的设置

凡符合建筑设计防火规范规定的疏散楼梯或直通室外地平面的门都是安全出口。

1) 安全出口的设置数量

建筑安全疏散一般均应设置两个或两个以上的安全出口。其目的是保证建筑物的火灾情况下，一旦其中一个出口被火封死，另一个出口仍可使用，不致使人陷入绝境。对于人员密度超过1.2人/m²的建筑物，即使两个也不够，如剧院、电影院、礼堂的观众厅，此类建筑物的安全出口，应按每个安全出口平均疏散人数不超过250人确定。

但符合下列情况的，可只设一个安全出口。

(1) 一个房间的面积不超过60m²，且人数不超过50人(普通建筑)或40人(高层建筑)时，可设一个门，位于走道尽端的房间，其面积不超过75m²，也可设一个门，但门的净宽不应小于1.4m。

(2) 在建筑物的地下室、半地下室中，一个房间的面积不超过50m²(厂房和民用建筑)或100m²(库房)，且经常停留人数不超过15人(民用建筑)、10人(厂房)时，可设一个门。

(3) 单层公共建筑(托儿所、幼儿园除外)如面积不超过200m²且人数不超过50人时，可设一个直通室外的安全出口。

(4) 18层及18层以下，每层不超过8户、建筑面积不超过650m²，且设有一座防烟楼梯间和消防电梯的塔式住宅，每个单元设有一座通向屋顶的疏散楼梯，且从第十层起每层相邻单元有连通凹廊或阳台的单元式住宅。

(5) 生产厂房安全出口的数目，当每层建筑面积和人数符合下列要求时可设一个。

① 甲类厂房，每层面积不超过100m²，且同一时间内的生产人数不超过5人。

② 乙类厂房，每层面积不超过150m²，且同一时间内的生产人数不超过10人。

③ 丙类厂房，每层面积不超过250m²，且同一时间内的生产人数不超过20人。

④ 丁、戊类厂房，每层面积不超过400m²，且同一时间内的生产人数不超过30人。

(6) 厂房的地下室、半地下室面积不超过50m²，且人数不超过15人的可设一个。

(7) 占地面积不超过300m²时，多层库房可设一个敞开楼梯，高层库房可设一个封闭楼梯间；库房内建筑面积不超过100m²的防火隔间，冷库中建筑面积不超过1000m²的冷藏间，可设一个疏散门。

(8) 地下室、半地下室有两个以上防火分区时，每个防火分区可利用防火墙上通向相邻分区的防火门作第二安全出口，但每个防火分区必须有一个直通室外的安全出口。

人数不超过30人，且面积不超过500m²的地下室、半地下室，其垂直金属梯可作为第二安全出口。

(9) 设有不小于两个疏散楼梯的一、二级耐火等级的公共建筑,如顶层局部高出的层数不超过 2 层,每层面积不超过 200m^2;人数之和不超过 50 人时,该高出部分可只设一个楼梯,但应另设一个直通平屋面的安全出口。

2) 安全出口的设置要求

(1) 门应向疏散方向开启。当房间内使用人数不多(一般每扇门的通过人数少于 30 人),且无其他特殊要求(如设置气体灭火系统等)时,门的开启方向可不限。

(2) 供人员疏散的门不应采用旋转门,自动启闭的门应有手动开启装置。

(3) 当门开启后,门扇不应影响疏散走道和平台的宽度。

(4) 人员密集的公共场所观众厅的入场门、太平门不应设置门槛,门内外 1.4m 的范围内不应设置踏步;太平门应为推闩式外开门。

(5) 建筑物内安全出口应按不同分散方向布置,且相互距离不得小于 5.00m。

(6) 汽车库中的人员疏散与车辆疏散出口应分开设置。两个汽车疏散出口之间的间距不应小于 100m,两个汽车坡道毗邻设置时应采用防火墙隔开。

5. 安全疏散设施的管理要求

(1) 确保疏散通道、安全出口的畅通,禁止占用、堵塞疏散通道、安全出口和楼梯间。

(2) 正常生产工作期间疏散通道、安全出口的门不应锁闭。

(3) 防烟楼梯间的门应完好,门上应有"防火门请保持关闭"的标识,保证其正常使用。

(4) 安全出口、疏散门不得设置门槛和其他影响疏散的障碍物,且在其 1.4m 的范围内不应设置台阶。

(5) 消防应急照明、安全疏散指示标志应完好、有效,发生损坏时应及时维修、更换。

(6) 消防安全标志应完好、清晰,不应遮挡。

(7) 安全出口、疏散走道上不应安装栅栏、卷帘门。

(8) 窗口、阳台等部位不应设置影响逃生和灭火救援的栅栏。

(9) 各楼层房间内的明显位置应设置安全疏散指示图,指示图上应标明疏散路线、安全出口、人员所在位置和必要的文字说明。

(10) 安全疏散设施发生故障要及时维修,并在《消防设施故障处理记录》上明确登记。

5.1.2 灭火器的配置

1. 灭火器的使用及配置标准

选用灭火器首先要考虑它的适用范围,每个国家都对火灾进行了分类,我国的火灾分类,按国家标准《火灾分类》(GB 4968—2008)是这样规定的。

A 类火灾:固体物质火灾,这种物质通常具有有机物性质,一般在燃烧时能产生灼热的火焰,如木柴、棉、毛、麻、纸张火灾等。

B 类火灾:指液体火灾或可熔化的固体物质火灾,如汽油、煤油、柴油、原油、甲醇、乙醇、沥青、石蜡火灾等。

C 类火灾：气体火灾，如煤气、天然气、甲烷、乙烷、丙烷、氢气火灾等。

D 类火灾：金属火灾，如钾、钠、镁、钛、锆、铝镁合金火灾等。

E 类火灾：带电火灾，物体带电燃烧的火灾。

F 类火灾：烹饪器具内的烹饪物(如动植物油脂)火灾。

这个标准是根据物质燃烧特性来分类的。这种分类方法对防火、灭火，特别是对选用灭火器扑救火灾有指导意义。

目前市场上常见的手提式灭火器有四大类，即泡沫(酸碱)灭火器、二氧化碳灭火器、干粉灭火器、卤化物灭火器(如 1211 灭火器)。泡沫灭火器适用于扑灭 A 类和 B 类火灾。酸碱灭火器则仅适用于扑灭 A 类火灾，而不宜用于扑灭 B 类火灾，更不能用来扑灭电气设备的火灾。二氧化碳灭火器适用于扑灭 B、C 类火灾，但主要用于扑灭贵重设备、档案资料、仪器仪表、600V 以下电气设备的火灾。干粉灭火器用途比较广，可以用来扑灭 A、B、C 类火灾和电气设备的初起火灾。1211 灭火器是一种高效灭火器材，用于扑灭 B、C 类火灾，特别是扑灭精密机械设备、仪表、电子仪器设备、文物、图书、档案等贵重设备很有效。

总之，选用灭火器时，第一要与可能发生的火灾类型相适应；第二要与可能灭火的级别大小相适应；第三要与气候条件和实际情况相适应；第四设置的数量要与保护对象的要求相适应。

2. 灭火器数量的配备

不同的火灾危险性决定了所需灭火器数量的多少，恰当的灭火器数量配置可以使得灭火器的功能得到充分利用。

1) 按火灾危险性分类

从消防技术规范的角度，我国对单位的生产和储存有火灾危险性厂房及仓库分为以下五大类。

(1) 甲类，使用或产生下列物质的生产。

① 闪点小于 28℃ 的液体。

② 爆炸下限低于 10% 的气体。

③ 常温自行分解或在空气中氧化即可自燃或爆炸。

④ 常温遇水或水蒸气能产生可燃气体并燃烧或爆炸的物质。

⑤ 遇酸、受热、撞击、摩擦、催化及遇有机物或易燃无机物极易引起燃烧或爆炸的强氧化剂。

⑥ 受撞击、摩擦或与氧化剂、有机物接触能引起燃烧或爆炸的物质。

⑦ 密闭设备内操作温度等于或超过自燃点的生产。

(2) 乙类，使用或产生下列物质的生产。

① 闪点在 28~60℃ 的液体。

② 爆炸下限不小于 10% 的气体。

③ 不属于甲类的氧化剂。

④ 不属于甲类的化学易燃危险固体。

⑤ 助燃气体。

⑥ 能与空气形成爆炸性混合物的浮游状粉尘、纤维、闪点的液体雾滴。

(3) 丙类，使用或产生下列物质的生产。
① 闪点高于60℃的液体。
② 可燃固体。
(4) 丁类，具有下列情况的生产。
① 加工非燃烧物质，高温或熔化而经常产生热辐射、火花或火焰。
② 气、液、固体作为燃烧或气、液体燃烧作其他用。
③ 常温下使用或加工难燃烧物质。
(5) 戊类：常温下使用或加工非燃烧物质。
2) 灭火器数量配备标准

不同的火灾危险性程度，灭火器配备的数量也有所不同，我国对灭火器数量配置还没有具体的标准，朱吕通副教授曾撰文介绍灭火器的配置数量，很有参考价值，具体配备标准如下。

(1) 甲、乙类火灾危险性的厂房、油浸电力变压器室、油开关、高压电容器室、调压器室、发电机房、电信楼、广播楼、铝、镁加工房等，可按每$50m^2$配置1个计算。

(2) 甲、乙类火灾危险性库房、丙类火灾危险性的厂房，可按每$80m^2$配置1个计算。丙类火灾危险性的库房，每$100m^2$配置1个。

(3) 甲、乙类火灾危险性生产装置区，每$100\sim150m^2$配置1个。

(4) 丙类火灾危险性生产装置区每$150\sim200m^2$配置1个。

(5) 旅馆、办公楼、教学楼、医院，每$50\sim100m^2$配置1个；百货楼、展览楼、图书馆、邮政楼、财贸金融楼，每$50\sim80m^2$配置1个。

(6) 电气设备间，每$50m^2$至少配置两个。

(7) 液化石油气、可燃气体罐区，每罐设两个。

(8) 易燃、可燃液体装卸栈台，每$10\sim15m$设1个。

目前，我国有些工厂、仓库将灭火器集中存放于一个地点，这有利也有弊：便于保管而不便于使用，值得考虑。在许多国家，配置灭火器的数量标准是以有多少人能够熟练地使用灭火器来计算的，为此，他们通常由保险公司和提供灭火器的公司的专家们，对自愿消防组织的人员进行讲课、训练。我国则通常由公安消防队员、企业专职消防队员、保卫干部对义务消防队员和职工进行讲课和训练的。这一条很重要，否则即使配齐了灭火器而不会使用也等于零。

在储存危险品的库房周围明显、易于取用的地点，应当配置一定数量的手提灭火器、水桶、铁锹、铁钩等小型应急用的灭火器和工具，以备扑灭初起火灾之用。灭火器的配置设计应符合现行国家标准《建筑灭火器配置设计规范》(GB 50140)的有关要求。灭火器的配置数量应按规范规定的配置标准进行计算。对较大型储存危险品的仓库，还应当装设消防通信及自动报警设备。

3. 仓库区消防器材站的设置

根据实际工作考察，一般要求库房每$200m^2$及仓棚、露天堆垛每$150m^2$均应配置灭火器2个、消防用水0.5t、小水桶4个以及灭火专用的铁钩、铁锹等；装卸堆垛的每个工作现场还应配置50kg以上的灭火器；每辆吊车、铲车、电瓶车，都要随带或安放灭火器和其他器具。库区范围大、库位和露天堆垛量大的仓库，应设置消防工具站或配备消防车。消防工具站的设置数量，应符合表5-1的要求。

对消防器材、设备，要确定专人负责管理，定期检查维修，经常保持完整好用。寒冷季节应对灭火储水池、消火栓和清水、泡沫灭火器等消防设备采取防冻措施。

表5-1 消防器材站的设置要求

库区储存面积/m²	消防器材站数/个	库区储存面积/m²	消防器材站数/个
<1000	1	3000~5000	3
1000~3000	2	>5000	每2000m²递增一个

4. 液化石油气储罐区(站)内干粉灭火器的配置

为了避免现行国家标准《建筑灭火器配置设计规范》(GB 50140)的复杂计算，方便使用，根据《城镇燃气设计规范》(GB 50028—2006)的有关规定，液化石油气储罐及工艺装置区(站)内干粉灭火器的配置，应当符合表5-2的要求。

表5-2 液化石油气储罐及工艺装置区内干粉灭火器的配置数量

场 所	配置数量
铁路槽车装卸栈桥	按槽车车位数，每车位设置8kg的灭火器2具，每个设置点不宜超过5具
储罐区、地下储罐组	按储罐台数，每台设置8kg的灭火器2具，每个设置点不宜超过5具
储藏室	按储罐台数，每台设置8kg的灭火器2具
汽车槽车装卸台柱(装卸口)	8kg的灭火器不应少于2具
罐瓶间及附属瓶库、压缩机室、烃泵房、汽车槽车库、气化间、混气间、调压计量间、瓶组间和瓶装供应站的瓶库等爆炸危险性建筑	按建筑面积，每50m²设置8kg的灭火器1具，且每个房间不应少于2具，每个设置点不宜超过5具
其他建筑(变配电室、仪表间等)	按建筑面积，每80m²设置8kg的灭火器1具，且每个房间不应少于2具

注：表中的8kg指手提式干粉型灭火器的药剂充装量；根据场所具体情况可设置部分35kg的手推式干粉灭火器。

5. 液化天然气储罐和工艺装置区内干粉灭火器的配置要求

为了避免现行国家标准《建筑灭火器配置设计规范》(GB 50140)中的复杂计算，方便使用，根据《城镇燃气设计规范》(GB 50028—2006)的有关规定，液化天然气储罐和工艺装置区干粉灭火器的配置，应当符合表5-3的要求。

表 5-3　液化天然气储罐及工艺装置区内干粉灭火器的配置数量

场　所	配置数量
储罐区	按储藏台数，每台储罐装置 8kg 和 35kg 的灭火器各 1 具
汽车槽车装卸台(柱，装卸口)	按槽车车位数，每个车位设置 8kg 的灭火器 2 具
气瓶灌装台	设置 8kg 的灭火器不少于 2 具
气瓶组(4m³)	设置 8kg 的灭火器不少于 2 具
工艺装置区	按区域面积，每 50m² 设置 8kg 的灭火器 1 具，且每个区域不少于 2 具

注：表中的 8kg 和 35kg 分别指手提式和手推式干粉型灭火器的药剂充装量。

5.2　消防系统安全

消防系统作为一种应付突发性灾难的特种装置和设施，在突发火警时能够灵敏地进行反应和报警，启动运转的灭火装置。消防系统的安全管理可以使得消防系统在发生火警时，能稳定、可靠、准确、灵敏地进行动作反应扑灭火灾，保障正常程序、生命财产的安全。

5.2.1　消火栓给水系统

水作为灭火剂对于扑灭建筑物中的一般物质火灾，是最经济有效的方法，而输送这种灭火剂的系统主要有消火栓给水系统和自动喷水灭火系统。本节着重介绍这两种系统的组成、布置及其水力计算。

1. 消火栓给水系统的分类

根据消火栓给水系统服务对象的不同可分为城市消火栓给水系统、建筑室外消火栓给水系统和建筑室内消火栓给水系统。根据消火栓给水系统加压方式的不同，可分为常高压消火栓给水系统、临时高压消火栓给水系统和低压消火栓给水系统。根据生活、生产和消防是否合用，又可分为生活、生产和消火栓共用系统，生活、生产和消火栓分开系统。综上所述，消火栓给水系统的分类如图 5-1 所示。

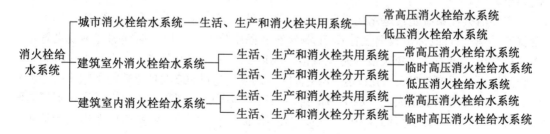

图 5-1　消火栓给水系统分类

2. 消防水源

消防用水可由市政给水管网、天然水源或消防水池供给。

储存消防用水的水池即消防水池。在市政给水管道或天然水源不能满足消防用水量,以及在市政给水管道为枝状或只有一条进水管的情况下,室内外消防用水量之和大于25L/s建筑物应设消防水池。消防水池的容量,根据室内外消防用水量和火灾延续时间计算确定,并符合下列规定。

(1) 当室外给水管网能保证室外消防用水量时,消防水池的有效容量应满足在火灾延续时间内建筑物室内消防用水量。

(2) 当室外给水管网能保证室外消防用水量时,消防水池的有效容量应满足在火灾延续时间内建筑物室内消防用水量和室外消防用水不足部分之和的要求。

(3) 在火灾情况下能保证连续补水时,消防水池的容量可以减去火灾延续时间内补充的水量。

(4) 消防水池总容积超过500m³时,应分成两个独立的消防水池。

(5) 供消防车取水的消防水池应设置取水口,且吸水高度不超过6m;取水口应与建筑物、堆场、储罐保持一定的间距。

(6) 消防水池的补水时间不宜超过48小时,缺水地区独立的石油库可适当延长,但不宜超过96小时。

(7) 消防用水与生产、生活用水合并的水池,应有确保消防用水不作他用的技术措施。这些措施可以采用电气控制,也可以采用机械控制。

3. 室外消火栓的设置

室外消火栓是消防车取水的接口装置,具体设置要求如下。

(1) 沿城市规划区的道路设置市政消防栓。市政消防栓的保护半径不应大于150m,间距不应大于120m;当道路宽度大于60m时,宜在道路两边设置市政消防栓,并宜靠近十字路口。

(2) 除在市政消防栓保护半径150m内且消防用水量不超过15L/s的建筑物外,其他建筑物应设置室外消防栓,室外消防栓的数量应按建筑物室外消防用水量和每个室外消防栓10~15L/s的消防用水量计算确定。

(3) 室外消防栓距路边的距离不应大于2m,距建筑物外墙不宜小于5m;甲、乙、丙类液体储罐区和液化石油气罐区的消防栓应设置在防火堤外。

(4) 地下消防栓通常安装在消防栓井内,为了检修和使用方便,井的尺寸应符合一定的要求。

室外消火栓系统是最基本的消防设施。在城镇、居民区、企事业单位等进行规划时要设置室外消火栓(或称市政消火栓)、工业建筑、民用建筑、堆场、储罐等周围要设置室外消火栓系统。另外,《建筑设计防火规范》(GB 50016—2014)规定,对于耐火等级为一、二级且体积不超过3000m³的戊类厂房或居住区人数不超过500人且建筑物不超过两层的居住小区,消防用水量不大,一般消防队第一出动力量就能控制和扑灭火灾,当设置消防给水系统有困难时,为了节约投资,可不设消防给水,其火场的消防用水问题由当地消防队解决。

4. 室内消火栓的设置

室内消火栓的布置必须保证水枪充实水柱能够喷射到建筑物内的任何角落且使消火栓

系统的立管数量最少。室内消火栓应分布在建筑物的各层中,且应布置在明显和易于取用的地方。具体设置要求如下。

(1) 对于单层或多层建筑,水枪的充实水柱一般不应小于 7m。

(2) 对于甲乙类厂房、超过四层的厂房、库房,超过六层而建筑高度不超过 100m 的民用建筑,水枪的充实水柱不应小于 10m。

(3) 对于高层工业建筑,高架库房,体积大于 25 000m³ 的商店、体育馆、影剧院、会堂展览建筑,车站、码头、机场建筑以及建筑高度超过 100m 的民用建筑,水枪的充实水柱不应小于 13m。

5. 室内、外消防栓的使用和维护

1) 室外消防栓给水栓系统的使用和维护

(1) 使用地上消火栓。在使用时用专用扳手打开水口闷盖,接上水带或吸水管,再用专用扳手打开阀塞,即可供水。使用后应关闭阀塞,上好出水口闷盖。使用地下消火栓时,先打开井盖,拧下闷盖,再接上消防栓与吸水管的连接器(也可直接将吸水管接到出水口上)或接上水带,用专用扳手打开阀塞,即可出水,使用完毕应恢复原状。

(2) 维护室外消防栓。由于设置在室外,经常受到自然或人为等损害,应进行经常性维护。

① 清除阀塞启闭杆端周围杂物,将专用扳手套于杆头,检查是否合适,转动启闭杆,加注润滑油。

② 用油沙头擦洗出水口螺纹上的锈渍,检查闷盖内橡胶垫圈是否完好。

③ 打开消防栓,检查供水情况,并检查有无漏水现象。

④ 外表油漆剥落后应及时修补。

⑤ 清除消防栓附近的障碍物,对地下消火栓,应清除井内积聚的垃圾、沙土等。

2) 室内消防栓给水栓系统的使用和维护

(1) 室内消火栓、水枪、水带、消防水喉是否齐全完好,有无生锈、漏水,接口垫圈是否完整无缺,并进行放水检查,检查后及时擦干,在消火栓杆上加润滑油。

(2) 定期检查消防水泵在火警后能否正常供水。

(3) 定期检查报警按钮、指示灯及报警控制线路功能是否正常无故障。

(4) 检查消火栓箱及箱内配装有消防部件的外观有无损坏,涂层是否脱落,箱门玻璃是否完好无缺。

(5) 对室内消火栓的维护,应做到各组成设备经常保持清洁、干燥、防锈蚀或损坏。为防止生锈,对消火栓手轮丝杆等转动部件应经常加注润滑油。设备如有损坏,应及时修复或更换。

(6) 日常检查时如发现室内消火栓四周放置影响消火栓使用的物品,应及时加以清除。

5.2.2 自动喷水灭火系统

1. 自动喷水灭火系统的组成及其功能

自动喷水灭火系统由洒水喷头、报警阀组、水流报警装置(水流指示器或压力开关)等组件以及管道、供水设施组成，并能在发生火灾时喷水的自动灭火系统。由湿式报警阀组、闭式喷头、水流指示器、控制阀门、末端试水装置、管道和供水设施等组成。系统的管道内充满有压水，一旦发生火灾，喷头动作后立即喷水。

自动喷水灭火系统之所以在消防安全领域里取得突出的地位，是由于它具备对付火灾的两个最基本的功能，即能在火灾发生后自动地进行喷水灭火以及能在喷水灭火的同时发出警报并提醒人们采取灭火行动。随着科学技术的发展，这两种基本功能也在不断提高中。在自动灭火功效方面，有的喷头的热敏元件的灵敏度已大为提高，其动作时间已比标准喷头的动作时间大大缩短；有的喷头能随着火势的发展自动喷水和停止喷水；有的喷头在同样的压力下喷水量提高了 50%；有的喷头能喷出较大的水滴，这种水滴能穿透火焰到达火焰的根源。在报警方面，人们还可配备各种感烟、感温的火灾探测系统，除了离现场不远的水力警铃发出声响警报外，还能把声、光警报传达到消防中心控制部门，不计距离的远近。此外，系统构件不断地改善，杜绝了使用经验上的漏洞；在维护、保养方面趋于简单化与条例化，提高了它的可靠性。

2. 自动喷水灭火系统的分类

依照采用的喷头分为两类：采用闭式洒水喷头的为闭式系统；采用开式洒水喷头的为开式系统。

闭式系统的类型较多，基本类型包括湿式、干式、预作用及重复启闭预作用系统等。用量最多的是湿式系统。在已安装的自动喷水灭火系统中，有 70%以上为湿式系统。

(1) 湿式系统。由湿式报警阀组、闭式喷头、水流指示器、控制阀门、末端试水装置、管道和供水设施等组成。系统的管道内充满有压水，一旦发生火灾，喷头动作后立即喷水。

① 工作原理。火灾发生的初期，建筑物的温度随之不断上升，当温度上升到以闭式喷头温感元件爆破或熔化脱落时，喷头即自动喷水灭火，如图 5-2 所示。该系统结构简单，使用方便、可靠，便于施工，容易管理，灭火速度快，控火效率高，比较经济，适用范围广，占整个自动喷水灭火系统的 75%以上，适合安装在能用水灭火的建筑物、构筑物内。

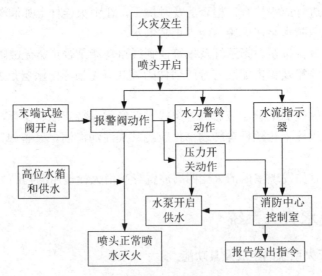

图 5-2　湿式系统原理框图

② 湿式系统的使用范围。在环境温度不低于 4℃、不高于 70℃ 的建筑物和场所(不能用水扑救的建筑物和场所除外)都可以采用湿式系统。该系统局部应用时，适用于室内最大净空高度不超过 8m、总建筑面积不超过 1000m² 的民用建筑中的轻危险级或中危险级 I 级需要局部保护的区域。

③ 湿式系统的特点。结构简单，使用可靠；系统施工简单、灵活方便；灭火速度快、控火效率高；系统投资省，比较经济；适用范围广。

(2) 干式系统。准工作状态时配水管道内充满用于启动系统的有压气体的闭式系统。

① 工作原理。干式系统与湿式类似，只是控制信号阀的结构和作用原理不同，配水管网与供水管间设置干式控制信号阀将它们隔开，而在配水管网中平时充满着有压力气体用于系统的启动。发生火灾时，喷头首先喷出气体，致使管网中压力降低，供水管道中的压力水打开控制信号阀进入配水管网，接着从喷头喷出灭火。不过该系统需要多增设一套充气设备，一次性投资高、平时管理较复杂、灭火速度较慢，如图 5-3 所示。

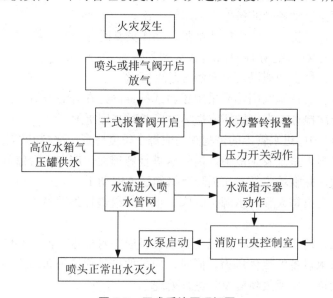

图 5-3　干式系统原理框图

② 干式系统的适用范围。干式系统适用于环境温度低于 4℃ 和高于 70℃ 的建筑物和场所，如不采暖的地下车库、冷库等。

③ 干式系统的特点。干式系统在报警阀后的管网内无水，故可避免冻结和水汽化的危险，不受环境温度的制约，可用于一些无法使用湿式系统的场所；比湿式系统投资高。因需充气，增加了一套充气设备而提高了系统造价；干式系统的施工和维护管理较复杂，对管道的气密性有较严格的要求，管道平时的气压应保持在一定的范围，当气压下降到一定值时，就需进行充气；比湿式系统喷水灭火速度慢，因为喷头受热开启后，首先要排出管道中的气体，然后再出水，这就延误了时机。

(3) 预作用系统。准工作状态时配水管道内不充水，由火灾自动报警系统自动开启雨淋报警阀后，转换为湿式系统的闭式系统。

适用于以下场所：①系统处于准工作状态时严禁管道漏水；②严禁系统误喷；③替代干式系统。

(4) 重复启闭预作用系统。能在扑灭火灾后自动关阀、复燃时再次开阀喷水的预作用系统。适用于灭火后必须及时停止喷水的场所。

目前这种系统有两种形式：一种是喷头具有自动重复启闭的功能；另一种是系统通过烟、温感传感器控制系统的控制阀来实现系统的重复启闭功能。

3. 自动喷水灭火系统的维护管理

自动喷水灭火系统应具有管理、检测、维护规程，保证系统处于准工作状态，其维护管理工作的具体要求如下：

(1) 维护管理人员应经过消防专业培训，应熟悉自动喷水灭火系统的原理、性能和操作维护规程。

(2) 每年应对水源的供水能力进行一次测定。

(3) 消防水泵或内燃机驱动的消防水泵应每月启动运转一次。当消防水泵为自动控制启动时，应每月模拟自动控制的条件启动运转一次。

(4) 电磁阀应每月检查并应作启动试验，动作失常时应及时更换。

(5) 每个季度应对系统所有的末端试水阀和报警阀旁的放水试验阀进行一次放水试验，检查系统启动、报警功能以及出水情况是否正常。

(6) 系统上所有的控制阀门均应采用铅封或锁链固定在开启或规定的状态。每月应对铅封、锁链进行一次检查，当有破坏或损坏时应及时修理更换。

(7) 室外阀门井中，进水管上的控制阀门应每个季度检查一次，核实其处于全开启状态。

(8) 自动喷水灭火系统发生故障，需停水进行修理前，应向主管值班人员报告，取得维护负责人的同意，并临场监督，加强防范措施后方能动工。

(9) 维护管理人员每天应对水源控制阀、报警阀组进行外观检查，并应保证系统处于无故障状态。

(10) 消防水池、消防水箱及消防气压给水设备应每月检查一次，并应检查其消防储水位及消防气压给水设备的气体压力。同时，应采取措施保证消防用水不作他用，并应每月对该措施进行检查，发现故障应及时进行处理。

(11) 消防水池、消防水箱、消防气压给水设备内的水，应根据当地环境、气候条件不定期更换。

(12) 寒冷季节，消防储水设备的任何部位均不得结冰。每天应检查设置储水设备的房间，保持室温不低于5℃。

(13) 每年应对消防储水设备进行检查，修补缺损和重新油漆。

(14) 钢板消防水箱和消防气压给水设备的玻璃水位计，两端的角阀在不进行水位观察时应关闭。

(15) 消防水泵接合器的接口及附件应每月检查一次，并应保证接口完好、无渗漏、闷盖齐全。

(16) 每月应利用末端试水装置对水流指示器进行试验。

(17) 每月应对喷头进行一次外观及备用数量检查，发现有不正常的喷头应及时更换；当喷头上有异物时应及时清除。更换或安装喷头均应使用专用扳手。

(18) 建筑物、构筑物的使用性质或储存物安放位置、堆存高度的改变，影响到系统功能而需要进行修改时，应重新进行设计。

5.2.3 泡沫灭火系统

1. 泡沫灭火剂的分类

凡能够与水混溶，并可通过化学反应或机械方法产生灭火泡沫的灭火药剂，统称为泡沫灭火剂(或泡沫液)。

泡沫灭火剂一般按其生成机理、发泡倍数和用途进行分类，如图5-4所示。

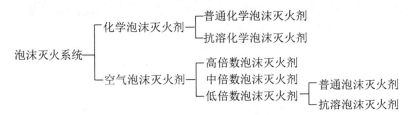

图 5-4　泡沫灭火剂的分类

1) 按生成机理分类

按照泡沫的生成机理，泡沫灭火剂可以分为化学泡沫灭火剂和空气泡沫灭火剂两大类。化学泡沫是通过两种药剂的水溶液发生化学反应产生的，泡沫中所包含的气体为二氧化碳。空气泡沫是通过空气泡沫灭火剂的水溶液与空气在泡沫发生器中进行机械混合、搅拌而生成的，泡沫中所包含的气体一般为空气。由于空气泡沫是靠机械混合作用形成的，所以空气泡沫有时也称为机械泡沫。

2) 按发泡倍数分类

发泡倍数是指泡沫灭火剂的水溶液变为灭火泡沫后的体积膨胀倍数。泡沫灭火剂按其发泡倍数可分为低倍数泡沫、中倍数泡沫和高倍数泡沫三类。低倍数泡沫灭火剂的发泡倍数一般在20倍以下；中倍数泡沫灭火剂的发泡倍数一般为21～200倍；高倍数泡沫灭火剂的发泡倍数一般为201～1000倍。

化学泡沫灭火剂全属于低倍数泡沫灭火剂，空气泡沫灭火剂诸多品种的绝大部分也是低倍数泡沫灭火剂。

3) 按用途分类

按其用途分类，泡沫灭火剂可分为普通泡沫灭火剂和抗溶泡沫灭火剂。普通泡沫灭火剂适用于扑救A类火灾和B类火灾中的非极性液体火灾；抗溶泡沫灭火剂则适用于扑救A类和B类火灾。在目前使用的泡沫灭火剂中，绝大多数是普通泡沫灭火剂。抗溶性泡沫灭火剂实际中仅用来扑救B类火灾中的极性液体火灾，其年用量仅为普通泡沫的5%。

目前，我国大型的泡沫灭火系统以采用空气泡沫灭火剂为主，本节主要介绍这类泡沫灭火系统。

2. 灭火原理

泡沫灭火是通过隔绝氧气和抑制燃料蒸发、冷却和稀释等作用，达到扑灭火灾的目的。

(1) 覆盖作用。灭火泡沫在燃烧物表面形成的泡沫覆盖层，可使燃烧的表面与空气隔离，可以遮断火焰对燃烧物的热辐射，阻止燃烧物的蒸发或热解挥发，使可燃气体难以进入燃烧区。覆盖隔离是泡沫的主要灭火作用。

(2) 冷却作用。泡沫析出的液体对燃烧表面有冷却作用。

(3) 稀释作用。泡沫受热蒸发产生的水蒸气有稀释燃烧区氧气浓度的作用。

3. 泡沫灭火系统的分类

根据泡沫灭火剂发泡性能的不同，可分为低倍数泡沫灭火系统、中倍数泡沫灭火系统和高倍数泡沫灭火系统三类。这三类泡沫灭火系统又根据喷射方式不同(液上、液下)、设备与管道的安装方式不同(固定式、半固定式、移动式)及灭火范围不同(全淹没式、局部应用式)组成各种泡沫灭火的形式，如图5-5所示。

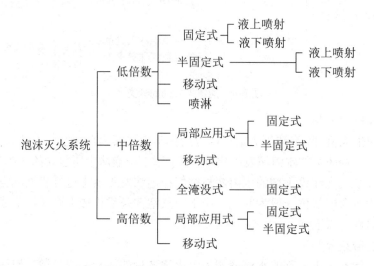

图 5-5　泡沫灭火系统的分类

系统形式的选择，应根据保护对象的规模、火灾危险性、总体布置、扑救难易程度、消防站的设置情况等因素综合确定。

4. 泡沫灭火系统的组成及适用范围

1) 低倍数泡沫灭火系统

低倍数泡沫灭火系统主要用于扑救原油、汽油、煤油、柴油、甲醇、乙醇、丙酮等 B 类火灾，适用于炼油厂、化工厂、油田、油库、为铁路油槽车装卸油的鹤管栈桥、码头、飞机库、机场、燃油锅炉房等。

(1) 半固定式泡沫灭火系统。

① 泡沫发生器、泡沫混合液管道及阀门配件固定安装，没有固定泵站，泡沫混合液由泡沫消防车提供。由于没有固定设置的泡沫混合液泵和泡沫液罐等设施，在维护管理上有一定优越性，但要求有一定数量的消防车及专职消防人员，这个条件一般单位难以具备。

② 由固定消防泵站、相应的管道和移动的泡沫发生器，用水带连接组成的灭火系统。在罐区中一般不用这种形式作为主要的灭火方式，而作为固定式泡沫灭火系统的辅助和备用手段。一般在泡沫混合液管道上留出接口，以便在必要时用水带接泡沫管枪、泡沫钩管

等设备来扑灭火灾。

(2) 移动式泡沫灭火系统。

移动式泡沫灭火系统在火灾发生后铺设，不会遭到初期燃烧爆炸的破坏，使用起来机动灵活，但采用移动式泡沫灭火设备时往往由于受风力等因素的影响，泡沫的损失量大，所以需要供给的泡沫量较大，而且系统操作比较复杂，受外界因素的影响较大，扑救火灾的速度不如固定和半固定系统。

(3) 泡沫喷淋系统。

泡沫喷淋系统一般由泡沫泵站、泡沫混合液管道、阀门及泡沫喷头组成。该系统是用喷淋或喷雾形式释放泡沫或释放水成膜泡沫混合液。

设置该系统是为了及时扑救或控制初期火灾，避免火灾蔓延和扩大，所以应设自动报警装置，而且宜采用自动控制方式。在火灾发生时，喷淋系统能自动开启。当然，同时也应设手动控制装置，当自动控制装置失灵时可以启用手动控制装置。

2) 高倍数泡沫灭火系统

高倍数泡沫灭火系统和中倍数泡沫灭火系统与低倍数泡沫灭火系统相比，具有发泡倍数高、灭火速度快、水渍损失小的特点。高倍数泡沫灭火系统可以全淹没和覆盖的方式扑灭 A 类和 B 类火灾，可以有效地控制液化石油气、液化天然气的流淌火灾，但它不能用于扑救立式油罐内的火灾。

(1) 全淹没式高倍数泡沫灭火系统。

该系统是将泡沫充满整个需要保护的空间，也就是将高倍数泡沫按规定的高度充满被保护区域，并将泡沫保持到所需要的时间。在保护区域内的高倍数泡沫以全淹没的方式封闭火灾区域，阻止连续燃烧所必需的新鲜空气接近火焰，使其窒息、冷却，达到控制和扑灭火灾的目的。

该系统一般采用固定式，由下列设备组成：水泵、泡沫液泵、储水设备、泡沫液储罐、比例混合器、压力开关、管道过滤器、控制箱、泡沫发生器、导泡筒、固定管道及阀门、附件。如果配上火灾自动探测器、报警装置、控制装置，即可组成自动控制全淹没式高倍数泡沫灭火系统。

(2) 局部应用式高倍数泡沫灭火系统。

这种系统主要用于大范围内的局部场所，一般有以下两种形式。

① 固定式。它的组件与自动控制等要求均与全淹没式高倍数泡沫灭火系统相同。

② 半固定式。一般由泡沫发生器、压力开关、导泡筒、控制箱、管道过滤器、阀门、比例混合器、水罐消防车或泡沫消防车、管道、水带及附件等设备组成。

(3) 移动式高倍数泡沫灭火系统。

该系统的灭火原理与全淹没式和局部应用式是相同的，只是设备可以移动。它也采用"淹没方式"扑灭火灾，所以在任何火灾场所扑救火灾之前，都要求火灾场所应有固定的或临时的用不燃、难燃材料设置的、能阻止泡沫流失的围挡措施，使高倍数泡沫能迅速形成覆盖层，淹没防护区，扑救和控制火灾。该系统使用灵活、方便，而且可以作为固定式灭火系统的补充设施。

该系统一般由下列设备组成：手提式泡沫发生器或车载式泡沫发生器、比例混合器、泡沫液桶、水带、导泡筒、分水器、水罐消防车或手抬机动泵等。下列场所可选择该系统。

第一种是难以确定发生火灾的部位或人员难以接近的火灾场所。

第二种是流淌的 B 类火灾场所。

第三种是发生火灾时需要排烟、降温或排除有毒气体的封闭空间。

3) 中倍数泡沫灭火系统

中倍数泡沫灭火系统的灭火原理、扑救对象及使用场所和高倍数泡沫灭火系统基本相同。凡高倍数泡沫灭火系统不适用的场所，中倍数泡沫灭火系统一般也不适用，但后者能扑救立式钢制储油罐内火灾。

(1) 局部应用式中倍数泡沫灭火系统。

该系统一般由下列设备组成：固定的泡沫发生器、比例混合器、泡沫混合液泵或水泵及泡沫液泵、水池、泡沫液罐、管道过滤器、阀门、管道及其附件等。该系统一般也分成两种形式，即固定式和半固定式。

当用于扑灭油罐内火灾时，其流程基本上与低倍数泡沫灭火系统相似，而当用于其他的防护区时，与局部应用式高倍数泡沫灭火系统相似。下列场所可采用该系统。

第一种是大范围内的局部封闭空间。

第二种是大范围内的局部设有阻止泡沫流失的围挡设施的场所。

第三种是流散的 B 类火灾场所。

第四种是不超过 $100m^2$、流淌的 B 类火灾场所。

《石油库设计规范》(GB 50074—2014)修订版规定：独立的石油库宜采用固定式；企业附属油库当企业有较强的消防力量时，宜采用半固定式。

(2) 移动式中倍数泡沫灭火系统。

该系统一般由下列设备组成：水罐消防车或手抬机动泵、比例混合器或泡沫消防车、手提式或车载式泡沫发生器、泡沫液桶、水带及其附件等。下列场所可采用该系统。

第一种是难以确定发生火灾的部位或人员难以接近的较小火灾场所。

第二种是流散的 B 类火灾场所。

第三种是不超过 $100m^2$、流淌的 B 类火灾场所。

《石油库设计规范》(GB 50074—2014)修订版规定：容量不大于 $200m^3$ 的地上油罐，半地下、地下、覆土和卧式油罐，润滑油罐等可采用移动式。

该系统也可作为局部应用式中倍数泡沫灭火系统的辅助手段。

5.2.4　气体灭火系统

1. 气体灭火系统的发展与应用

1) 气体灭火系统发展概述

以气体作灭火介质的灭火系统称为气体灭火系统。气体灭火系统是根据灭火介质而命名的。

气体灭火剂可以由一种气体组成，也可以由多种气体组成。气体灭火剂按其物理性质可以分为两种类型，即液化气体灭火剂和非液化气体灭火剂。液化气体灭火剂是指在室温(20℃)和容器压力下呈液态的灭火剂，如卤代烃类物质。非液化气体灭火剂是指在室温(20℃)和容器压力下呈气态的灭火剂，如惰性气体等。这两种灭火剂相比较，液化气体具有较高的沸点和较低的蒸气压，多数液化气体灭火剂的蒸气压在 1MPa 以下，因而灭火剂储存容器需要用氮气增压至 2.5MPa 或 4.2MPa。非液化气体具有较低的沸点和较高的蒸气压，灭火剂储存容器不需增压。

2) 气体灭火系统的应用与选择

气体灭火系统选择的基本原则，主要从环境因素、毒性和灭火效能等方面考虑。从环境因素方面考虑，选择气体灭火剂应以不消耗大气臭氧层为首选原则，应首选 ODP 值(即臭氧耗损潜能值，是衡量气体对大气臭氧层破坏作用的一个相对值)为零的灭火剂。同时哈龙替代物的 GWP 值(是衡量气体灭火剂相对于二氧化碳 100 年温室效应的相对值)和灭火剂在大气中的存活寿命也是相当重要的考虑因素。高 GWP 值和很长的存活寿命会对大气的温室效应产生长期的潜在影响。因此，应尽量选择 GWP 值低和在大气中存活寿命短的灭火剂。

从灭火效能方面考虑，应选择相应灭火效力的灭火剂。灭火效力的高低是选择灭火剂的重要因素之一。气体灭火系统灭火的原理有利用化学催化作用，惰化火焰中的高活性自由基来灭火的，如卤代烷灭火系统，也有通过物理作用(窒息作用)灭火的，如二氧化碳灭火系统。一般说来，所有灭火剂在一定程度上都具有物理灭火作用，但当化学灭火作用占主导时，灭火剂被称为化学灭火剂，哈龙 1301 灭火剂的灭火效率是物理作用占 20%，化学作用占 80%。为化学灭火剂。化学作用灭火效能高，而物理作用灭火效能较低。

2. 气体灭火系统的分类

气体灭火系统按其对防护对象的保护形式可以分为全淹没系统和局部应用系统；按其装配形式又可以分为有管网灭火系统和无管网灭火装置；在管网灭火系统中又可以分为组合分配灭火系统和单元独立灭火系统。

(1) 全淹没系统是由灭火剂储存装置，在规定的时间内向防护区喷射灭火剂，使防护区内达到设计所要求的灭火浓度；并能保持一定的浸渍时间，以达到扑灭火灾，并不再复燃的灭火系统。

(2) 局部应用系统是由一套灭火储存装置，在规定的时间内直接向燃烧着的可燃物表面喷射一定量灭火剂的灭火系统。

(3) 单元独立系统是指用一套灭火剂储存装置保护一个防护区的灭火系统。它是由灭火剂储存装置、管网和喷嘴等组成。

(4) 组合分配系统是指一套灭火剂储存装置保护多个防护区的灭火系统，是由灭火剂储存装置、选择阀、管网和喷嘴等组成。

5.2.5 防排烟与通风空调系统

1. 自然排烟的设计

自然排烟的效果受到诸多因素(烟气温度、热压的季节性变化、风速、风向等)的影响，而多数因素本身又是不确定的，这导致了自然排烟效果的不稳定。另外，外窗排烟时火灾还可以通过外窗向上蔓延，需要在建筑设计中采取一定的措施等。尽管存在上述一些缺点，但其优点也是很突出的，如构造简单、经济、运行维修费用低，排烟口还可以兼作平时的通风换气设备，因而仍然被大量采用。我国国家标准《高层民用建筑设计防火规范》(GB 50045—2005)也规定宜优先采用自然排烟，既可以作为排烟设施，也可作为防烟设施。其有关规定如下。

1) 适用范围

(1) 建筑高度不超过 50m 的一类公共建筑和建筑高度不超过 100m 的居住建筑，靠外墙的防烟楼梯间及其前室、消防电梯间前室和合用前室，宜采用自然排烟方式。

(2) 一类高层建筑和建筑高度超过 32m 的二类高层建筑的下列部位可采用自然排烟：长度小于 30m,有单面外窗的内走道；长度小于 60m,有双面外窗的内走道；面积超过 100m^2,且经常有人停留或可燃物较多的房间；净高度小于 12m 的中庭。

2) 排烟口的面积

(1) 防烟楼梯间每五层内可开启外窗总面积之和不小于 2m^2。

(2) 防烟楼梯间的前室、消防电梯间前室可开启外窗面积不应小于 2m^2,合用前室不小于 3m^2。

(3) 需排烟的房间可开启外窗面积不小于该房间面积的 2%。

(4) 净高小于 12m 的中庭可开启的天窗或高侧窗的面积不小于该中庭面积的 5%。

2. 排烟系统的布置

1) 防烟分区面积与排烟系统

在使用同一排烟系统担负不同面积防烟分区的排烟时，因为管道和风机都是按照面积大的防烟分区选择的，若防烟面积相差悬殊，势必造成排烟风量增大，管道和排烟机投资增加，同时对面积较小的防烟分区又引起风量、负压过大，漏气量增加，排烟风机振动等问题。所以，在同一管道系统内，尽可能使防烟分区面积相差较小。

2) 排烟风机与管道

排烟管道应利用烟气的自然流动，使排烟能够平稳、顺畅地进行。为此，管道与排烟风机的位置应布置适当，使水平管道越短越好，排烟风机不得设在排烟口位置的下方。显然，排烟系统的管道必须采用不燃烧材料制作，其隔热层也应采用不燃烧材料制作。排烟风机应有较好的耐热性能，在 280℃下能连续工作 30 分钟。

3. 排烟口

1) 排烟口形式

排烟口分常闭型和常开型两类。常闭型排烟口平时处于关闭状态，发生火灾时将防烟分区内的排烟口由消防控制中心远程或手动装置瞬时开启，进行排烟，适用于两个以上防烟分区共用一台排烟机的情况。常开型排烟口平时处于开启状态，适用于一个防烟分区专用一台排烟风机的情况。排烟口的形式与功能见表 5-4。

2) 设置位置

(1) 排烟口的设置高度。

① 当顶棚高度小于 3m 时，排烟口可设置在顶棚上，或从顶棚起的 800mm 以内；当用挡烟垂壁作防烟分区时，设置在挡烟垂壁下沿的以上部位。

② 当顶棚高度不小于 3m 时，排烟口可设置在楼面起的 2.1m 以上或楼层高度的 1/2 以上。

表 5-4 排烟口的形式与功能

序号	代号	名称	基本功能						适用范围
			手动开启	远程开启	DC24V信号开启	手动复位	280℃关闭	多挡风量调节	
1	PYK-YSD	板式排烟口		√	√	√			排烟吸入口,防烟加压送风口
2	PYK-SD	多叶排烟口	√		√	√			排烟吸入口,无远程开启装置
3	PYFHK-FW	防火多叶排烟口			√	√	√	√	同序号 2,280℃熔断关闭
4	PYK-YSD	运动多叶排烟口		√	√	√			同序号 2,有远程开启装置
5	PYFHK-YSDW	运动防火多叶排烟口		√	√	√	√		同序号 3,280℃熔断关闭

(2) 排烟口在平面上的设置。

排烟口尽量设在防烟分区的中心位置,排烟口至该防烟分区最远点的水平距离不应超过 30m,并且在排烟口 1.0m 的范围内不得有可燃材料。

排烟口的尺寸可根据烟气通过排烟口有效断面时的速度不小于 10m/s 进行计算,排烟口的最小面积一般不应小于 $0.04m^2$。

同一分区内设置数个排烟口时,要求做到所有排烟口能同时开启,排烟量应等于各排烟量之和。

(3) 疏散方向与排烟口的布置。

排烟口的布置应使排烟流方向与人流疏散方向相反。例如,在走廊里,尽量使烟气远离安全要求更高的前室和楼梯间。距安全出口的最小水平距离不小于 1.5m。

(4) 排烟口的形状。

为了防止烟流向下侧流动,在走廊或门洞上部设置排烟口时,采用长条缝形的排烟口效果最好。走廊排烟实验研究表明,尽管排烟口面积相同,但排烟口长度与走廊宽度相同的长条缝排烟口比方形排烟口的排烟效果好,排烟量大。方形排烟口只对其宽度范围的烟流有效,对其周围烟气的抽吸效果较差。

(5) 排烟口的启动装置。

排烟口应设手动开启装置,或设与感烟探测器联动的自动开启装置。设有消防中心的建筑物,应当设置由防灾中心控制的远距离控制装置。手动开启装置宜设在墙面上,距地面 0.8~1.5m 处。

4. 排烟风道的防火阀门(排烟防火阀)

当火灾房间或火灾层的排烟温度很高时(不小于 280℃),烟气中已带火,火灾进入旺盛期。一般情况下，此时人员已疏散完毕。如果排烟系统继续工作，烟火就有扩大到其他区域的危险，将造成新的危害。因此，此时应使排烟系统不再工作。排烟管道上设置的排烟防火阀能在280℃时自动关闭，从而阻隔烟火的流动。排烟防火阀应与排烟风机联锁，排烟防火阀关闭后，发出信号给消防指挥中心，由消防指挥中心停止排烟风机的运行，排烟防火阀的功能如表5-5所示。

表5-5 排烟防火阀的功能

序号	代号	名称	基本功能					适用范围
			手动开启	远程开启	DC24V信号开启	手动复位	280℃关闭	
1	PYFH-SDW	排烟防火阀	√	√	√		√	各排烟分区，排烟支管、排风机入口上设置，280℃熔断关闭
2	PYFH-YSDW	运动排烟防火阀		√	√	√	√	同序号1

5. 通风空调系统的分类及组成

建筑通风的任务是把室内被污染的空气直接或经过近净化后排至室外，把室外新鲜空气或经过净化的空气补充进来，以保持室内的空气环境满足卫生标准和生产工艺的要求。

1) 通风系统的分类

通风系统主要有三种分类方法。

(1) 按照通风系统处理房间空气方式不同，可分为送风和排风。

(2) 按照通风动力的不同，通风系统可分为自然通风和机械通风两类。

(3) 按照通风作用范围的不同，通风系统可分为全面通风和局部通风。

2) 通风系统的组成

通风系统一般包括风管、风管部件、配件、风机及空气处理设备等，如图5-6所示。风管部件指各类风口、阀门、排气罩、消声器、检查测定仪、风帽、吊托支架等；风机配件指弯道、三通、四通、异径管、静压箱、倒流叶片、法兰及法兰连接件等。

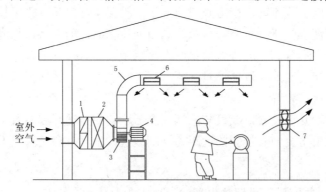

图5-6 送、排风系统

1—空气过滤器；2—空气加热器；3—风机；4—电动机；5—风管；6—送风口；7—轴流风机

3) 通风系统的分类

通风系统主要有两种分类方法。

(1) 按处理空气的来源分类，可分为全新风系统、混合式系统和封闭式系统。

(2) 按风管内空气流速分类，可分为低速空调系统和高速空调系统。

如图 5-7 所示，完整的空调系统通常可由四个部分组成，即空调房间、空调处理设备、空调输配设备、冷热源及自控调节装置。

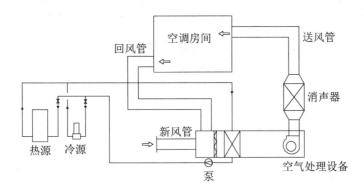

图 5-7 空调系统原理图

5.2.6 消防联动控制系统及火灾自动报警系统和消防控制室

1. 消防联动控制系统

现代化的大楼越来越向高层发展，在现代化的高层、超高层建筑中由于室外消防设备受条件限制，一旦起火，只能靠自救。而自救中，最主要的就是靠消防联动系统。现在，几乎所有的高层建筑都应用消防联动控制的灭火、防排烟等系统。

1) 消防联动控制系统组成

消防联动控制系统属于火灾自动报警系统中的一个重要组成部分，其功能是接收火灾报警控制器发出的火灾报警信号，按预设逻辑完成各项消防功能。通常是由消防联动控制器、模块、气体灭火控制器、消防电气控制装置、消防设备应急电源、消防应急广播设备、消防电话、传输设备、消防控制室图形显示装置、消防电动装置、消火栓按钮等全部或部分设备组成，具体组成如图 5-8 所示。

2) 消防控制室的设置及要求

消防值班室或消防控制室作为火灾自动报警系统控制中心和指挥中心，它负责火灾时的指挥灭火、人员疏散，保障整个建筑物的损失降到最低。

(1) 消防控制室的设置。

消防控制室的位置选择是很严格的，应满足下列要求。

① 消防控制室应设置在建筑物首层，距通往室外出入口的距离不应小于 20m，并且通道出入口的道路不宜弯道过多，不应有障碍物，以便使消防人员能容易找到，并可迅速接近消防控制室，而且消防控制室应设在交通方便和发生火灾时不易延燃的部位。

② 不应将消防控制室设于厕所、浴室、锅炉房、汽车库、变压器室或易燃、易爆、震动较大和噪声较大的房间隔壁和上下对应的房间。

③ 消防值班室与应急广播(消防专用)可同在一室。如管理体制允许，消防值班室可与消防有关的保安监视系统、对讲门铃和防盗系统合用一室，但各系统的控制装置应自成体系。

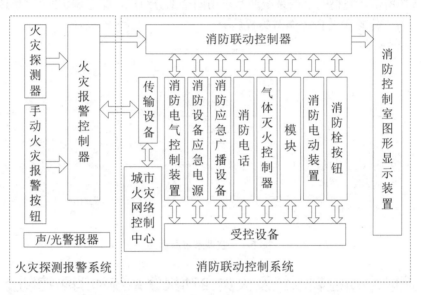

图 5-8　消防联动控制系统

(2) 消防控制室的要求。

消防控制室的工作制度及工作人员应具有以下要求。

① 消防控制室的面积应根据系统规模的大小而定，如果消防值班室为专用时，一类：防火建筑的消防控制室(中心)设备较多、齐全，建筑面积一般不宜小于 25m²，合用时不宜小于 35m²；二类：防火建筑的消防值班室的建筑面积专用时不宜小于 15m²，合用时不宜小于 25m²。另外，还应增加值班人员休息及维修辅助面积，在初步设计过程中由设计人员作初步估算，向建筑师提出位置和面积要求。

② 消防值班室为 24 小时值班制，考虑到值班人员的身心健康，应尽量选择有自然采光的房间。消防值班室的装修应力求简朴，顶棚和墙面以涂料为主，地面宜采用防静电架空地面(净高为 300～400mm)或采用缆沟布线方式。为了保证设备的安全运行，使值班人员始终在良好状态下工作，室内应有适宜的温、湿度和清洁条件。根据建筑物的设计标准，可对应地采取独立的通风和空调系统。如果与邻近系统混用，则消防值班室的送回风管在进入室内时设防火阀，并应充分考虑工作制的不同，当空调系统人员下班停机时，还需考虑值班人员 24 小时值班，设后备空调器，使值班室工作得以持续。

2. 火灾自动报警系统和消防控制室

火灾自动报警系统是由触发装置、火灾报警装置、联动输出装置以及具有其他辅助功能装置组成的，它具有能在火灾初期，将燃烧产生的烟雾、热量、火焰等物理量，通过火灾探测器变成电信号，传输到火灾报警控制器，并同时以声或光的形式通知着火层及上下邻层疏散，控制器记录火灾发生的部位、时间等，使人们能够及时发现火灾，并及时采取有效措施，扑灭初期火灾，最大限度地减少因火灾造成的生命和财产的损失，是人们同火灾做斗争的有力工具。

1) 应当设置火灾自动报警系统和消防控制室的场所

易燃贵重物品库房和设有气体灭火系统的房间，每座占地面积大于 $1000m^2$ 的棉、毛、丝、麻、化纤及其织物的库房，占地面积超过 $500m^2$ 或总建筑面积超过 $1000m^2$ 的卷烟库房，均应设置火灾自动报警系统。建筑内可能散发可燃气体，可燃气的库房应设可燃气体报警装置。

2) 设置火灾自动报警系统和消防控制室的要求。

火灾自动报警系统的设计，应符合现行国家标准《火灾自动报警系统设计规范》(GB 50116—2013)的有关规定。设有火灾自动报警系统和自动灭火系统或设有火灾自动报警系统的仓库，应设置消防控制室。单独建造的消防控制室，其耐火等级不应低于二级；附设在建筑物内的消防控制室，宜设置在建筑物内首层的靠外墙部位，也可设置在建筑物的地下一层，但应按本规范要求与其他部位隔开，并应设置直通室外的安全出口；消防控制室严禁有无关的电气线路和管路穿过；消防控制室不应设置在电磁场干扰较强及其他可能影响消防控制设备工作的设备用房附近。

5.3 物流仓库消防安全管理

【导入案例】

2005年11月8日4时30分，安康市汉滨区某医药连锁有限公司药品仓库发生火灾，烧毁仓库的9间库房和1座简易库房，过火面积达 $588m^2$，烧毁大量中西药品及两辆货车等物品，直接经济损失192.7万元。起火原因系空调线路短路所致。

1. 基本情况

安康市某医药连锁有限公司属民营企业，注册资本80万元，法人代表陈某，主要经营中西药品及医疗器械。该公司的仓库位于安康市，主要储存中西药品及医疗器械。该仓库的产权单位为安康某工贸有限公司，该建筑始建于1971年，占地面积 $588m^2$，共有9间库房和1座简易库房，为单层砖木结构，长度为49m，宽度为12m，高度为3.5m，耐火等级为三级，库房外有室外消火栓1个、4kg的干粉灭火器6具。在其东面为停车场地，西面与安康市巢丝二厂锅炉房一墙间隔，南面与安康市喜洋洋育才路分店的货品库房毗连，北面紧连安康市汽车配件厂的配件库房。

2003年，该医药公司与当时该仓库的产权单位安康市汽车配件厂签订了2003年10月15日至2006年10月15日的仓库租赁合同；2005年，汽车配件厂将该仓库的产权转卖给安康某工贸有限公司，某医药公司改租安康市某工贸有限公司的简易库房，租期一年(属续签合同)。该仓库所有药品、烧损车辆分别在中国人民财产保险股份有限公司(投保金额80万元)、中华联合财产保险公司、永安财产保险股份有限公司进行了投保。

2. 消防监督情况

该药品存储仓库在投入使用前，未向消防部门申报安全检查，也未被列入消防安全重点单位，由于该仓库位置隐蔽，投入使用后失控漏管。

3. 火灾经过及扑救情况

(1) 火灾经过。11月8日4时30分仓库发生火灾，4时32分安康市汉滨区公安消防中队接到报警后，出动3辆消防车(东风-140水罐车、解放-141水罐车、黄河6t位水罐消防车)、40人赶赴现场，4时37分到达现场，同时调集中国水利水电三局企业消防队消防车(东风-140)1辆、队员3人前往增援。由于建筑属砖木结构，空间大，可燃物多，火势蔓延迅速。加之东面是空地，空气充足，周围道路狭窄，进攻路线少，玻璃碎片多，水源缺乏，给扑救工作带来很大困难。消防中队到场时火势已进入猛烈燃烧阶段。为迅速控制火势，首先到场的官兵用两支水枪从正面进攻。后继官兵到场后又组织两支水枪分布在仓库的东南面，将蔓延的大火隔离，确保了喜洋洋育才路分店仓库的安全。经过消防官兵近40分钟的奋力扑救，大火被有效控制，6时30分被完全扑灭，无人员伤亡。

(2) 火灾损失。这次火灾烧毁砖木结构库房(单层)9间面积388m^2、简易库房面积200m^2、中西药品，两辆货运车被烧损，无人员伤亡，直接经济损失192.7万元。

4. 火灾调查处理情况

(1) 火灾原因。这起火灾起火部位位于北侧第二间库房后半部，起火点位于吊顶内，起火原因为空调线路短路所致。

(2) 处理情况。依据有关法规，将对这起火灾事故的责任人、责任单位作出处理，有关处理事宜正在进行之中。

5. 存在问题

(1) 单位主管领导不重视，法律意识淡漠。作为药品仓库于2003年投入使用，中途曾装修过一次，存放的医药属易燃可燃物品，且存放量大，应列入重点单位，但该公司自投入使用以来并未向消防部门进行申报，装修也未经消防部门审核和验收。

(2) 消防安全管理混乱。某医药公司与安康市某工贸有限公司在承租合同中签订的协议虽然包含了消防内容，但管理流于形式。该仓库值班员擅自脱离岗位，不按消防安全管理规定履行职责，也未对仓库进行巡视检查。自2004年春节前某医药公司检查过一次电器线路外，再未对仓库进行经常性的安全检查。起火时无人在场，是东面家属楼上的居民听见仓库医药瓶爆破声并发现火苗后才向消防中队报的警。由于未及时报警，火灾蔓延迅速，消防中队到场时火势已进入猛烈燃烧阶段。

(3) 城市公共消防设施建设滞后，水源不足。发生火灾后，该仓库仅有一个室外消火栓，且水压不足，消防车取水耽搁了灭火时间。

(4) 消防力量不足，装备落后。这次灭火出动中队仅有的3辆消防车，由于火势大，又抽调企业消防队1辆消防车，充分暴露出现有车辆装备严重短缺。

(5) 消防监督力度不够大。该仓库从2003年投入使用后，消防机构在历次火灾隐患整治和专项治理中都未能发现并将其列入重点单位。由于人员少、仓库位置隐蔽，监督检查不及时、不到位，出现失控漏管。

6. 改进措施

(1) 进一步加强社会消防安全责任制的落实，建立消防安全自查、火灾隐患自除、法律责任自负的消防安全管理机制。

(2) 强化公众消防法制观念，提高对消防安全重要性的认识，杜绝违法违章行为，建立健全和落实岗位防火责任制。

（3）依靠政府加大城市公共消防设施的建设力度，扭转消防设施严重"欠账"的局面。

（4）通过多种渠道筹集资金，解决公安消防部队装备严重不足的问题，满足灭大火、救大灾的需要。

（资料来源：http://www.360doc.com/content/15/0105/19/7817555_438436851.shtml）

进入 21 世纪以来，互联网的发展带动了经济的不断前行，使得电商得到大规模的发展，与此同时，物流运输行业也得到了前所未有的进步，全国各地物流仓库如雨后春笋般涌现。物流仓库，顾名思义就是将全国各地不同配送方式、不同种类及不同设施进行集中，在一个相对密封的空间内进行发展，从而使服务规模化、多元化及个性化。伴随着人们消费理念的逐步改进，物流仓库在经济发展中的作用将日益凸显。然而，在高速发展的背后，局部物流仓库在消防安全管理上存在着较大的安全隐患，火灾事故频频上演，如天津港的火灾等。在新的时代背景下，强化物流仓库的消防安全、切实解决现行消防中出现的问题、做好消防工作与经济发展的矛盾已经是物流发展过程中必做的工作。

5.3.1 物流仓库火灾危险性分析

1. 物流仓库的耐火等级

耐火等级是衡量建筑物耐火程度的分级标度。它由组成建筑物构件的燃烧性能和耐火极限来确定，建筑具体耐火等级可分为四级，分别为：一级耐火等级建筑，主要建筑构件全部为不燃烧性；二级耐火等级建筑，主要建筑构件除吊顶为难燃烧性，其他为不燃烧性；三级耐火等级建筑，屋顶承重构件为可燃性；四级耐火等级建筑，防火墙为不燃烧性，其余为难燃性和可燃性。

其中厂房和仓的耐火等级可分为一、二、三、四级，相应建筑构件的燃烧性能和耐火极限不应低于表 5-6 的规定。

表 5-6　不同耐火等级厂房和仓库建筑构件的燃烧性能和耐火极限　　　　（单位：小时）

构件名称		耐火等级一级	耐火等级二级	耐火等级三级	耐火等级四级
墙	防火墙	不燃性 3.00	不燃性 3.00	不燃性 3.00	不燃性 3.00
	承重墙	不燃性 3.00	不燃性 2.50	不燃性 2.00	难燃性 0.50
	楼梯间和前室的墙 电梯井的墙	不燃性 2.00	不燃性 2.00	不燃性 1.50	难燃性 0.50
	疏散走道两侧的隔墙	不燃性 1.00	不燃性 1.00	不燃性 0.50	难燃性 0.25
	非承重外墙 房间隔墙	不燃性 0.75	不燃性 0.50	难燃性 0.50	难燃性 0.25
柱		不燃性 3.00	不燃性 2.50	不燃性 2.00	难燃性 0.50
梁		不燃性 2.00	不燃性 1.50	不燃性 1.00	难燃性 0.50
楼板		不燃性 1.50	不燃性 1.00	不燃性 0.75	难燃性 0.50

续表

构件名称	耐火等级 一级	耐火等级 二级	耐火等级 三级	耐火等级 四级
屋顶承重构件	不燃性 1.50	不燃性 1.00	难燃性 0.50	可燃性
疏散楼梯	不燃性 1.50	不燃性 1.00	不燃性 0.75	可燃性
吊顶(包括吊顶隔栅)	不燃性 0.25	难燃性 0.25	难燃性 0.15	可燃性

注：二级耐火等级建筑内采用不同材料的吊顶，其耐火极限不限。

除了上述厂房和仓库建筑构件的燃烧性能和耐火极限外，根据厂房及仓库的具体使用还应满足以下要求。

(1) 高层厂房，甲、乙类厂房的耐火等级不应低于二级，建筑面积不大于 300m² 的独立甲、乙类单层厂房可采用三级耐火等级的建筑。

(2) 单、多层丙类厂房和多层丁、戊类厂房的耐火等级不应低于三级。

(3) 使用或产生丙类液体的厂房和有火花、赤热表面、明火的丁类厂房，其耐火等级均不应低于二级，当为建筑面积不大于 500m² 的单层丙类厂房或建筑面积不大于 1000m² 的单层丁类厂房时，可采用三级耐火等级的建筑。

(4) 使用或储存特殊贵重的机器、仪表、仪器等设备或物品的建筑，其耐火等级不应低于二级。

(5) 锅炉房的耐火等级不应低于二级，当为燃煤锅炉房且锅炉的总蒸发量不大于 4t/h 时，可采用三级耐火等级的建筑。

(6) 油浸变压器室、高压配电装置室的耐火等级不应低于二级，其他防火设计应符合现行国家标准《火力发电厂与变电站设计防火规范》(GB 50229)等的规范。

(7) 高架仓库、高层仓库、甲类仓库、多层乙类仓库和储存可燃液体的多层丙类仓库，其耐火等级不应低于二级。单层乙类仓库、单层丙类仓库，储存可燃固体的多层丙类仓库和多层丁、戊类仓库，其耐火等级不应低于三级。

(8) 粮食筒仓的耐火等级不应低于二级；二级耐火等级的粮食筒仓可采用钢板仓。粮食平房仓的耐火等级不应低于三级；二级耐火等级的散装粮食平房仓可采用无防火保护的金属承重构件。

(9) 甲、乙类厂房，甲、乙、丙类仓库内的防火墙耐火极限应为 4.0 小时。

(10) 一、二级耐火等级单层厂房(仓库)的柱，其耐火极限分别不应低于 2.50 小时和 2.00 小时。

(11) 采用自动喷水灭火系统全保护的一级耐火等级单、多层厂房(仓库)的屋顶承重构件，其耐火极限不应低于 1.00 小时。

(12) 除甲、乙类仓库和高层仓库外，一、二级耐火等级建筑的非承重外墙，当采用不燃性墙体时，其耐火极限不应低于 0.25 小时；当采用难燃性墙体时，不应低于 0.50 小时。4 层及 4 层以下的一、二级耐火等级，丁、戊类地上厂房(仓库)的非承重外墙，当采用不燃性墙体时，其耐火极限不限。

(13) 二级耐火等级厂房(仓库)内的房间隔墙，当采用难燃性墙体时，其耐火极限应提高 0.25 小时。

(14) 二级耐火等级多层厂房和多层仓库内采用预应力钢筋混凝土的楼板,其耐火极限不应低于 0.75 小时。

(15) 一、二级耐火等级厂房(仓库)的上人平屋顶,其屋面板的耐火极限分别不应低于 1.50 小时和 1.00 小时。

(16) 一、二级耐火等级厂房(仓库)的屋面板应采用不燃材料。屋面防水层宜采用不燃、难燃材料,当采用可燃防火材料且铺设在可燃、难燃保温材料上时,防水材料或可燃、难燃保温材料应采用不燃材料作防护层。

(17) 建筑中的非承重外墙房、间隔墙和屋面板,当确需采用金属夹芯板材时,其芯材应为不燃材料,且耐火极限应符合建筑规范的有关规定。

(18) 除本规范另有规定外,以木柱称重且墙体采用不燃材料的建筑,其耐火等级应按四级确定。

(19) 预制钢筋混凝土构件的节点外露部位,应采取防火保护措施,且节点的耐火极限不应低于相应构件的耐火极限。

2. 物流仓库火灾危险性

物流中心处理的货物是多种多样的,物流工艺中大多数还由人工进行分拣等作业。一旦发生火灾不仅造成财产损失,更有可能造成人员伤亡。

1) 物流仓库储存大量可燃物,火灾危险性大

根据储存物品的性质和储存物品中的可燃物数量等因素,建筑规范将库房的火灾危险性分为甲、乙、丙、丁、戊五类。物流仓库储存的货物主要是大量的丙类固体可燃物,如家电产品、日用品、纸张、塑料等。虽然货物流转速度快,在物流仓库内滞留时间短,但由于流转和配送需要,物流仓库内还使用了大量木质或塑料的托盘、铲板,货物的包装材料多为木质、纸质、布质以及各种塑料泡沫包装材料,这些可燃物燃点低,如纸张燃点为 130℃,容易发生燃烧,并释放大量的热量,导致火灾事故的发生。另外,各类电气设备增加,极有可能出现电器短路、机械设备故障等,火灾隐患随之增加。有的单位还将甲、乙类火灾危险性的物品违规混存于丙类仓库中,将火灾危险性不同的物品混存于同一个防火分区中,加大了物流仓库的火灾危险性,可导致火灾的迅速蔓延和猛烈燃烧,甚至发生爆炸。

2) 物流仓库建筑体量大,防火分隔设施少,容易导致火灾蔓延

物流仓库内部设置要求大空间、无障碍、一体化,因此,建筑面积一般都在 10 000m² 以上,高度多在 12m 以上,建筑体积达到 120 000m³ 以上。由于操作流程的需要,物流仓库储存区、整理区和辅助区之间很少设置隔墙,形成无障碍的货物储存和流动空间。为了提高空间利用率,物流仓库采用货架连片成排的方式,使每层、每列货架相互贯通,堆放物品的密度更大、数量更多。品种繁杂的大量货物在各区间频繁流动,使整座仓库建筑空间形成火灾荷载密度高、可燃物之间相互连接的状态,一旦发生火灾,极易导致火势的扩大蔓延,造成重大财产损失和人员伤亡。

3) 物流仓库安全出口数量少,疏散困难,易造成人员伤亡

物流仓库与传统仓库相比,不限于单一的储存功能,需要布置收发、包装、整合等连续作业,需要更多的工作人员对货物进行归类整理,重新分拆包装。很多物流仓库更多地

物流安全

按照机械搬运流转需要设置仓库出入口，或者按照传统仓库设计人员安全疏散出口，造成安全疏散出口数量少、疏散通道距离长的现象；有的物流仓库理货区域面积不足，进出货物时容易出现物品堆垛堵塞疏散通道现象；还有的物流仓库未设置消防应急照明和灯光疏散指示标志，人员在能见度很低的空间环境里疏散逃生十分困难。同时，发生火灾时消防人员进入库区非常困难，火灾扑救难度大，易造成人员伤亡。

4) 物流仓库排烟困难，高温、有毒烟气妨碍疏散和灭火救援

物流仓库多采用在侧墙设置可开启外窗将烟气排至室外的自然排烟方式。由于空间大、进深大、货架连续排列长，烟气会被货架阻挡，通过侧窗被排出室外的时间较长，烟气层到达建筑顶部逐步增厚并下降，形成浓烟、高温、能见度低的空间环境，还可能引燃烟气经过处的可燃物。同时，有毒燃烧产物会妨碍人们正常的呼吸和逃生，引起人员中毒、窒息、受伤，给人员疏散及灭火救援带来困难。

5) 物流仓库火灾起火点不易被发现，火灾扑救十分困难

物流仓库货架通常每隔 30m 设置一个横向通道，每隔 30～60m 设置一个纵向通道，货架排与排之间距离非常近，货物堆垛高度大都在 10m 左右。一旦发生火灾，排烟困难，能见度很低，起火点不易找到。即使发现起火点，因货架及货物密集，阻挡灭火水流，影响灭火效果。并且由于货架一般都采用钢制材料，加上货物的重量，在受热情况下可能加速变形坍塌，威胁灭火人员的安全，导致火灾扑救困难。在钢结构物流仓库中还时常出现货架将钢柱包在中间的情况，一旦金属货架受热倒塌会造成墙、柱等建筑构件的破坏，直接影响建筑的耐火性能，增加了火灾扑救难度。

5.3.2 物流仓库的消防安全对策

为了有效地防止物流仓库消防事故的发生，物流企业应采取以下安全措施。

1. 保证防火间距，合理进行消防平面布置

物流仓库不应布置在有爆炸危险的甲、乙类厂房、库房附近，与其他建筑物的防火间距不应小于建筑规范的要求。仓库应处于城市消防站的保护范围内，并应设置环形消防车道，消防车道与仓库间不应设置妨碍消防车作业的障碍物，仓库的两个长边应设置人员疏散和灭火救援场地。当物流仓库建筑沿街长度大于 150m 或总长度大于 220m 时，应设置穿过仓库的消防车道，净宽和净高不应小于 4.0m，消防车道两侧不应设置影响消防车通行或人员安全疏散的设施。进深大的物流仓库可利用仓库内货架之间的横向、纵向通道兼作穿过仓库的消防车道。

2. 提高耐火等级，严格控制防火分区面积

物流仓库如果采用钢筋混凝土框架结构，通常可达到建筑规范规定的一、二级耐火等级，但因大空间、大跨度结构需要，普遍采用钢结构。但钢结构不耐火，当温度为 400℃时，钢材的屈服强度将降至室温下强度的一半，温度达到 600℃时，钢材基本丧失全部强度和刚度。一旦发生火灾，作为承重构件的钢材 15 分钟即可变形，失去支撑作用，导致建筑的局部或整体坍塌，造成人员疏散和灭火救援困难以及人员伤亡和重大财产损失。钢结

构防火涂料保护能够为钢材提供良好的隔热炭层或吸收外界热量,延缓钢材到达临界温度的过程,减轻钢结构在火灾中的破坏,避免局部或整体倒塌,并减少火灾后的修复费用,缩短钢结构功能恢复周期,是提高钢结构耐火极限的根本方法。超薄型钢结构防火涂料是涂层小于 3mm 的膨胀型防火涂料,具有黏结强度优越、耐火耐水性好、装饰性好的特点,受火时缓慢发泡形成致密坚硬的防火隔热层,有效保护钢结构,可采用喷涂、刷涂或辊涂方式,施工方便,工费低,是钢结构的首选防火保护措施。

按照建筑规范的要求,一、二级耐火等级的单层丙类可燃固体和丁类物流仓库每个防火分区的最大允许建筑面积分别为 1500m², 3000m²,戊类物流仓库面积不限,仓库内设置自动灭火系统时,每个防火分区最大允许建筑面积可增加 1.0 倍。防火分区必须采用防火墙分隔。当物流设备需要穿越防火墙或在防火墙上开设门窗洞口时,应在仓库内设有自动灭火系统和火灾自动报警系统的情况下,采用以背火面温升为判定条件、耐火极限不应低于 3.00 小时的防火卷帘进行可靠分隔,防止火灾蔓延,并应与火灾报警系统联动,在感烟探测器收到信号后,应一次降落到地面,同时防火卷帘两侧应安装手动启停按钮,保证安全疏散出口和疏散距离符合要求。物流仓库供垂直运输物品的提升设施宜设置在仓库外,当必须设置在仓库内时,应设置在井壁的耐火极限不低于 3.00 小时的井壁内。室内外提升设施通向仓库入口上的门应采用乙级防火门或防火卷帘。仓库内设置的办公室、休息室,应采用耐火极限不低于 2.50 小时的不燃烧体隔墙和耐火极限不低于 1.00 小时的楼板与库房隔开,并应设置独立的安全出口。如隔墙上需开设相互连通的门时,应采用乙级防火门。

3. 均匀设置消防安全疏散出口

物流仓库储存区人员相对较少,理货区和辅助区作业人员相对密集。因此,物流仓库的安全出口应分散、均匀布置,疏散距离不应大于 60m,每座仓库的安全出口不应少于两个,库内每个防火分区通向疏散走道、楼梯或室外的出口不宜少于两个,通向疏散走道或楼梯的门应为乙级防火门并向疏散方向开启。每个防火分区、一个防火分区的每个楼层,其相邻两个安全出口最近边缘之间的水平距离不应小于 5m。物流仓库的百人疏散宽度计算指标和疏散总宽度要满足建筑规范的要求,疏散楼梯的最小净宽度不宜小于 1.1m,疏散走道的最小净宽度不宜小于 1.4m,门的最小净宽度不宜小于 0.9m。进深较大的物流仓库在纵向和横向都应设置消防通道,以利于人员和货物的安全疏散,并为消防车穿过仓库提供通道。高层物流仓库必须设置封闭楼梯间,楼梯间应设置消防应急照明灯具。高层仓库应在安全出口和疏散门正上方设置"安全出口"灯光疏散指示标志,在疏散走道及其转角处距地面高度 1.0m 以下墙面上设置灯光疏散指示标志,间距不应大于 20m,在转角区间距不应大于 1.0m。

4. 设置室内外消火栓系统,配置足量灭火器材

物流仓库内应按照建筑规范设置室内外消火栓系统。室外消火栓用水量应为 45L/s,给水管网应布置成环状,向环状管网输水的进水管不应少于两条,管道直径不小于 100mm。室外消火栓间距不应大于 120m,保护半径不应大于 150m。室内消火栓用水量根据仓库高度不同分别应确定为 10L/s、30L/s、40L/s,给水管网采用临时高压系统,应连成环状且至少有两条进水管与室外管网或消防水泵相连,消防竖管直径不应小于 100mm。室内消火栓

给水系统应按规定在室外便于消防车使用的地点设置不少于两套消防水泵接合器,与室外消火栓或消防水池取水口的距离宜为15~40m,室内消火栓的间距不宜大于30m,并应保证有两支水枪的充实水柱同时到达室内任何部位。在仓库中间的消火栓应布置在疏散通道上,靠柱安装并应有明显标志,不应被货架等遮挡。火灾初期是灭火的最有利时机,物流仓库内应依据《建筑灭火器配置设计规范》(GB 50140—2005)规定,按A类火灾仓库危险等级Ⅱ级配置足够数量的磷酸铵盐灭火器,供仓库人员使用,及时扑灭初期火灾,降低火灾损失。

5. 设置有效的自动喷水灭火系统

依据建筑规范的规定,对于每座占地面积大于1000m^2的棉、毛、丝、麻、化纤、毛皮及其制品的仓库、可燃、难燃物品的高架仓库和高层仓库,应设置自动喷水灭火系统。依据《自动喷水灭火系统设计规范》(GB 50084—2001)规定,物流仓库可按仓库危险等级Ⅱ级设置自动喷水灭火系统,仓库最大净空高度不超过9.0m时宜采用湿式系统,仓库最大净空高度不超过13.5m时宜采用早期抑制快速响应喷头。湿式自动喷水灭火系统使用过程中,会出现因物品堆放过高或操作不当,非火灾状态下人为造成喷头破裂误喷事件,造成货物水浸损失。因此,在不允许有水渍损失的物流仓库可考虑设置直立型洒水喷头,直立型喷头溅水板与顶板的距离不应小于100mm,不得大于150mm。当物流仓库最大净空高度超过规范允许高度13.5m时,建议采用雨林系统并宜自地面起每4m高度处设置一层货架内置喷头。喷头上方的层间隔板应为实层板,如有孔洞、缝隙,应在喷头上方设置集热挡水板。如仓库储存条件允许可设置自动扫描射水灭火装置,或自动扫描射水高空水炮灭火装置,并与火灾自动报警控制器联动。

6. 设置合适的火灾自动报警系统

依据建筑规范的规定,对于每座占地面积大于1000m^2的棉、毛、丝、麻、化纤及其织物的库房、占地面积超过500m^2或者总建筑面积超过1000m^2的卷烟库房,应设置火灾自动报警系统。依据《火灾自动报警系统设计规范》(GB 50116—1998)规定,物流仓库均应设置火灾自动报警系统。设置火灾自动报警系统应同时设有自动和手动两种触发装置,选用的自动火灾探测器应经国家有关产品质量监督检测单位检验合格。感烟探测器的最大安装高度为12.0m,因此,当仓库高度低于12m时宜采用点型感烟探测器,设置应符合其保护面积、保护半径、安装坡度、倾斜角度及与顶棚距离的规定;但部分物流仓库因储存物资的需要,实际的净空高度都大于规范允许的探测器安装高度。因此,建议采用高灵敏度空气早期取样报警系统。空气取样管设置在网架内探测初期火灾,灵敏度比感烟探测器高,避免了由于高度太高探测器探测不到初起火灾的问题;当仓库高度大于12m但小于20m且仓库上方无遮挡的空间时,采用红外光束感烟探测器,其设置应符合光束轴线至顶棚的垂直距离宜为0.3~1.0m,距地高度不宜超过20m的规定。物流仓库每个防火分区应至少设置一个手动火灾报警按钮。手动报警按钮宜设置在物流仓库的出入口处明显和便于操作的部位,安装在墙上时,其底边距地高度宜为1.3~1.5m,且应有明显的标志。

7. 设置可靠的排烟和排热设施

物流仓库可采用设置可开启侧窗和天窗的自然排烟方式,也可设置机械排烟设施,排除火灾产生的大量烟气和 70%~80%的热量,还可控制火势蔓延。单层物流仓库具备自然排烟条件的宜采用自然排烟设施。可通过增加排烟口数量、增大排烟口面积,使排烟净面积达到仓库建筑面积的 5%左右。屋顶天窗排烟口的可靠性和排烟效率高于侧窗,应尽量设置天窗作为自然排烟口,并应有方便开启的装置,也可利用固定的高温易熔化采光带实现开启。自然排烟口距本防烟分区最远点的水平距离不应超过 30m。对于进深大于 60m、高度大于 9m 的物流仓库,由于大多数工作人员均在靠外墙的理货区或辅助区内,发生火灾时,烟气难以降到距离地面 2m 以下,此类物流仓库的排烟距离控制在 40m 以内为宜。物流仓库不具备自然排烟条件时,应设置机械排烟设施,当仓库空间净高大于 6m 时,一般不考虑划分防烟分区。机械排烟系统横向宜按防火分区设置,竖向穿越防火分区时,垂直排烟管道宜设置在管井内,在穿越处设置温度超过 280℃时能自行关闭的排烟防火阀。机械排烟系统的风机可采用离心风机或排烟专用轴流风机,在 280℃时能连续工作不少于 30分钟。排烟口、排烟阀应设置手动和自动开启装置,应与风机联锁,开启时能自动启动排烟风机。排烟口与可燃物距离不应小于 1.0m,排烟口距本防烟分区最远点的水平距离不应超过 30m,排烟口风速不宜大于 10m/s。

8. 设置完善的消防联动控制系统

依据规范要求设有室内外消火栓系统、火灾自动报警系统、自动喷水灭火系统、机械防排烟系统等的物流仓库应设置消防控制室,由以下部分或全部控制装置组成消防控制设备,即火灾报警控制器、自动灭火系统控制装置、室内消火栓系统控制装置、自动扫描射水高空水炮灭火装置控制、机械排烟系统控制装置、防火卷帘、防火阀控制装置、火灾应急广播控制装置、火灾警报装置控制装置、火灾应急照明与疏散指示标志控制装置。消防控制设备应有以下控制及显示功能:控制消防设备的启、停,并显示其工作状态;消防水泵、排烟风机的启、停,除自动控制外,还应能手动直接控制;显示火灾报警、故障报警部位;显示重点部位、疏散通道及消防设备所在位置平面图或模拟图;显示系统供电电源工作状态;火灾警报与应急广播按规定的控制程序警示或通知人员安全疏散;确认火灾后切断非消防电源,接通火灾应急照明灯和疏散指示标志灯。消防控制设备应对消防设备运行状态进行监控,确认火灾后应可靠自动或手动启动相应的消防联动设备。物流仓库消防用电应不低于二级负荷供电,并宜设置漏电火灾报警系统。配电室、消防控制室、消防水泵房、排烟机房以及发生火灾时仍需正常工作的房间应设置消防应急照明灯具。

9. 严格依法进行物流仓库消防安全管理

物流仓库应当严格落实消防安全责任制,落实安全防范措施,消除火灾隐患,防止火灾事故发生。物流仓库的消防安全应当明确主管部门和相关人员的责任,健全仓库用火、用电管理制度,仓库内不准明火作业,如需动火必须事先经有关部门审批,开具动火证,并采取防火措施。作业后应认真检查,确认安全才可离开现场。仓库内和周围严禁吸烟、用火。可在远离仓库的地方设置专门的吸烟区,并配置灭火用的细沙、灭火器。仓库内严禁采用明火取暖和做饭等,仓库电气设备的安装使用和线路敷设应按照有关规定执行,不得乱拉临时电线,确有必要时,应经消防安全管理人员批准后由正式电工安装,使用后应及时拆除。仓库内电气设备应经常检查,并每半年进行一次绝缘测试,发现异常情况,必须及时修理。仓库内宜使用低温照明灯具，并应对灯具的发热部件采取隔热等防火保护措施，不应设置卤钨灯等高温照明灯具。配电箱及开关宜设置在仓库外。物流仓库应组建义务消防队，加强消防管理人员力量，加强消防设施的维护管理，确保消防设施自投入使用开始必须处于运行和备用状态。消防控制室的设备应当实行每日 24 小时监控，确保及时发现并准确处置火灾和故障报警。消防安全管理人员每天应进行巡视检查，检查以火源管理、电源管理、仓库和库存物品管理、灭火器材及消防设施运行情况、值班在岗情况、使用明火情况等为重点，发现火灾隐患必须坚决整改，切实消除火灾隐患，确保仓库消防安全。

5.4　危险品物流消防安全管理

危险品物流是一种特殊商品的物流，是物流行业中一个特殊的组成部分，相对普通的物流来说，危险品物流更需要全面、准确、可靠的信息管理和控制。因此，危险品物流的消防安全也必须加以特别的管理。

5.4.1　危险品物流火灾危险性分析

1. 危险品物流火灾危险性

易燃易爆危险品大都含有爆炸性物质、自反应物质、烟火物质、发火物质、自热物质、氧化性物质等，上述物质在常规条件下极易发生燃烧和爆炸。另外，作为将危险品运输、储存、装卸、搬运、包装、流通加工、配送、信息处理等基本功能实施有机结合的危险品物流行业，体现了危险品从供应地到接收地的实体流动过程，进一步增强了火灾发生的可能性。

由于涉及位置转移和转换，危险品运输过程面临着较多的不确定因素。运输工具的状况、运输路线的路况、运输人员的状态、天气的情况、其他交通工具的影响等均在一定程度上存在火灾风险。国外相关研究显示，1926—1997 年间在 3222 次危险化学品事故中，41%的事故发生在运输过程中。我国专家对 200 起危险化学品公路运输事故进行了研究，结果显示，58%的事故由交通意外引起，而非交通意外的原因主要包括车辆改装、车辆缺陷、超载、配比不当、泄漏、技术问题等。易燃气体泄漏后起火的概率为 19.5%，起火后发生爆炸的概率为 75%；易燃液体泄漏后起火的概率为 39.6%，起火后发生爆炸的概率为 47.8%。同时，危险品运输环节火灾具有偶然性和分散性，在一定程度上对于火灾救援造成了不利影响。

虽然相对而言，危险品仓储环节受外部不确定因素影响较小，但依然存在较多火灾风险。仓库选址、仓库设计、仓储设施、总体布局、材料选用、仓储管理等均可能对危险品仓储消防安全造成影响。特别是近年来，随着大型物流园区的建设，物流仓库大型化、综合化趋势相当明显，火灾发生的危险性和火灾发生后的危害性均有所增加，给危险品仓储消防安全带来了更大压力。

包装、流通加工已经成为现代物流行业重要组成部分。近年来，由于化工和新材料技术的发展，危险品的种类日渐增多，产品品种日趋细化。目前，我国《危险货物分类与品名编号》(GB 6944—2005)将危险品分为九类共 22 项,《危险货物品名表》(GB 12268—2005)中在册的已达 2763 个品名,各品名之间的物理和化学性质差异很大。不同种类危险品对流通加工工艺、流通加工技术、包装方式、包装材料、包装标识具有不同要求,任何一个细小的疏忽都有可能造成危险的后果,给加工和包装环节的消防安全造成了较大挑战。

危险品装卸是物流领域另一火灾高危环节。在危险品装卸和搬运过程中,装卸和搬运设备、装卸和搬运流程、装卸和搬运人员以及周围环境均是消防安全的重要影响因素。而且,由于往往涉及多个过程的相互协调,装卸和搬运过程中的危险因素相对更为复杂,人为操作失误的概率也较大。

此外,危险品物流行业火灾危险具有较强的系统性,各环节火灾危险性并非相互独立,而是存在一定相互联系。装卸和包装既对危险品运输环节火灾危险性产生重要影响,同时又是现代物流仓储的有机组成部分,在一定程度上决定着危险品仓储环节的消防安全。

2. 危险品物流行业消防安全管理存在的问题

近年来,有关部门十分重视危险品安全问题,先后修订和出台了《道路危险货物运输管理规定》(2005 年 7 月)、《危险化学品安全管理条例》(2011 年 3 月)、《首批重点监管的危险化学品名录》(2011 年 6 月)、《危险化学品重大危险源监督管理暂行规定》(2011 年 7 月)、《危险化学品生产企业安全生产许可证实施办法》(2011 年 8 月)、《危险化学品输送管道安全管理规定》(2012 年 1 月)、《危险化学品建设项目安全监督管理办法》(2012 年 1 月)等一批法律法规,不断强化危险品安全管理。另外,我国危险品安全管理与发达国家相比仍存在一定差距,同时相关行业快速发展也对危险品安全管理带来了新的挑战。具体到危险品物流行业消防安全管理,目前依然存在一些突出问题和困难。

(1) 危险品物流行业以中小企业居多,企业规模普遍较小,安全意识相对较为薄弱。目前,我国危险品物流领域,特别是第三方危险品物流企业中,中小企业占据绝大多数。受企业规模、资金实力等因素的限制,部分企业安全设施配备不足,工作人员缺乏相关的安全知识,安全管理水平较低,甚至存在无证经营的情况,对行业消防安全造成了潜在威胁。

(2) 大型综合性物流园区涌现增加了消防安全监督的难度。随着物流行业在国民经济中的地位不断提升,各地陆续修建了一批大型综合性物流园区,这些物流园区不仅投资规模大、占地面积大,而且经营范围广,产品往往涉及多个行业和多个门类,以石化产品为代表的危险品物流也是大型综合性物流园区的重要组成部分。虽然大型综合性物流园区通常现代化水平较高,但由于企业众多,物流、人流较为密集,货物进出速度较快,企业间相互影响较为明显,给区域内危险品物流企业的消防安全监督带来了较大挑战。

(3) 盲目追求经济效益,忽视安全生产的现象依然较为严重。在经济效益的驱动下,部分危险品物流企业对安全生产的重视程度不够,内部安全生产规章执行不力,装卸配送等环节未按流程操作、安全设施配备不足、生产设施老化和超期服役、运输过程超载、包装材料偷工减料等现象依然较为突出。近年来,在危险品物流领域,由于设施老化和人为操作失误造成的火灾、爆炸事故时有发生。

(4) 危险品物流相关配套行业尚需规范发展。作为国民经济的有机组成部分,危险品物流行业发展与交通、机械、建筑、材料、电子、化工、配套服务等行业密切相关,相关行业发展的规范性在一定程度上关系到危险品物流行业安全。目前，我国危险品物流配套行业还存在较为明显的安全隐患。例如，在不同区域结合部和部分公路偏远地段仍存在一些非正规加油站、汽车修理店，为了降低成本，部分危险品运输人员前往上述站、店对车辆进行加油和维修，极大增加了消防安全隐患。

(5) 危险品消防安全管理法律法规有待进一步完善。虽然 2009 年 5 月开始实施的新修订的《中华人民共和国消防法》中再次强调，"生产、储存、装卸易燃易爆危险品的工厂、仓库和专用车站、码头的设置，应当符合消防技术标准"和"生产、储存、运输、销售、使用、销毁易燃易爆危险品，必须执行消防技术标准和管理规定"，但由于易燃易爆危险物品的监管涉及安全监督、交通、铁路、民用航空、工商、质检、环保、邮政、卫生等十几个部门，加之相关法律法规的调整，部分地区对危险品消防监督职责的认识出现偏差，甚至出现弱化危险品消防监督的倾向，对我国危险品相关行业的健康发展构成了不利影响。此外，部分规范已经不适应行业发展，急需调整。例如，《建筑设计防火规范》(GB 50016—2006)中关于储存甲类和乙类物品的仓库防火分区的规定较为简单，较难适应危险品品种日趋多样化和物流仓库大型化发展的需要。

3. 危险品物流过程中消防安全管理存在的问题

危险品通常来源于消费品或工业副产品，包括易燃、易爆、有毒、易氧化和具有传染性、放射性、腐蚀性的物品等。危险品物流是一种特殊商品的物流，具有很强的专业性和技术性，其管理过程的基点是安全性，这是它区别于普通商品物流的重要体现。危险品由于其本身的特性，以及在化学属性上的差异，使其固有的危险性贯穿于生产、流通的全过程。目前在消防安全管理上存在以下问题。

1) 生产过程存在的问题

危化品生产的物流是化工企业内部生产的物流过程，即按照工厂布局，产品生产过程和工艺流程的要求实现原料、配件、半成品等物料，在工厂内部供应与车间、车间与车间、工序与工序、车间与成品库之间流转的物流活动。近来，化工企业生产的安全事故虽然得到遏制，但事故仍时有发生，安全生产状况仍然令人担忧，其表现在以下五个方面。

(1) 生产企业具有高温、高压、易燃、易爆、有毒有害的特点，而原有的国有大中型企业及中小型民营企业，存在厂址与周边的建筑构筑物及居民和重要建筑物的安全距离不符合要求，对于改建、扩建项目未经具有资质的单位进行认证和设计，这是产生危害周边环境重要源头之一。

(2) 原有的化工企业生产装备处于设备老化，工艺技术落后，自动化程度低的状态，运行故障频繁，与现行标准规范的安全设施相差甚远。

(3) 安全生产管理机构不健全，生产操作规程和安全作业规程不完善，不同程度上存在违规操作，麻痹大意现象。

(4) 对于原材料、半成品、配件等，随意堆放，混合摆放，缺少合格的储存货场或仓库。部分物料混放一旦泄漏后会发生剧烈的化学反应引发火灾、爆炸，增加了不安全因素。

(5) 部分化工企业安全意识淡薄，安全资金投入不足，安全之类的"软件"投资能省就省，使得安全设施不到位，消防器材不到位，防护用品配备不到位，对从业人员的安全培训普遍不到位。

2) 运输过程存在的问题

危化品运输物流主要是对化工产品从供应地向接收地的实体流动过程，是运输、储存、装卸以及信息处理等基本功能实施有机结合。随着经济的发展，工业化学品运输储存为高频率、大范围的特点，稍有不慎，就可能引起灾难性的后果。与生产领域相比，化学品运输物流领域的安全状况更令人担忧。存在的问题有以下四个方面。

(1) 没有严格按照有关法律、法规办理审批运输通行证、储存许可证等相关证照，以及运输路线图和储存区域图，没有按规定办理审批和认可。

(2) 在运输、储存过程中存在严重的违章行为，超载超限运输，储存分类不清，随意存放的现象严重，企业一线人员安全意识淡薄，安全培训不到位。

(3) 化学品仓储机构不健全，缺少合格的危化品仓库，缺少专门的化学品物流企业。

(4) 政府机关机构监察管理力度不够，同时存在着基层行政管理体制难以应对越来越大规模的运输。

3) 储存过程存在的问题

危化品的一般特征是化学稳定性差，在储存运输过程中受到外界条件的刺激如日晒、雨淋、温湿度变化或者相抵触的物品相互接触时就会引起诸如爆炸、燃烧、中毒、化学损伤、辐射伤害等事故，造成人身伤亡及国家财产的重大损失。在危化品物流过程中存在的安全问题如不能及时整治，在条件具备的情况下引发事故的发生，特别是引发易燃、易爆有毒的化学品事故发生，那不仅仅是造成企业人员的伤亡和财产损失，甚至会对社会和周边的人民群众生产生活形成灾害。

(1) 危化品物流仓库火灾的原因大多都是直接或间接地违反安全规定所引起的。危化品物流仓库火灾的原因主要有以下几种。

① 火种控制不严。主要有违章动火、玩火、纵火、吸烟、装卸作业中引发的火种；临时外来人员、随车人员等吸烟；装卸作业引发火种(临时照明和动力电线短路超负荷、摩擦火星、电线辗压等)，违章切割、无证动火、违反规定操作。

② 仓库照明管理不善。主要有仓库照明灯具选用不当、堆垛超高未保持灯距、照明施工质量差导致灯脱落、临时照明设置不当等；使用高温照明、灯位设置不当、用后未切断电源，辐射热积聚而引发堆垛火灾；临时照明设置不妥，受风或电线拉动而倾倒，无人看管而引起火灾。

③ 危险化学品通风散热条件不良，防潮防火、防暑降温措施不力，堆放不规范，缺乏专业知识致使库存物品发生生物、物理或化学反应引起自燃、燃烧或爆炸。

④ 防雷设计有盲区或防雷设施保养不善。设计有盲区、避雷设施保养不善，对球雷、感应雷、带状雷研究与防护不够。

⑤ 其他类如危险物品仓库没有分类分项存放、装卸作业无有效防静电措施、擅自改变仓库储存物质性质。乱搭乱建、乱堆甚至吃住在库区；人员和物资进出极度混乱；擅自改变防火分区、防火间距，消防设施不能完整好用等。

(2) 危化品物流仓库火灾的一般特点。

① 布局不规范，必要防火通道堵塞。出于成本考虑，一般物流环节能利用的空间都尽量被利用到，某些必须预留的安全空间也被占用，整个仓库码放分区杂乱，布局缺乏科学指导。某些企业将仓库、车间合为一处，达不到必要的防火安全标准；发生火情后码放

物资往往"火烧连营",而由于消防通道被堵塞,救火的最佳时机常被人为延误,造成不必要损失。

② 安防人员力量不足,管理不到位导致火情发现晚;仓库规模的大小和费用开支决定了仓库管理人员的多少,日常工作时间由于在岗人员较多,能够达到仓库有人这一基本要求;而下班后库区人员锐减,通常只有值班室有人值班,无法及时发现火情而延误扑救时间。

③ 出于安全考虑和城市建设规划需要,大部分仓库选址在郊区和人口密度相对较小的地区,由于地理条件的限制,这些地方大多消防能力严重不足。

④ 从库房建设要求来看,物流库房一般库房较长、房体跨度大、顶棚高、耐火等级低,易燃物品码放密度大,过火速度快,燃烧易形成规模效应;火情复杂,可燃物不完全燃烧,产生大量高温有毒烟尘,阻碍视线,不利于人员逃生;由于火场条件易于空气对流,造成可燃物余烬飞散,容易引发他处火情。

5.4.2 危险品物流消防安全管理

进入21世纪以来,我国易燃易爆危险品生产保持了较快增长,就未来发展而言,我国易燃易爆危险品生产和消费仍有巨大发展潜力,与之相伴的危险品物流行业也将保持较高的发展速度。

1. 危化品物流消防安全管理的对策

鉴于危险品物流行业的特点,加强消防安全管理是行业健康发展的重要保障。根据危险品物流行业存在的突出问题,需要在以下五个方面加强消防安全管理。

(1) 充分重视危险品物流行业火灾防范的系统性,在行业各个环节、各个层面严格消防安全管理。如前所述,危险品运输、仓储、流通加工、包装、装卸等各个环节均存在不同程度的火灾风险,而且各个环节之间又相互影响,共同决定危险品物流行业整体火灾危险性。据此,危险品物流行业消防安全管理要力争做到系统性和完整性,力争不放过每一个细小环节,实现行业消防管理全覆盖。适时将"消防监督员五到位工作法"应用于危险品物流行业消防安全管理,充分调动企业和广大群众的积极性,在行业各环节和各领域实现基础工作、分析研判、组织推动、宣传培训、监督检查五个方面工作到位,全面落实社会化消防工作责任制,对于排除危险品物流行业火灾隐患,提升行业消防安全管理水平具有重要意义。

(2) 充分重视行业关联性,加强危险品物流相关行业消防监管。危险品物流相关配套行业虽然并不属于火灾高危险性行业,但也直接关系到危险品物流行业的火灾风险性。深刻认识规范相关配套行业对危险品物流行业的重要作用,在加强危险品物流行业管理的同时,积极完善包装材料、特种车辆制造、公路加油站、公路服务区等领域的建设和监管,坚决取缔非法加油站、汽车修理厂等潜在风险隐患,规范配套服务行业生产规范,在促进相关行业发展的同时,为危险品物流行业营造良好的外部环境。

(3) 完善危险品消防管理法律法规,明确管理部门消防管理职责。全面落实《中华人民共和国消防法》和《危险化学品安全管理条例》,有关部门研究制定和完善危险品消防安全管理相关条例、危险品消防安全管理细则、危险品物流行业消防安全应急预案等配套法规，进一步明确各有关部门和相关利益主体危险品管理职能和责任，统一和提高公安消防机构危险品监管意识，强化公安消防机构危险品相关行业管理力度。根据行业发展需求，适时调整和修订危险品物流行业相关规范，在确保安全的前提下，最大限度促进行业健康发展。

(4) 消防安全宣传和消防安全监管并重，增强危险品物流企业安全意识。通过报纸、图书、广播、电视、网络等多种渠道，加强危险品运输、包装、仓储等环节的消防安全宣传，积极组织行业从业人员进行消防安全培训；加大消防安全监管执法力度，对于违反相关法律法规的企业和个人严格按照有关规定进行处罚，不断提高危险品物流企业安全生产的自觉性和主动性。

(5) 适度提升行业集中度和技术装备水平，提高危险品物流行业消防安全水平。根据危险品物流行业发展需要，通过相关政策引导，积极推动行业内兼并重组，鼓励大型企业集团进入危险品物流领域，逐步提高企业规模，培育若干大型危险品物流企业，增强企业消防安全设施装备能力和消费安全管理水平。大力推进物联网等先进信息技术在危险品物流行业中的应用，加强现代信息技术与行业消防安全管理以及事故救援的融合，借助现代信息技术增强行业消防监督管理。

2. 危化品物流仓库火灾的灭火措施

危化品属于特殊的商品，对于危化品物流仓库火灾应采取以下灭火措施。

(1) 加强第一出动，以快制快。要根据化学危险品的理化性质调动相应的足够灭火或抢险救援力量，统一指挥部署，迅速展开战斗行动，及时排除险情和有效地扑灭火灾。

(2) 正确选用灭火剂。大多数易燃可燃液体都能用泡沫扑救，其中水溶性的有机溶剂则应用抗溶性泡沫。可燃气体火灾可用二氧化碳、干粉、卤代烷等灭火剂扑救。有毒气体、酸碱液可用喷雾或开花水流稀释。遇火燃烧的物质及金属火灾，不能用水扑救，也不能用二氧化碳、卤代烷等灭火剂，宜用干粉或沙土覆盖扑救。轻金属火灾可采用7150轻金属灭火剂。

(3) 堵截火势，防止蔓延。当燃烧物品部分燃烧，且可以用水或泡沫扑救的，应立即布置水枪或泡沫管枪等堵截火势，冷却受火焰烘烤的容器，要防止容器破裂，导致火势蔓延。如果燃烧物是不能用水扑救的化学物品，则应采取相应的灭火剂，或用沙土、石棉被等覆盖，及时扑灭火灾。

(4) 重点突破，排除险情。火场如有爆炸危险品、剧毒品、放射性物品等受火势威胁时，必须采取重点突破，排除爆炸、毒害危险品。要用强大的水流和灭火剂，消灭正在引起爆炸和其他物品燃烧的火源，同时冷却尚未爆炸和破坏的物品，控制火势对其威胁。组织突击力量，设法掩护疏散爆炸毒害危险品，为顺利灭火和成功排险创造条件。

(5) 加强掩护，确保安全。在灭火战斗中，要做好防爆炸、防火烧、防毒气和防腐蚀工作。灭火人员要穿着隔热服或防毒衣，佩戴防毒面具或口罩、湿毛巾等物品，并尽量利用有利于灭火、排险的安全地形地物。在较大的事故现场，应划出一定的"危险区"，未经允许，不准随便进入。

(6) 清理现场，防止复燃。化学危险物品事故成功处置后，要注意清理现场，防止某些物品没有清除干净而再次复燃。扑救某些剧毒、腐蚀性物品火灾或泄漏事故后,要对灭火用具、战斗服装进行清洗消毒,参加灭火或抢险的人员要到医院进行体格检查。针对各种化学危险物品的理化性质、现场态势,充分利用固定灭火设施和建筑消防设施,采取有效的工艺灭火手段和战术对策,合理使用兵力,实施正确、有效的指挥。

3. 易燃液体仓库火灾的扑救方法

易燃液体通常也是储存在容器内或管道输送的。与气体不同的是,液体容器有的密闭,有的敞开,一般都是常压,只有反应锅(反应炉、反应釜)及输送管道内的液体压力较高。液体不管是否着火,如果发生泄漏或溢出,都将顺着地面(或水面)飘散流淌,而且易燃液体还有相对密度和水溶性等涉及能否用水和普通泡沫扑救的问题以及危险性很大的沸溢和喷溅问题,因此,扑救易燃液体火灾往往也是一场艰难的战斗。

(1) 首先应切断火势蔓延的途径,冷却和疏散受火势威胁的压力及密闭容器和可燃物,控制燃烧范围,并积极抢救受伤和被困人员。如有液体流淌时,应筑堤(或用围油栏)拦截飘散流淌的易燃液体或挖沟导流。

(2) 及时了解和掌握着火液体的品名、相对密度、水溶性以及有无毒害、腐蚀、沸溢、喷溅等危险性,以便采取相应的灭火和防护措施。对较大的储罐或流淌火灾,应准确判断着火面积。

(3) 小面积(一般在 $50m^2$ 以内)液体火灾,一般可用雾状水扑灭。用泡沫、干粉二氧化碳、卤代烷灭火一般更有效。大面积液体火灾则必须根据其相对密度、水溶性和燃烧面积大小,选择正确的灭火剂扑救。比水轻又不溶于水的液体(如汽油、苯等),用直流水、雾状水灭火往往无效,可用普通蛋白泡沫或轻水泡沫灭火。用干粉、卤代烷扑救时灭火效果要视燃烧面积大小和燃烧条件而定,最好用水冷却罐壁。比水重又不溶于水的液体(如二氧化碳)起火时可用水扑救,水能覆盖在液面上灭火,用泡沫也有效。干粉、卤代烷扑救,灭火效果要视燃烧面积大小和燃烧条件而定,最好用水冷却罐壁。

(4) 具有水溶性的液体(如醇类、酮类等),虽然从理论上讲能用水稀释扑救,但用此法要使液体的闪点消失,水必须在溶液中占很大的比例。这不仅需要大量的水,也容易使液体溢出流淌,而普通泡沫又会受到水溶性液体的破坏(如果普通泡沫强度加大,可以减弱火势),因此最好用抗溶性泡沫扑救,用干粉或卤代烷扑救时,灭火效果要视燃烧面积大小和燃烧条件而定,也需用水冷却罐壁。扑救毒害性、腐蚀性或燃烧产物毒害性较强的易燃液体火灾,扑救人员必须佩戴防护面具,采取防护措施。扑救原油和重油等具有沸溢和喷溅危险的液体火灾,如有条件,可采用取放水、搅拌等防止发生沸溢和喷溅的措施,在灭火同时必须注意计算可能发生沸溢、喷溅的时间和观察是否有沸溢、喷溅的征兆。发现危险征兆时应迅速做出准确判断,及时下达撤退命令,避免造成人员伤亡。扑救人员看到或听到统一撤退信号后,应立即撤至安全地带。遇易燃液体管道或储罐泄漏着火,在切断蔓延把火势限制在一定范围内的同时,对输送管道应设法找到并关闭进、出阀门,如果管道阀门已损坏或是储罐泄漏,应迅速准备好堵漏材料,然后先用泡沫、干粉、二氧化碳或雾状水等扑灭地上的流淌火焰,为堵漏扫清障碍,其次再扑灭泄漏口的火焰,并迅速采取堵漏措施。与气体堵漏不同的是,液体一次堵漏失败,可连续堵几次,只要用泡沫覆盖地面,并堵住液体流淌和控制好周围的火源,不必点燃泄漏口的液体。

小 结

对于物流行业来说,消防事故普遍存在于危险化学品、仓储管理与交通运输中,一旦发生消防事故将会给企业带来巨大的财产损失,威胁员工的人身安全。酿成这些事故的一个不可忽视的重要原因,是一些从业人员安全意识淡薄,既缺乏基本的安全法律法规常识与安全知识,又缺乏必要的应急避险能力。

本章首先介绍了消防设施设备配备,进而对安全疏散设施安全管理与灭火器的配置进行了介绍,让读者对消防安全有一个基础的了解。再针对消防系统安全、物流仓库消防安全管理、危险品物流消防安全管理进行较为详尽的解读。通过对本章内容的学习,读者会对消防安全管理有一个深刻的认识。

思考与练习

5-1 简述安全疏散设施设置原则。
5-2 简述泡沫灭火剂分类。
5-3 简述气体灭火系统的分类。
5-4 分析物流仓库火灾危险性。
5-5 简述物流仓库的消防安全对策。
5-6 分析危险品物流行业火灾危险性。

第 6 章 供应链金融风险管理

随着社会化生产方式的不断深入，市场竞争已经从单一客户之间的竞争转变为供应链与供应链之间的竞争。同时，由于赊销已成为交易的主流方式，处于供应链中上游的供应商，很难通过"传统"的信贷方式获得银行的资金支持，而资金短缺又会直接导致后续环节的停滞，甚至出现"断链"。维护所在供应链的生存，提高供应链资金运作的效力，降低供应链整体的管理成本，已经成为各方积极探索的一个重要课题，因此，供应链金融应运而生。

6.1 供应链金融概述

【导入案例】

1. 案情介绍

某市 A 配件厂是一家专为本市知名摩托车企业 B 生产零配件的小企业。由于摩托车企业 B 出口量大增，A 配件厂和它签订了长期供货合同。然而最近 A 配件厂为了提高产能，进行了基础生产线的建设，流动资金消耗殆尽。该厂急需原料款进货，完成订单；否则就可能破产。于是，该厂的厂长希望能向几家大银行申请到一笔中长期贷款，但是被这几家银行先后拒之门外。银行的理由是：A 配件厂缺乏有效的抵押物和担保措施，信用不足。

最后，在朋友的推荐下，A 配件厂厂长找到了平安银行，银行在详细了解了企业情况后，通过运用"供应链金融"为 A 配件厂解决了流动资金紧张的问题，帮助企业在 3 年内，销售收入从 6 亿元增加到了 25 亿元。

2. 案情分析

A 配件厂融资困难在于它的上下游都是强势企业——上游的 C 钢铁厂要求先款后货，下游的 B 摩托车企业要求先货后款，这就挤占了 A 厂有限的流动资金。A 配件厂自身有订单充足、产能较高的优势，而其上下游企业虽然要求苛刻，却资本雄厚，信用度高。基于此，银行不再传统地把 A 配件厂与其上下游分割、当作单独的客户，而是把它与上下游企业——C 钢铁企业、B 摩托车企业看成一个整体。

一方面，以 A 配件厂的上游——C 钢铁企业作为核心企业，鉴于 A 配件厂和 C 钢铁企业有长期良好的合作关系，银行可以和 A 配件厂、C 钢铁企业签订三方协议。首先，由 A 配件厂开具商业承兑汇票给 C 钢铁企业；然后，C 钢铁企业持票到银行贴现后发货。这样，A 配件厂因为上游 C 钢铁企业"先款后货"而造成的原料供应问题迎刃而解。如果 C 钢铁企业只接受银票或贷款，不愿接受商业承兑汇票贴现，那么银行与 A 配件厂、C 钢铁企业签订的三方协议可以这样规定：C 钢铁企业在收到银行预先支付的原料款后，发货到银行指定地点，由银行指定的物流监管，形成存货质押融资；A 配件厂每接一笔订单，交一笔钱给银行赎货。

另外，以 A 配件厂的下游——B 摩托车企业作为核心企业。A 配件厂将应收款委托给银行管理，银行根据这些应收账款的数额，给予 A 配件厂一个融资额度。A 配件厂凭此额度可获得连续的融资安排和应收账款管理服务，无需提供其他保证或抵押担保。这样就解决了下游 B 摩托企业"先货后款"造成的流动资金不足的问题。

"供应链金融"相当于让 A 配件厂获得了一笔长期贷款，因为只要 A 配件厂的订单不断，就可以长期执行以上方案。

3. 案例总结

银行运用供应链金融的"自偿性"理念，通过把中小企业上游或下游中资产雄厚的企业作为核心企业，使得中小企业得到信用担保，并且做到"借一笔、完一单、还一笔"，实现了"既能有效解决中小企业融资难题，又能延伸银行的纵深服务"的双赢效果。

(资料来源：http://blog.sina.com.cn/s/blog_14ed6cd330102wia1.html)

供应链金融从资金流角度上把整个供应链的参与主体联系在一起，搭建了创新型的战略联盟合作关系。探讨供应链金融有效运作将是供应链参与成员协同发展之道，即使实现供应链多方参与企业共赢、解决中小企业融资困境的要求，也是金融企业进行业务拓展创新、提升竞争力的有效途径。

6.1.1 供应链金融产生的背景及含义

1. 供应链金融产生的背景

供应链金融的产生以全球化供应链产业组织模式的演进为背景，它发端于 20 世纪 80 年代，由于世界级巨头企业为了让成本最小化，在全球寻求外采和外包的业务，从而衍生出供应链管理概念。全球性离岸外包活动导致的资本效率低下、供应链整体融资成本更高问题，以及资金流在供应链部分节点瓶颈引起的"木桶短板"效应，实际上部分抵消了分工带来的效率优势和外包企业劳动力低廉所带来的最终成本节约。由此，供应链管理的财务运作价值得到重视，所谓"财务供应链管理就是通过实施供应链上下游企业资金筹措和现金流的统筹安排，合理分配各个节点的流动性，从而实现整个供应链成本的最小化。"因此，财务供应链的实施者是核心企业，其最主要的战略伙伴是以商业银行为代表的金融机构，直接的受众是供应链所有成员，最终受益的则是核心企业自身。在一些发达国家，运用供应链金融解决财务供应链管理的做法日益受到重视，国际银行业开展了相应的供应链金融业务创新，以适应市场需求。供应链金融随之逐渐发展，成为一项金融创新业务。

一般情况下，一个特定商品的供应链是将供应商、制造商、分销商、代理商、零售商、消费者连成一个整体链条，从原材料采购到制成半成品以及产成品，最终由销售网络把产品送到消费者手中，在整个供应链中，核心企业一般会利用其规模较大、竞争力较强的强势地位，在折扣、交货、账期等交易条件方面以苛刻的要求对上下游配套中小企业，进而给中小企业形成了巨大的资金压力。由于自身原因，小企业又很难从商业银行取得融资贷款，结果形成十分紧张的资金链，整个供应链就会出现问题。但核心企业如果能够用自身的资信注入其上下游企业，商业银行等第三方金融服务机构又能够有效监管核心企业及其上下游企业的业务资金往来，那么商业银行等第三方金融服务机构就能通过供应链融资综合服务方案盘活整个供应链资金流，同时银行也获得更丰厚和业务增长创新机遇，这就是供应链金融产生的背景和需求。

2. 供应链金融的含义

在美国等西方发达国家，供应链金融几乎与其他金融业务同步发展，供应链金融始于19世纪中期存货质押贷款业务，经过200多年的创新与发展，供应链金融业务逐步丰富起来，通过物流企业的深入参与，形成了现代供应链金融。并在2008年次贷危机时机，供应链金融成为银行融资业务的一枝独秀，帮助多个企业渡过了资金断裂的难关。在西方国家，供应链金融管理被称为 FSCM(Financial Supply Chain Management)，主要是从企业的角度出发探讨供应链上最佳的运营资本管理和现金管理。米迦勒·拉穆罗斯(Michael Lamounreux，2008)解释供应链金融为：是在核心企业主导的企业生态供应链系统中的，一种对资金的成本和可得性进行系统性优化的过程。而维特斯(Waiters，2004)则从价值链和需求链角度出发定义供应链金融为：通过对各种金融服务和产品的创新，对供应链中的各项资源进行有效整合，是一种为供应链中的各个成员创造价值的价值链管理。

综合业界对供应链金融的界定，基本可以划分为三类。

(1) 对于物流服务商来说，供应链金融是物流与金融业务的集成，协作与风险共担的有机结合服务，是一种金融物流或物流金融。所服务的对象为供应商、生产商、销售商、物流企业与金融机构等。

(2) 对于供应链核心企业而言，供应链金融是在核心企业主导的企业生态圈中对资金的可得性和成本系统优化的过程。

(3) 商业银行则认为供应链金融是指站在供应链整体银行监管的高度，将供应链上所有的企业看作一个有机的整体，以供应链交易过程中的链条关系为基础，为相关企业提供灵活运用金融产品和服务的融资创新解决方案。

而在中国，2006年6月深发展银行首次提出了"供应链金融"的概念。直到2011年，我国"三角债(企业间因拖欠货款形成的债务链)"问题呈蔓延趋势，严重困扰着中小企业的生存与发展，资金链的断裂导致很多中小企业面临倒闭；同时，国家为了控制信贷规模，限制了各商业银行的贷款额度，银行界才开始关注供应链金融业务，并将其作为商业银行经营战略转型的突破口之一。发展至今，根据深发展银行对供应链金融业务操作经验，对供应链金融进行了以下定义：供应链金融是对一个产业供应链中的单个企业或上下游多个企业提供全面的金融服务，以促进供应链核心企业及上下游配套企业"产—供—销"链条的稳固和流转顺畅，并通过金融资本与实业经济协作，构筑银行、企业和商品供应链互利共存、持续发展、良性互动的产业生态。供应链金融将供应链上的物流、信息流和资金流贯穿于一体，为供应链上从原材料供应商到最终用户整个过程的上下游企业注入资金活力，不仅密切了供应链上下游企业业务往来，还成为中小企业的新型融资模式，解决了供应链上资金短缺现状。供应链金融的概念结构如图6-1所示。

在供应链管理中，物流、资金流、信息流是同时存在的，供应链金融很好地实现了三流合一，信息流和资金流的有机结合为供应链上、下游企业之间的物流流转提供更为强大的支持，具体供应链金融的运作方法如图6-2所示。随着经济全球化的不断发展和新型市场中出现的新的贸易机会，完善企业资金流管理机制已经成为供应链管理研究的重点话题。

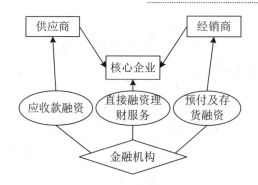

图 6-1 供应链金融的概念结构

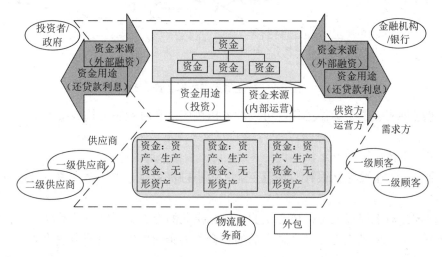

图 6-2 供应链金融的运作方法

3. 供应链金融的构成要素

从行业供应链的整体结构分析供应链金融的构成要素，如图 6-3 所示。

(1) 一个特定商品的供应链从原材料采购，到制成中间及最终产品，最后由销售网络把产品送到用户手中，将供应商、制造商、分销商、零售商，直到最终用户连成一个整体。通过使用同类交易合并归类的手法，反映物资由原材料到终端产品所有交易环节，浓缩表现供应链全景。

(2) 按照企业在供应链中重要性的差异，可以将其划分为核心企业和辅助企业。供应链总是有"链主"的，即供应链上的核心企业，一条供应链也可以说某个核心企业的供应链，如蒙牛的供应链、IBM 的供应链。供应商、制造商、经销商构成了供应链中最基本的当事方。物流企业在整个供应链过程中起到辅助作用，其运作流程由虚线表示。

从货币价值的角度分析，原材料作为投入资产开始，经过加工、转化并被消费者最终购买消费，当中做出的所有增值活动都是在供应链上的企业中完成的，增值过程所构成的网络称为核心企业的价值链，价值链是供应链的资本层面。核心企业期望有效地管理供应链上信息流、物流、资金流的运转，获取最大程度的价值增长，所以核心企业希望借助银行的信用与资金来稳定自身供应链，提高其竞争力，实现多方共赢。

物流安全

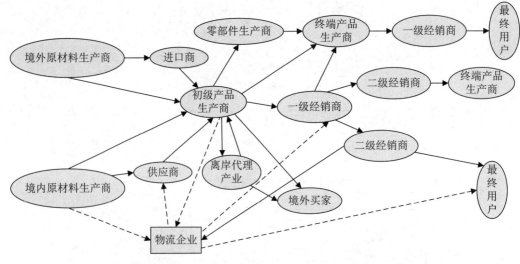

图 6-3 行业供应链模拟全景

通过考虑供应链整个运作过程，可以抽象出供应链金融业务的构成要素主要包括"四个主体、三个流"。

1) 四个主体

"四个主体"主要包括银行、物流企业、中小融资企业、供应链中占主导地位的核心企业。

(1) 银行。对于银行来说，核心企业、物流企业的上、下游客户是其潜在目标客户群体。供应链金融是通过应用各种金融产品的整合，为企业提供有效的金融服务，这些产品包括信托、租赁、抵押、保兑仓、保理等。银行在整个供应链金融运作过程中起到了信用中介和资金提供者的作用，将信用和资金注入到供应链中，通过对融资项下资产的控制，而给予核心企业的上下游授信的支持。

(2) 物流企业。在供应链金融合作过程中，物流公司可以充分发挥在货物运输、仓储、货物监管等方面的长处。物流公司作为第三方监管人对于质押的货物进行了严格的监管，在一定程度上降低了银行可能遇到的风险。大型的物流公司具备了良好规避风险的优势，通过规范的仓储管理和监管可以有效地控制监管风险。而且在企业贷款未能如期返还的情况下，物流企业可以协助银行将质押物变现还贷，最小程度地降低银行提供供应链金融服务可能产生的损失。由于物流企业涉及多行业、多企业，因此对于市场上的价格定位有了一个具体的了解，可帮助银行更好地了解市场情况，提供更为安全的融资服务。

通过与银行的合作，物流企业也获益颇多。物流企业参与到银行的供应链金融中去，使自己的客户不仅得到了物流上的支持，更赢得了银行授信的支持。这为物流企业业务的规范与扩大带来更大的机遇。

(3) 核心企业。"供应链金融"最大的特点就是在供应链中寻找出一个大的核心企业，以核心企业为出发点，为供应链提供金融支持。核心企业由于具有优良的信用和实力强大的资本，在供应链融资模式中给上下游中小企业起到反担保的作用。核心企业即使实力强大，其也存在一定风险，一旦供应链中的某个成员出现融资问题，影响会很快蔓延到整个链条上，引起更大的金融灾难。所以，核心企业也从供应链融资服务中受益颇丰，缓解了供应链失衡的问题,稳定了其链条,促进中小企业与核心企业建立长期战略协同关系,提升供应链的竞争能力。

(4) 中小企业。在供应链中,竞争力较强、规模较大的核心企业因其强势地位,往往在交货、价格、账期等贸易条件方面对上下游配套企业要求苛刻,从而给其造成了巨大的压力。而上下游配套企业恰恰大多是中小企业,按照传统方式难以从银行融资,最后造成资金链十分紧张,整个供应链出现失衡。因此,中小企业是供应链金融服务的最大受益者,银行的融资给予其资金链极大的支持,一定程度上缓解了其资金缺口,并且中小企业借助银行信用的支持,赢得了更多的商机。

2) 三个流

"三个流"主要包括物流、资金流和信息流。

物流、资金流和信息流是供应链运作的三个重要因素,只有在供应链运作实践中对这"三个流"采取相应协调措施,才能更好地提高效率,创造更多商机。

供应链中的物流、资金流和信息流如图 6-4 所示。

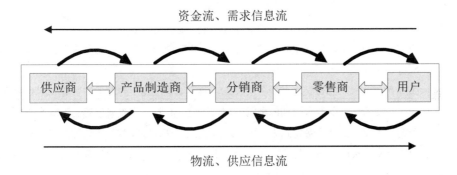

图 6-4 供应链中的物流、资金流和信息流

供应商将原材料提供给产品制造商,制造商对原材料进行加工制成产成品,并将其卖给分销商,分销商通过零售商将产品卖给最终用户,这个过程就是供应链中的物流,并伴随着供应信息流在各个节点间传递。与物流相对应的是资金流,方向恰好与物流相反,即从用户到零售商到分销商到制造商再到供应商,并伴随着需求信息流在各个节点间传递。企业对银行的供应链融资需求,主要就源于此。供应商、制造商、分销商、零售商都有资金融通的需求,也都有规避交易对手信用风险的需求。银行作为一个信用中介和资金中介,恰好可以满足以上需求。

物流与资金流的运动必须有信息流的支持,与物流、资金流在供应链中的单向流动不同,信息流在供应链中的流动是双向的。因而会更复杂,更难管理与掌握。如果信息流不畅,供应商、制造商、经销商之间就会存在严重信息不对称问题,导致供应链效率降低。银行作为资金交易主渠道,掌握大量的交易信息,有能力帮助企业解决交易中信息不对称的问题,促进供应链中信息流的畅通。

物流、资金流和信息流的统一管理与协调,使参与者,包括供应链环节的各个企业以及银行得到了自己的利润,从而进一步提高供应链效率并能够增强其竞争力。

因此,供应链金融基于对产业供应链结构特点及商品交易细节的把握,借助物流企业信用实力或单笔商品交易的自偿程度,对供应链上、下游单个或多个企业提供金融服务。

在尽量避免对"物"的流动性损害的前提下，对流动性的"物"实施有效监控，是供应链金融的核心设计思想。物流公司通过对物资的直接控制，帮助金融机构减少信用风险；同时，金融机构多年风险管理的经验和发展的金融衍生产品可以帮助企业或物流公司降低供应链风险。另外，良好的外部商务环境能为企业的发展和相互合作带来很多方便，在供应链金融服务中也是一个很重要的因素。

4．供应链金融的特点

(1) 参与主体多元化。如表 6-1 所示，供应链金融中除了包含传统信贷模式中的融资企业、金融机构，同时还增加了物流企业与核心企业。核心企业为供应链金融提供信用支持，物流企业实现"信息汇集""监管者"的角色，两个主体在供应链金融中发挥着十分重要的作用。

表 6-1　供应链金融的参与主体及功能

参与主体	功　能
金融机构	(1)在供应链金融中为中小企业提供融资支持，通过与支持型企业、核心企业合作，在供应链的各个环节，根据预付账款、存货、应收账款等动产进行量体裁衣，设计相应的供应链金融模式 (2)金融机构提供供应链金融服务的模式，决定了供应链金融业务的融资成本和融资期限
中小企业	在生产经营中，受经营周期的影响，预付账款、存货、应收账款等流动资产占用大量的资金。而在供应链金融模式中，可以通过货权质押、应收账款转让等方式从银行取得融资，把企业资产盘活，将有限的资金用于业务扩张，从而减少资金占用，提高了资金利用效率
支持性企业	供应链金融的主要协调者，一方面为中小企业提供物流、仓储服务，另一方面为银行等金融机构提供货压监管服务，搭建银企间合作的桥梁。对于参与供应链金融的物流企业而言，供应链金融为其开辟了新的增值业务，带来新的利润增长点，为物流企业业务的规范与扩大带来更多的机遇
核心企业	(1)在供应链中规模较大、实力较强，能够对整个供应链的物流和资金流产生较大影响的企业。供应链作为一个有机整体，中小企业的融资瓶颈会给核心企业造成供应或经销渠道的不稳定 (2)核心企业依靠自身优势地位和良好信用，通过担保、回购和承诺等方式帮助上下游中小企业进行融资，维持供应链稳定性，有利于自身发展壮大

(2) 有自偿性、封闭性与连续性。自偿性即还款来源是贸易自身产生的现金流；封闭性指银行设置封闭性贷款操作流程实现专款专用，借款人不能将其挪为他用；连续性表示同类贸易行为会持续在上、下游之间发生。所以，以上特性为基础的授信行为将会反复进行。

(3) 突破传统授信视角。供应链金融改变了以往银行对某个单一企业主体的授信模式，在供应链中以核心企业为源头，围绕核心企业对其上、下游企业注资，为供应链提供金融方面的支持。在核心企业实力较强与链条中企业合作较为稳定的前提下，银行可以考虑为竞争实力较弱的配套性服务中小物流企业提供资金贷款，实现从原料采购—中间生产—最终产品—销售至消费者手中整体链条的稳定,不但能够解决中小物流企业融资难的问题,更可促使核心企业与中小物流企业达成长期战略合作关系,有效地将供应商、生产商、分销商、零售商以及最终客户连成整体,提升供应链整体的竞争能力,实现供应链的不断增值,为供应链上的各环节企业提供更多的商机。

(4) 供应链金融从新的视角评估中小企业的信用风险。基于供应链金融的思想,银行等金融机构从专注于对中小企业本身信用风险的评估,转变为对整个供应链及其交易的评估,这样既真正评估了业务的真实风险,同时也使更多的中小企业能够进入银行的服务范围。

5. 供应链金融的价值

(1) 有利于提升核心企业的市场竞争力。供应链金融的出现与发展辅助于供应链网络的茁壮成长,也就满足了核心企业做大做强其供应链网络,从而提升其市场竞争力的要求。企业之间的竞争从外表上看是企业综合实力及其产品的竞争,然而其实质是供应链整体的竞争,因为供应商决定着核心企业原材料的供应,只有原材料供应及时、顺畅,核心企业才能以比竞争对手更高效的效率来组织生产。而经销商决定着核心企业的产品销售,只有产品销售顺利进行,核心企业才能以更快的速度回笼资金。因此,供应商的供应能力和经销商的销售能力在很大程度上决定了核心企业的市场反应能力,而这两者又离不开能提供企业"血液"的银行资金的支持。银行对于供应商和经销商的资金支持,也就间接对核心企业形成了支持,而核心企业也就能借此壮大以自己为核心的供应链网络的实力,最终使得自己在商场竞争中的能力大幅提升。

(2) 有利于解决配套中小企业的融资难问题。经过多年的金融体制改革和发展,我国银行业发展迅速,主要商业银行存贷款规模稳步增长。与 2004 年相比,我国 2009 年的贷款总数增加了 1.26 倍。表 6-2 显示的是我国银行业 2004—2009 年的贷款数量变化。

表 6-2 银行业金融机构贷款数量

单位:亿元

项目/年份	2004 年	2005 年	2006 年	2007 年	2008 年	2009 年
短期贷款	90 808.3	91 157.5	101 698.2	118 898	128 609	151 353
中长期贷款	81 010.1	92 940.5	113 009.8	138 581	164 195	235 578.6
委托及信托贷款	1 926.1	3 208.1	2 581.1	2 397	3 035	5 337
票据融资	11 618.4	16 319.2	17 333.4	12 884.4	19 314.2	23 878.7
其他类贷款	3 202.8	3 213.3	3 657.3	4 986.1	4 975.4	9 449.3
各项贷款总款	188 565.6	206 838.5	277 746.5	320 128.5	320 128.5	425 596.6

6. 实施供应链金融的必要性

(1) 物流、信息流和资金流集成管理的需要。当前国内很多企业不能对物流、信息流和资金流进行集成管理,使得企业具体的物料流和资金流的运作不顺畅,导致企业资金未付后不能收到货物,或者货物销售后资金未能回笼,或者企业经营过程中出现资金缺口等。管理则是财务部门的职能。

供应链金融服务(如物资银行或融通仓)不仅可以为整个供应链提供一体化服务，而且可应用于有效支付和收款解决方案。

（2）开展"最有前景的获利方式"的需要。在国际上，不管是作为供应链的核心企业的大型制造企业，还是承担供应链整体物流业务的大型物流企业，抑或是承担供应链资金流服务的金融企业，都积极参与了供应链金融活动。

（3）第三方物流企业避免同质化竞争、提供增值业务的需要。当前中国的第三方物流企业发展现状：物流企业低层次、同质化竞争严重。对卡车运输、货代和一般物流服务而言，激烈的竞争使利润率下降到平均只有2%左右，已没有进一步提高的可能性。

对于供应链末端的金融服务来说，由于各家企业涉足少，目前还有广大空间，包括UPS在内的几家大型第三方物流商在物流服务中增加了一项金融服务，将其作为争取客户的一项重要举措。

6.1.2 供应链金融的演进和发展历程

1. 国外供应链金融的演进

供应链金融必然是以面向供应链的整体运作为核心。供应链中物流是资金流可以依附的实物载体，因此，供应链金融中的存货质押融资业务始终是供应链金融的核心环节，没有存货的流动，应付账款和预付账款等供应链融资模式也就无从谈起。可以说，供应链中的物流是供应链金融业务得以开展的基础。

美国等西方发达国家的供应链金融几乎与其他金融业务同时开展，并经过200多年的创新和发展后形成了现代供应链金融的雏形。西方供应链金融的发展大致可以分为三个阶段。

1) 第一阶段：19世纪中期之前

在此阶段，供应链金融的业务非常单一，主要是针对存货质押的贷款业务。例如，早在俄国沙皇时代，农民在丰收季节，当谷物的市场价格较低时，将大部分谷物抵押给银行，用银行贷款资金投入后续的生产和生活；待谷物的市场价格回升后，再卖出谷物归还银行本金利息。由此，农民可以获得比收割时节直接卖出谷物更高的利润。

2) 第二阶段：19世纪中期至20世纪70年代

在此阶段，供应链金融的业务开始丰富起来，承购应收账款等保理业务开始出现。但起初，这种保理业务常常是趁火打劫式的金融掠夺，一些银行等金融机构和资产评估机构合谋，刻意压低流动性出现问题的企业出让的应收账款和存货，然后高价卖给其他第三方中介机构。部分金融机构恶意且无序的经营造成了市场严重的混乱，并引发了企业和其他银行的不满和抗议。为规范市场行为，1954年美国出台了《统一商法典》，明确了金融机构开展存货质押应遵循的规范。由此，供应链金融开始步入健康发展时期，但这一阶段的供应链金融业务仍以"存货质押为主，应收账款为辅"。

3) 第三阶段：20世纪80年代至今

在此阶段，供应链金融的业务开始繁荣，出现了预付款融资、结算和保险等融资产品。这要归功于物流业高度集中和供应链理论的发展。在20世纪80年代后期，国际上的主要物流开始逐渐集中到少数物流企业，联邦快递(FedEx)、UPS和德国铁路物流等一些大型的

第6章 供应链金融风险管理

专业物流巨无霸企业已经形成。

随着全球化供应链的发展，这些物流企业更为深入地楔入到众多跨国企业的供应链体系之中，与银行相比，这些物流企业更了解供应链运作。通过与银行合作，深度参与供应链融资，物流企业在提供产品仓储、运输等基础性物流服务外，还为银行和中小型企业提供质物评估、监管、处置以及信用担保等附加服务，为其自身创造了巨大的新的业绩增长空间，同时银行等金融机构也获得了更多的客户和更多的收益。

在此阶段，国外供应链金融发展开始形成"物流为主、金融为辅"的运作理念，供应链金融因物流企业的深入参与获得了快速的发展。

2. 中国供应链金融的发展

中国供应链金融的发展有赖于改革开放40多年中制造业的快速发展，"世界制造中心"吸引了越来越多的国际产业分工，中国成为大量跨国企业供应链的汇集点。中国的供应链金融得到快速发展，在短短的十几年内从无到有、从简单到复杂，并针对中国本土企业进行诸多创新。与国外发展轨迹类似，中国供应链金融的发展也得益于20世纪80年代后期中国物流业的快速发展。2000年以来中国物流行业经过大整合之后，网络效应和规模效应开始在一些大型物流企业中体现出来，而这些企业也在更多方面深入强化了供应链的整体物流服务。在2004年的中国物流创新大会上，物流行业推选出了未来中国物流行业的四大创新领域和十大物流创新模式。其中，"物流与资金流整合的商机"位居四大创新领域之首，而"库存商品抵押融资运作模式""物资银行运作模式""融通仓运作模式"及其系列关键技术创新分别位居十大物流创新模式的第一位、第三位和第四位。

2005年，深圳发展银行先后与国内三大物流巨头——中国对外贸易运输(集团)总公司、中国物资储运总公司和中国远洋物流有限公司签署了"总对总"(即深圳发展银行总行对物流公司总部)战略合作协议。短短一年多时间，已经有数百家企业从这项战略合作中得到了融资的便利。在2005年，深圳发展银行"1+N"供应链金融模式就为该银行创造了2500亿元的授信额度，贡献了约25%的业务利润，而不良贷款率仅有0.57%。

从2008年下半年开始，因为严峻的经济形势带来企业经营环境及业绩的不断恶化，无论是西方国家还是我国，商业银行都在实行信贷紧缩，但供应链金融在这一背景下却呈现出逆势而上的态势。2009年第一季报数据，六家上市银行(工行、交行、招行、兴业、浦发和民生)贴现业务一直有较大的增幅，增幅甚至高达66.4%。这充分显示出中小企业对供应链金融的青睐以及商业银行对供应链结算和融资问题的重视。可以说，供应链金融作为一个金融创新业务在我国迅速发展，已成为银行和企业拓展发展空间、增强竞争力的一个重要领域，也成为解决我国中小企业"融资难"的有效方式。

2015年1月5日，国务院总理李克强在广州主持外贸企业座谈会，深圳市创捷供应链有限公司作为八家受邀企业中唯一的供应链企业位列其中，向总理献言建策。创捷供应链总裁文健君针对目前外贸形势和未来发展趋势，提出了防范实体产业空心化风险、加快构建供应链服务行业人才培养体系、在国民经济行业分类中新设供应链服务类别等建议，得到了与会专家的一致认可。

综合来看，现阶段我国供应链金融发展呈现以下两个特点。

(1) 供应链金融发展区域不平衡。外向型经济比较明显的沿海，供应链金融发展相对较为领先,而内陆供应链金融仍处在初级阶段。此外,我国关于供应链金融的业务名称约定也没有一个确定的叫法,有物流金融物资银行、仓单质押、库存商品融资、融通仓、货权融资及货权质押授信等。

(2) 我国的供应链金融还面临着法律风险,库存商品等流动资产质押还存在一定的法律真空。我国银行分业经营的现状,使供应链金融业务中形成了多种委托代理关系,加之我国社会信用体系建设方面的落后进一步造成了供应链金融业务的运作风险。

6.1.3 发展供应链金融的意义

在"供应链金融"的融资模式下,处在供应链上的企业一旦获得银行的支持,资金这一"脐血"注入配套企业,也就等于进入了供应链,从而可以激活整个"链条"的运转;而且借助银行信用的支持,还为中小企业赢得了更多的商机。

1. 供应链金融实现四流合一

供应链金融很好地实现了"物流""资金流""信息流""商流"的四流合一。

(1) 物流。物质资料从供给者到需求者的物理运动,包括商品的运输、仓储、搬运装卸、流通加工以及相关的物流信息等环节。

(2) 资金流。它是指采购方支付货款中涉及的财务事项。

(3) 信息流。在整条供应链中,和物流、资金流相关联的各类信息,也是物流和信息流的一部分,包括订购单、存货记录、确认函、发票等。

(4) 商流。在供应链中,上、下游供应商的资金链条均可被金融服务机构整合,从而形成商流。

在供应链中,物流、资金流、信息流、商流是共同存在的,商流、信息流和资金流的结合将更好地支持和加强供应链上、下游企业之间的货物、服务往来(物流)。传统意义上,企业会将注意力集中于加速供应链中物流的流转,但是资金流的流转对企业来说同样很重要。随着市场经济全球化的发展和新兴市场中浮现出来的贸易机会,如何管理好企业的资金流已经成为企业参与供应链重点关注的话题。

2. 纵观整条供应链的各个环节

为了确保整条供应链能够顺利进行,企业就必须纵观全局,了解上、下游企业的具体情况,以及与之相关的物流和资金流的信息。在许多案例中可以发现,供应链一旦出现问题,基本上都是由于供应商无法正常按照合约(如质量、数量、日期等)提供产品所引起的,并非是采购商无法支付货款引起的。因此,作为下游的企业更应当与上游供应商保持紧密联系,及时了解供应商的各种信息,避免因供应商无法及时交货而引起的供应链的中断。正如同之前所说的,企业通常会将注意力集中在货物流上,仅仅关注于企业的货物是否按照要求及时地送到。但是值得注意的是,供应商不能及时提供货物的原因主要是资金上的短缺。因此,作为下游的企业更应该倍加关注整条资金流的状况。

3. 借助金融产品完善供应链管理

当有越来越多的商品来自于新兴市场,这也意味着企业面临更加复杂和更具风险的市场，市场上越来越多的交易开始通过赊账的方式进行。企业应当审视到他们存在的风险以及采取积极的方式提高整条供应链的效率。

在当前的金融市场上有许多方法可以加强企业的供应链管理效率，其中使用最广泛的就是银行的供应链金融产品。目前有一种现象，就是银行和企业之间缺少一定的必要沟通。银行一般不会了解到企业的现金管理和营运资金的情况，除非是和自己业务有密切关系的企业信息。这样在单独开展相应的融资服务时，银行就会面临很大的信用风险，企业当然也无法针对自己的资金状况寻求到更为合适的银行产品。

开展了供应链金融之后，这种局面就会得到很好的改善。因为供应链金融是基于供应链中的核心企业，针对它的上、下游企业而开展的一种金融服务。通过供应链金融将上、下游企业和银行紧密地联系起来。供应链金融使得整根链条形成了一个闭环模式，银行能够准确地掌握各个环节上企业的信息。银行通过核心企业的优质信誉，为它的上、下游提供金融服务，在一定程度上规避了风险系数。企业通过银行的帮助，也能够做到信息流、物流、资金流的整合。在收到对方支付的款项之后，企业就可以及时地将物流进行跟进，这样就实现了资金收付的高效率，加速了整条供应链的物流和资金流的高速运转，提升了整体价值。

在开展供应链金融时，供应链中最基本的订单和发票也不应该被忽略，因为订单作为供应商和采购商之间的一种协议，直接关系到供应商发货前和发货后的融资行为以及采购商存货融资的行为。

6.1.4 我国供应链金融发展的机遇和挑战

1. 我国供应链金融发展的机遇

近年来在我国，供应链金融得到了迅猛的发展。就在十年前，只有少数几家商业银行的分行在试探性地开展相关业务，如今几乎所有的银行都已试水。除了银行之外，供应链金融的参与者也日益增多，铁路、港口码头、资产管理公司、典当行、担保公司以及资金充裕的企业都登上了这个舞台。但是我国的动产担保贷款业务远远滞后于西方发达国家，这已形成我国大量闲置的动产资源和企业融资困难的突出矛盾，同时也表明我国供应链金融业务具有重大的社会意义和市场潜力。

电子商务的迅速发展也为供应链金融提供了有力的支撑。电子商务可以降低供应链内部的交易成本，增强交易信息流的可视性和公示性，就像一双能让信息透明的眼睛，可以为银行等金融机构所监管的融资服务提供一系列确定的介入时点。例如，核心企业向供应商发出订单意味着订单贸易的背景已经确立；核心企业确认供应商的发票，意味着保理资格的条件具备；核心企业向分销商确认订货合同，意味着可以向分销商提供预付款融资。此外，电子商务平台运行的法律框架约束，保证了平台上信息流的精确性和严肃性，降低了银行向虚拟交易背景提供授信出账的风险。基于这种保障，银行服务的申请、批复和出账流程得以直接整合到商务平台之中。

在这种模式之下，利用直白、精确和具有法律约束力的平台语言对贸易背景进行实时描述，省却了收集和查实银行信贷资料的工作，银行的授信调查和跟踪环节实际上外包给了电子商务平台。例如，阿里巴巴小额贷款公司针对淘宝商家的融资业务，就是运用交易信息省却授信调查和跟踪环节的典型案例。淘宝店主的销售过程是依靠电子商务平台在网上进行的，一切的交易信息淘宝网都了如指掌。同时淘宝网和这个小额贷款公司同属阿里巴巴旗下，信息自然可以共享。因此，阿里巴巴小额贷款公司通过淘宝网能轻易地监管其融资服务的店主的交易行为，对提供供应链融资服务的风险能够完全控制。

此外，物权法的出台为供应链金融的实施提供了重要的制度保障。目前，我国已经认识到动产担保交易法律对金融市场的益处，并在积极采取改革措施，以实现动产担保交易法律的现代化。新颁布的《中华人民共和国物权法》在动产担保制度方面实现了一系列突破，对于供应链金融业务的发展意义重大。

2. 我国供应链金融发展的挑战

(1) 国内企业的供应链管理意识依然较为薄弱，供应链普遍呈现结构松散的特征，使得在供应链金融运作中缺乏制度化的管理手段对供应链成员的行为进行约束。同时，供应链成员的归属感不强，也会造成银行对供应链的声誉和违约确认存在一定困难。这种状况使得可供银行开发的链条非常有限，更令银行苦恼的是，即便对于这些为数不多的选择，也需要谨慎评估供应链内部约束机制的有效性。这就是国内供应链金融实践已经近十年，却依然相对集中于汽车、钢铁等有限几个行业的原因。

(2) 供应链金融业务主要是资产支持型信贷业务，因此，有关信贷人权利的法律安排，尤其是涉及动产担保物权的安排，将直接影响金融机构开展此类业务的安全性，进而决定银行开展此项业务的积极性。完善的法律框架对于信贷市场的发展意义重大，近年来，"法和金融"领域的大量文献证明，在良好的信贷人权利保护和信贷市场之间存在明显的正相关关系。遗憾的是，国内动产担保物权相关法律的不完善，导致供应链金融业务在很多操作和预期损失方面存在不确定性。同时，监管部门对供应链金融的认识很大程度上停留在传统的流动资金授信层次，对供应链金融的风险特征、信贷技术以及核心价值了解有限，相关的规范、引导和监管工作比较欠缺。

(3) 在技术层面，国内金融信息技术和电子商务发展的相对滞后，使得供应链金融中信息技术的含量偏低。作为一项高操作成本的业务，信息技术的应用程度与操作成本节约高度相关。目前，在单证、文件传递、出账、赎货、应收账款确认等环节的劳动密集型特征，是对供应链融资业务经济性损害最大的问题，同时也是风险的额外来源。此外，电子商务手段有助于增强贸易背景可视度，降低交易成本。但是，国内商业银行普遍没有将供应链金融有机整合到这类平台之中，由此带来贸易环节和融资环节额外的割裂成本。

6.2 供应链金融的融资模式

【导入案例】

1. 案例背景

在核心企业模式下，某产业链核心企业具备较强的产业链控制能力以及较高的银行授信额度。在此前提下，核心企业掌握上游供应商与下游经销商的信息流、物流、资金流详细信息，也通过长期的商业活动了解上、下游企业经营状况，此类核心企业对接商业银行或 P2P 平台等资金来源，便能够以自身授信额度为担保向上、下游企业提供融资服务，提高整个产业链的运行效率。

对于苏宁云商来说，它是综合中间商利用自有网络平台代理各类品牌商品销售的企业，运用了商城式的 B2C 电商供应链金融，主要给入驻商城的供应商提供应收账款融资服务，并且充分利用互联网零售所积攒的客户资源、客户信息以及便捷的客户服务与体验的基础上，形成苏宁生态链，通过苏宁小贷来实现为供应链上、下游端客户服务。

2. 案例介绍

1) 苏宁供应链金融发展历程及现状分析

首先看一个最基本的数据：三年来，苏宁线上业务占比是，2012 年占 13.2%，2013 年占 17.7%，2014 年占 17.7%。可以发现，从 2012 年到 2013 年间，苏宁线上业务发展很快，而 2013 年到 2014 年发展却很慢。这是由于苏宁供应链金融模式就是从 2012 年开始实施的，并取得了不错的效果，但新一步的进展是在 2014 年年底，稍有延迟。

在 2012 年 2 月，苏宁推出了苏宁小贷。这是一种面向中小微企业推出的电子商务金融业务，凡是苏宁经、代销供应商均可以与苏宁易购操作的结算单应收账款作为抵押物进行融资贷款，此项业务单笔融资额最高可达 1000 万元。2014 年 7 月苏宁众包姗姗来迟，它对于参与众包平台的企业，苏宁将会拿出媒体资源和线上线下引流资源推广，苏宁旗下的"易付宝"、小贷公司对平台企业开放，首批投资 10 亿元设立平台信贷资金。而 2014 年 9 月供应商成长专项基金的提出，则是助力解决中小微企业的融资难问题。供应商在向苏宁进行融资时，苏宁还将拿出专项资金，通过利息补贴的形式反哺供应商，最高补贴为苏宁信贷利息的 20%。

2015 年 5 月，任性付的推广使得用户在购物时可使用任性付直接付款，享受提额、优惠期内 30 天免息(费)、超低手续费分期等服务。这意味着苏宁"供应链金融+基金保险+消费信贷"的全产业链金融布局已初步形成。

总体而言，当前苏宁供应链金融发展的现状，可以归为以下几点。

(1) 苏宁有耕耘了 20 多年的线下交易网络和排名前三的线上交易平台，拥有海量中小微企业客户资源。

(2) 商流、资金流、信息流和物流在苏宁金融生态圈内形成有效闭环。

(3) 苏宁供应链融资至今保持着零坏账率的纪录。

(4) 苏宁供应链融资无需抵押和担保，而是依据供应商以往贸易的信誉度进行申请额度授信。

(5) 苏宁金融的供应链融资平台与苏宁后台的信息系统全线打通，高效的苏宁内部风控及数据审批流机制使得审批流程、放款周期都大大缩短。

2) 苏宁的供应链融资操作流程

(1) 会员资质申请：供应商登录 SCF 平台成为苏宁融资俱乐部的资质会员。

(2) 表达融资意向：供应商向营销、结算表达融资意向，选择个性化的融资产品及合作银行。

(3) 苏宁审核推荐：营销、结算推荐供应商至资金管理部洽谈融资产品、合作银行等相关事宜。

(4) 银行发融资款：银行根据供应商资质决定放款金额并发放贷款。

(5) 苏宁到期付款：苏宁到期按结算清单金额付款给供应商融资专户，银行扣除供应商融资金额，与供应商进行尾款结算。

3) 苏宁供应链融资与其他融资的比较

(1) 与京东的比较。

京东的融资流程如下。

① 核定额度：当供应商确认办理供应链金融业务后，供应链金融业务专员将发送邮件给供应商，告知最高融资额度，融资总金额须不大于最高融资额度。

② 银行开户：供应商在获得最高融资额度后，到京东指定业务受理银行开立银行的融资专户。

③ 提交融资申请：供应商完成开户后，即可办理融资业务，每次融资时应向采销同时申请，确认进行融资的采购订单等事项。

④ 核对结算金额：供应商选定采购订单后，应与采销同时核对结算金额。

⑤ 提交结算申请单：采销负责人在京东系统中提交结算申请单，先勾选供应链金融结算，再选择付款结算申请。

⑥ 结算单审批：融资资料提交以结算单在系统完成审批为前提，审批进度影响放款进度，需供应商和采销负责人沟通。

⑦ 融资资料准备：在结算单提交后，供应链金融专员准备融资资料，融资内容以结算单信息为主。

⑧ 审核通过、提交资料：结算单审核通过后，供应链金融专员向银行提交准备好的融资资料，跟进放款进度。

⑨ 银行放款、京东还款：银行审核融资资料无误后，放款给供应商。到期日，京东为供应商还款给银行。授信是指银行向客户直接提供资金支持，或对客户在有关经济活动中的信用向第三方作出保证的行为。

由此可见，京东通过差异化定位及自建物流体系等战略，并通过多年的积累和沉淀，已经形成一套以大数据驱动的京东供应链体系，为上游供应商提供贷款和理财服务，为下游的消费者提供赊销和分期付款服务。虽然京东宏伟的物流系统看似解决了 B2C 电子商务企业仅依托于第三方物流的被动局面，但是京东几近无限量的资金投入却严重拉住了京东的发展；而作为传统业介入的苏宁，则依托线下千家连锁门店、100 个物流中心、3000 个售后服务网点、完善的连锁门店和物流体系建设成为最大优势之一，这是京东不能相比的。而且，苏宁对于供应商来说，有着专门的供应链融资平台(SCF)，与多家银行系统进行无缝对接，保障供应商简便、快捷融资，中小企业则无需担保、无需抵押就可以快速从银行获取流动资金。这一点是京东所不具备的。

(2) 与银行信贷的比较。

① 在苏宁的供应链融资中，供应商将其应收账款质押或转让给银行，无需抵押、无需担保，快速获得融资，而且，中小企业则无需担保、无需抵押就可以快速从银行获取流动资金；而在传统的银行信贷中，无论供应商是大是小，都需要提供抵押物(如房产等)或者寻找担保，流程繁杂，放款速度慢，如果没有抵押物或担保，银行不会给供应商放贷，这是传统银行信贷的最大缺点。

② 在苏宁的供应链融资中，电子化的操作满足了供应商短、频、快、急的融资需求；

第6章 供应链金融风险管理

传统的银行信贷需要大量手工操作，无法满足中小企业短、频、急、快的融资需求，跟不上现代的电子化需求。

③ 相比较而言，苏宁供应链有多种融资方式，多次出单、多次融资，供应商可操作性强、灵活性高，供应商可根据自己的需求选择适当的融资方式，而传统的银行信贷融资方式单一、不灵活，供应商没有选择的余地，只能按照银行的要求去做。

④ 苏宁的线上业务不受供应商所在地域限制，可为更多企业服务，而传统的银行信贷却受银行贷款属地化限制，供应商只能去当地的银行贷款，太过于局限于地区，不能有效提升效率。

3. 案例分析

苏宁云商供应链金融发展趋势预测。

1) 供应链数据化

各信息节点逐渐数据化、透明化。供应链各环节交易链条上的订单情况、交易历史、交易主体等信息都会逐步沉淀在平台上，平台可以梳理这些数据提供给银行，由银行提供资金，平台为数据的真实性提供保证。

2) 金融互联网化

用互联网整合"物流、资金流、信息流、商流"，提高效率，降低风险。供应链金融业务处理可以更加快速、准确和稳定，贸易环节和融资环节也更为低碳、顺畅、便捷。

3) 业务融合化

"电商+物流+金融"一体化服务。电子商务是新形势下商业模式最具创新力的前端领域；物流企业是支撑供应链实体货物运输和流转的坚实支撑；商业银行是社会中最大、最全面的资金和金融服务的服务者。

4) 服务个性化

根据不同企业的业务不同，为其量身定做金融服务，实现供应链融资产品个性化定制，使供应链金融的产品和服务模式创新成为可能。

(资料来源：http://info.10000link.com/newsdetail.aspx?doc=2016110990007)

在日益激烈的金融信贷业务竞争中，国内多家商业银行纷纷在供应链金融领域进行探索，多数银行从传统贸易融资业务方面入手，从动产质押或保理等单一融资产品的提供开始，逐步开发产品种类，形成产品集成能力，最终向整条供应链提供结构性融资服务。

供应链金融是近几年来发展速度较快的一种融资业务。通过金融资本与实业经济协作，既解决了中小企业融资难的问题，又保证了供应链的稳定性和盈利性。

6.2.1 供应链金融融资模式分析

1. 应收账款融资模式分析

应收账款融资是指在供应链核心企业承诺支付的前提下，供应链上、下游的中小型企业可用未到期的应收账款向金融机构进行贷款的一种融资模式。

典型的应收账款融资模式如图 6-5 所示。在这种模式中，供应链上、下游的中小型企业是债权融资需求方，核心企业是债务企业，并对债权企业的融资进行反担保。一旦融资企业出现问题，金融机构便会要求债务企业承担弥补损失的责任。

应收账款融资使得上游企业可以及时获得银行的短期信用贷款，不但有利于解决融资企业短期资金的需求，加快中小型企业健康稳定的发展和成长，而且有利于整个供应链的持续、高效运作。

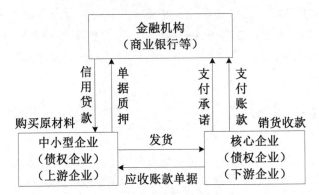

图 6-5　典型的应收账款融资模式

运营稳健的家乐福公司在全球有着数以万计的供应商，其对上游供应商有明确的付款期限，并且一贯能够按照合同的规定执行付款。银行将家乐福作为核心企业，结合历年的应付款项和合同期限，综合评估后给予供应商一个授信额度，该额度在偿还后可以循环使用。家乐福付款期限之前，供应商可以凭借家乐福的应付单据和合同向银行进行融资，用于缓解短期资金紧张的压力。家乐福将支付给上游供应商的款项，直接支付给银行(银行是那些供应商应收账款的所有人)，由此完成一个封闭的资金循环。该供应链融资模型能够缓解供应商的资金压力，同时银行也获得了更多的客户。

2. 未来货权融资模式分析

很多情况下，企业支付货款之后在一定时期内往往不能收到现货，但它实际上拥有了对这批货物的未来货权。

未来货权融资(又称为保兑仓融资)是下游购货商向金融机构申请贷款，用于支付上游核心供应商在未来一段时期内交付货物的款项，同时供应商承诺对未被提取的货物进行回购，并将提货权交由金融机构控制的一种融资模式。

典型的未来货权融资模式如图 6-6 所示。在这种模式中，下游融资购货商不必一次性支付全部货款，即可从指定仓库中分批提取货物，并用未来的销售收入分次偿还金融机构的贷款；上游核心供应商将仓单抵押至金融机构，并承诺一旦下游购货商出现无法支付贷款时对剩余的货物进行回购。

未来货权融资是一种"套期保值"的金融业务，极易被用于大宗物资(如钢材)的市场投机。为防止虚假交易的产生，银行等金融机构通常还需要引入专业的第三方物流机构对供应商上、下游企业的货物交易进行监管，以抑制可能发生的供应链上、下游企业合谋给金融系统造成风险。例如，国内多家银行委托中国对外贸易运输集团(简称"中外运")对其客户进行物流监管服务。一方面，银行能够实时掌握供应链中物流的真实情况来降低授信风险；另一方面，中外运也获得了这些客户的运输和仓储服务。可见，银行和中外运在这个过程中实现了"双赢"。

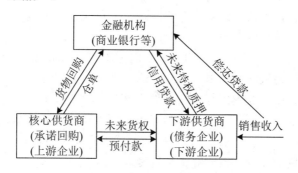

图 6-6 供应链金融的未来货权融资模式

光大银行针对国内钢铁企业的产业链进行融资的一个项目，属于未来货权融资的一种。"厂商银"是指厂商、经销商、银行进行三方合作，银行为经销商提供专项融资用于向钢铁厂付款。光大钢铁产业负责人表示，该模式能让钢材经销商只需要部分银行汇票就能锁定整批货物，钢铁厂也能提前得到预付货款取得大额产业融资。流程上，钢铁经销商向银行递交申请，签订三方协议，银行为钢铁厂经销商提供授信，钢材经销商开出以钢铁厂为收款单位的银行汇票，根据三方协议钢材经销商分次存入保证金，银行分次通知他们发货，直到存够 100%为止。

3. 融通仓融资模式分析

很多情况下，只有一家需要融资的企业，而这家企业除了货物外，并没有相应的应收账款和供应链中其他企业的信用担保。此时，金融机构可采用融通仓融资模式对其进行授信。融通仓融资模式是企业以存货作为质押，经过专业的第三方物流企业的评估和证明后，金融机构向其进行授信的一种融资模式。

典型的融通仓融资模式如图 6-7 所示。在这种模式中，抵押货物的贬值风险是金融机构重点关注的问题。因此，金融机构在收到中小企业融通仓业务申请时，应考察企业是否有稳定的库存、是否有长期合作的交易对象以及整体供应链的综合运作状况，以此作为授信决策的依据。

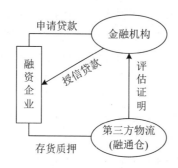

图 6-7 典型的融通仓融资模式

但银行等金融机构可能并不擅长质押物品的市场价值评估，同时也不擅长质押物品的物流监管。因此，这种融资模式中通常需要专业的第三方物流企业参与。金融机构可以根据第三方物流企业的规模和运营能力，将一定的授信额度授予物流企业，由物流企业直接负责融资企业贷款的运营和风险管理，这样既可以简化流程，提高融资企业的产销供应链运作效率，同时也可以转移自身的信贷风险，降低经营成本。

UPS(联合包裹服务)公司拥有自己的金融部门(UPS Capital)，2008年该部门宣布美国进口商可以将装船货物作为抵押物获得UPS公司的过渡性贷款服务，而不需要像以前一样依靠信用证来完成交易。作为专业程度很高的物流企业，UPS公司对所运输货物的市场、行业和托运企业的供应链业务有着相当深入的了解，所以能够对装船货物的抵押做出正确的授信决策。此外，UPS公司往往与同一行业中其他的供应商和销售商有着千丝万缕的联系，即便是做出了错误的授信决策，也能够将货物变现。

4. 供应链金融其他衍生融资模式

(1) 未来货权质押融资。它指企业采购物资时向金融机构融资支付货款，然后凭融资机构签发的提货单向买方提取货物的业务，是以企业未来货权质押开证、进口代收项下货权质押授信、进口现货质押授信等方式为进口企业提供覆盖全过程的货权质押授信服务。

(2) 出口信用保险项下短期融资。出口商在中国出口信用保险公司投保短期出口信用保险，并在货物出运后，将赔款权益转让给银行，由银行按票面金额扣除相关利息和费用，将净额预先支付给出口商的一种短期融资方式。

(3) 打包放款。出口地银行为支持出口商按期履行合同、出运交货，向收到合格信用证的出口商提供的用于采购、生产和装运信用证项下货物的专项贷款。打包放款是一种装船前短期融资，使出口商在自有资金不足的情况下仍然可以办理采购、备料、加工，顺利开展贸易。

6.2.2 供应链金融融资模式的比较分析和综合应用

1. 供应链金融的三种融资模式比较分析

1) 三种融资模式的相似点

应收账款融资、保兑仓融资和融通仓融资都集中体现了供应链金融的核心理念及特点，为中小企业提供了短期急需资金。既使得企业维持持续的生产运作，提高了整个供应链的运作效率，又使银行获得收益，并且跳出了单个企业的局限，从整个供应链的角度考察中小企业，从关注静态企业财务数据转向对企业经营的动态跟踪，从根本上改变银行业的观察视野、思维脉络、信贷文化和发展战略。

2) 三种融资模式的差异点

应收账款融资、保兑仓融资和融通仓融资在具体运用和操作的过程中存在差异，分别适用于不同条件下的企业融资活动，具体如表6-3所示。

值得注意的是，处在供应链中的企业在具体的运作过程中，各种生产活动相互交织，没有严格的划分，可能既处于债权方，同时又急需资金购买原材料维持生产，因此，应收账款融资和保兑仓融资没有绝对的适用条件，企业可根据具体情况进行选择，有时也可以综合加以考虑和运用。

表 6-3 三种融资模式的差异点

差异点 融资模式	质押物	第三方参与	融资的用途	融资企业在供应链中的位置	融资企业所处的生产期间
应收账款融资	债权	无	购买生产所需原材料或其他用途	上游、供应商债权企业	发出货物等待收款
未来货权融资	欲购买的货物	仓储监管方	分批付货款分批提货权	下游、制造商、分销商	欲购生产资料进行生产
保兑仓融资	存货	第三方物流企业	购买生产所需原材料或其他用途	任何节点上的企业	任何期间、有稳定的存货

总之，应收账款融资、融通仓业务和保兑仓业务分别以债权、预付款和存货为质押物为中小企业融资，处在任何一个供应链节点上的中小企业，都可以根据企业的上下游交易关系、所处的交易期间以及自身的特点，选择合适的融资模式以解决资金短缺问题。

2. 供应链金融的三种融资模式的综合应用

应收账款融资、保兑仓融资和融通仓融资是供应链金融中三种比较有代表性的融资模式，适用于不同条件下的企业融资活动。但这三种融资模式又是供应链金融中几大主要业务模块，可以将其进行组合后形成一个涉及供应链中多个企业的组合融资方案。例如，初始的存货融资要求以现金赎取抵押的货物，如果赎货保证金不足，银行可以有选择地接受客户的应收账款来代替赎货保证金。

因此，供应链金融是一种服务于供应链节点企业间交易的综合融资方案。中欧国际工商学院课题组对深圳发展银行"1+N"供应链金融进行了深入的研究，并针对供应链中不同主体的特点，总结了适用的供应链金融方案。

1) 对核心企业的融资解决方案

核心企业自身具有较强的实力，对融资的规模、资金价格、服务效率都有较高的要求。这部分产品主要包括短期优惠利率贷款、票据业务(开票、贴现)、企业透支额度等产品。

2) 对上游供应商的融资解决方案

上游供应商对核心企业大多采用赊账的销售方式。因此，上游供应商的融资方案以应收账款为主，主要配备保理、票据贴现、订单融资、政府采购账户封闭监管融资等产品。

3) 对下游经销商的融资解决方案

核心企业对下游分销商的结算一般采用先款后货、部分预付款或一定额度内的赊销。经销商要扩大销售，超出额度的采购部分也要采用现金(含票据)的付款方式。因此，对下游经销商的融资方案主要以动产和货权质押授信中的预付款融资为主。配备的产品主要包括短期流动资金贷款、票据的开票、保贴、国内信用证、保函、附保贴函的商业承兑汇票等。

物流安全

6.2.3 供应链金融与其他融资方式的区别

1. 供应链金融与传统金融的区别

1) 银行与供应链成员之间的关系发生了变化

在传统的融资模式中,供应链上、下游企业分散融资,但是因为这些企业多是中小企业,其信用条件很难达到银行要求标准,因而这些企业很难获得银行贷款,这种资金缺口就限制了这些企业的发展壮大。而供应链金融融资与传统融资有着本质的区别。在供应链金融模式下,银行不再以单个企业的信用状况和经营状况作为授信与否的标准,而是以核心企业,以及与核心企业有着稳定贸易往来的上、下游企业所形成的供应链整体作为信用评价的主体。如此,与传统的融资模式相比,银行与供应链上各个中小企业的分散关系便演变成了银行与核心企业、上下游企业所形成的整体关系,即在传统融资模式下,各个中小企业可以向多个不同银行去申请贷款,以增加其成功贷款的可能性,各个银行会针对申请贷款的企业进行风险评价以决定是否授信。而在供应链金融模式下,位于供应链上下游的各个中小企业只会向核心企业有密切业务往来的那个银行申请贷款,该银行则以申请贷款的中小企业及其与核心企业之间的稳定业务往来关系为基础,视其为一个整体进行风险评价并决定授信与否。

2) 核心企业业务模式发生了变化

在传统的融资模式下,核心企业不断加深其纵向一体化,但是随着纵向一体化程度的加深,带来的负面效应诸如管理成本的上升开始侵蚀其带来的正面效应,核心企业逐步将非核心业务外包给周边企业,以消除规模不经济,专注于核心竞争力的提升。这种模式的转变使得核心企业由专注于企业内部信息流、物流、资金流的控制变为向整条供应链上的信息流、物流、资金流的控制。同时,可以使企业由重资产模式向轻资产模式转变,以有限的资产实现效益的最大化。

3) 供应链上企业融资模式的改变

(1) 银行进行信用评价的主体不同。在上述三种融资方式下,银行进行信用评价的主体是整个供应链,而不是单一对融资企业进行信用评价。以应收账款融资为例,在传统融资模式下,银行将单独对融资企业的信用状况、还款能力进行分析评价,于是,融资企业受限于自身的状况可能就无法获得贷款。但是在供应链金融模式下,银行考虑到核心企业良好的信用和强大的实力,融资企业、核心企业之间稳固的合作关系,将视融资企业、核心企业为一个整体,认为核心企业会偿还融资企业的这部分应收账款,从而对融资企业授信。

(2) 质押融资的标的物不同。与传统的质押融资模式不同,在供应链金融融资模式下,融资企业可以选择应收账款、存货、预付账款进行融资,使中小企业脱离了不动产抵押融资的艰难处境。

(3) 与传统金融相比,供应链金融融资对企业之间的合作关系提出了新的要求。传统金融模式下,各企业融资是分散的、相对独立的,因此,各企业之间完全没有必要建立起具有战略意义或深层次的合作伙伴关系。但是在供应链金融模式下,各企业之间的关系则是相互联系、紧密依存、一荣俱荣、一损俱损的,各企业之间必须建立起良好的伙伴关系,以实现信息流、物流、资金流的高效运转。

(4) 供应链金融模式下,核心企业是整个供应链的重中之重。无论是哪种融资模式,银行都会对融资企业与核心企业的关系进行分析评价,那么,核心企业究竟有没有能力保证货物或资金的及时到位,将直接影响整条供应链的质量。所以,在供应链金融模式下,核心企业的经营效率、信用能力是至关重要的。

(5) 供应链金融与传统金融的另一点不同就是供应链金融是一个产品系列。不像传统融资方式那样只对单一的企业进行授信,在供应链融资模式下,银行将向供应链上各个企业提供一系列服务,如订单融资、票据贴现、应收账款融资,甚至提供企业理财等金融服务,而不再是对单一企业提供单一的金融产品。

2. 供应链金融与物流金融的区别

在理论和实践过程中,物流金融常被认为是供应链金融的一部分,或者它们被看作是同一种融资方式的两个称谓;实际上,物流金融和供应链金融是服务于不同融资对象的两种不同融资方式。物流金融是包含金融服务功能的物流服务,指贷款企业在生产和发生物流业务时,其为降低交易成本和风险,通过物流企业获得金融机构的资金支持;同时,物流企业为贷款企业提供物流监管及相应的融资及金融结算服务,使物流产生价值增值的服务活动;供应链金融指给予企业商品交易项下应收应付、预收预付和存货融资而衍生出来的组合融资,是以核心企业为切入点,通过对信息流、物流、资金流的有效控制或对有实力关联方的责任捆绑,针对核心企业上、下游长期合作的供应商、经销商提供的融资服务,其目标客户群主要为处于供应链上、下游的中小企业。目前供应链金融已应用在汽车、钢铁、能源、电子等大型、稳固的供应链中。主要区别如下。

1) 运作主体的区别

物流金融主要涉及三个主体,即物流企业、金融机构和贷款企业,如图 6-8 所示。贷款企业是融资服务的需求者;物流企业与金融机构为贷款企业提供融资服务;三者在物流管理活动中相互合作、互利互惠。

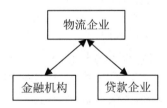

图 6-8 物流金融业务关系

图 6-8 所示为通常意义上的物流金融业务关系,从图 6-8 中可以看出,物流金融仅为供应链或非供应链的某一贷款企业进行服务,由于仅面向一个企业,此融资方式流程简洁,不存在关联担保,且融资关系简单清楚,风险性小。

供应链金融主要涉及三个运作主体,即金融机构、核心企业和上下游企业。其中核心企业和上下游企业是融资服务的需求者,金融机构为融资服务的提供者;物流企业仅作为金融机构的代理人或服务提供商为贷款企业提供仓储、配送、监管等业务,如图 6-9 所示。

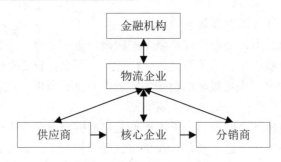

图 6-9　供应链金融业务关系

从图 6-9 可以看出，供应链金融是为某供应链中一个或多个企业的融资请求提供服务，它的出现避免了供应链因资金短缺造成的断裂。在具体融资过程中，物流企业辅助金融机构完成整条供应链的融资，供应链金融模式不同，其参与程度也不同。由于面对整条供应链的企业，金融机构易于掌握资金的流向及使用情况。

2) 运作模式的区别

根据金融机构参与程度的不同，物流金融的运作模式可分为资本流通模式、资产流通模式及综合模式。其中资本流通模式是金融机构直接参与物流活动的流通模式，包含四种典型模式，即仓单质押模式、授信融资模式、买方信贷模式和垫付贷款模式；资产流通模式是金融机构间接参与物流活动的流通模式，其流通模式有两种，即替代采购模式和信用证担保模式；综合模式是资本和资产流通模式的结合。

从风险控制体系的差别以及解决方案的问题导向维度，供应链金融的运作模式分为存货融资、预付款融资、应收账款融资模式；采取的标准范式为"1+N"，即以核心企业"1"带动上、下游的中小企业"N"进行融资活动，"+"则代表两者之间的利益、风险进行的连接。

3) 两种融资方式的区别

(1) 服务对象。物流金融是面向所有符合其准入条件的中小企业，不限规模、种类和地域等；而供应链金融是为供应链中的上、下游中小企业及供应链的核心企业提供融资服务。

(2) 担保及风险。开展物流金融业务时，中小企业以其自有资源提供担保，融资活动的风险主要由贷款企业产生。供应链金融的担保以核心企业为主，或由核心企业负连带责任，其风险由核心企业及上、下游中小企业产生；供应链中的任何一个环节出现问题，将影响整个供应链的安全及贷款的顺利归还，因此操作风险较大。但是，金融机构的贷款收益也会因整条供应链的加入而随之增大。

(3) 物流企业的作用。对于物流金融，物流企业作为融资活动的主要运作方，为贷款企业提供融资服务；供应链金融则以金融机构为主，物流企业仅作为金融机构的辅助部门提供物流运作服务。

(4) 异地金融机构的合作程度。在融资活动中，物流金融一般仅涉及贷款企业所在地的金融机构；对于供应链金融，由于上、下游企业及核心企业经营和生产的异地化趋势增强，因而涉及多个金融机构间的业务协作及信息共享，同时加大了监管难度。

第6章 供应链金融风险管理

6.3 供应链金融风险的构成与识别

【导入案例】

1. 案情介绍

青岛某国际股份有限公司被卷入漩涡当中。贸易商利用同一批货从青岛港大港分公司辖区内的几家仓储公司开具不同仓单,通过重复质押舱单骗取银行贷款,涉及金额过百亿元。仅"德正资源"及其关联公司在18家银行的贷款金额就超过160亿元。

21世纪经济报道从权威渠道获得的资料显示,其中,仅中国银行、中信银行、恒丰银行、中国农业银行、日照银行、兴业银行、招商银行、华夏银行、潍坊银行、中国建设银行、威海银行、光大银行、齐鲁银行等13家银行,针对德正资源起诉的立案金额就已达到近2亿元。

青岛市公安局已经设立了专案组进行调查。"德正资源"实际控制人陈某已被相关部门要求协助调查,其他部分涉及骗贷案的核心人员或已外逃。

2. 案例总结

供应链金融不仅提供了一种新的融资方式,更提供了风险防控的新挑战,了解供应链金融的风险防控理念、方法是十分必要的。风险防控的能力是做好供应链金融的核心竞争力。

(资料来源:https://wenku.baidu.com/view/218adfc07375a417876f8faf.html)

困扰中小企业融资最大的问题就是风险控制。但是,在供应链金融中,对中小企业融资风险的认识和控制则换了一个视角。

以往银行对风险的评判,主要是把单个企业作为主体,关注的也是静态的财务数据,而中小企业往往财务信息的透明度比较低,财务指标难以符合评判标准,可抵押资产少,所以很难从银行融资。但是在供应链金融中,由于银行更关注的是整个供应链交易的风险,对风险的评估不再只是对主体进行评估,而是更多地对交易进行评估,通过依赖核心企业的资信、供应链的整体实力,中小企业信用登记获得提升,这样既真正评估了业务的真实风险,同时也使更多的中小企业能够进入银行的服务范围,并使银行的风险得到有效控制。

6.3.1 供应链金融风险的内涵

1. 供应链金融风险的定义

德国社会学家卢曼(Niklas Luhmann)曾经说过,我们生活在一个"除了冒险别无选择的社会"。由此可以看出,风险实际上是人类生产生活的组成部分,随时随地都可能发生。风险不仅来自自然环境和制度环境,它也来自集体或个人所做的决定、选择及具体的行动。对于风险的定义出现过诸多问题,也引发过诸多的争论,围绕风险的具体定义方面的争论是社会利益冲突的体现形式,直接关系着风险的分配以及预防和补偿风险措施的制订。

风险(Risk)来源较为模糊,不同的学者对这个词的起源存在不同的看法,部分学者认为来自阿拉伯语,也有部分学者认为是来自于希腊和拉丁语,还有的人认为它源于14世纪的西班牙等。雷基亚(Recchia)认为,风险一词源于意大利risco,意为危险和风险,埃瓦尔德(Ewald)则认为是来源于早期航海贸易和保险业中广泛使用的意大利语的risque,卢曼(Niklas Luhmann)通过考证得出这个词是于17世纪通过意大利和法国进入英语。同时,自20世纪60年代以来,尤其是近代保险业产生以来,在大量的涉及自然科学、社会科学等诸多学科的文献中,都对风险进行了研究,并从不同的角度对风险进行了不同的定义。从以上可以看出,对于风险的理解存在多种不同的解释,但总体上来说,风险较为典型的含义多形容不期望事件发生可能性和不良结果,即

$$R = f(p, c) \tag{6-1}$$

式中:R为风险程度;p为事情发生的概率;c为事情发生的后果。这种定义方式强调非期望事件发生的概率,因此目前被广为接受的风险定义是指在某一特定环境下,在某一特定时间段内、某种损失发生的可能性。

供应链金融风险是指商业银行和第三方物流公司在对供应链企业进行融资过程中,由于各种事先无法预测的不确定因素带来的影响,使供应链金融产品的实际收益与预期收益发生偏差,或者资产不能收回,从而遭受损失的可能性。

2. 风险的构成要素

1) 风险因素

风险因素是指导致某一特定风险事故发生或者增加风险发生的可能性或者称为扩大损失程度的原因或条件,它是风险事故发生的潜在原因,同时也是造成损失的间接或内在原因。例如,对于建筑物来说,风险因素包含其所使用的建材质量、建筑结构稳定性等;对于人来说,则包含年龄以及身体健康状况等。

因风险性质不同,风险因素可划分为有形风险因素与无形风险因素两类。

(1) 有形风险因素。也称实质风险因素,多指某一事物本身具有的能够引起风险事故发生或增加损失机会或加重损失程度的因素。如人的身体原因、建筑物建材质量原因、恶劣天气原因等都属于有形风险因素。对于此类风险因素,有些人类可以通过某些手段一定程度上控制其发生的可能与发生的频次,有些则是在某一特定时期内无法加以控制的。

(2) 无形风险因素。无形风险因素一般意义上来说多是指道德风险因素与心理风险因素,也因此类风险因素与人的心理或行为有着密切的关系,通常也将其合称为人为因素。如因执行人的欺诈、破坏等故意促使风险事故发生,进而导致财产损失与人身伤亡等行为都属于道德风险因素范畴,因当事人责任心缺失、人为疏忽等原因导致风险事故发生率增加以及损失加大等行为则属于心理风险因素范畴。

2) 风险事故

风险事故(也称风险事件)指能够造成人员伤亡或财产损失的事件,是造成损失的直接的或外在的原因,是损失的媒介物,即风险只有通过风险事故的发生才能导致损失。风险事故意味着风险的可能性转化成了现实性。当某一事件是造成损失的直接原因时,它就是风险事故;而在其他条件下,如果它是造成损失的间接原因,它便成为风险因素。例如,山区因大雨引发泥石流导致河流改道,淹没村庄造成人员伤亡,此时泥石流是风险因素,而当泥石流直接吞噬过路行人造成的人员伤亡则是风险事故。

3) 损失

风险管理中所提及的损失一般是指由于非故意、非预期或非计划的经济价值的减少，一般以货币单位来衡量。通常损失分为两类，即直接损失与间接损失。直接损失也叫实质损失，主要指因风险事故所引起的财产本身的损失或人员的伤亡；间接损失多指由于直接损失而导致的损失，如收入损失、责任损失或额外费用的损失。

3. 风险要素之间的关系

风险是由三个要素所构成，分别是风险因素、风险事故与损失，三者互为统一。风险因素是引起或增加风险事故发生概率或扩大损失程度的条件，是风险事故发生的潜在原因；风险事故是指造成生命或财产损失的偶发事件，是引发损失的直接或者外在的原因，是损失的媒介；损失是描述非故意、非预期和非计划的经济价值的减少。风险因素、风险事故与损失三者的关系为：风险是由风险因素、风险事故和损失三者构成的统一体，风险因素引起或增加风险事故；风险事故发生可能造成损失。

4. 供应链金融风险的种类

一般来说，供应链金融风险主要有以下几类。

(1) 信用风险。客户的业务能力、业务量及商品来源的合法性，对物流企业来说都是潜在的风险。

例如，客户的商品来源是走私商品，则该商品存在被罚没的风险；客户对商品不具有完全的取得资格，则该商品存在非法性。这些都会给物流企业带来不可估量的风险。再如：客户资信不佳，在今后的操作中可能存在种种不良行为，如在滚动提取货物时提好补坏，则物流企业有坏货风险；客户将商品以次充好，则物流企业存在商品质量风险。此外，还要考察客户企业的资产负债率，如果客户企业的资产负债率太高，客户企业存在破产的可能。

(2) 市场风险。由于市场价格的波动和金融汇率的变化，会造成质押物在某段时间的价格随时发生变化，从而造成质押物变现能力的改变，并不是所有的商品都适合作仓单质押。对于那些应用不广泛、不易于处置、易变质、价格波动大的商品作质押品会存在较大的风险。

例如，商品在质押期间，市场价格大幅下降，可能会出现贷款额高于质押物价值的现象，使贷款企业产生赖债的动机。因此，在开展仓单业务时，物流企业一定要对货主企业的质押商品究竟适不适合质押做出判断。

(3) 法律风险。法律缺失致使仓单质押业务面临风险。

如我国现行《中华人民共和国担保法》等相关法律法规，对动产质押有效性、排他性的规范条款过于原则化，在一定程度上存在概念模糊及操作困难。这方面的风险也表现在货物的所有权问题和合同的条款规定上。货物的所有权在各主体之间进行流动，很可能产生所有权纠纷。另外，目前我国与仓单质押相关的法律法规尚不完善，除了《中华人民共和国担保法》等相关条款外，也没有行业性的指导文件。仓单操作程序完备与否也会引起法律风险。《中华人民共和国合同法》规定："仓单是提取仓储物的凭证"。仓单转移，仓储物的所有权也随之转移。所以，仓单操作程序完备与否将影响到银行、借款人和物流企业三方当事人的权利与义务,可能引起质押物所有权的法律纠纷。主要表现在两个方面。一是仓单方面。仓单是质押贷款和提货的凭证,是有价证券,也是物权证券。但目前仓库所开的仓单还不够规范,如有的仓库甚至以入库单作为质押凭证,以提货单作为提货凭证。二是程序方面。物流企业工作人员在对仓单操作时没有执行严格的程序,也将导致质押物所有权的法律纠纷,给物流企业带来风险。

(4) 操作风险。商品监管方面。由于仓库同银行之间的信息不对称、信息失真或信息滞后都会导致任何一方决策的失误,造成质押商品的监管风险。

目前,多数物流企业管理粗放、设备陈旧、信息化程度低,造成监管脱节。另外,在异地仓库质押监管中,由于用于质押监管的仓库有可能是第三方仓库或是客户自身仓库,所以给物流企业质押监管带来了更大的风险,如同一商品重复质押的风险、质押商品被非法挪用的风险等。

(5) 内部操作和管理风险方面。目前我国的物流业正处在从传统物流向现代物流发展的过程中,许多物流企业的信息化程度很低,还停留在人工作业的阶段,这无形中增加了内部人员作案和操作失误的机会,形成管理和操作风险。例如,某些内部工作人员与货主企业合谋,伪造仓单,允许货主企业私自提货等现象,将严重损害银行和物流企业的利益。

6.3.2 物流企业供应链金融的风险产生来源

虽然发展物流金融业务能够带来"共赢"的效果,但同样在发展过程中也存在着各种各样的风险,有效分析这些风险来源并加以控制是物流供应链金融业务发展的关键。作为一种金融业务模式的创新,它所面临的金融风险主要有以下五方面的来源。

1. 源自核心企业的信用风险

供应链融资的基础是信用基础,信用基础也是供应链整体管理程度乃至核心企业管理与信用实力,伴随着融资工具在供应链上、下游的延伸,风险会随着供应链进行相应的扩散。此时,由于最大的金融利益会主要集中于核心企业,这也就意味着风险也会相对向核心企业处集中。一旦整条供应链中的某一个成员或某一个环节在融资方面出现了问题,其影响必将沿着供应链本身迅速蔓延,供应链上的每个成员都将受到影响,无疑作为整条供应链最大受益者的核心企业,必将是受到影响最大的一个环节,将对其综合管理与资金管理产生相当大的考验。

尤其是对于国内企业来说,很多都没有建立完善的资金管理和信用体系,核心企业作为供应链金融中的重要环节,其资金管理能力必定需要有更高的管理水平;否则稍有不慎将会导致供应链的断裂,进而引发大的金融灾难。此外,由于国内银行在实际操作的过程中,为了给供应链上的企业提供更大的支持,他们通常会将核心企业的信用进行10%~20%的放大,来帮助企业不断开发业务、扩大规模。但现实问题是,一旦这家核心企业在十家银行办理供应链融资业务,并且每家银行都按照既往工作模式来对核心企业授信支持的话,这个核心企业的信用在无形之间就被扩大了100%~200%,将对企业承担如此巨大的信用增长提出巨大挑战,同时对于银行来说,也是对他们监管如此巨大风险能力的考验。

2. 源自供应链上中小企业的财务风险

虽然中国的中小企业在近年来得到了长足的发展，但就其与大型企业之间相比，仍存在诸多不利于融资的因素。具体原因多为中小企业进入产业时间比大企业相对晚，由于缺乏管理经验存在着财务制度尚不健全、企业信息透明程度不高等原因，致使其资信程度不高。许多国内中小企业都存在缺少良好连续经营记录或难以获得财务审计部门的足够承认的现象，对中小企业的有效融资带来了困难。

3. 源自银行内部的操作风险

将仓单乃至物流过程作为质押对象是供应链金融的创新之处，同时这也将牵涉如何对仓单和物流过程进行定价评估的问题。因为价格的变动与调整，质押对象同样会面临价值的升值或是贬值，一定程度上可能引起抵押风险。此外，银行内部同样要防止内部人员的操作失误或者内外勾结的欺诈与作弊，对于抵押品的评价与估值，应该以科学的方法、严格的操作制度，本着客观、公正的宗旨保证评价与估值的准确，以避免银行利益受损。

4. 源自物流企业服务运作模式的风险

一般来说，国内物流供应链金融服务大多以核心企业为中心，沿供应链向上、下游中小企业实现资金、物流以及信息流互补作用的辐射，从而赢得商机。其运行过程中的风险主要源自其服务运行模式，主要表现在仓单质押、代客结算、信用担保等风险方面。由于质押物的选择多涉及物流企业作为担保人承担的风险，因此质押物价格、合规性等方面的选择不恰当或操作失误会导致物流企业丢失担保资格，甚至会影响到自身及其他方面的业务。此外，物流企业在代客结算服务模式中往往承担了更大的信用风险，一旦供应链中任何企业财务资金运转出现问题，都会危及物流企业的生存，并将随着供应链蔓延至其他企业造成风险。

5. 源自供应链上各企业信息传递方面的风险

对于企业而言，每家都是独立经营和管理的经济实体，供应链在一定意义上成为未签订协议的、松散的企业间的联盟，随着供应链规模的不断扩大与结构的日益复杂，供应链上错误信息的发生势必随之增多。由于上、下游企业间沟通不充分将会导致信息传递延误，也将对客户需求以及产品生产中的某些意见产生影响，出现分歧，难以满足市场的需要。上述情况将导致不正确或有偏差的信息传递给商业银行，进而影响商业银行的判断，成为供应链金融中的风险。

6.3.3 供应链金融风险防控的识别方法

1. 物流供应链金融风险的识别

根据物流供应链金融风险的产生根源，作者在经过大量研究后，为便于风险的分析与确认，并能够从统一角度对风险措施进行决策方面考虑，对供应链金融的风险因素进行分解及归并，进而从以下几个主要方面就供应链金融风险进行识别分析。

1) 企业风险

对于来自企业的风险，主要可分为核心企业信用风险、核心企业道德风险以及中小企业管理风险三类。

(1) 核心企业信用风险。由于核心企业信用往往会被放大，致使其信用风险大大增加，因为供应链上的企业一方面共享利益，另一方面又共担风险，因此一旦核心企业出现问题就会对供应链整体造成很大的影响或问题。

(2) 核心企业道德风险。由于核心企业一般经营规模大、整体实力强，在整个供应链金融中扮演着决定风险特异性变量的角色，一旦核心企业利用其谈判中的优势地位，对上下游中小企业在交货、价格账期等贸易中采取利己行为，以实现本身短期效益的最大化，则可能导致其他中小企业资金紧张，一旦积累的债务负担超出中小企业所能承受的界限，可能会导致供应链不稳定，进而导致由于道德问题带来的风险。

(3) 中小企业管理风险。中小企业大多因为成立时间短、缺少必要的管理知识及经验等原因，往往存在着财务制度不健全、企业透明程度不高、经营状况不易被银行监管等风险因素。

2) 质押物风险

货物质押等形式的融资手段已成为物流企业开展供应链金融服务业务的重要内容。对于物流企业而言，其风险主要来源于客户信贷、质押货物的选择、质押货物的保管，主要表现为客户资信风险、仓单风险、质押商品选择风险三种形式。

(1) 客户资信风险。主要指客户的业务量、业务能力以及商品来源的合法性，都是仓库的潜在风险。在仓库管理滚动提货中，存在着提好补坏甚至以次充好的质量风险。

(2) 仓单风险。由于仓单是质押贷款与提货的凭证，既是有价证券也是物权证券，但往往仓库开具的仓单还不能做到特别规范，如有时仓库会以入库单作为质押凭证，也存在以提货单作为提货凭证现象的发生。

(3) 质押商品选择风险。由于商品的价格与质量会随着时间段的变化而变化，因此并非所有商品都能够进行仓单质押，不同商品的质押会存在不同程度的风险。

3) 操作风险

对于物流企业来说，操作风险的发生原因一般可以简单地分成管理制度风险、人员素质风险、安全监管风险以及信息传递风险等风险形式。

(1) 管理制度风险。它主要指由于管理制度、监督机制、管理水平的完善程度与等级高低都能够直接影响到最终的决策是否正确，任何一方出现问题都将影响整条供应链的正常运转，从而带来风险。

(2) 人员素质风险。在供应链的正常运转中，要严防单位内部人员的欺诈或作弊现象的发生，虽然人员道德风险可以通过严格的内部管理来降低其发生率，但终究人员道德问题都与内外勾结、共同欺诈等问题的发生有着直接与重要的关联，此外许多物流企业的信息化程度很低，还停留在人工作业的阶段，一旦工作人员缺乏相关的业务基本技能或责任心，将无形中增加了内部操作失误的机会，导致风险的发生。

(3) 安全监管风险。随着公司发展规模的扩大与质押货物、货种的增多，不断提高仓库安全监管水平与硬件监控条件配置也都是要着重考虑的问题，以避免失误、盗抢以及质押物流动过程中提好补坏、以次充好风险的发生。

(4) 信息传递风险。在供应链的实际运作过程中，由于银行与仓库间对质押货物的监管方面沟通不及时，可能导致监管信息的不对称或信息失真，从而使某一方在决策制订过程中产生错误引导信息，导致质押物监管风险的发生。

4) 环境风险

环境风险大致可分为市场风险、政策风险以及法律风险三种形式。

(1) 市场风险。多是指因市场发生变化，导致企业无法按既定计划销售产品从而难以及时偿还贷款所产生的风险，如汇率变化导致融资成本上升、新替代品的出现导致销售停止，资金链条断裂等。

(2) 政策风险。在国家经济政策发生变化时，通常会对相关企业供应链金融的资金筹集或其他经营管理活动产生极大影响，可能会增加供应链的金融风险。例如，国家进行产业结构调整过程中，会对一些已有稳定运营产业进行限制，导致供应链上相关企业原有投资面临损失风险。

(3) 法律风险。目前我国国内立法以及法律执行方面尚不健全，存在着一些漏洞或矛盾之处，有可能对供应链的正常运转产生负面效应，影响供应链的稳定性并导致风险。

具体风险评价体系情况如表 6-4 所示。

表 6-4 物流企业供应链金融业务风险指标评价体系

风险内容	一级指标	二级指标
物流企业供应链金融业务风险	企业风险	核心企业信用风险
		核心企业道德风险
		中小企业管理风险
	质押物风险	客户资信风险
		仓单风险
		质押商品选择风险
	操作风险	管理制度风险
		人员素质风险
		安全监管风险
		信息传递风险
	环境风险	市场风险
		政策风险
		法律风险

2. 物流供应链金融风险评价方法

物流供应链金融风险管理的研究主要以银行与物流企业风险控制为主体，同时涵盖贷款风险中担保物作用的分析、风险控制指标体系中事前风险控制的研究、违约处理及风险预警的方法与技术的探讨等内容。在这里简单介绍几种定性和定量的分析方法。

1) 定性的分析方法

(1) 专家评价法。专家评价法是出现较早且应用广泛的一种评价方法，此种方法是通过打分的方式进行定量的评价，即使在缺乏足够原始资料及统计数据的情况下，也能在定量和定性分析基础上做出定量的估计，保证结果具有数理统计的特性。其具体的步骤为：首先，需要根据评价对象的实际情况进行实际的分析，并选定评价指标，再确定每个指标的具有标准用分的评价等级；在此基础上，通过发放专家调查表等形式，由专家综合分析、评价并打分，最终确定各指标的评价分值，对应可以得到评价结果。由于此种方法主要依赖专家的主观评价，其评价准确度对专家的阅历经验、知识水平、学术能力及实践经验都有较高的要求，具有直观性强、使用简单等特点，但因其缺乏理论性与系统性，有时难以保证最终评价结果的客观与准确。

(2) 其他定性的分析方法。其他定性分析方法及风险管理研究知识相对简单、粗浅，尚未对物流供应链金融或是供应链资金流模型理论的实践和完善起到指导性的作用。例如，对供应链金融中信用风险、操作风险、法律风险的定性分析与识别，结合风险管理中准入体系、操作平台、动产担保物权、风险预警与应急预案、合作监管方和核心企业六个关键变量的风险分析的研究。此外，定性研究分析还包括担保物风险模型分析、供应链资金运作风险分析、核心企业贸易融资风险分析等研究方式。

2) 定量的分析方法

(1) 可拓学理论研究法。通过可拓学理论相关知识对物流供应链金融中潜在的风险进行可拓分析，并建立可拓模型，之后通过进一步可拓分析与可拓变换，发现潜在隐患，并依据分析结果为各运作主体就如何规避个别或是普遍的物流金融风险提供防范方法及策略。

(2) 灰色系统理论研究法。灰色系统理论研究方法简单来说就是对缺乏明确整体信息的系统，通过灰色研究，从控制论角度研究新的建模思想及方法，并通过分析因素间的关联性以及各因素量的测度，利用灰数据映射方法发现规律，处理随机量，逐步降低系统的灰度，不断增加白度，最终认识系统的变化规律。其主要研究方法就是利用系统外部的特征，充分发挥现有"白"信息的作用，不断打破"箱"的约束，由全部内部结构与特性未知的黑箱，到部分结构与特性未知的灰箱，最终到灰色系统，实现对事物的本质以及发展规律性的掌握与认识。

(3) 层次分析研究法。层次分析法(Analytic Hierarchy Process，AHP)，是美国运筹学家匹兹堡大学教授萨蒂(Satty)在为国防部研究课题时所应用的评估方法，是通过网络系统理论以及多目标综合评价手段提出的层次权重分析方法，其目的就是将与决策有关的元素按照目标、准则或方案等内容区分层次，并依据分层结果开展定性与定量的分析。

(4) 其他的定量研究分析方法。经济分析、数据包络分析等方法也是定量分析研究的手段之一，以上两种方法主要是通过计算机软件实现复杂的计算与分析功能，实现对象确认、预测及误差检验等功能。

6.4 供应链金融风险管理与防范措施

供应链金融模式对于相关各经济主体都有着非常重要的意义。商业银行和各中小企业都应该认真把握供应链金融，寻求供应链金融所带来的利润和机遇的最大化。各个商业银行已经从战略高度意识到了供应链金融的优势，在供应链金融业务方面的竞争已经日趋激烈。能否把握供应链金融风险，做好防范措施，将是未来企业成败的关键。

6.4.1 供应链金融风险管理的原则及流程

1. 风险管理的原则

供应链金融风险管理的目标就是在资本、人力资源、风险管理能力和其他各种资源允许的范围内，结合企业自身可承受的风险范围开展供应链金融业务，稳妥地管理承担的风险，在风险和收益之间取得适当的平衡，以得到收益率的最大化。

供应链金融往往是伴随着物品的质押融资所引发的，质押产品的特性将对供应链金融产品的风险产生重大的影响。因此，不同质押产品的风险管理特征差别很大，所以在具体执行某些产品的融资业务之前，必须预先对该项产品的风险管理成本和风险管理收益之间对比关系进行评估。

一般说来，供应链金融服务产品的风险管理应考虑以下三个方面。

(1) 应用系统化思想管理供应链金融服务风险。例如，业务风险控制首先要符合企业全面风险管理的要求；应对其所面临的信用风险、法律风险、市场风险和操作风险等不同类型的风险通盘考虑，确保所有的风险状况及反馈结果都有相应部门负责和专人管理。所有风险应通过定性分析或尽可能地进行定量测算。

(2) 应用独立性和垂直性两个纬度管理风险。风险管理部门要独立于业务体系，但要适应业务体系的结构特性。风险管理部门要在业务体系的各层级设立独立的风险管理委员会和评审制度，实行垂直管理。当然贸易物流一体化融资的风险管理具有专业化显著、技术性强、效率要求高的特性，可以采取特别通道或特派员的模式，但其独立性职能是不可以例外的。

(3) 强调风险管理部门和业务部门之间要加强沟通。通常风险管理人员可能缺乏对业务的实践和市场意识，会对业务风险的认识出现偏差，这就尤其需要跨部门的沟通渠道和沟通机制去保障风险控制的有效性和高效率。

为了更有效地管理和控制供应链金融服务的风险，服务提供商应建立一个全方位、稳定的风险管理系统，具体可开展以下工作：一是提出风险投入预算，制定风险管理具体政策；二是建立风险管理运作流程，包括合同审批授权、程序以及有关风险控制委员会的监控、督导、稽核制度等；三是建立完善的风险报告制度，明确报告的周期、内容、评估依据等。

2. 风险管理的流程

供应链金融风险管理的基本流程包括风险识别、风险度量、风险评估和风险控制等

物流安全

环节。

1) 风险识别

风险识别是风险管理的基础,是指对可能带来损失的风险因素加以判断,分析风险的性质并进行系统分类。它不但要找到业务经营活动中存在的风险,同时还要分析并找到造成风险的原因。

供应链金融服务的对象往往涉及中小企业,如中小贸易企业等。因此,信用风险就成为该业务的首要风险来源。在具体业务的运营中,涉及很多的审核、物流环节控制以及物流仓库仓储配送等,于是就衍生了操作风险。

除了上述两个最重要的风险外,供应链金融服务还会涉及其他的几种主要风险,如商品价格的波动形成市场风险,进口业务中的汇率风险的影响及供应商提供的货物质量风险等。

在进行全面风险管理时要分析各种产品的风险来源。

2) 风险度量

风险度量就是对风险进行定量分析和描述,对风险事件发生的概率和可能造成的损失进行量化。在中国很多行业的风险管理中,风险度量还处于起步阶段,而对供应链金融业务而言,这方面更是有明显的缺陷。

供应链金融服务是一个创新的服务,发展时间较短,缺乏长期的风险管理数据积累,难以对不同类型的风险进行定量分析,从而建立组合的定量模型。但根据国外的风险管理的发展状况,大多提倡尽可能利用定量模型进行风险管理,这表明定量分析是未来业务风险管理的必然发展趋势。

3) 风险评估和控制

风险评估就是在风险度量的基础上,分析企业对于风险的承受能力,以判断是否需要采取何种合适的风险控制措施,其现下和发展的状况与风险度量相类似。

风险控制就是根据风险评估的结果而采取相应的措施,把风险可能造成的损失控制在可接受的范围内,通常可以采取以下一些风险控制措施,即风险防范、风险抑制、风险分散、风险转移、风险补偿、风险保险和风险自留等。在贸易物流一体化融资业务中,主要通过严密的操作流程和良好的操作团队来防范和抑制可能的风险。因此,做好贸易物流一体化融资业务的操作风险管理处于非常重要的地位。

6.4.2 供应链金融风险管理的方法

供应链金融在我国的发展虽然呈现出良好的态势,但供应链金融在中国的发展还处于初级阶段,随之而来的问题也不少,而所有这些问题对于银行而言都可以归结为不同程度不同类别的风险。首先,以银行选择进入一个新的行业为例,新的行业意味着更多的不确定性,意味着银行将面对更多的不可知的如行业规则、国家政策、宏观经济等的问题。因此,银行将以承担政策风险、市场风险等为代价来获取该市场的准入。其次,由于我国没有完整的信用评级体系,银行对于企业诚信度的甄别依旧存在一定困难,所以信用风险依然是银行所必须考虑的。再有,供应链金融所提供的服务为结构化授信,这也就需要银行在提供具有全方位服务的同时建立起具有与之相匹配的业务团队和操作平台,由此带来的操作风险也是银行不可忽视的。最后，由于政策以及法律上的滞后性，银行在面对质押物的真实性等问题时，不得不做好面对法律风险的准备。

1. 信用风险管理

中小企业信用缺失是国内商业银行贷款营销中的主要难题。其主要原因在于中小企业管理不规范、技术力量薄弱、资产规模小、缺乏对自身信用的管理和资信不足等问题。信用缺失成为制约商业银行中小企业信贷业务发展的重要瓶颈之一。

信用风险的管理一般分为信用的建立与整合、加强客户信用管理两种管理方式。

1) 信用的建立与整合

由于客户资信风险、仓单风险等因素都与信用有直接的关系，因此，对信用风险的管理方法之一就是建立并整合相关的信用，对于普遍的仓单质押业务中，物流企业是银行与客户两种委托代理关系的连接点，是联系两者的服务平台，其不仅要建立信用，还应具备信用整合的功能，既能帮助银行与客户间建立起信用关系，还能够在双方彼此互信的基础上利用仓库开展仓单质押业务，最终完成信用的整合，有助于双方共建贷款融资与互利共赢的合作局面，并降低管理中的风险。

2) 加强客户信用管理

可以通过一系列的管理制度加强客户的信用管理，如针对客户建立资信调查核实制度、信用动态分级制度或财务管理制度等，通过相关制度的管理及约束，认真考察客户偿还债务历史状况、分析客户的履约能力，通过考察对用户的信用记录进行分级，应杜绝与信用级别较低、存在不良信用记录的客户之间的合作。物流企业可以利用其掌握客户基本情况与质押物丰富资料的优势，充分借鉴银行对信用评估以及风险防控的方法，与银行开展融资项目的信用以及风险评估，并形成互动的监管与控制机制，不但能有效控制风险，还能加强与银行的信用管理。

目前我国的供应链产业处于发展的初期阶段，由于尚未建立完整的信用体系，特别是供应链金融的信用模型建设和数据业务流程信息化发展程度不高。供应链产业中，供货商、制造商、销售商、银行、客户相互间的信用保证是缺乏协调监管的。不管是信用的建立与整合还是加强客户信用，都必须有技术作保障。因此，必须加快信用技术创新，提高供应链金融信用管理水平。可以采用现代高科技信息手段，通过互联网技术和传感技术的有效结合(即物联网)，通过企业 ERP 和 EDI 等系统的有效利用，建立银企管理平台，对供应链上的产、供、销企业和信息、仓储、物流、资金等活动进行实时的监控与管理。构建好信用管理技术平台，就能够加强供应链管理的信用环境建设，为供应链金融业务创新提供有力的信用管理支持。

供应链金融信用管理的技术平台具体流程如图 6-10 所示。

2. 市场风险管理

市场风险主要是指由于市场发生意外，使企业无法按原计划销售产品给商业银行带来的还款风险，其产生的原因主要有：一是预测失误；二是出现新的替代品，从而导致企业销售计划落空，资金链条断裂。

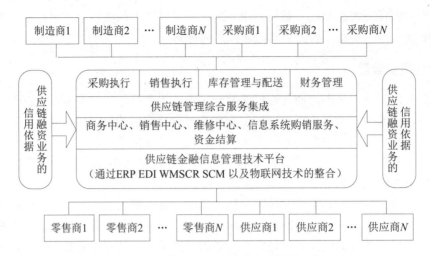

图 6-10　供应链金融信用管理的技术平台

目前货物质押业务的开展被广为接受，提供货物质押的货主企业希望质押物的总值能够满足银行要求时不受到质押商品种类、数量以及标准化程度的限制，且希望不同质押物之间能够具有可替代性。但是，鉴于商品的保值与管理因素方面的影响，很多银行存在对于质押物要求品种应广泛接受、易于处置、价格波动幅度较小，且易于保管储存等限制，如黑色金属、大豆以及部分有色金属。即通过严格控制质押品的品种来降低风险因素的发生。在对于此方面的风险管理中，物流企业可以建立快速、灵活的商品信息收集与反馈体系，以便及时掌握市场的行情，把握质押品的销售及价格变动情况，便于对质押货物做出正确的选择与评估，避免由于对质押物评估失真所带来的市场风险，随着管理经验的不断丰富与管理手段的不断提升，可以在控制风险的前提下不断增加质押商品的种类。同时，金融机构还应进一步建立与市场机制相吻合的预警及应急处置机制，以便在出现不利市场因素的第一时间，及时转移或处置金融风险，将损失降到最低。

3. 法律风险管理

供应链金融业务往往会涉及多方主体，同样，质押物所有权也不断在各主体间进行流动，可能引起所有权纠纷，因此，各方可借助建立不同的契约来维系平等利益主体间的合作关系，也就是本着平等互利的原则，通过物流企业的联系，建立各方遵守的契约，将原有的关联交易转化为契约交易，减少摩擦，降低法律风险。同时，对于物流企业而言，无论供应链的哪一个环节都要求相关工作人员熟练掌握有关的法律知识，对于潜在的问题或法律方面的漏洞，物流企业应仔细研究并将法律未进行明确规定的问题写入质押合同，通过协议明确各方的权利与职责，避免法律风险的发生。

另外，由于仓单是货物质押业务的重要凭证和法律依据，还应对仓单进行规范和科学的管理，对仓单进行规范化，固定其使用格式，指派专人进行统一管理，保障仓单的真实、唯一及有效性，并制定严格的仓单操作规程，对仓单提货、换单进行认真审核，完善质押仓单的签发与确认程序，严格控制发货下限，对仓单进行统一编号并制作明细台账，通过强化管理程序及手段降低由于仓单问题引发的法律风险。

4. 操作风险管理

操作风险是上述风险中最易发生的风险，采取必要措施避免操作风险的发生可以有效降低物流企业供应链金融的整体风险，目前的主要管理方法有以下几种：首先，通过制度降低风险发生概率，即严格控制操作流程及制订完善的工作制度，通过严格执行各项规章来降低人为操作失误发生的概率；其次，严格规范任用标准，对人员的招聘应着重考虑应聘人员的职业道德、学历水平、专业技能及知识水平，甚至应聘者的心理素质也在考评范围当中，建立奖惩机制，加大奖惩力度，以降低由于人员素质不高导致风险发生的可能；再次，不断加强信息平台的建设，积极构建统一的供应链金融信息平台，可以有效解决供应链各企业间以及金融机构间的信任问题，通过信息平台的不断建设与完善，不断减少信息传递中发生的信息失误或信息不对称现象，各方可以通过信息化手段对供应链金融物流整体流程、客户目前运营状况以及现阶段库存商品的市场价值进行直观的了解与监控，有效防范由于信息传递失误导致的监控风险的发生。

6.4.3 供应链金融风险的防范措施

1. 建立供应链金融风险的防范体系

在实际供应链金融监管工作中，很多物流企业虽然成立了专门的金融监管部门，建立了相关的规章制度与监管流程。但在很大程度上还没有建立比较成熟的供应链金融监管体系。为了有效防范和控制供应链金融风险，构建合理的供应链金融监管体系势在必行。

由于第三方物流企业在供应链金融中的特殊地位，以第三方物流企业为中心构建供应链金融监管体系在很大程度上还受制于银行、核心生产企业、经销商以及最终消费者之间的利益平衡，受制于整个社会、经济、法律等大环境。从事国际物流的第三方物流企业在开展供应链金融服务过程中，针对实体标的物的全程监控以及监管过程中可能面对的各种各样的风险，必须在合作银行、核心生产企业、经销商的合作框架范围内建立一系列监管制度、监管方法以及监管风险控制措施，从而形成银行主导、第三方物流企业自律、参与方监督的"三位一体"的供应链金融监管体系。

1) 建立银行主导体系

(1) 制定"游戏规则"体系。在第三方物流企业供应链金融监管体系中，银行是"游戏规则"的制定者。银行需要对整个金融监管过程进行管理和控制，确保对商业贸易、实体物流、资金动态及其相关信息都进行实时准确的掌控。因此，在银行主导的金融监管体系中，第三方物流企业因作为银行的监管代理而处于金融监管的中心地位，但总的游戏规则必须在银行的主导下，协同标的物原所有者、经销商共同完成，形成各方共同遵守的金融监管准则。这些准则包括监管环节设置、人员配备与职责、业务流程与单据流转、财务结算、风险预控、数据交换与系统对接等。

(2) 建立制度管理体系。由于银行在第三方物流企业供应链金融监管体系中与其他合作各方都会发生经济往来关系，并通过这一系列经济往来而获得利益。因此，银行有必要也有能力建立一系列供应链金融监管管理制度，特别是对第三方物流企业的日常稽查制度、业绩奖惩制度与信用评级制度。

2) 建立物流企业自律体系

(1) 管理制度体系。在银行制定的供应链金融监管"游戏规则"与管理制度的框架下，第三方物流企业基于其实物监管与风险控制的需要，也必须建立一套规范的企业内部管理制度。

根据供应链金融监管的服务特点，这套内部管理制度体系一般包括供应链金融监管管理总则及其实施细则、金融监管现场指导手册、金融监管标的物管理办法、金融监管单证管理办法、金融监管绩效考核办法、供应链金融过程监控管理办法、供应链金融监管巡察制度、供应链金融监管结算管理办法等。部分供应链金融监管项目还必须结合客户或标的物的特殊监管要求而制定专门的监管办法。

(2) 操作流程体系。第三方物流企业还必须建立得到银行、核心生产企业、经销商的共同认可的供应链金融监管操作流程体系，以规范和明确供应链过程中随着标的物的物流状态变化相关各方之间的操作关系。由于金融监管合作方的不同以及监管标的物的多样性与差异性，第三方物流企业的金融监管操作流程在每个具体的不同的供应链金融监管项目上不会完全一样。但从总体来看，这些流程将包括以下两大方面。

① 围绕金融监管标的物物流状态管理的操作流程，如收货、储存、保管、放货、盘点等流程，随时对标的物的物流状态进行实时、准确的管理。

② 围绕金融监管标的物权属状态管理的操作流程，如销售预定、财务支付结转、启动质押、解除质押、权属单证审核等流程，确保随着监管标的物的权属状态变化及时完成实体货物的供应链过程交接。

(3) 风险控制体系。第三方物流企业在提供供应链金融监管服务的过程中，必须以风险预控为核心构建一套完整的主动与被动相结合的"防火墙"体系。

① 建立异常状态管理系统。一是依靠从业人员的水平和经验。当现场管理人员根据经验，发现货物异常，或者出库状况不同以往状况，或者单证遗失或造假，立即向负责人汇报。作为监管方会同银行立即冻结融资企业库存物品，并对融资企业进行实地监察生产经营状况。二是靠互联网信息化平台。运用现代信息管理技术手段，进行数据值设定，一旦现场库存量或库存价值超过警戒线，自动锁定数据库，冻结货物仓库。

② 建立应急管理预警系统。一旦发现应急情况，比如：货物保质期快到，提货人迟迟不提货；仓库条件不适合质押物存放；质押货物货不对版；供应商或其他第三方追讨债务；企业存在诈骗现象，以次充好；企业出现重大事故，无法正常生产等。立即通知第三方法律公证方，同时通知银行，停止授信第三方物流企业负责人和仓库、数据和稽核部门会同银行外派人员封存质押物，并同时做好证据准备，进行法律程序准备。

③ 建立金融监管巡察制度。金融监管管理人员要定期或不定期巡察各个金融监管点，必要时联合银行外派人员、第三方物流企业审计人员及人力资源人员共同构成联合巡察组，随机抽查不同区域的现场金融监管点，对其监管台账、监管单证以及监管标的物库存状态等进行一一比对，对现场金融监管过程中的各个方面进行检查。

④ 建立被动风控体系。包括设立法务人员或外聘法律顾问处理日常相关法律事务，在出现突发状况的情况下寻求法律保全，以及购买保险也是降低风险损失的有效措施。其中，保险单上注明保费由融资企业支付，被保险人为第三方物流企业，第一受益人是授信银行。

(4) 人力资源体系。在实施供应链金融监管过程中,由于银行提供的现场监管点遍布广泛,甚至是一些偏远城市或地区,第三方物流企业如果每个现场监管点都派出人员,往往会带来很大的成本压力(如住宿、差旅、交通成本等),而且第三方物流企业派出现场监管的人员在适应当地人文社会环境方面也可能会出现问题,反而影响实施供应链金融现场监管的效果。加上对现场金融监管人员的文化素质要求不高,因此,第三方物流企业往往依托当地劳务市场或劳务中介公司解决供应链金融现场监管的人力资源问题。但在供应链金融监管的管理层面,第三方物流企业还是坚持使用自身签约的员工。这样就形成了目前在第三方物流企业供应链金融监管服务中自身招聘与劳务外包或劳务派遣相结合的人力资源体系模式。

3) 建立合作方监督体系

(1) 核心生产企业的监督体系。核心生产企业虽然在供应链金融过程中通过质押将标的物置于银行的监控之下,且从中提前获取了对应的资金回笼,但只要质押物尚未完成销售或权属转移,核心生产企业始终对监管标的物拥有一定的权利,如银行许可下的销售权、物流状态知情权等。因此,要建立核心生产企业对第三方物流企业供应链金融监管的监督制度。

(2) 经销商的监督体系。经销商在供应链金融中一般充当质押物贸易商的角色。在供应链金融服务过程中,经销商长期和第三方物流企业供应链金融现场监管人员接触,对第三方物流企业现场监管人员的工作态度、工作作风等都十分了解,特别是在劳务外包的人力资源模式下,第三方物流企业与这些现场监管人员的接触了解是很不充分的。因此,依托经销商的监督,对于预防现场监管过程中出现的问题也是十分必要的。

(3) 其他合作方的监督体系。在第三方物流企业提供供应链金融监管服务过程中,也要依托劳务外包合作单位的监督,甚至信息系统供应商的监督。在劳务外包的人力资源模式下,第三方物流企业现场监管人员是与劳务外包合作单位签订的劳动合同,劳务外包单位有义务履行对其劳务人员的监督权,甚至在必要的时候行使解除劳动合同关系的权利。此外,为第三方物流企业供应链金融监管提供管理信息系统的软件供应商,也有义务对其软件系统是否正常运行、数据交换是否及时准确等进行监控,从软件系统的角度对供应链金融监管服务进行监督。

2. 物流与供应链金融风险的防范

1) 物流与供应链金融风险回避

化解物流金融潜在的金融风险,应该从多方面入手,涵盖整个供应链的各个环节,如银行、核心企业、中小物流企业等多方当事人。

(1) 对核心企业的经营情况进行跟踪评价,成立物流金融公司或者核心企业的资本部门,专门从事物流金融服务。

要化解来自核心企业的风险应从两方面入手。一方面,对核心企业经营情况进行跟踪评价。对核心企业的经营情况存在的问题进行分析,对其业绩、设备管理、人力资源开发、质量控制、成本控制、技术开发、用户满意度和交货协议等方面做出及时调查,并进行科学的评估。一旦发现某重要供应商可能出现问题,应及时通知关联企业进行预防和改进。要针对可能发生的供应链风险制订应急措施。同时银行通过调阅财务报表、查看过去的交易记录和电话调查等手段，帮助核心企业评估供应链成员，并把潜在的不良成员剔除，保证供应链的发展，也间接保证自己的资金安全。另一方面，成立物流金融公司或者核心企业的资本部门，专门从事物流金融服务。因为我国现在的供应链金融必须靠核心企业和银行的合作进行，依靠优势互补来进行操作，但这仍然会因为双方的信息不对称带来种种风险，存在诸多弊端。我国现阶段的银行间的业务以及银行与金融机构之间的业务往来仍然有衔接的诸多不便和漏洞。如果建立物流金融公司将二者合二为一，那么由于银行间及银行与金融机构的信息不对称而对核心企业信用过分放大的风险自然减少，同时也有助于提高效率，使物流金融业务更加专业化，也给监管带来便利。

(2) 提高对中小企业的风险识别和控制能力。中小企业的特点是投资风险相对较高，因而就对银行风险管理和控制能力提出了更高的要求。

一是银行要努力提高对中小企业真实信息的掌控能力，把握好企业经营活动、管理能力、信用意识、资金运营、资产分布及关联交易等的真实情况。二是银行要通过建立适合中小企业客户的信用等级评定体系，如实揭示中小企业客户的信用风险，合理确定中小企业的授信控制量，防止信用评级不客观和授信不及时而把优质中小企业排斥在信贷支持对象之外；最后，银行应加强对中小企业的贷后管理，规范贷后管理操作程序，深入企业跟踪检查，实行贷后动态监控，掌握企业的贷款使用、存货增减、货款回笼、固定资产变化等情况。通过对借款人现金流量、财务实力、抵押品价值、行业与经营环境的变化等因素的连续监测和分析，了解企业的偿还能力是否发生变化，从而帮助银行及时地发现问题、调整相关政策和措施、解决问题，有效防范和降低贷款风险。

(3) 建立灵活、快速的市场商品信息收集和反馈体系并强化内部控制，规避银行内部风险。

买方市场时代，产品的质量、更新换代速度、正负面信息的披露等，都直接影响着质押商品的变现价值和销售。因此，物流企业和银行应根据市场行情正确选择质押物，并设定合理的质押率。一般来讲，选取销售趋势好、市场占有率高、实力强、知名度高的产品作为质押商品，并对其建立销售情况、价格变化趋势的监控机制，及时获得真实的资料，避免由信息不对称引起对质押货物的评估失真，控制市场风险。同时，强化内部控制是防范银行内部风险的重要手段。商业银行的内部控制是一种自律行为，是为完成既定工作目标，对内部各职能部门及其工作人员从事的业务活动进行风险控制、制度管理和相互制约的一种方法。要强化商业银行供应链金融业务处理过程中的内控机制建设，首先要搞好"三道防线"建设，严禁有章不循、执纪不严等失控行为的发生；其次要遵循内控的有效性、审慎性、全面性、及时性和独立性原则，任何人不得拥有超越制度或违反规章的权力。

(4) 加强信用整合并建立灵活的市场商品和反馈体系，规避仓单质押风险。

首先，物流企业要加强信用的建立和整合。客户资信风险、仓单风险、商品的监管风险都与信用有着密切的联系。所以，在开展仓单质押业务时就需要仓库建立和整合这些信用。其次，必须加强对客户的信用管理。通过建立客户资信调查核实制度、客户资信档案制度、客户信用动态分级制度、财务管理制度等一系列制度，对客户进行全方位信用管理。再次，建立灵活、快速的市场商品信息收集和反馈体系。这样使物流企业能够把握市场行情的脉搏，掌握商品的市场价值和销售情况变化规律，及时获得真实的资料，以利于质押货物的正确评估和选择，避免信息不对称的情况下对质押物的评估失真。最后，仓单的管理和规范化。目前我国使用的仓单还是由各家物流企业自己设计的,形式很不统一,因此要对仓单进行科学的管理,使用固定的格式,按规定方式印刷同时派专人对仓单进行管理,严防操作失误和内部人员作案,保证仓单的真实性、唯一性和有效性。

(5) 建立高效的信息传递渠道,规避供应链企业信息传递风险。

利用现代化的通信和信息手段管理并优化整个供应链体系,通过电子数据交换系统(Electronic Data Interchange,EDI)对供应链企业进行互联,实现信息共享,使供应链企业之间实现无缝连接,所有供应链企业分享业务计划、预测信息、POS(Point Of Sales)数据、库存信息、进货情况以及有关协调货流的信息。从而供应链上的客户、零售商、分销商、生产厂、各级原材料供应商、物流运输公司和各个相关业务合作伙伴在信息共享的基础上能够进行协同工作。一般来说,若企业上、下游之间有先进的通信方式、及时的反馈机制、规范的处理流程,则供应链风险就小;反之就大。信息技术的应用在很大程度上推倒了以前阻碍信息在企业内各职能部门之间流动的"厚墙"。供应链企业之间应该通过建立多种信息、传递渠道,加强信息交流和沟通,增加透明度,加大信息共享力度来消除信息扭曲,从而降低供应链金融风险的不确定性,并有效防范风险。

2) 物流与供应链金融风险自留

风险自留无非出于两种目的:一是吸引合作伙伴,扩大业务量,以较大的风险换取效益;二是出于市场弱势地位的无奈之举。体现在合同中是还款期限、质权获取、赔偿条款、质押监管职能等的细则规定,风险自留即对相关条款的细则让步或风险自留计划。

当然,不排除国家为扶持物流产业发展而促使国有控股商业银行推出风险自留倾向的合同业务类型。

3) 物流与供应链金融风险转移

风险转移对不同当事人而言具有多种形式,只谈一方,即可推及其他当事人。对物流企业而言,尽量不予垫付货款,或建立相应的客户档案,对信誉好的客户予以差别化服务;申请支付令、越权行为要及时征求意见或得到事后追认;与银行、客户建立长期的合作伙伴关系、实施有效的过程监控;尽量控制自身的优质资产,以资金回笼率低的资产参与物流金融活动等。

6.4.4 供应链金融风险控制平台的构建

金融机构是资金提供方,处于强势地位,具有较大的话语权,当第三方物流企业介入其中时,这个状况就被打破了,如图 6-11 所示,它上接金融机构,能提供全面具体的供应链信息,能为其寻找到融资业务突破点和降低风险,下接借款企业,在金融机构的委托严密监管下,既为其提供物流服务,也能提供融资结算等金融服务,可谓是三方共赢。

对于金融机构来讲,此项业务开展最大的挑战来自于如何判定借款企业还款能力,金融机构在商品属性、价格管理、违约贷款项下质押物的处置方面显然不具备优势,第三方企业加入进来,则能在业务中对质押物进行监管及保值、资产变现、货运代理等,通过提供专业化的供应链信息,及时调整授信额度,是应对业务风险的主要方式,具体包括以下五个方面。

(1) 第三方物流企业与金融机构合作,信息共享是第一位的,主要表现在企业常规信息与货物及时信息。企业常规信息是指供应链中企业内部能力及合作企业信息,从企业内部看,除了常规的企业贷款需要参考的企业不动产、流动资金、财务报表、企业盈利能力之外,还应当考虑企业的动产规模,包括在库原材料、半成品及成品、应收账款、仓单等,综合考虑企业营运能力;另外从供应链角度看,需要参考合作企业的营运能力、资信能力及企业间合作紧密度,通常以企业间业务量、业务频率为准。

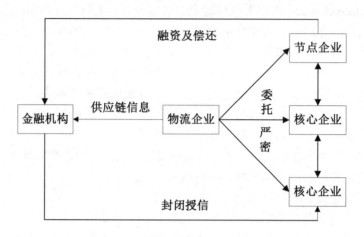

图 6-11　供应链金融风险控制平台

(2) 当具体开展融资业务时,还应当参考业务信息,而且多数需要即时信息。采购阶段则应当包括采购规模、货物规格、保质期、价格变动、运输实时状况,在生产阶段则需要考虑企业生产周期、生产能力及成本、成品率,以及销售阶段的销售渠道、产品市场占有率、存货变现能力,到最后的顾客满意度等,相应的融资业务则需要相对应的业务信息,适当分配权重,则能拓展业务,降低风险。

(3) 在具体的业务操作中,由于质押贷款手续复杂,很难满足即时性的要求,加强金融机构与物流企业合作的一种途径就是统一授信。统一授信是金融机构根据长期合作的物流企业的规模、管理水平、运营状况把贷款额度直接授信给物流企业。物流企业再根据客户的运营状况和担保物给予贷款,并且利用客户存放于监管仓库或在途运输中的货物行使反担保。物流企业可以不经过金融机构的再次审核,直接利用这些贷款额度向借款企业灵活地提供融资业务,既提供了时效性,减少了操作环节,提升了物流企业的服务能力,同时也提高了金融机构的监管能力。

(4) 在传统的第三方物流企业来看,融资企业是客户,更多时候是尽心尽力提供物流服务,提高服务能力是企业目标,当参与到供应链融资时,第三方物流企业则应当转换角色,扮演企业的"超级管家",其定位更应当是中立的监管企业。第三方物流企业提供的物流服务主要包括仓储和运输,以及在这两个过程中的货物监管保值,而面临的风险是供应链系统性风险和银行内控风险,通过对业务或者货物的严密监管,配合资金流动,这些风险则可以化解。

(5) 借款企业作为较弱势的一方,为了借得资金,往往会受制于金融机制,而金融机构为了控制风险,降低呆账、坏账的可能,对借款企业更多地会表现为不信任。因此,采用封闭的资金管理,是金融机构可行的一种做法,当金融机构承诺贷出资金时,要求借款企业开立一个专门的资金账户，当收回采购、销售货款或者应收账款存入其中后，由金融机构开具相应单证给物流企业，通知其放行部分或全部质押物，如在合约约定时间内或未还清或无力偿还借款，则金融机构可以通知物流企业处理质押物以弥补空缺。

小　　结

供应链金融的意义就在于能为产业链上的多个企业或整个产业链提供金融服务，最大限度地挖掘产业链金融服务价值。借助产业链的真实业务背景或预先明确应收账款等信用增强条件，使得为中小企业提供金融服务成为可能。与此同时，供应链金融正因涉及范围广、可控性小等因素，存在着较大的风险。

供应链金融风险是商业银行和第三方物流公司在对供应链企业进行融资过程当中，由于各种事先无法预测的不确定性因素带来的影响，使供应链金融产品的实际收益与预期收益发生偏差，或者资产不能收回从而遭受损失的可能性。任何风险的存在都有可能会使企业蒙受到经济和资信的损失，要降低风险，企业应该针对不同的风险采取不同的防范措施，将损失降到最低。本章将提出一些相应对策。

本章通过介绍供应链金融概述，分析其产生的背景及含义、演进和发展历程，进而延伸出发展供应链金融的意义。接着向读者阐述供应链金融的融资模式、供应链金融风险的构成与识别和供应链金融风险管理与防范措施。重点分析了供应链金融风险管理方法。通过对本章内容的学习，读者可对供应链金融风险的防范有一个初步的认识。

思考与练习

6-1　简述供应链金融的定义。

6-2　分析发展供应链金融的意义。

6-3　分析供应链金融与其他融资方式的区别。

6-4　简述风险的定义与构成。

6-5　分析供应链金融风险管理的原则。

6-6　分析供应链金融风险的防范措施。

第7章 物流信息安全管理

【导入案例】

1. 案情介绍

根据上海市青浦区检察院指控,2014年9—11月,鞠某利用A快递公司管理系统漏洞,非法侵入A快递有限公司服务器,下载包含公民个人信息的快递面单信息3万余条,后通过网络出售给他人,非法获利3万余元。

2014年9月,任某在鞠某的安排下,利用A快递公司管理系统漏洞非法侵入快递有限公司服务器,下载包含公民个人信息的快递面单信息2000余条并提供给鞠某。后鞠某通过网络将信息出售给他人,并向任某支付报酬2000余元。

2015年4月2日,法院以非法获取公民个人信息罪判处鞠某有期徒刑7个月;8月24日,法院以同样的罪名判处任某拘役4个月。

上海市青浦区检察院承办案件的检察官乔青告诉记者,犯罪分子窃取个人信息后,在QQ群里公开叫卖,每条信息一块钱。"我们青浦区(检察院)每年都会办理大量快递公司信息泄露的案件。因为国内几家大的快递公司总部都设在上海青浦区。"

乔青说,买这些信息的人,多半是为了诈骗用。比如,买了个人信息,他们会知道你买的是哪家购物网站的什么东西,之后会冒充这家网站的客服行骗,这时对受害者讲的内容会更有信服力。

2. 事故原因

乔青告诉记者,在审查案件过程中检察官发现,任某、鞠某之所以选A快递公司管理系统下手,并得以利用其漏洞,是因为在"乌云网"上看到了公布出来的A快递公司的系统漏洞。

"乌云网"是国内知名的安全网站,目标是成为"自由平等"的漏洞报告平台,为计算机厂商和安全研究者提供技术上的各种参考。据不完全统计,"乌云网"公布的安全漏洞达77848个。一位IT技术员表示:"如果黑客对'乌云网'公布的漏洞有兴趣,那么只要知道企业名字和大概漏洞消息源头,侵入这个企业不是难事。"

根据青浦检察院检察官提供的线索,记者登录"乌云网"查询发现了大量与A快递公司有关的系统安全漏洞。经过记者的不完全统计,自2013年至今,在A快递公司被公布的安全漏洞中,与"信息泄露"相关的有13份报告,其中2013年公布4份,2014年公布5份,2015年公布4份。

3. 事故分析

电子商务作为网络时代的一种全新交易模式,相对于传统商务是一场革命。电子商务的优势之一就是能大大简化业务流程,降低企业运作成本。而电子商务企业成本优势的建立和保持必须以可靠和高效的物流运作作为保证。所以,加大力度防护物流信息的安全,大力发展现代化物流。

(资料来源:http://n.cztv.com/news2014/1173367.html)

随着物流业的快速发展，越来越多的物流信息上传到物流信息系统和计算机网络中，信息安全问题变得日益严峻。2016 年北京某物流公司约 18000 多条客户信息遭泄露，最终损失金额超过 200 多万元。至今仍有大量快递单在多家网站被销售。只需要 0.5~2 元就可以获取快递单的详细信息。由于网络本身和物流信息管理系统的复杂性和脆弱性，全部物流信息和相关信息加密的工作量大、难度高。因此，从保护物流信息安全和保证物流系统正常运行的角度出发，加强物流信息安全管理已迫在眉睫。

7.1 物流信息概述

现代物流活动的每个环节都产生和集聚了大量的信息，且随着信息技术在物流业务流程中的应用与普及，物流企业在业务运行和实施中积累的业务信息数据呈几何级数的增长态势。物流信息分析贯穿于物流信息资源管理及利用的全过程，是提高物流信息管理与服务质量的关键功能，是连接物流信息管理理论与物流企业信息化应用的桥梁，对于解决物流供求不对称矛盾，实现精益化、可视化管理，降低物流运营成本，提供高效便捷、诚信安全的物流服务，提升物流企业的客户服务水平等具有重要作用。

7.1.1 物流信息的定义与特点

1. 物流信息的定义

物流信息是物流活动中各个环节生成的信息，一般是随着从生产到消费的物流活动的产生而产生的信息流，与物流过程中的运输、保管、装卸、包装等各种职能有机结合在一起，是整个物流活动顺利进行所不可缺少的。

从狭义角度看，物流信息是指物流活动进行过程中所必需的信息。这些信息是在物流过程中产生或被使用的。物流信息和运输、仓储等环节都有着密切的关系，它在物流活动中起着神经系统的作用。只有加强物流信息的管理才能够更好地使物流成为一个有机的整体，而不是各个环节孤立的活动。从广义角度看，物流信息是指与整个物流活动相关的各种信息，可以是直接相关的信息，也可以是间接相关的信息，如市场预测信息。它们并不直接地与物流环节有关，但是通过市场预测，会对某种产品的市场需求有所规划，从而会影响到相关的仓储、运输等物流工作。类似这样的信息，被称为广义的物流信息。

一些物流产业发达的国家都把加强物流信息工作作为改善物流状况的关键而给予充分注意。在物流活动中不仅要对各项活动进行计划预测、动态分析，还要及时提供物流费用、生产状况、市场动态等有关信息。只有及时收集和传输有关信息，才能使物流通畅化、定量化。

物流系统是由多个子系统组成的复杂系统，物流信息成为各个子系统之间沟通的关键，在物流活动中起着中枢神经系统的作用。多个子系统是通过物质实体的运动联系在一起的，一个子系统的输出就是另一个子系统的输入。加强对物流信息的研究才能使物流成为一个有机的系统，而不是各自孤立的活动，物流系统的信息模型如图 7-1 所示。

物流安全

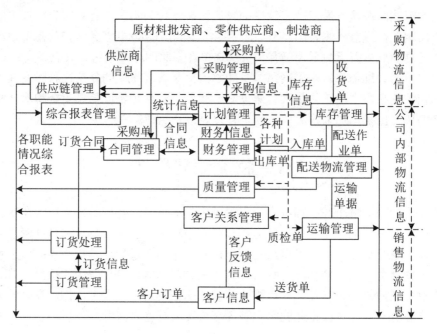

图 7-1 物流系统的信息模型

2. 物流信息的主要内容

物流信息包括伴随物流活动而发生的信息和在物流活动以外发生的但对物流有影响的信息。开展物流活动涉及面很广。首先，是与商流的联系，由于货源来自于商业购销业务部门，只有时刻掌握有关货源方面的信息，才能作出开展物流活动的安排；其次，是与交通运输部门的联系，因为除部分的汽车短途运输外，运输工具是由铁路、航运和港务等部门所掌握，只有随时了解车、船等运输信息，才能使商品流通顺利进行；再则，在改革开放的过程中出现运输市场和仓储市场，还得做到知己知彼，还要学习国内外在物流管理方面的有益经验。由此可见，物流信息不仅量大，而且来源分散，更多、更广地掌握物流信息，是开展物流活动的必要条件。

1) 货源信息

货源的多少是决定物流活动规模大小的基本因素，它既是商流信息的主要内容，也是物流信息的主要内容。货源信息一般包括以下三方面的内容。

(1) 商业购销部门的商品流转计划和供销合同，以及提出的委托运输和储存的计划和合同。

(2) 工农业生产部门自己销售量的统计和分析，以及提出的委托运输和储存计划和合同。

(3) 社会性物资的运输量和储存量分析，以及提出的委托运输和储存计划和合同。

根据以上三方面的货源信息的分析，如果掌握的货源大于物流设施的能力，一方面要从充分发挥物流设施的使用效能，挖掘潜力，尽最大可能满足货主需要；同时在制订物流计划和签订储运合同时，也可在充足的货源中作出有利的选择。

反之，如果掌握的货源信息小于物流设施的运能时，则要采取有力的措施，积极组织货源，以取得物流企业最大的经济效益。

2) 市场信息

掌握直接的货源信息，有助于制订物流计划，确定月度、季度以至年度的运输量、储存量指标，对企业的运行有现实的效果。但是为了从宏观上进行决策的需要，还必须对市场动态进行分析，注意掌握有关的市场信息。因为市场是经常变化的，这些变化不仅会直接影响到委托单位所提运输计划和储存计划的正确性，更重要的是，市场的变化趋势必然引起物流企业宏观上的思考，以利在制订远期计划时作出正确的决策。市场信息是多方面的，就其反映的性质来看主要有：①货源信息，包括货源的分布、结构、供应能力；②流通渠道的变化和竞争信息；③价格信息；④运输信息；⑤管理信息。

从广义上看，市场信息还包括社会上各物流行业的信息，也就是通常所说的行业信息，随着改革的深化，运输市场和仓储市场的形成，物流行业有了很大的发展，如城郊农村仓库发展迅速，社会托运行业的兴起，加上铁路、港务部门直接受理面的扩大等，这些行业的发展，不可避免地要吸引一部分货源。因此，了解同行的信息，对争取货源、决定竞争对策，同样具有重要意义。

3) 运能信息

运输能力的大小对物流活动能否顺利开展，有着十分密切的关系。运输条件的变化，如铁路、公路、航空运力适量的变化，会使物流系统对运输工具和运输路线的选择发生变化。这些会影响到交货的及时性及费用是否增加。在我国运输长期处于短线的情况下尤其如此。运能信息主要有以下三个方面。

(1) 交通运输部门批准的运输月计划，包括追加、补充计划的可能性。

(2) 具体的装车、装船日期；对接运商品，着重掌握到达车、到达日期的预报和确报。

(3) 运输业的运输能力，包括各地区地方船舶和车队的运输能力等。

运能信息对商品储存也有着直接的关系。有些待储商品是从外地运来的，要及时掌握到货的数量和日期，以利安排仓位；有些库存是待运商品，更要密切注意运能动态。为了改变我国交通运输的紧张状态，国家正在采取措施改变这一局面。了解今后交通运输的发展趋势和具体进度，对制定物流企业的远景规划和作出宏观决策，也是十分必要的。

4) 企业物流信息

(1) 单就商业企业物流系统来看，由于商品在系统内各环节流转，每个环节都会产生在本环节内有哪些商品、每种商品的性能、状态如何、每种商品有多少、在本环节内在某个时期可以向下一环节输出多少商品以及在本环节内某个时期需要上一个环节供应多少商品等信息。所以，企业物流系统的各子系统都会产生商品的动态信息。

(2) 批发企业产生的物流信息。批发企业(或供应商)向零售企业物流系统发出发货通知，发货通知表明哪些商品、有多少商品将要进入物流系统，所以供应商也是物流信息产生的来源。

(3) 零售企业产生的物流信息。

① 零售企业营销决策部门下达采购计划向物流系统传递物流信息。这部分信息包括需要采购哪些原来没有采购的商品、采购多少；哪些商品不必再采购。这是零售商业企业在商品经营策略上发生变化时产生的物流信息。

② 零售企业物流系统产生的物流信息。零售企业每种商品的库存量及需要由配送中心供应哪些商品、供应多少、什么时候供应。

5) 物流管理信息

加强物流管理，实现物流系统化，是一项繁重的任务，既要认真总结多年来物流活动的经验，又要虚心学习国内外同行对物流管理的研究成果。因此，要尽可能地多收集一些国内外有关物流管理方面的信息，这些信息包括物流企业、物流中心的配置，物流网络的组织、自动分拣系统、自动化仓库的使用情况等。同时借鉴国内外有益的经验，不断提高物流管理水平。

3. 物流信息的特点

物流信息具有以下几个特点。

(1) 量大、面广。把品种多、批量少、层次多、个性化的服务形式作为自身特征的现代物流，在商品的运输、存储、包装、装卸、加工处理、配送等过程中产生大批的物流有关信息，并且遍及不同的厂家、货运点、库房、物流和配送中心、货物运输路线以及消费者等地。这种相关量大、涉及面广的特征随着物流产业的发展会产生越来越多的物流信息，随后这种特征将更加明显普及。

(2) 高实时性、强动态性。现代物流的一个特点是物流服务销售商不顾一切地满足用户的个性化服务需求，承担批量小、品种多的生产经营和数量小、额度多的配送业务。物流信息的实时性与动态性等特征，为了给物流管理者提供可靠的决策依据，迫使我们实时了解不断变化着的物流信息。

(3) 信息标准化程度高。之所以现代物流信息联系到国民经济各个领域，是因为在物流运作过程中需要各部门通过反复的信息沟通来顺利交流，为了得到不同系统之间高效地达成信息交流和共享，所以信息衡量需要采取国际和国家统一的标准，如通过统一的物品编码及条码等来衡量属于不同系统的不同产品。

(4) 种类繁多、来源广阔。现代物流信息所涉及的范围很广。它不单单局限于管理企业的种种内部信息，而且关系到与物流运营相联的各种法律以及相关法规、必要的基础设施、市场行情以及顾客需求情况等一系列信息。物流产业的快速发展，将使物流信息趋于种类繁多，来源更杂且广，毫无疑问物流信息的分类、选择以及加工处理引起了更多的担忧。

4. 物流信息与物流的关系

1) 物流管理对物流信息的要求

物流信息是随企业活动而同时发生的，是实现物流功能必不可少的条件。物流管理对信息的质量有很高的要求，主要表现在以下三个方面。

(1) 信息充足。有效的物流系统需要充足的信息，提供的信息是否充足、是否能满足物流管理的需要至关重要。

(2) 信息准确。信息必须准确，只有准确的信息才能为物流管理提供帮助。

(3) 通信通畅。管理需要及时、准确的信息，就要求企业通信顺畅。通信的方式必须使人容易接受；否则可能产生误解，导致决策失误。

2) 物流信息对物流的影响

(1) 信息质量的影响。信息质量上的缺陷会给物流作业造成无数个作业上的难题。信息质量的缺陷主要分为两大类。

① 收到的信息会在趋势和事件方面不准确。由于大量的物流是在未来的需求之前发生的，不准确的判断或预测都会引起存货短缺或过剩，过分乐观的预测会导致不恰当的存货定位。

② 有关订货的信息与顾客的具体需求一旦产生误差，处理误差的订货将会增加物流成本。由于退回存货的费用往往会增加物流成本，即使另外存在着销售机会，设法向其他顾客提供所需的服务也会再次产生费用。

(2) 信息传递速度的影响。信息的迅速流动直接关系到工作程序的平衡。信息传递速度越快，物流管理决策的成本越低，决策效果越科学。

7.1.2 物流信息的作用与分类

1. 物流信息的作用

有一类信息流先于物流的产生，它们控制着物流产生的时间、流动的大小和方向，引发、控制、调整物流，如各种决策、计划、用户的配送加工和分拣及配货要求等；另一类信息流则与物流同步产生，它们反映物流的状态，如运输信息、库存信息、加工信息、货源信息、设备信息等。前者称为计划信息流或协调信息流，而后者则被看作是作业信息流。图 7-2 所示信息流中的各种计划(如战略计划、能力计划、物流计划、制造计划、采购计划)、存货配置以及预测产生的信息都是计划信息流，而订货管理、订货处理、配送作用、运输和装车以及采购等过程中产生的运输信息、库存信息、加工信息、货源信息、设备信息等都是作业信息流。

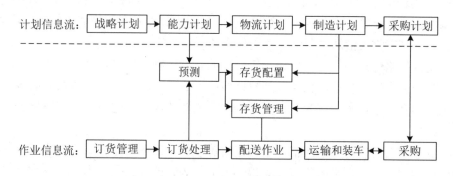

图 7-2 物流业务流程中的信息流

因此，物流信息除了反映物品流动的各种状态外，更重要的是控制物流的时间、方向和发展进程。无论是协调流还是作业流，物流信息的总体目标都是要把物流涉及企业的各种具体活动综合起来，加强整体的综合能力。

物流管理需要大量准确、及时的信息和用以协调物流系统运作的反馈信息。任何信息的遗漏和错误都将直接影响物流系统运转的效率和效果，进而影响企业的经济效益，物流系统产生的效益来自于整体物流服务水平的提高和物流成本的下降，而物流服务水平与畅通的物流信息在物流过程中的协调作用是密不可分的。

物流信息在物流活动中具有十分重要的作用，通过物流信息的收集、传递、存储、处理、输出等，成为决策依据，对整个物流活动起指挥、协调、支持和保障作用，其作用主要有以下七个方面。

(1) 沟通联系的作用。物流系统是由许多个行业、部门以及众多企业群体构成的经济大系统，系统内部正是通过各种指令、计划、文件、数据、报表、凭证、广告、商情等物流信息，建立起各种纵向和横向的联系，沟通生产厂、批发商、零售商、物流服务商和消费者，满足各方的需要。因此，物流信息是沟通物流活动各环节之间联系的桥梁。

(2) 引导和协调的作用。物流信息随着物资、货币及物流当事人的行为等信息载体进入物流供应链中，同时信息的反馈也随着信息载体反馈给供应链上的各个环节，依靠物流信息及其反馈可以引导供应链结构的变动和物流布局的优化；协调物资结构，使供需之间平衡；协调人、财、物等物流资源的配置，促进物流资源的整合和合理使用等。

(3) 管理控制的作用。通过移动通信、计算机信息网、电子数据交换(EDI)、全球定位系统(GPS)等技术实现物流活动的电子化，如货物实时跟踪、车辆实时跟踪、库存自动补货等，用信息化代替传统的手工作业，实现物流运行、服务质量和成本等的管理控制。

(4) 缩短物流管道的作用。为了应付需求波动，在物流供应链的不同节点上通常设置有库存，包括中间库存和最终库存，如零部件、在制品、制成品的库存等，这些库存增加了供应链的长度，提高了供应链成本。但是，如果能够实时地掌握供应链上不同节点的信息，如若知道在供应管道中，什么时候、什么地方、多少数量的货物可以到达目的地，那么就可以发现供应链上的过多库存并进行缩减，从而缩短物流链，提高物流服务水平。

(5) 辅助决策分析的作用。物流信息是制订决策方案的重要基础和关键依据，物流管理决策过程的本身就是对物流信息进行深加工的过程，是对物流活动的发展变化规律性认识的过程。物流信息可以协助物流管理者鉴别、评估经比较物流战略和策略后的可选方案，如车辆调度、库存管理、设施选址、资源选择、流程设计以及有关作业比较和安排的成本、收益分析等均是在物流信息的帮助下才能作出的科学决策。

(6) 支持战略计划的作用。作为决策分析的延伸，物流战略计划涉及物流活动的长期发展方向和经营方针的制订，如企业战略联盟的形成、以利润为基础的顾客服务分析以及能力和机会的开发和提炼，作为一种更加抽象、松散的决策，它是对物流信息进一步提炼和开发的结果。

(7) 价值增值的作用。物流信息本身是有价值的，而在物流领域中，流通信息在实现其使用价值的同时，其自身的价值又呈现增长的趋势，即物流信息本身具有增值特征。另外，物流信息是影响物流的重要因素，它把物流的各个要素以及有关因素有机地组合并连接起来，以形成现实的生产力和创造出更高的社会生产力。同时，在社会化大生产条件下，生产过程日益复杂，物流诸要素都渗透着知识形态的信息，信息真正起着影响生产力的现实作用。企业只有有效地利用物流信息，投入生产和经营活动后，才能使生产力中的劳动者、劳动手段和劳动对象最佳结合，产生放大效应，使经济效益出现增值。物流系统的优化，各个物流环节的优化所采取的办法、措施，如选用合适的设备、设计最合理路线、决定最佳库存储备等，都要切合系统实际，也都要依靠准确反映这实际的物流信息；否则，任何行动都不免带有盲目性。所以，物流信息对提高经济效益也起着非常重要的作用。

第 7 章 物流信息安全管理

2. 物流信息的分类

物流中的信息流是指信息供给方与需求方进行信息交换从而产生的信息流动,它表示了产品的品种、数量、时间、空间等各种需求信息在同一个物流系统内、不同的物流环节中所处的具体位置。物流系统中的信息种类多、跨地域、涉及面广、动态性强,尤其是运作过程中受到自然的、社会的影响很大,根据对物流信息研究的需要,可以从以下三个方面对物流信息进行分类。

1) 按管理层次分类

(1) 操作管理信息。操作管理信息产生于操作管理层,反映和控制企业的日常生产和经营工作。例如,每天的产品质量指标,用户订货合同、供应厂商原材料信息等。这类信息通常具有量大且发生频率高等特点。

(2) 知识管理信息。知识管理信息是知识管理部门相关人员对企业自己的知识进行收集、分类、存储和查询,并进行知识分析得到的信息,如专家决策知识、物流企业相关业务知识、工人的技术和经验形成的知识信息等。

(3) 战术管理信息。战术管理信息是部门负责人作关系局部和中期决策所涉及的信息,如月销售计划完成情况、单位产品的制造成本、库存费用、市场商情信息等。

(4) 战略管理信息。战略管理信息是企业高层管理决策者制订企业年经营目标、企业战略决策所需要的信息,如企业全年经营业绩综合报表、消费者收入动向和市场动态、国家有关政策法规等。

2) 按信息来源分类

(1) 物流系统内信息。物流系统内信息是伴随物流活动而发生的信息,包括物料流转信息、物流作业层信息,具体为运输信息、储存信息、物流加工信息、配送信息、定价信息以及物流控制层信息和物流管理层等信息。

(2) 物流系统外信息。物流系统外信息是在物流活动以外发生,但提供给物流活动使用的信息,包括供货人信息、顾客信息、订货合同信息、社会可用运输资源信息、交通和地理信息、市场信息、政策信息,还有来自企业内生产、财务等部门的与物流有关的信息。

3) 按信息沟通方式分类

(1) 口头信息。口头信息是指通过面对面的口头交谈而进行传递的信息。这类信息可以直接而迅速地传播,与其他传播方式相比速度较快。但它在传播过程中也容易掺和进传播者的主观理解而产生信息失真。物流活动中的各种现场调查和研究,是获得口头信息的最简单方法。

(2) 书面信息。书面信息是指为了保证物流信息的客观性,便于重复说明和反复检查,而用书面文字进行描述的一种信息类型。各种物流环节中出现的数据报表、文字说明和技术资料等都属于这类信息。

7.1.3 物流信息发展现状

随着高新技术的突飞猛进和计算机信息网络的日益普及,传统物流在不断向现代物流转变,其主要内涵包括运输的合理化、仓储的自动化、包装的标准化、装卸的机械化、加工配送的一体化和信息管理的网络化等。现代物流已经成为传统物流与信息流的统一体。

有效集成 3G(GIS、GPS、GPRS)技术与现代物流技术，实现现代物流先进的物流理念，已成为现代物流发展的必然趋势。

1. 美国的物流信息发展情况

美国作为物流理念的发源地，其物流研究、设计和技术开发一直处于世界前沿，有十分成熟的物流管理经验和发达的现代物流。特别是商贸流通和生产制造企业，十分重视现代物流能力的开发。从 20 世纪 50 年代物流发展初期的"实物配送"阶段，到 80 年代的"物流"阶段，再到当今的供应链管理阶段，一直将物流战略作为企业商务战略的核心组成部分予以高度重视。

美国企业纷纷将物流信息化作为物流合理化的一个重要途径，具体表现在以下方面。

(1) 普遍采用条形码技术(Bar-Coding)和射频识别技术(RFID)，提高信息采集效率和准确性；采用基于互联网的电子数据交换技术(Web EDI)进行企业内外的信息传输，实现订单录入、处理、跟踪、结算等业务处理的无纸化。

(2) 广泛应用仓库管理系统(WMS)和运输管理系统(TMS)来提供运输与仓储效率。

(3) 通过与供应商和客户的信息共享，实现供应链的透明化，运用 JIT、CPFR、VMI、SMI 等供应链管理技术，实现供应链伙伴之间的协同商务，以便"用信息替代库存"，降低供应链的物流总成本，提高供应链的竞争力。

(4) 借助网上采购辅助材料、网上销售多余库存等电子商务手段来降低物流成本。

物流企业高度重视信息化建设，大都采用面向客户自主开发物流信息系统的方式来实现物流信息化，并呈现以下特点。

(1) 物流信息服务包括预先发货通知、送达签收反馈、订单跟踪查询、库存状态查询、货物在途跟踪、运行绩效监测、管理报告等内容。

(2) 物流企业在客户供应链管理中发挥战略性作用，数据管理是物流外包影响供应链管理的最大因素，物流企业不仅需要在技术方面进行较大投入，而且还需要具备持续改进、例外管理和流程再造能力。对技术、人才和信息基础设施的投入已成为物流企业区别竞争对手的重要手段。

(3) 随着客户一体化物流服务需求的提高和物流企业信息服务能力的增强，出现了基于物流信息平台通过整合和管理自身的以及其他服务提供商补充的资源、能力和技术，提供全面的供应链解决方案的第四方物流服务(4PL)。

2. 日本的物流信息发展情况

物流现代化和生产现代化是日本战后经济发展的两个车轮。日本的物流概念于 20 世纪 50 年代从美国引进，随后发展非常迅速。无论是在政府对物流的重视程度、企业对物流的管理方面，还是物流基础设施、现代化物流发展水平方面，其水平均不亚于欧美，成为现代物流管理的先进国家；在配送中心、物流产业、物流企业管理和服务、物流信息化等方面还独具特色。

日本突出"物流系统"观念，强调从社会角度构筑人文物流环境，体现可持续发展的理念，突出物流作为社会功能系统对循环型社会发展的贡献。其物流的发展对经济起到了很大的推动作用。主要特点表现为以下五个方面。

(1) 具有健全的政策保障。日本政府在物流业发展的每个阶段都制定了相关政策法规；进行了一系列政策方面的改革；20 世纪 70 年代以来，日本政府逐步对物流系统技术进行升级。
(2) 发达的交通运输业是物流业的强大支柱。
(3) 具有国际领先水平的物流基础设施。
(4) 高效的企业管理和多样化的服务内容。
(5) 先进的电子信息技术加快物流现代化的进程。

几乎所有的专业物流企业都是通过计算机信息管理系统来处理和控制物流信息；在订货、库存管理、配送等方面，广泛使用物流联网系统、电子数据交换系统、无线射频识别技术系统、卫星定位导航系统、输送过程信息系统、配货配车系统等。近年来，日本政府又调整了物流发展战略，积极倡导高附加值物流，并将物流信息技术作为重点发展方向。

3. 法国的物流信息发展情况

法国物流信息化发展总体处于世界中等水平，特别是信息化应用和普及程度还不是很高，与美国、日本等物流先进国家相比还有较大差距。但近几年来，法国物流信息化的发展速度很快。法国的物流业年均增长速度在 5%左右，而物流信息化发展速度年均达到 10%。物流信息化应用程度比较高的行业主要集中在汽车制造业与部分专业物流企业。

法国物流信息化发展的主要特点有以下四个方面。
(1) 物流信息化的目标模式是以提高效率为核心，而不仅仅是追求单纯的效益。
(2) 物流信息化的内涵是对物流的组织与管理。
(3) 信息化建设起点较高。
(4) 信息技术和信息系统的标准化程度较高，形成了一些成熟的物流信息管理软件，实用性很强。

4. 我国的物流信息发展情况

目前我国物流业整体发展水平还较低，物流费用在 GDP 中的比例相对很高，物流行业信息化应用的整体水平并不高，信息系统的业务功能不完善，远程通信能力低，缺乏必要的决策功能。2013 年根据物流行业一份杂志公布的调查数据，目前，中国汽车物流企业公路运输车辆空驶率高达 39%，运输成本是欧美的 2～3 倍，且中国大部分汽车物流企业仅能维持 1%的资产回报率，远低于美国以运输为主的物流企业平均 8.3%的水平，而空驶率是汽车物流成本高居不下的一个重要原因。

相比之下，欧美发达国家的物流费用一般占该国 GDP 的比例则较低，空载率也较低。国内专家通过对美国和欧洲一些发达国家考察发现，在差不多十几年前，美国公路的空驶率在 20%左右，后来降到了 10%以下，其中的关键就在于他们应用了信息管理技术，尤其是 ERP 技术、GIS 技术、GPS 技术和通信技术。而在我国有超过 60%的企业仍处在单机应用阶段、基础网络建设和系统建设阶段。在国外物流企业得到广泛实用的条码技术、RFID、GPS/GIS 和 EDI 技术在中国物流企业的应用不够理想。

当前我国物流业的发展和物流信息化市场正进入一个加速发展的时期。基本特点为：物流管理软件将趋于更加专业化、信息化意识正在逐步提高、建设步伐加快。相关调查显

物流安全

示,我国大中型企业物流及第三方物流企业信息化意识普遍提高,大约有74%的企业已经建立了信息管理系统,77%的企业已有自己的网站。物流企业对现代通信技术的接受程度逐渐提高,开始积极采用 GPS、GIS 等先进技术提高企业运营水平和综合实力。

7.2 物流信息技术

【导入案例】

1. 案例介绍

20世纪50年代末,当第一颗人造卫星上天的时候,全世界商业对现代通信技术还无人问津。70年代沃尔玛率先使用了卫星通信系统。21世纪开始,沃尔玛又投资上亿美元开始实施"互联网统一标准平台"的建设。凭借先发优势、科技实力,沃尔玛的店铺冲出阿肯色州,遍及美国,走向世界。由此可见,与其说它是零售企业,不如说它是物流企业。

沃尔玛领先于竞争对手,先行对零售信息系统进行了非常积极的投资:最早使用计算机跟踪存货(1969年),全面实现 SKU (Stock Keeping Unit,库存量单位,即库存进出计量的单位,可以是以件、盒、托盘等为单位)单品级库存控制(1974年),最早使用条形码(1980年),最早使用 CM (Category Management,"分销商和供应商合作,将品类视为策略性事业单位来经营的过程,通过创造商品中消费者价值来创造更佳的经营绩效")品类管理软件(1984年),最早采用 EDI(1985年),最早使用无线扫描枪(1988年),最早与宝洁公司(Procter&Gamble)等大供应商实现 VMI-ECR 产销合作(1989年)。

(1) 沃尔玛是全球第一个发射物流通信卫星的企业。物流通信卫星使得沃尔玛产生了跳跃性的发展,很快就超过了美国零售业的龙头——凯玛特和西尔斯。沃尔玛从乡村起家,而凯玛特和西尔斯在战略上以大中小城市为主。沃尔玛通过便捷的信息技术急起直追,终于获得了成功。

(2) 建立全球第一个物流数据的处理中心。沃尔玛在全球第一个实现集团内部24小时计算机物流网络化监控,使采购库存、订货、配送和销售一体化。例如,顾客到沃尔玛店里购物,然后通过 POS 机打印发票,与此同时,负责生产计划、采购计划的人以及供应商的电脑上就会同时显示信息,各个环节就会通过信息及时完成本职工作,从而减少了很多不必要的时间浪费,加快了物流的循环。

2. 案例分析

20世纪70年代沃尔玛建立了物流的信息系统(Management Information System,MIS),也叫管理信息系统,这个系统负责处理系统报表,加快了运作速度。80年代与休斯公司合作发射物流通信卫星,1983年时采用了 POS(Point Of Sale)机,就是销售始点数据系统。1985年建立了 EDI,即电子数据交换系统,进行无纸化作业,所有信息全部在电脑上运作。1986年时它又建立了 QR,称为快速反应机制,对市场快速拉动需求。凭借这些信息技术,沃尔玛如虎添翼,取得了长足的发展。沃尔玛物流应用的信息技术:①射频技术 RF(Radio Frequency),在日常的运作过程中可以跟条形码结合起来应用;②便携式数据终端设备 PDF。传统的方式到货以后要打电话、发 E-mail 或者发报表,通过便携式数据终端设备可以直接查询货物情况;③物流条形码 BC。

3. 案例总结

物流信息、技术装备的进步，技术更新加快，与物流有关的各类技术装备的进步、物流的信息化是现代物流业发展的最基本前提，现代物流的所有特征都要靠先进的技术装备来支撑。物流信息技术主要解决信息采集问题，实现信息传递和共享，统一信息标准，提高效率和降低成本。企业通过系统建模、信息分析处理可以实现流程的优化，持续改进，物流效率也逐渐提高。

(资料来源：http://www.doc88.com/p-1167284007494.html)

物流信息技术是随着现代信息技术的发展而产生，其实质是现代信息技术在物流各个环节的应用，计算机网络技术的广泛应用使物流信息技术的运用更加成熟。物流信息技术主要包括条码技术、EDI 技术、GIS 技术、RF 技术、GPS 技术等。物流信息技术的应用成为现代物流区别于传统物流的标志之一。

7.2.1 物流信息技术的概述

1. 物流信息技术的定义

物流信息技术(Logistics Information Technology)指的是现代信息技术在物流各作业环节中的应用，包括 Bar Code(条形码)、GIS(地理信息系统)、GPS(全球卫星定位系统)、EDI(电子数据交换)、ITS(智能交通系统)等，是物流现代化的重要标志。物流信息技术是物流现代化的重要标志，是物流技术中发展最迅猛的领域，从数据采集技术到物流信息系统都发生了日新月异的变化，计算机、网络技术的飞速发展，进一步促进了物流产业的信息化进程，从而从真正意义上提高了现代物流技术和管理水平。同时，随着物流信息技术的不断发展，产生了一系列新的物流理念和物流经营方式，推进了物流的变革。

2. 物流信息技术的构成

从构成要素上看，物流信息技术作为现代信息技术的重要组成部分，本质上都属于信息技术范畴，只是因为信息技术应用于物流领域而使其在表现形式和具体内容上存在一些特性，但其基本要素仍然同现代信息技术一样，可以分为以下四个层次。

(1) 物流信息基础技术。即有关元件、器件的制造技术，它是整个信息技术的基础，如微电子技术、光子技术、光电子技术、分子电子技术等。

(2) 物流信息系统技术。即有关物流信息的获取、传输、处理、控制的设备和系统的技术，它是建立在信息基础技术之上的，是整个信息技术的核心。其内容主要包括物流信息获取技术、物流信息传输技术、物流信息处理技术及物流信息控制技术。

(3) 物流信息应用技术。即基于管理信息系统(MIS)技术、优化技术和计算机集成制造系统(CIMS)技术而设计出的各种物流自动化设备和物流信息管理系统，如自动化分拣与传输设备、自动导引车(AGV)、集装箱自动装卸设备、仓储管理系统(WMS)、运输管理系统(TMS)、配送优化系统、全球定位系统(GPS)、地理信息系统(GIS)等。

(4) 物流信息安全技术。即确保物流信息安全的技术，主要包括密码技术、防火墙技术、病毒防治技术、身份鉴别技术、访问控制技术、备份与恢复技术和数据库安全技术等。

7.2.2 现代物流信息技术的应用

依据国外统计，物流信息技术的应用可为传统的运输企业带来以下实效：降低空载率 15%～20%；提高对在途车辆的监控能力，有效保障货物安全；网上货运信息发布及网上下单可增加商业机会 20%～30%；无时空限制的客户查询功能，有效满足客户对货物在运输中的跟踪监控，可提高业务量 40%；对各种资源的合理综合利用，可减少运营成本 15%～30%。对传统仓储企业带来的实效表现在：配载能力可提高 20%～30%；库存和发货准确率可超过 99%；数据输入误差减少，库存和短缺损耗减少；可降低劳动力成本约 50%，提高生产力 30%～40%，提高仓库空间利用率 20%。

因此，物流信息技术在现代企业的经营战略中占有越来越重要的地位。建立物流信息系统，充分利用各种现代化信息技术，提供迅速、及时、准确、全面的物流信息是现代企业获得竞争优势的必要条件。

1. 条形码技术在物流领域的应用

条形码是一道黑白相间的直线条纹，相互构成这种条纹的是反光率弱的多个黑色的"条"和反光率强的若干个白色的"空"。因为条形码中的"条"与"空"的宽度以及它们对光的反射率有差别，所以扫描光线时能产生不一样的反射效果，并通过转换光电的设备来转换异同的电脉冲，就形成了可以传输的电子信息。

条形码技术至今已经历了 70 多年的发展历史。条形码技术于 20 世纪 40 年代在美国产生，到了 80 年代开始在全球广泛使用。随着国外条形码技术的使用，在 80 年代初我国开始研究这一技术，并且条形码管理系统在部分领域中逐步趋于使用，包括银行、邮电、连锁店等各个大企事业单位。于 1988 年 12 月中国建立了"中国物品编码中心"，在 1991 年 4 月 19 日通过申请正式成为国际编码组织 EAN 协会的一员。目前，我国"690""691"和"692"等前缀码在使用。信息的采集和流通对物流管理而言是非常重要的。因为物流有关信息以往的搜集和交换是通过手工来实现的，所以效率不高，并且容易出现错误。能实现自动化识别的条码技术能够迅速、正确且可靠地采集物流信息，以至于以上现象发生的可能性大大减少，由此实现了入库、仓储、销售和自动化管理这一物流过程。"企业运用条码技术，并借助先进的扫描技术，POS(Point Of Sale)系统和 EDI 技术，能够对产品进行跟踪，获得实时数据，做出快速、有效的反应，同时还减少了不确定性并除去了缓冲库存，提高了服务水平"。

条形码技术在物流领域的应用主要体现在以下两个方面。

1) 条形码技术在货物运输中的应用

随着条形码技术的不断发展，条形码在包裹、货物运输上扮演了越来越重要的角色，特别是近几年来，许多国家的运输公司纷纷采用一维条形码和二维码 PDF417 相结合的标签，来实现货物运输中的条码跟踪和信息传递。

PDF417 信息容量大，可以储存包裹、货物的详细信息，并且它容易打印，可以采用原来的标签打印机打印。同时可以根据需要进行加密，防止数据的非法篡改。此外，由于 PDF417 具有很强的自动纠错能力，因此在实际的包裹运输中，即使条码标签受到一定的污损,PDF417依然可以正确地识读。PDF417这些突出的特点,使得它被广泛应用在各个国家的邮局、铁路、机场、码头等的包裹和货物运输上,实现了货物运输的全过程跟踪,消除了数据的重复录入,加快了货物运输的数据处理速度,降低了对计算机网络的依赖程度,从而实现了物流管理和信息流管理的完美结合。

2) 条形码技术在供应链物流中的应用

条形码技术的应用解决了数据录入和数据采集的"瓶颈"问题,为供应链管理提供了有力的技术支持。从供应链物流的角度来讲,利用条形码技术,可以对供应链上的物流信息进行采集跟踪,满足企业针对物料准备、生产制造、仓储运输、市场销售、售后服务、质量控制方面的信息管理需求。

(1) 物料管理。现代化生产物料配套的不协调极大地影响了产品生产效率,杂乱无序的物料仓库、复杂的生产备料及采购计划的执行几乎是每个企业所遇到的难题。条形码技术可以将物料编码,并且打印条码标签,不仅便于物料跟踪管理,而且也有助于做到合理的物料库存准备,提高生产效率,便于企业资金的合理运用。对采购的生产物料按照行业及企业规则建立统一的物料编码,从而杜绝因物料无序而导致的损失和混乱。

(2) 作业管理。作业管理中对条码的应用主要体现在条码成为联系工作流各环节的工具。以仓储作业为例,验货、备货、分拣、上架等环节之间的联系是很复杂的。在传统的操作方式下,业务中心与仓储工作人员之间一般以纸面单据交流,完成工作流的衔接。在应用条码之后可以借助无线局域网建立半自动化的作业管理方式。业务中心通过无线网络将业务指令直接下达到仓储工作人员,仓储工作人员通过手持终端接收指令,并扫描条码确认工作准确无误地完成,仓储工作人员的工作完成情况又即时传回业务中心得到确认。

(3) 生产管理。在生产中应用产品识别码监控生产,采集生产测试数据,采集生产质量检查数据,进行产品完工检查,建立产品识别码和产品档案。有序地安排生产计划,监控生产及流向,提高产品下线合格率。通过制订产品的条码,可在生产线上对产品生产进行跟踪,并采集生产产品的部件、检验等数据作为产品信息,当生产批次计划审核后建立产品档案。还可以通过产品条码在生产线采集质量检测数据,以产品质量标准为准绳判定产品是否合格,从而控制产品在生产线上的流向。

(4) 产品售后跟踪。供应链上的企业建立信息系统的连接,统一产品的条码,及时进行信息共享,减少不必要的信息录入。条码技术与 GPS、GIS 等技术相结合,对产品进行跟踪。

2. 无线射频识别技术在物流领域的应用

无线射频识别(Radio Frequency Identification,RFID)是通过射频信号识别目标对象并获取数据信息的一种非接触式的自动识别技术。RFID 技术的基本原理是电磁理论,利用无线电波对记录媒体进行读写,无线通信技术和存储器技术是该技术的核心。

RFID 系统的工作原理如下:阅读器将要发送的信息,经编码后加载在某一频率的载波信号上经天线向外发送,进入阅读器工作区域的电子标签接收此脉冲信号,卡内芯片中的有关电路对此信号进行调制、解码、解密,然后对命令请求、密码、权限等进行判断。若为读命令,控制逻辑电路则从存储器中读取有关信息,经加密、编码、调制后通过卡内天线再发送给阅读器,阅读器对接收到的信号进行解调、解码、解密后送至中央信息系统进行有关数据处理；若为修改信息的写命令，有关控制逻辑引起的内部电荷泵提升工作电压，提供擦写 EEPROM 中的内容进行改写，若经判断其对应的密码和权限不符，则返回出错信息息。RFID 系统的基本原理框图如图 7-3 所示。

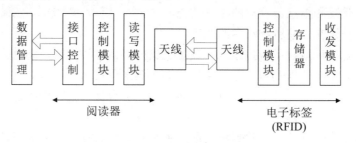

图 7-3　RFID 系统基本原理框图

RFID 的应用历史最早可以追溯到第二次世界大战期间，那时 RFID 就已被用于敌我军用飞行目标的识别。在 20 世纪 60 年代，第一个电子物品监视反盗窃系统开始投入商业运营，就是人们常见的商场防盗系统——电子物品监控(Electronic Article Surveillance，EAS)系统。目前在我国，电子标签主要应用于铁路、邮政、公安、制造、物流、烟草、零售、医药、金融收费等诸多领域。

1) RFID 在物流配送跟踪中的应用

对货物进行配送跟踪的基本思想：首先记录货物的各种属性并将它们附着在货物上，货物随着业务流动，属性信息也跟着传递到下一个业务环节，每个环节都可以利用货物属性，指导业务操作，并补充、修改货物可变属性；同时依据货物不变属性即可跟踪货物在整个配送过程的流动，向上游追溯或下游跟踪各环节属性的变化。

依据上述基本思想，可以采用 RFID 技术跟踪货物在物流配送的流动过程。首先在每个货物上附一个电子标签，电子标签有唯一的标识是不能更改的，它与货物是一一对应的，是货物的不变属性，同时电子标签可以存储信息，通过读写器读或写货物标签存储可变属性，读写器与电脑相连接，读取或写入的数据送入物流配送管理系统服务器统一的数据库中，这样整个物流配送过程的货物流动都纳入系统跟踪管理之下。

2) 仓储管理

将 RFID 系统与条码相结合，可用于智能仓库货物管理，有效解决与仓库及货物流动有关的信息管理，不但可增加一天内处理货物的件数，还可监视货物的一切流动信息。一般而言，射频卡贴在货物要通过的仓库大门边上，读写器天线放在叉车上，每个货物都贴有条码，所有条码信息都被存储在仓库的中心计算机里，该货物的有关信息都能在计算机里查到。当货物被装走运往别地时，由另一读写器识别并告知计算中心它被放在哪个拖车上。这样管理中心可以实时地了解到已经生产了多少产品和发送了多少产品，并可自动识别货物，确定货物的位置。

3. 全球定位技术

全球定位系统(Global Positioning System，GPS)是利用空中卫星全天候、高准确度地对地面目标的运行轨迹进行跟踪、定位与导航的技术。GPS 系统由三部分组成，即空间星座部分、地面监控部分和用户设备部分。

(1) 空间星座部分。20 200km 的上空,均匀分布在六个轨道面上(每个轨道面四颗),轨道平面相对于赤道平面的倾角为 55°,各轨道平面之间的夹角为 60°。此外,还有三颗备用卫星在轨运行。卫星的分布使得在全球任何地方、任何时间都可观测到四颗以上的卫星,并能保持良好定位解算精度的几何图像,这就提供了在时间上连续的全球导航能力。

(2) 地面监控部分。地面监控部分由一个主控站、五个全球监测站和三个地面控制站组成。监测站均配装有精密的铯原子钟和能够连续测量到所有可见卫星的接收机。监测站将取得卫星观测数据,包括电离层和气象数据,经过初步处理后传送到主控站。主控站从各监测站收集跟踪数据,计算出卫星的轨道和时钟参数,然后将结果送到三个地面控制站。地面监测站在每颗卫星运行至上空时,把这些导航数据及主控站指令注入卫星。这种注入对每颗 GPS 卫星每天一次,并在卫星离开注入站作用范围之前进行最后的注入。如果某地面站发生故障,那么在卫星中预存的导航信息还可用一段时间,但导航精度会逐渐降低。

(3) 用户设备部分。用户设备部分即 GPS 信号接收机。其主要功能是能够捕获到按一定卫星截止角所选择的待测卫星,并跟踪这些卫星的运行。当接收机捕获到跟踪的卫星信号后,即可测量出接收天线至卫星的伪距离和距离的变化率,解调出卫星轨道参数等数据。根据这些数据,接收机中微处理计算机就可按定位解算方法进行定位计算,计算出用户所在地理位置的经纬度、高度、速度、时间等信息。

接收机硬件和机内软件以及 GPS 数据的后处理软件包构成完整的 GPS 用户设备。GPS 接收机的结构分为天线单元和接收单元两部分。接收机一般采用机内和机外两种直流电源。设置机内电源的目的在于更换外电源时不中断连续观测。在用机外电源时机内电池自动充电。关机后,机内电池为 RAM 存储器供电,以防止数据丢失。目前各种类型的接收机体积越来越小,重量越来越轻,便于野外观测使用。

GPS 最初只运用于军事领域,近年来,GPS 已在物流领域得到了广泛的应用,如应用在汽车自定位及跟踪调度、铁路车辆运输管理、船舶跟踪及最佳航线的确定、空中运输管理、防盗反劫、服务救援、远程监控、轨迹记录和物流配送等领域。例如,利用卫星对物流及车辆运行情况进行实时监控。用户可以随时"看到"自己的货物状态,包括运输货物车辆所在位置(如某城市的某条道路上)、货物名称、数量、重量等。同时可实现物流调度的即时接单和即时排单以及车辆动态实时调度管理;GPS 提供交通气象信息、异常情况报警信息和指挥信息,以确保车辆、船只的运营质量和安全;客户经授权后也可以通过互联网随时监控运送自己货物车辆的具体位置;GPS 还能进行各种运输工具的优化组合、运输网络的合理编织,如果货物运输需要临时变化线路,可随时指挥调动,大大降低了车辆的空载率,提高了运输效率,做到资源的最佳配置。

在十几年前,美国公路的空驶率在 18%左右。后来降到 12%以下,其奥秘就在于他们应用了信息管理技术,通过卫星定位系统对车辆进行了有效的调度,GPS 在此展现了它的魅力。

由于 GPS 融合了目前国际上最先进的信息技术和各类高科技成果,因此安装了 GPS 的车辆将会实现许多功能,如能够在任意时刻发出指令查询运输车辆所在的地理位置,并在电子地图上显示出来,车辆出车后就可立刻掌握其行踪。若有不正常的偏离、停滞与超速等异常现象发生时,GPS 监控中心能立即显示并发出警告信号,并可迅速查询纠正,避免危及人员、车辆和货物安全的情况发生。同时,货主可登录查询货物运送状况,实时了解货物的动态信息，真正做到让客户放心。

4．地理信息系统

1) GIS 的概念

地理信息系统(Geographic Information System，GIS)是由计算机软硬件环境(包括硬件系统和软件系统)、地理空间数据、系统维护和使用人员等组成的空间信息系统，可以对整个或部分地球表层(包括大气层)和空间中有关地理分布数据进行采集、存储、管理、运算、分析显示和描述。地理信息系统的组成如图 7-4 所示。

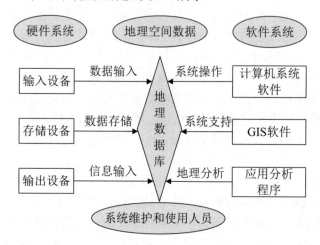

图 7-4　地理信息系统的组成

地理信息系统处理、管理的对象是多种地理空间实体数据及其关系，包括空间定位数据、图形数据、遥感图像数据、属性数据等，用于分析和处理在一定地理区域内分布的各种现象和过程，解决复杂的规划、决策和管理问题。

2) GIS 在物流中的应用

GIS 在物流中的应用主要体现在辅助物流信息系统的分析。GIS 技术具有强大的地理数据功能，将 GIS、GPS 和无线通信技术进行有效的结合，再辅以车辆路线模型、最短路径模型、网络物流模型、分配集合模型和设施定位模型等，能够建立功能强大的物流信息系统，使物流变得实时且成本最优化。具体优势体现在以下四个方面。

(1) 打造数字物流企业。GIS 应用必将提升物流企业的信息化程度，使企业日常运作数字化，包括企业拥有的物流设备或者客户的任何一笔货物都能用精确的数字来描述，不仅可以提高企业运作效率，同时还能提升企业形象，争取更多的客户。

(2) 利用 GPS 和 GIS 技术可以实时显示出车辆的实际位置，并任意放大、缩小、还原、换图；可以随目标移动，使目标始终保持在屏幕上，利用该功能可对重要车辆和货物进行跟踪运输，对车辆进行实时定位、跟踪、报警、通信等的技术，能够满足掌握车辆基本信息、对车辆进行远程管理的需要，有效避免车辆的空载现象，同时客户也能通过互联网技术，了解自己货物在运输过程中的细节情况。

(3) 能够有效监控司机的行为。在物流企业中，为了逃避过桥费而绕远路延误时间、私自拉货、途中私自停留等现象司空见惯，物流企业不能有效监控司机的行为。在对车辆进行监控的同时也规范着司机的行为。

(4) 可以形成协同商务的运作模式。GIS、GPS、Internet 等技术的相互结合，能够很好地提供相关信息给企业和客户，使信息传递更加及时、准确和透明。

5. 电子数据交换技术

EDI(Electronic Data Interchange，电子数据交换)是一种崭新的电子化商业贸易形式。一般地说，EDI 就是标准化的商业文件在计算机之间传送和处理。EDI 将企业与企业之间的商业往来文件，以标准化、规范化的文件格式，无需人工介入，无需纸张文件，采用电子化的方式，通过网络在计算机应用系统与计算机应用系统之间，直接地进行信息业务的交换与处理。相对于传统的订货和付款方式，传统贸易所使用的各种单证、票据全部被计算机网络的数据交换所取代。EDI 系统的大范围使用，可以减少数据处理费用和数据重复录入费用，并大大缩短交易时间，降低库存和成本，提高效率。如果物流伙伴所发送的电子文件被某一物流方接收时，那么接收方的 EDI 翻译软件将把标准格式的文件自动地变换成他的文件处理软件能识别的文件格式。EDI 系统的工作原理如图 7-5 所示。

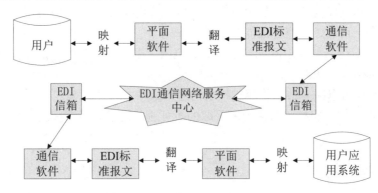

图 7-5　EDI 系统的工作原理

物流 EDI 是指货主、承运业主以及其他相关的单位之间，通过 EDI 系统进行物流数据交换，并以此为基础实施物流作业活动的方法。物流 EDI 参与单位有货主(如生产厂家、贸易商、批发商、零售商等)、承运业主(如独立的物流承运企业等)、实际运送货物的交通运输企业(铁路企业、水运企业、航空企业、公路运输企业等)、协助单位(政府有关部门、金融企业等)和其他的物流相关单位(如仓库业者、专业报送业者等)。

下面用由发送货物业主、物流运输业主及接收货物业主所构成的物流模型来分析物流 EDI 系统的运用。运行程序如下。

(1) 发送货物业主在接收订货后编制货物运送计划，并把运送货物的账单及运送时间安排的信息经过 EDI 发送给物流运输业主和接收货物业主，便于物流运输业主事先拟定车辆调配计划和接收货物业主编订货物接收计划。

(2) 发送货物业主根据客户订货要求和货物运送计划下放发货命令、分拣配货、打印出物流条形码的货物标签并贴在货物包装箱上，同时把运送货物的品种、数量、包装等信息经过 EDI 发送给物流运输业主和接收货物业主，根据指示下达车辆调配指令。

(3) 物流运输业主在向发货货物业主接收货物时，使用车载扫描读数仪读取货物标签的物流条形码，并与事前收到的货物运输数据进行比较和核对后再确认运送货物。

（4）物流运输业主在物流中心通过对货物进行整理、装配、制订送货清单后，经过 EDI 向收货业主发送相关的发货信息。在货物运送过程中对货物运送情况进行跟踪管理，并在货物转交给收货业主之后，经过 EDI 向发货业主发送关于完成运送业务的信息和运费信息。

（5）在货物到达时，收货业主利用扫描读数仪读取货物标签的物流条形码，并与事前收到的货物运输数据进行比较和核对，确认后开出收货发票，然后把货物进入仓库的同时经过 EDI 向物流运输业主和发送货物业主发送收货确认信息。

物流 EDI 系统的长处是供应链的各成员依靠信息的标准格式以及统一的处理手段，并且借助 EDI 来一起利用物流信息、促进运输效率的提高，从而节约物流成本。比如，对零售商而言，借助 EDI 系统可以大幅度减少进货作业的出错率，节省进货商品的检验时间和成本，能快速核对订货与到货的数据，容易发现差别。

在物流中使用 EDI 可以达到以下六个方面的目的。

（1）使物流操作流程及其物流信息流动单调简化，可以把纸质单证大大降低，由此成功地达到无纸化交易的目的。

（2）除去重复作业，降低交接作业中出现错误的可能性，改善单证操作状况。

（3）物流运作程序与贸易、货运以及后方协助等借助 EDI 来密切地联系在一起，以便使物流得到便利、可靠、迅速等性能。

（4）EDI 将对信息的需求降低到基本数据范围，去掉不必要的多余操作过程，满足成本低、效率高的运作要求。

（5）EDI 系统可以减少整个物流过程中的运作成本。

（6）EDI 可以把政府机关监控中所采取的不可避免的措施所造成的延误尽可能地减少到最低程度。

6. 企业资源信息技术

20 世纪 70 年代初，美国的企业最早使用计算机辅助编制物料需求计划(Material Requirements Planning，MRP)。到 20 世纪 90 年代初，美国的加特纳公司(Gartner Group Inc)首先提出并实施企业资源计划(Enterprise Resource Planning，ERP)。此后，ERP 技术在全世界范围内得到众多企业的广泛应用并不断完善和发展。如在一些领域，ERP 技术延伸发展为分销资源计划(Distribution Resource Planning，DRP)和物流资源计划(Logistics Resource Planning，LRP)。

ERP 是一整套企业管理系统体系标准，集信息技术与先进的管理思想于一身，为企业提供业务集成运行中的资源管理方案。ERP 技术是集合企业内部的所有资源，进行有效的计划和控制，以达到最大效益的集成系统。企业资源计划一般被定义为基于计算机的企业资源信息系统，其包含的功能除制造、供销、财务外，还包括工厂管理、质量管理、设备维修管理、仓库管理、运输管理、过程控制接口、数据采集接口、电子通信(EDI、电子邮件)、法律法规标准、项目管理、金融投资管理、市场信息管理、人力资源管理等。当然，仅仅只有企业内部资源的充分利用还不够，ERP 技术还能链接企业的外部资源，包括客户、供应商、分销商等的资源。ERP 以这些资源所产生的价值，组成一条增值的供应链信息系统，将客户的需求、企业的制造活动与供应商的制造资源集成在一起，从而适应当今全球市场的高速运转需求。

7.2.3 物流信息技术的发展趋势

1. 基于第三方物流的信息技术的发展

第三方物流是通过与第一方或第二方的合作来提供其专业化的物流服务，它不拥有产品，不参与商品买卖，而是为顾客提供以合同约束、以结盟为基础的、系列化、个性化、信息化的物流代理服务，包括设计物流系统、EDI 功能、报表管理、货物集运、选择承运人、货物流系统、EDI、海关代理、信息管理、仓储、咨询、运费支付和谈判等。

第三方物流的发展是激烈的市场竞争的产物，同时也是第三方服务的提供者和需求方共同推动的结果。产品数量增多，生命周期缩短，从而要求各企业提高自己的物流运作能力，来提高综合竞争力。市场需求层次进一步提高，企业一体化、个性化的物流需求占据主导地位。在这种背景下，各企业将非核心业务外包出去，致力于核心业务。采用第三方物流，第三方物流企业的战略联盟的组建、伙伴的选择、运作管理及市场创新都离不开信息资源。

2. 物流动态信息采集技术将成为物流发展的突破点

在全球供应链管理趋势下，及时掌握货物的动态信息和品质信息已成为企业盈利的关键因素。但是由于受到自然、天气、通信、技术、法规等方面的影响，物流动态信息采集技术的发展一直受到很大制约，远远不能满足现代物流发展的需求。借助新的科技手段，完善物流动态信息采集技术，成为物流领域下一个技术突破点。

3. 物流信息安全技术将日益被重视

借助网络技术发展起来的物流信息技术，在享受网络飞速发展带来巨大好处的同时，也时刻饱受着可能遭受的安全危机，如网络黑客无孔不入的恶意攻击、病毒的肆虐、信息的泄密等。应用安全防范技术，保障企业的物流信息系统或平台安全、稳定地运行，是企业将长期面临的一项重大挑战。

7.3 物流信息安全技术

现代物流离不开信息技术，物流总是伴随着信息流存在和发展。当前，一方面，我国物流中的信息化水平还不高，较低的信息化应用水平已经成为制约我国现代物流发展的重要因素；另一方面，物流信息安全水平很低，这不仅影响了物流信息技术的发展，还可能给物流体系的整体建设留下很多安全隐患，因此，提高物流信息的安全水平已经是刻不容缓的问题。

7.3.1 物流信息安全技术概述

1. 物流信息安全的定义

互联网高速发展的大环境下，在实现资源有效整合和互联互通的同时，也增加了信息泄露风险。信息的泄露将带来物流服务的信誉失衡和资源浪费，为此有必要重视物流信息安全的保障工作。降低物流信息安全风险，一方面需要政府主管部门加快网络法制建设；另一方面需要物流企业提高自身网络信息安全管理意识，加大在网络安全方面的技术和管理投入。譬如，就物流企业而言，物流信息包括自身信息和货主信息两部分。物流企业一方面需要对自身的数据进行重要性评估和保密性等级划分，并进行对应防护处理；另一方面也要对涉及客户的隐私信息进行必要的加密处理。物流企业与有实力的网络安全企业展开合作是进行物流信息安全防护的有效途径。

物流信息安全是指在物流过程中，信息网络的硬件、软件及其系统中的数据受到保护，不受偶然的或者恶意的原因而遭到破坏、泄露，系统连续、可靠、正常地运行，信息服务不中断的状态。

2. 物流信息安全的基本技术要求

物流信息安全包括物理安全、网络安全、主机安全、应用安全和数据安全及备份恢复等。

(1) 物理安全主要包括物理访问控制(如机房出入应安排专人负责，控制、鉴别和记录进出的人员)、防盗窃、防破坏、防雷击、防火、防水和防潮、机房温湿度控制和机房电力供应保障等。

(2) 网络安全主要包括结构安全、访问控制和网络设备防护等。

(3) 主机安全包括身份鉴别(应对登录操作系统和数据库系统的用户进行身份标识和鉴别)、访问控制、入侵防范、恶意代码防范(应安装防恶意代码软件，并及时更新防恶意代码软件版本和恶意代码库)等。

(4) 应用安全包括身份鉴别、访问控制、通信完整性(应采用约定通信会话方式的方法保证通信过程中数据的完整性)、软件容错等。

(5) 数据安全及备份恢复，包括数据完整性(应能够检测到重要用户数据在传输过程中完整性受到破坏)、备份和恢复(应能够对重要信息进行备份和恢复)。

7.3.2 物流信息安全的主要威胁及来源

1. 物流信息系统存在的安全隐患

设定物流信息的安全级别不但要考虑到信息的重要性，还应当考虑到信息泄露的途径和物流信息系统存在的安全隐患。物流企业内部员工、合作企业等均可能掌握物流信息，而且跨区域的物流服务涉及省际、国际等业务信息，因此物流信息系统存在的安全隐患主要有以下两个方面。

(1) 恶意破坏。我国互联网开放的网络环境使得黑客较容易匿名攻击物流信息系统，拦截、窃取和盗用客户信息，进而转卖或直接从事诈骗活动，而物流公司淘汰的计算机设备等也可能成为信息泄露的漏洞。

(2) 人为操作失误。系统管理员不恰当地设置了资料访问权限后，极易造成安全漏洞，而具体的业务员也可能会将访问密码设置成简单的六位数字，导致共享状况下物流信息的泄露。

因此，必须根据物流信息的具体内容和泄露危险性对物流信息分类设定安全性级别，再采取多种不同的网络安全技术和管理手段，以确保物流信息系统的安全。具体的物流信息安全级别分类如表 7-1 所示。

表 7-1 物流信息安全级别分类

信息分类	具体信息内容	风险等级
客户信息	客户地址和联系方式	高
	回单	中
	客户类型	低
运输信息	货物名称和型号	高
	货物数量	中
	驾驶员信息和联系方式	中
	发货城市和收货城市	低
	运输中转信息	低
	运输工具信息	低
	运输调度信息	低
	运输计划信息	低
	货物在途跟踪信息	中
	运输单据	中
仓储信息	货物数量	中
	库存单据	中
报关信息	货物名称和型号	高
	货物数量	中
	报关单据	中
财务信息	财务报告	高
合同信息	合同报告	高
	合同编号	低
行政信息	运输工具租赁合同	中
	运输工具年审信息	低
	运输工具缴费信息	低

2. 物流信息网络安全问题的主要威胁

现代物流正在向信息化、自动化、网络化和智能化的方向发展，并越来越依赖于网络传输信息的安全性能。由于网络具有开放性和匿名性的特点，其安全问题变得越来越突出。物流信息在网络传输过程中经常会受到以下威胁。

(1) 窃取。非法用户通过数据窃听的手段获得敏感信息。

(2) 截取。非法用户首先获得信息，再将此信息发送给真实接收者。

(3) 伪造。将伪造的信息发送给接收者。

(4) 篡改。非法用户对合法用户之间的通信信息进行修改，再发送给接收者。

(5) 拒绝服务攻击。攻击服务系统，造成系统瘫痪，阻止合法用户获得服务。

(6) 行为否认。合法用户否认已经发生的行为。

(7) 非授权访问。未经系统授权而使用网络或计算机资源。

(8) 传播病毒。通过网络传播计算机病毒，其破坏性非常高，而且用户很难防范。

物流信息安全威胁的主要来源包括：自然灾害；意外事故；计算机犯罪；人为错误，如使用不当、安全意识差等；"黑客"行为；内部泄密；外部泄密；信息丢失；电子谍报，如信息流量分析、信息窃取等；信息战；网络协议自身缺陷，如 TCP/IP 协议的安全问题等。

7.3.3 主要的物流信息安全技术

物流信息安全是物流信息系统发展应用带来的新问题，它的解决也需要现代高新技术的支持。信息安全技术分为硬件技术与软件技术。硬件技术首先是要选用稳定、可靠的硬件设备，设备的来源要可靠、性能要稳定；其次是使用专用的安全保密设备，如加密机、电磁屏蔽设备等。软件技术包括信息加密技术、数字签名技术、防火墙技术、防病毒技术、入侵检测技术以及网络安全扫描技术等。下面主要介绍这几种常用的软件技术。

1. 信息加密技术

信息的保密性是信息安全性的一个重要方面。加密是实现信息保密性的一个重要手段。加密就是使用数学方法来重新组织数据，使得除了合法的接收者之外，任何其他人都不能恢复原先的"消息"或读懂变化后的"消息"。加密前的信息称为"明文"，加密后的信息称为"密文"，将密文变为明文的过程称为解密，信息加密技术的具体操作过程如图 7-6 所示。

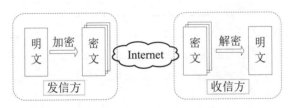

图 7-6　信息加密技术的具体操作过程

加密技术可使一些主要数据存储在一台不安全的计算机上，或可以在一个不安全的信道上传送。只有持有合法密钥的一方才能获得"明文"。在对明文进行加密时所采用的一组规则称为加密算法。类似地，对密文进行解密时所采用的一组规则称为解密算法。加密和解密算法的操作通常都是在一组密钥控制下进行的，分别称为加密密钥和解密密钥。

2. 数字签名技术

签名主要起到认证、核准和生效的作用。政治、军事、外交等活动中签署文件，商业上签订契约和合同，以及日常生活中从银行取款等事务的签字，传统上都采用手写签名或印鉴。随着信息技术的发展，人们希望通过数字通信网络进行迅速的、远距离的贸易合同的签名，数字或电子签名应运而生。

数字签名是一种信息认证技术。信息认证的目的有两个：一是验证信息的发送者是真正的发送者还是冒充的；二是验证信息的完整性，即验证信息在传送或存储过程中是否被篡改、重放或延迟等。认证是防止敌人对系统进行主动攻击的一种重要技术。

数字签名是签署以电子形式存储消息的一种方法，一个签名消息能在一个通信网络中传输。基于公钥密码体制和私钥密码体制都可以进行数字签名，特别是公钥密码体制的诞生为数字签名的研究和应用开辟了一条广阔的道路。

为了保证数字签名的效果，数字签名必须满足以下要求。

(1) 签名是可信赖的和可验证的，任何人都可以验证签名的有效性。

(2) 签名是不可伪造的，除了合法的签名者之外，任何人伪造其签名都是困难的。

(3) 签名是不可复制的，对一个消息的签名不能通过复制变为另一个消息的签名。如果一个消息的签名是从别处复制得到的，那么任何人都可以发现消息与签名之间的不一致性，从而可以拒绝签名的消息。

(4) 签名的消息是不可改变的，经签名的消息不能被篡改，一旦签名的消息被篡改，任何人都可以发现消息与签名之间的不一致性。

(5) 签名是不可抵赖的，签名者事后不能否认自己的签名，可以由第三方或仲裁方来确认双方的信息以作出仲裁。

(6) 签名的产生、识别和证实必须相对简单。

(7) 签名必须与签名的信息相关，当签名后的数据发生改变时该签名将成为无效的签名。

3．防火墙技术

防火墙(Fire Wall)成为近年来新兴的保护计算机网络安全技术性措施。它是一种隔离控制技术，在某个机构的网络和不安全的网络(如 Internet)之间设置屏障，阻止对信息资源的非法访问，也可以使用防火墙阻止重要信息从企业的网络上被非法输出。图 7-7 所示为防火墙技术。作为 Internet(因特网)的安全性保护软件，防火墙已经得到广泛的应用。通常企业为了维护内部的信息系统安全，在企业网和 Internet 间设立防火墙软件。企业信息系统对于来自 Internet 的访问，采取有选择的接收方式。它可以允许或禁止一类具体的 IP 地址访问，也可以接受或拒绝 TCP/IP 上的某一类具体的应用。如果在某一台 IP 主机上有需要禁止的信息或危险的用户，则可以通过设置使用防火墙过滤掉从该主机发出的 IP 包。如果一个企业只是使用 Internet 的电子邮件和 WWW 服务器向外部提供信息，那么就可以在防火墙上设置使得只有这两类应用的数据包可以通过。这对于路由器来说，就要不仅分析 IP 层的信息，而且还要进一步了解 TCP 传输层甚至应用层的信息以进行取舍。防火墙一般安装在路由器上以保护一个子网，也可以安装在一台主机上，保护这台主机不受侵犯。

从实现原理上分，防火墙的技术包括四大类，即网络级防火墙(也叫包过滤型防火墙)、应用级网关、电路级网关和规则检查防火墙。

在具体应用防火墙技术时，还要考虑到两个方面：一是防火墙是不能防病毒的，尽管有不少的防火墙产品声称其具有这个功能；二是防火墙技术的另一个弱点在于数据在防火墙之间的更新是一个难题，如果延迟太大将无法支持实时服务请求。并且，防火墙采用滤波技术，滤波通常使网络的性能降低 50%以上，如果为了改善网络性能而购置高速路由器，又会大大提高经济预算。

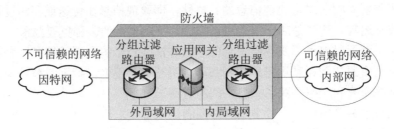

图 7-7　防火墙技术

总之，防火墙是企业网安全问题的流行方案，即把公共数据和服务置于防火墙外，使其对防火墙内部资源的访问受到限制。作为一种网络安全技术，防火墙具有简单、实用的特点，并且透明度高，可以在不修改原有网络应用系统的情况下达到一定的安全要求。

4．病毒防护技术

计算机病毒实际上就是一种在计算机系统运行过程中能够实现传染和侵害计算机系统的功能程序。病毒经过系统穿透或违反授权攻击成功后，攻击者通常要在系统中植入木马或逻辑炸弹等程序，为以后攻击系统、网络提供方便条件。目前病毒防护技术主要有主机防病毒和网关防病毒两种形式。主机防病毒主要是通过主机防病毒代理引擎，实时监测计算机的文件访问和网络交换，把文件与预存的病毒特征码相对比，发现病毒就通过删除病毒特征串联实现解毒，或者把文件隔离成非执行文件的方式，保护计算机主机不受侵害；网关防病毒是重要的防毒措施，它采取御毒于网关之外的原则，在网关位置对可能导致病毒进入的途径进行截留查杀，可以有效避免没有安装杀毒软件客户端或没有升级杀毒软件的计算机的中毒事故。

病毒防护技术在计算机网络安全应用过程中，可以从以下几个环节做起。

1) 全面提升软件的防御能力

软件防御能力提高的过程中，要定期检查软件，对潜藏的病毒进行寻找，软件较大时，要人工运行杀毒软件，投入一定的资金，做好软件的安全防御工作，通过购买一些防毒卡，做好内部系统的安全防护。

2) 加强服务器的合法保护

一般而言，病毒进入最主要的关卡是服务器，而整个网络的重要支柱同样也是服务器，一旦服务器受到非法分子的全面攻击，将会使整个网络受到严重的威胁，进而处于一种瘫痪状态。一旦服务器通过对模块进行装载，并对服务器进行合理的扫描及杀毒，进而结合防毒卡，将会有更好的防护效果。

3) 加密数据信息和安全防范病毒

计算机病毒侵入的过程中，不可避免地对计算机用户的机密信息有一定的入侵作用，在对加密方式采取措施的过程中，通过重新编码信息，将计算机用户的重要信息进行隐藏。而做好数据和信息的加密处理，就要采取密钥管理和密文存储的方式，一旦用户进入系统之后，就要对用户的身份以及相关数据进行全面的验证，进而全面实现安全保密的目的。病毒防范时，由于病毒有着越来越强的伪装性和攻击性，对于内部网络而言，主要采取内部局域网，而基于服务器操作平台的相关防病毒软件，有着较强的针对性，并及时发现计算机隐藏的相关病毒，全方位地防护病毒，对计算机漏洞的补丁进行自动性更新。

4) 建立防火墙，做好安全隔离

在计算机网络安全防护过程中，可以结合防火墙做好病毒的安全隔离，将病毒的入侵进行阻挡，并在计算机内部和局域网中对外来信息进行辨别，做好计算机和局域网信息数据的分类。安全隔离的过程中，对于计算机的安全性有着基础保障作用，通过对一些可疑信息和一些数据进行隔离，并在通信网络内部信息保密的基础上，避免病毒的繁殖和感染，进而对计算机网络的安全进行全面保护。总之，计算机网络安全防护过程中，不仅要做好软件的安全防范和建立安全模块，同时也要保证传输线路的安全，实现网络的双重加密，做好信息数据存取的安全控制，通过采取鉴别机制对实体身份进行特权识别，进而对双方身份的合法性进行检验。

5. 入侵检测技术

入侵检测技术是为保证计算机系统的安全而设计与配置的一种能够及时发现并报告系统中未授权或异常现象的技术，是一种用于检测计算机网络中违反安全策略行为的技术。入侵检测通过执行以下任务来实现。

(1) 监视、分析用户及系统活动。
(2) 系统构造和弱点的审计。
(3) 识别反映已知进攻的活动模式，并向相关人士报警。
(4) 异常行为模式的统计分析。
(5) 评估重要系统和数据文件的完整性。
(6) 操作系统的审计跟踪管理，并识别用户违反安全策略的行为。

入侵检测技术按技术类别划分，可分为异常入侵检测和误用入侵检测；按对象划分，可分为基于主机、基于网络和混合型入侵检测技术。

1) 按技术类别划分

(1) 异常入侵检测。异常入侵检测是指能够根据异常行为和使用计算机资源情况检测出来的入侵。异常入侵检测试图用定量方式描述可接受的行为特征，以区分非正常的、潜在的入侵性行为。异常入侵要解决的问题就是构造异常活动集，并从中发现入侵性活动子集。异常入侵检测方法依赖于异常模型的建立，不同模型构成不同的检测方法。异常检测是通过观测到的一组测量值偏离度来预测用户行为的变化，然后作出决策判断的检测技术。

(2) 误用入侵检测。误用入侵检测是指利用已知系统和应用软件的弱点攻击模式来检测入侵。误用入侵检测的主要假设是具有能够被精确地按某种方式编码的攻击，并可以通过捕获攻击及重新整理，确认入侵活动是基于同一弱点进行攻击的入侵方法的变种。

2) 按对象划分

(1) 基于主机。系统分析的数据是计算机操作系统的事件日志、应用程序的事件日志、系统调用、端口调用和安全审计记录。主机型入侵检测系统保护的一般是所在的主机系统。是由代理(Agent)来实现的，代理是运行在目标主机上的小的可执行程序，它们与命令控制台(Console)通信。

(2) 基于网络。系统分析的数据是网络上的数据包。网络型入侵检测系统担负着保护整个网段的任务，基于网络的入侵检测系统由遍及网络的传感器(Sensor)组成，传感器是一台将以太网卡置于混杂模式的计算机，用于嗅探网络上的数据包。

(3) 混合型。基于网络和基于主机的入侵检测系统都有不足之处，会造成防御体系的不全面，综合了基于网络和基于主机的混合型入侵检测系统，既可以发现网络中的攻击信息，也可以从系统日志中发现异常情况。

6. 网络安全扫描技术

网络安全扫描技术是一种基于远程检测目标网络或 Internet 本地主机安全性脆弱点的技术。通过网络安全扫描，系统管理员能够发现所维护的 Web 服务器的各种 TCP/IP 端口的分配、开放的服务、Web 服务软件版本和这些服务及软件呈现在 Internet 上的安全漏洞。网络安全扫描技术也是采用积极的、非破坏性的办法来检验系统是否有可能被攻击崩溃。它利用一系列的脚本模拟对系统进行攻击的行为，并对结果进行分析。这种技术通常被用来进行模拟攻击实验和安全审计。网络安全扫描技术与防火墙、安全监控系统互相配合就能够为网络提供很高的安全性。

网络安全扫描技术的运用不仅可以检测出一系列平台的漏洞，也可以对网络设备、整个网段进行检测，克服了主机安全、扫描技术只能针对主机的缺点。由于网络安全扫描独特的切入点和简单、有效的特点，在目前众多的安全扫描工具中，数量最多的还是基于此种技术的网络类安全扫描工具。Satan、ISS Internet Scanner 以及目前流行的 Nmap、Nessus 都是基于网络安全扫描技术的安全扫描器。

端口扫描技术和漏洞扫描技术是网络安全扫描技术中的两种核心技术，并且广泛运用于当前较成熟的网络扫描器中，如 Nmap 和 Nessus。鉴于这两种技术在网络安全扫描技术中起着举足轻重作用，本书将对这两种技术及相关内容做详细的阐述。

(1) 端口扫描技术。端口扫描向目标主机的 TCP/IP 服务端口发送探测数据包，并记录目标主机的响应。通过分析响应来判断服务端口是打开还是关闭，就可以得知端口提供的服务或信息。端口扫描也可以通过捕获本地主机或服务器的流入流出 IP 数据包来监视本地主机的运行情况，它仅能对接收到的数据进行分析，帮助我们发现目标主机的某些内在弱点，而不会提供进入一个系统的详细步骤。

(2) 漏洞扫描技术。漏洞扫描主要通过以下两种方法来检查目标主机是否存在漏洞：在端口扫描后得知目标主机开启的端口以及端口上的网络服务(百度)，将这些相关信息与网络漏洞扫描系统提供的漏洞库进行匹配，查看是否有满足匹配条件的漏洞存在；通过模拟黑客的攻击手法，对目标主机系统进行攻击性的安全漏洞扫描，如测试弱势口令等。若模拟攻击成功，则表明目标主机系统存在安全漏洞。

随着网络的发展和内核的进一步修改，新的端口扫描技术及对入侵性的端口扫描的新防御技术还会诞生，而到目前为止还没有一种完全成熟、高效的端口扫描防御技术；同时，漏洞扫描面向的漏洞包罗万象，而且漏洞的数目也在继续增加。就目前的漏洞扫描技术而言，自动化的漏洞扫描无法得以完全实现，而且新的难题也将不断涌现。因此，网络安全扫描技术仍有待进一步研究和完善。

7.4 物流信息安全风险控制

【导入案例】

1. 案情介绍

2014年7月24日,欧洲中央银行(European Central Bank,ECB)遭到网络攻击,匿名黑客攻破了该银行公开的外部网站的数据库,窃取了该银行网站上1.5亿注册者的电子邮件和联络人的细节信息。ECB强调该数据库与其内部系统是物理隔离的,其内部系统数据或市场敏感数据并未泄露。被攻破的数据库中收集的是ECB会议和访问等活动的注册信息。尽管这些数据多数经过加密处理,数据库中包括电子邮件、部分街道地址和电话号码在内的部分数据并未加密。该数据库中还包括如何以加密方式从ECB网站下载相关内容的信息。ECB即与那些数据可能泄露的人联系。作为预防措施,该系统中所有密码也已被修改。该行表示:"ECB极其看重数据安全。该案已通知德国警方,调查已经开始。ECB数据安全专家已经解决了相关漏洞。"

2. 原因分析

欧洲中央银行作为金融机构,其信息安全都受到威胁,且发生信息泄露事件。综合分析主要有以下三个原因。

(1) 安全系统疏于维护。因为金融行业一般都较早地进行了信息化建设和维护,很多时候做过周密的预案演练和灾备演练,之后就放松了对系统的整体安全维护,让怀有不轨想法的内、外部泄密人员钻了空子,而这点往往是泄密事件高发的诱因。

(2) 银行系统存在漏洞,未及时维护完善。银行正常运作是基于复杂的金融系统,系统本身需要不断维护、完善,若有漏洞未及时检测到或检测到后修复不及时就会被黑客攻击,木马病毒及钓鱼网站有机可乘。

(3) 组织自身的一些脆弱性。例如,网络架构不合理,安全域之间的隔离或访问控制策略设置不严格;或者网络设备、主机、数据库、应用系统存在弱口令,易被猜测和破解;抑或员工办公终端安全风险较高,未严格落实"禁止专用办公、通信网络与其他网络或互联网互通"。

3. 事故防范措施

(1) 加强技术防护。
(2) 完善业务流程。
(3) 加强安全监控和预警。
(4) 加强内部管理。
(5) 加强人员配备。

(资料来源:http://www.cfc365.com/technology/security/2015-02-25/13174.shtml)

7.4.1 组织安全与人员安全

1. 组织安全

信息安全组织是指建立一定的组织结构,并确定相应的组织成员。在企业中,管理层应当建立适当的信息安全组织,用以协调企业内部的各项资源,实现信息安全控制的目标。信息安全组织的功能由组织成员来完成,各个成员的职责由管理层指定。信息安全组织的职能包括以下五个方面。

(1) 信息安全管理活动的发起,信息安全策略的制订、审核、批准和维护。在企业内部,强制实行对其实施过程的监督,并对策略的实施进行审计,以确定策略的严格执行并对执行效果进行评估。

(2) 在信息安全保障过程中需要多部门合作的时候,信息安全组织起到协调各部门的作用。信息安全组织负责批准信息安全的特殊方法和程序,如风险评估、任命信息安全管理的特殊角色并明确其责任、实施全员安全意识计划等。要实现此项职责,信息安全组织应由企业内部各个部门和管理层的代表组成。

(3) 企业中每个角色都有其信息安全的责任,信息安全组织负责指派每个角色的信息安全责任,将责任落实到人。

(4) 对需要对信息系统进行操作的人员和程序授予其相应的权限,保证所有的操作行为和被操作对象都在企业的控制之下。

(5) 企业的活动需要与企业本身之外的第三方进行合作,在这些合作行为中,信息安全的控制由信息安全组织负责,包括制订及实施相关策略。

信息安全组织是企业建立信息安全保障体系的推动者、策划者和制定者,需要由有经验的信息安全专家参与其中。建立完善的信息安全组织,是企业信息安全保障的首要条件。

企业信息安全应是协作性的安全,即信息安全是通过各种角色责任集成而实现的。安全组织架构模型是一个基于角色的层次模型,信息安全责任模型如图7-8所示。

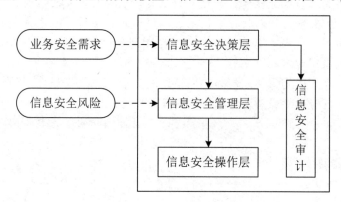

图7-8 信息安全责任模型

信息安全责任模型说明如下。

(1) 信息安全责任是管理信息安全风险、使业务安全需求得到满足。

(2) 信息安全决策层负责业务安全需求范围的确定、企业信息安全目标的建立、企业信息安全战略规划的制订、信息安全政策和风险管理实施计划的批准。

(3) 信息安全管理层负责根据信息安全决策层的决策,分析信息安全需求,建立和维护企业信息安全体系来管理信息安全风险,保障业务的安全。

(4) 信息安全操作层的责任是执行风险管理计划。

(5) 信息安全审计责任是独立于信息安全管理层和操作层的责任体。信息安全审计负责审计信息安全活动是否满足业务安全的需求和风险管理的目标。它将审计的结果直接向决策层报告。

2．人员安全

人员是企业活动的执行者，因此对企业的活动起到决定性的作用。具有良好责任感的、遵守企业规定的高素质人员，是信息安全保障实现的决定性环节。人员安全包括以下五个方面内容。

(1) 人员来源的保证。在选择人员时，应考虑其背景、资质是否能够胜任其所申请的职位，根据其职位所涉及信息敏感程度的不同，其审查程序也不同，敏感程度越高，审查程序越严格。对于个别的重要职位，应当定期进行审查。

(2) 人员职责的明确。将信息安全责任归纳在工作责任中，使每个人员都应当清楚地知道自己的职责所在，明白哪些事情可以做，哪些事情不能做。

(3) 法规约束。通过法律、法规、政策的形式明确人员的责任和义务，以及明确违反这些责任和义务应承担的后果，如同被企业录用的人员签订合同和保密协议等。

(4) 安全培训。通过定期和不定期的、组织内部和组织外部的培训来提高人员的安全意识，增强其对组织安全政策和程序的理解。

(5) 人员本身的安全。人员是企业的资源，人员的损失会对企业的正常运行造成影响。企业应当采用一定的措施来保证人员本身的安全，保障企业在遭受人员伤亡时，可以正常运作。

7.4.2 安全政策

1．基本框架

国际通用的《信息安全管理实施细则》(ISO/IEC 17799：2000)为企业制定了安全政策。安全政策应当覆盖标准所要求的所有十个安全域。

(1) 信息安全方针。为企业信息安全管理提供政策性的支持和指导，使信息安全管理工作制度化。

(2) 信息安全组织。建立相应的管理组织，负责信息安全管理政策的制定、执行、执行情况的监督，并负责信息安全管理的交流工作。

(3) 资产分类与管理。对企业的信息资产进行分类，根据资产的敏感程度不同采取适当措施进行保护。

(4) 人员安全。对人为的错误、偷窃、滥用等行为对信息系统造成的伤害进行管理。

(5) 实体和环境安全。防止对信息系统所处的环境及对信息的未经授权的访问、控制及破坏。

(6) 通信管理。确保对信息设备的操作处于正确的指导之下。

(7) 访问控制。控制对信息和信息系统的访问，对需要访问系统的人员进行正确的授权，防止未经授权的访问。

(8) 信息系统的开发和维护。保证所使用的信息系统本身的安全性。

(9) 业务连续性管理。保证在遭受灾难的情况下，企业的关键业务能够持续地进行下去。

(10) 法律符合性。企业的所有规定和活动必须符合相关的法律法规。

以上十个安全域从整体上描述了企业信息安全管理体系所应该包含的内容。对每个安全域的要求，企业应当制定相应的管理策略并严格执行。

2. 安全政策的制定原则和过程

1) 安全政策的制定原则

(1) 完整性。安全政策应当包含企业信息安全管理的所有方面，为了防止因缺乏管理措施而导致的信息安全漏洞的出现，所有的与信息安全相关的企业活动和人员活动都应该在适当的信息安全政策的指导下进行，以降低企业的管理风险。

(2) 可操作性。制定的信息安全政策应当能够被顺利地执行。安全政策应当简单易懂并易于执行，防止由于过于复杂的操作过程或者由于超出现有能力范围的执行过程出现在安全政策中，导致在现实中政策难以执行，使安全政策形同虚设。

(3) 经济性。执行安全政策所需要的资源应当控制在一定的范围之内，不能大于其所要控制的风险发生所带来的损失。

(4) 有效性。企业的安全政策应能有效地控制系统的弱点，对企业的业务起到促进作用。所制定的安全政策应当经过正式的途径在企业内部颁布，确保人员及时熟悉相关安全政策的最新版本及内容。

(5) 可审计性。所有安全政策中所规定的执行过程或方法必须具有可审计性，用以监督安全政策的执行情况，使信息安全组织可以对政策的执行效果做出评估，并根据评估的结果对政策内容做出修改和调整。

2) 安全政策的制定过程

信息安全政策的制定工作由信息安全组织负责，包括以下六步。

(1) 识别需要保护的对象。
(2) 识别保护对象可能面临的威胁。
(3) 确定需要采取的管理措施并制定执行政策。
(4) 制订应急方案。
(5) 颁布实施。
(6) 对执行结果进行审计。

安全政策的制定是一个循环的过程，随着企业的发展和技术的进步，政策中可能出现不合理部分，利用审计的结果对政策中不合理部分进行修改，这一任务由信息安全组织负责。

7.4.3 安全域划分

安全域是指具备一定的目标安全功能、结构上相对独立，执行共同的一组安全政策的系统部件及其行为的集合。就安全域的定义来看，企业的整个信息系统本身就是一个安全域，信息系统的任何一个子系统也构成一个安全域。

安全域可以从物理上进行划分，也可以从逻辑上进行划分。安全域的物理划分是依据系统组成的物理位置，如楼层、建筑、地理位置等。安全域的逻辑划分依据政策和管理，如信息系统所属的部门。逻辑上划分的安全域，更能反映安全政策的要求。

安全域最好的划分方法是将物理划分和逻辑划分结合起来，多数情况下，物理上的区分往往与逻辑上的区分紧密联系。由于现实应用系统的复杂性，安全域可能具有包容性，即一个大的安全域又可以划分为若干个小的安全域，还有可能有些系统组件既属于这个安全域，又属于那个安全域。

在划分安全域之后，可以根据不同的安全域所面临风险的不同和所执行安全政策的不同来对其进行信息安全保障操作。

安全域的信息安全保障包括以下三个方面。

(1) 域内保障。对安全域内部所面临的风险进行控制。

(2) 域边界保障。域边界是安全域与其他安全域或用户交换信息的接口，所有穿越域边界的行为应当在控制之下。

(3) 域外保障。对所有潜在的可能对安全域进行访问的行为进行控制。

7.4.4 物流信息安全管理体系的构建

1. 技术架构的设计原则

(1) 系统性原则。物流信息安全管理体系的建设要有系统性和适应性，不会因网络和应用技术的发展、系统升级和配置的变化而导致系统整个生命期内的安全保护能力和抗御风险能力的降低。

(2) 技术先进性原则。采用先进的安全体系进行结构设计，选用先进、成熟的安全技术和设备，实施中采用先进可靠的工艺和技术，提高管理体系系统运行的可靠性和稳定性。

(3) 可控性原则。系统的所有安全设备(管理、维护和配置)都应自主可控；系统安全设备的采购必须有严格的手续；安全设备必须有相应机构的认证或许可；安全设备供应商和实施方案的设计和施工单位应具有相关的资质。

(4) 适度性原则。系统安全方案应充分考虑保护对象的价值与保护成本之间的平衡性，在允许的风险范围内尽量减少安全服务的规模和复杂性，使之具有可操作性，避免超出用户所能理解的范围，变得难以执行或者无法执行。

(5) 技术与管理相结合原则。系统安全建设是一项复杂的系统工程，包括产品、过程和人的因素。因此，在考虑技术解决方案的同时还应考虑管理、法律、法规方面的制约和调控，技术应为管理、法律、法规的实现提供支持。

(6) 系统可伸缩性原则。企业信息系统和网络系统将随着网络和应用技术的发展而发生变化，同时，信息安全技术也在发展。因此，安全系统的建设必须考虑系统可升级和可伸缩性，重要和关键的安全设备不应因网络变化或更换而废弃。

2. 构建物流信息安全管理体系

物流信息安全管理不能完全依赖技术上的防护，更应当以制度化和技术化的管理构建全面的物流信息安全管理体系。首先，从组织架构层面而言，物流企业应当建立独立的信息安全管理小组或委托专业的数据分析公司进行物流信息安全管理。例如，在大型物流企业里面设立的技术安全部门中成立信息安全监管小组,将信息安全设定为公司层面的管理策略,避免以几个人管理全物流公司的信息安全问题,而应当将安全问题嵌入物流企业各环节。其次,从安全管理制度方面,应当建立物流信息安全管理制度。例如,定期将物流信息保存到无法联网的计算机中,定期销毁包含客户名称和联系方式的物流单据。还要建立物流信息安全管理制度,而且要层层监督执行,以实现物流信息的系统安全。最后,制定安全管理服务流程。可参考 ITIL 定义的标准流程制定出符合企业自身实际情况的标准化安全服务流程,如事件管理、问题管理、配置管理、变更管理、发布管理等,随时应对各类突发事件。

在物流信息安全管理过程中仍需要注意的问题。首先,保证物流信息管理系统的稳定性。当物流信息系统的信息含量增加到一定量级后,不断的信息读取和访问容易造成物流信息管理系统的不稳定性,导致物流信息的损失和断层,因此要注意保证物流信息管理系统的稳定性,从而保证物流信息的安全。其次,标准化物流信息保存。物流信息的数据格式和数据长度标准化将有利于信息管理,也有利于供应链上下游企业将物流信息整合保持,使供应链整体效率提升。

小　　结

随着物流业的快速发展,越来越多的物流信息上传到物流信息系统和计算机网络中,信息安全问题变得日益严峻。物流信息保护和保存不当已经导致灰色的物流信息倒卖产业,也危害了物流业的健康发展。但由于网络本身和物流信息管理系统的复杂性和脆弱性,全部物流信息和相关信息加工的工作量大、难度高,因此从保护物流信息安全和保证物流系统正常运行的角度出发,对物流信息进行安全管理已经迫在眉睫。

传统的信息系统中,运输、仓储和包装等多个环节的信息比较开放,信息管理的随意性较高,不利于物流环节的流程化管理,因此要对物流信息进行安全风险控制,使物流信息系统中的数据录入和读取等操作都将正规化和标准化,加强对物流信息的安全防护。

针对物流信息管理不当、信息泄露导致企业和客户利益受损等问题,本章在分析物流信息与物流信息技术的基础上,结合国内外研究成果,对物流信息安全技术与物理信息安全风险控制进行了分析。通过对本章内容的学习,以便读者认识到保护物流企业信息资源的重要性,可以促进物流业的快速发展,提高供应链整体运行效率。

思考与练习

7-1　简述物流信息的定义与特点。
7-2　简述物流信息的作用。
7-3　简述物流信息技术的定义。
7-4　简述主要的物流信息安全技术。
7-5　分析物流信息安全的主要威胁。
7-6　论述物流信息安全管理体系技术构架的设计原则。

第8章 物流相关法律法规与社会责任

【导入案例】

1. 案情介绍

原告：广州德美斯工业器材有限公司

被告：嘉宏国际运输代理有限公司

2005年7月4日，原告委托被告办理两台动力平板车从上海至马来西亚巴西古丹的海运出口订舱等事宜。被告接受委托并在当天传真通知原告，货物由B轮506S航次于2005年7月19日从上海港出运，同年8月3日抵达马来西亚巴西古丹港。2005年7月13日，原告收到被告要求增加费用金额传真函，该传真函载明的船名、航次、离港和到港日期，均与7月4日传真函内容一致，并注明保证不影响船期。原告同意海运费由每台2500美元增加至每台14 000美元、包干费每台人民币27 500元后，于当天以运费名义向被告支付了定金人民币33 200元。被告次日收到该款后电话通知原告，货物无法于7月19日出运。同年7月15日，被告向原告提供了拟制的货运代理协议，该协议显示，根据KMTC(高丽海运)2005年7月船期表，被告将安排货物于7月26日出运。当天，原告业务员前往被告处，就协议未提及的载货船名、航次和协议提及的货物进港、离港和到港时间、附件内容等作了部分手书修改并提出疑问，要求被告迅速回复。最终，双方均未在该代理协议上签字确认。

2005年7月21日，原告传真通知被告终止原定7月19日离港出运货物的代理合同，要求被告返还定金，并告知货物已由买家自行安排出运。

庭审中，被告确认原告支付的人民币33 200元为定金。

另查明，高丽海运船期表预报B轮第506S航次离港日期为2005年7月15日；原告对外签订的货物贸易合同约定的交货时间为2005年7月20日，T/T方式结汇。货物由原告另行委托后，最终于2005年7月26日从上海港出运。

上海海事法院审理认为：原、被告之间通过传真形式达成的货运代理合同有效。被告确认原告于2005年7月13日支付的人民币33 200元为定金，故原告为保证货物按时出运向被告支付定金的事实成立。

关于离港日期变更的问题。由于7月15日的货运代理协议双方未签字，合同内容未被最终确定，因而对双方当事人未产生法律效力。双方确认的货物离港日期即为2005年7月19日，此后当事人虽有协商7月26日船舶离港的过程，但最终并未形成一致意见，被告应对已确认的7月19日出运货物的合同义务承担法律责任。

根据最高人民法院《关于适用〈中华人民共和国担保法〉若干问题的解释》的规定，"因当事人一方迟延履行或其他违约行为，致使合同目的不能实现的，可以适用定金罚则。"本案中，原告货物为动力平板车，不属季节性商品，被告未根据合同约定按时出运的行为不属于根本性违约，其违约行为并未构成双方原合同目的不能实现，被告对原告因货物未能如期出运而遭受的损失应当承担赔偿责任，但本案不应适用定金罚则，原告基于被告违约而提出的定金双倍返还的诉讼请求不予支持。但原告已交付的定金,被告应当如数赔偿该笔款项。依照《中华人民共和国合同法》第一百零七条、《中华人民共和国民事诉讼法》第六十四条的规定,判决被告于判决生效之日起十日内赔偿原告损失人民币33 200元;对于原告的其他诉讼请求不予支持。

2. 法官说法

变更离港日期协议的效力根据《中华人民共和国合同法》关于合同成立的相关规定,被告于7月15日向原告提供的拟制的货运代理协议是一份新的要约。而根据《中华人民共和国合同法》第三十二条:"当事人采用合同书形式订立合同的,自双方当事人签字或者盖章时合同成立。"本案中,当事人双方均未在货运代理协议上签字,因此,该变更协议内容未被最终确定,对双方当事人不产生法律效力。对于原告业务员修改协议的行为应如何认定,需要根据业务员手书的内容作综合分析。因该业务员对7月26日能否按时出运之事心存疑虑,所以提出了多项问题,并要求被告迅速回复。其手书内容包括要求被告回复的问题和对货物出运有关条款提出的疑问,该手书内容只能证明双方就2005年7月26日出运货物等事项有过协商,而不能认定为原告对该项要约做出的承诺。又由于被告未举证已做出相应答复,并取得原告认可,因此,可以认定双方仍未达成一致意见。虽被告提出了变更离港日期的新要约,但仅属一方意愿,变更未形成合意。

定金罚则的适用根据最高人民法院《关于适用〈中华人民共和国担保法〉若干问题的解释》第一百二十条的规定,"因当事人一方迟延履行或其他违约行为,致使合同目的不能实现的,可以适用定金罚则。"根据该条的规定,在一方当事人迟延履行合同的情形下,该违约行为只有达到致使合同目的不能实现的程度,才可以适用定金罚则。学理上认为,所谓的"合同目的"是指当事人订立合同所追求的目标和根本利益。例如,出卖货物是希望获得价金,订立货运合同是希望把货物运到目的地。

"致使合同目的不能实现"则指一方当事人违反合同的后果,实质上剥夺了另一方当事人依据合同所期待的根本利益,合同即使在以后能够被遵守,当事人的目的仍不能达到。迟延履约是否导致合同目的不能实现,应考虑时间对合同的重要性。如果时间因素对当事人缔约目的的实现至关重要,则迟延履行将导致合同目的不能实现。一般而言,因迟延履行而导致合同目的不能实现都涉及一些季节性很强的货物,如农历八月十五前运往中国的月饼,如迟延履行将影响其商业销售,致使对方当事人的合同目的不能实现。

(资料来源:http://www.wangxiao.cn/wl/46151563035.html)

　　法律制度作为物流活动的重要保障,对物流行业的发展意义重大,特别是对于建立良好的市场经济运行规律、规范物流主体的市场行为、确保物流行为的合法性等方面起着决定性作用。由于物流行业在我国发展的时间不长,相关法律的配套机制仍存在不足之处,不利于及时矫正不当物流行为及维持正常的经济秩序,大量的法律问题不断出现,某种程度上制约了物流业的发展速度。因此,面对日益严峻的形势,出台物流立法的重要性和紧迫性不断显现,完善我国目前的物流法律制度成为当务之急。

8.1 物流法概述

8.1.1 物流法的内涵

1. 物流法的定义

物流法是调整物流主体参与整个物流活动中发生的法律关系的规范总称。调整范围主要包括各物流参与主体之间因民事行为产生的权利义务内容。根据《中华人民共和国国家标准：物流术语》(GB/T 18354—2006)的定义，整个物流活动包括运输、储存、在途、装卸、搬运、包装、流通加工、配送、信息处理等基本环节，每一个环节都有相应的法律加以规范，其中所涉及的法律制度包括多式联运、物流合同、物流过程中的物流保险以及一些相关单项立法所特有的法律制度。

从主体构成及相互之间的关联关系研究分析，物流法涉及的法律主体主要有运输主体、包装主体、仓储主体、配送主体、信息处理主体等，数量众多，形式多样。物流主体来自各行各业，涉及的法律关系复杂多变，以现阶段最为常见的网络购物为例，要实现商品从生产者个体到消费者个体的流转过程，物流参与者还需以网络为媒介通过第三方的信息平台订立买卖合同，确立数个法律关系后最终使得电子交易得以完成。物流法主要以物流活动中形成的权利义务为主要调整对象，权利义务具有对等性，即参与到物流关系法律体系中的各主体不仅享有法律规定的权利，也应负担对应义务，一旦合同确定的义务内容未按时按约履行，追究责任机制即开始启动。因此，物流法在立法原则及立法基础领域须具有高度统一性，使与之相关的物流活动具备相互一致的规制性。

2. 物流法的特点

现代物流法既体现国家对物流领域的强制性规定，又体现保护契约自由的立法精神，保障"私法自治"，物流法具有以下特点。

(1) 体现合同法中的平等、公平、意思自治、诚实信用等基本原则。作为主要调整物流企业经营行为的法律，物流法从本质上仍属私法，这一特点对于维护物流市场交易秩序、规范物流法律行为具有重大意义。

(2) 物流法所调整内容具有复杂性。物流法调整的内容涵盖行业整体协作与局部分工等各环节，相互之间的法律关系十分复杂，对此物流法以总则与分则结合的方式进行区别调整，针对物流活动的特点，在总则中确立对全部参与主体适用的法律规范，同时也考虑不同环节物流活动的特殊性，在分则中进行特别规定，总分结合，形式灵活，使得原本复杂的物流立法体系凸显合理性。

(3) 物流法具有现代性的特点。物流法依据我国近年来物流产业飞速发展的现状制定，是一部与时俱进、不断更新的新型法律，通过汇总物流市场交易过程中产生的法律难点，有目的性地解决现实物流活动中常见的法律问题，并参考同一时期其他部门法的相关规定，具有强烈的现代性特点。

3. 物流法的调整对象

1) 委托法律关系

物流法律关系中最重要的基础法律关系即为委托合同关系。委托方(即生产销售企业、原材料供应方)基于对物流企业的了解与信任，委托专门的物流公司对产品进行运输，物流企业则制订符合委托方要求的运输方式及线路，双方对运输的货物名称、数量、履行地点、期限、价款、运输方式、违约责任等以书面形式确定。委托企业与物流企业之间建立有偿委托合同关系，物流企业应亲自处理委托事务，未经委托方同意，不得将其接受的事项委托第三方进行处理，并按合同约定在规定的时间内将货物送至目的地，委托方则应向物流公司支付合理的报酬。通常情况下，物流企业以自己的名义参与到委托事务中，而委托企业与货物接收方之间约定了运费的支付及风险的转移时间，物流企业仅对自己的受托行为根据合同约定履行义务，其完成受托的义务时，即促成了商品买卖双方交易流程的完成。

2) 运输法律关系

运输法律关系是物流企业内部最基本的流通方式对应的法律关系，"物流"这一概念本身就包含多种方式的运输，如陆路运输、航空运输、铁路运输、集装箱运输等都是重要的物流运输方式。此外，随着市场交易主体的增多，国际间贸易发展迅猛，多式联运也是近年来主要应用的运输方式，实力雄厚的物流企业可对多式联运的全程承担运输义务，并依据合同行使承运人权利。

3) 仓储法律关系

由于物流企业所承运的货物送达的目的地各不相同，需海运、空运、陆运等多种流通方式交替进行，在更换交通运输工具时需对货物进行转运及装卸，此时必然会产生货物的保管问题。仓储合同本身即为保管合同的一种，合同的相对方通常是物流企业与保管人，在中转期间，为了保证货物不受自然及人为原因损害，物流企业会根据与业主合同的具体要求，选择具备相关资质及技术条件的仓储企业对货物进行短期保管，对时令产品等需要特殊保存条件的货物采取专业技术处理，以弥补自己的条件限制。对于仓储保管费问题由双方主体自行协商，在进行仓储时应详细注明所保管商品的名称、型号、质量、产地、目的地、保管期限、保存方法，特殊物品应进行详细标注，以明确各方的权利和义务，在产生纠纷时有据可依。

4) 租赁法律关系

物流领域涉及租赁法律关系并不难理解，近年来飞速发展的电商交易模式，使快递业务量以超常规方式增长，海淘大军、海外代购业务的扩大，使得国际间物流业务量加大。即使物流企业自身拥有一定的运输工具，仍难以满足呈井喷式增长的物流业需求，对于航空器、船舶等高造价交通运输工具，常规物流企业不可能全部拥有，在考虑企业运营成本的前提下，物流公司会租赁一定数量的特种运输工具来满足市场需求，从而产生租赁法律关系。

5) 居间法律关系

居间关系源于古希腊时期的古老交易活动，在物流行业日益壮大的21世纪重新焕发出生命力，物流配送站、物流信息网等都是居间业务的具体经营方式，海量的信息资源充分保障了企业需求顺利实现。商品销售企业在选择物流公司时往往会因其对物流企业的不了解而举棋不定，而物流企业对于市场需求也往往不能及时掌握行情。此时居间方利用自身优势,将企业信息与市场需求紧密结合,架起信息沟通的桥梁,提供订立合同的机会,各方根据自己的要求,对合作的资质、信誉、技术水平等进行综合考虑。当前市场中,相当数量的物流企业并非用自己的设备支持货品流通,而是选择订立运输、租赁或仓储合同,与货主形成居间的合同关系。

8.1.2 我国物流法律制度现状及存在的问题

随着国民经济的快速发展,社会物流需求显著增长,推动了物流产业持续、稳定、快速发展。而市场经济的重要体现是有完善的法律体系,这样才能为国家的宏观管理提供依据,为企业的微观活动提供准则。物流法律法规的不配套,已经成为我国物流业发展比较混乱的原因之一。

1. 我国物流法律制度现状

目前,我国还没有统一的物流法,其主要原因是我国的经济水平总体还比较落后,物流业在近十几年才得到发展,无论在实践中还是在学术界都还没有对物流法律制度形成统一的认识,尚处在学习研究阶段。现行调整的法律法规涉及运输、仓储、包装、配送、搬运、流通加工和信息等相关的各个方面,主要是参考其他法律、行政法规、部门规章中与物流内容相关的规定,或者借鉴物流国际通行惯例、公约等。

目前我国现行的法律制度中,涉及物流企业资质主体、组织形式、机构设置的法律依据有《中华人民共和国公司法》《中外合资经营企业法》中对有关法律主体的规定;关于劳动方面争议事项主要参照《中华人民共和国劳动合同法》《工伤保险条例》等法律规定;涉及物流企业从事运输、搬运、仓储、配送等工作流程中所依据的法律法规有立法机关制定的《中华人民共和国合同法》(特别是第二百一十二条至二百三十六条关于租赁合同的规定、第二百八十条至三百十一条关于运输合同的规定)、《中华人民共和国海商法》(特别是关于对多式联运部分的具体内容和涉及集装箱国际货物运输的专门规定)、《中华人民共和国铁路法》和《中华人民共和国公路法》等法律规定。

关于物流技术的技术规范,包括广泛用于所有物流环节的一般性法律规定,主要有《中华人民共和国民法通则》《中华人民共和国合同法》。此外,在具体的物流环节还存在大量的各自单独立法的单行法律法规。运输环节的法律规范包括《中华人民共和国公路法》《中华人民共和国公路管理条例》《汽车货物运输规则》《中华人民共和国民用航空法》《中华人民共和国铁路法》《铁路合同管理办法》《铁路货物运输管理规则》《中华人民共和国海商法》和《国际集装箱多式联运管理规则》等。

关于搬运配送环节的法律规范,主要为国务院各主管部门制定的规章,如《铁路装卸作业安全技术管理规则》《铁路装卸作业组织管理规则》《集装箱汽车运输规则》《国内水路集装箱货物运输规则》和《港口货物作业规则》等。

关于包装环节的法律规范,主要体现为对包装标准的规定,除国家标准外,还有国务院及有关主管部门制定的规范性文件,如中国包装国家标准中规定的国务院的《危险化学品安全管理条例》等。

关于仓储和流通加工环节的法律法规主要体现在《中华人民共和国合同法》第二十章"仓储合同"、第十九章"保管合同"、第十三章"租赁合同"以及第十五章"承揽合同"中。

关于行业规范,如《集装箱名词术语》(GB/T 1992—1985)、《包装术语 基础》(GB/T 41221—1996)、集装箱运输术语(GB/T 17271—1998)和《物流术语》(GB/T 18354—2001)。

2. 我国物流法律制度存在的问题

物流概念引入我国之后,物流相关法律制度方被法学界所重视,经过多年的经验总结,我国物流立法较之从前有了长足的进步,但仍存在诸多不足,主要表现在物流法的立法过程及实施过程两大方面。

1) 物流法律制度立法中存在的问题

(1) 相关物流法律规范的效力层次低下。与由国家立法机关的制定的其他法律不同,物流法律法规多散见于各部委制定的规章条例、地方政府暂行办法、实施细则等,立法主体所处的位阶不高,导致制定的物流法效力落后于其他部门法,纠纷出现时难以找到效力高的法律规定进行参考,经常出现让位于有关联规定的《中华人民共和国合同法》《中华人民共和国侵权责任法》等法律的情形,适用起来难免与实际需求存在冲突之处。

(2) 物流法律规范缺乏系统性和专门性,与物流活动系统化要求不相适应。物流法的重要评价依据为是否适应物流行业发展的需求,及具备及时发现立法中存在的薄弱环节并加以改良的能力。由于物流行业的专业性强,法律不仅要规定物流行为与其他法律行为通用的内容,同时要建立独立的法律体系及评价标准,实现系统化立法、专业化立法。国家大部委格局调整之时,在物流立法宏观政策层面上未完全顺应系统化需求,协调各部门之间的利益,建立统一的运营模式,破除重复管理、简化流程提高效率,努力实现一种认证、一个门户和一站式服务模式。同时,供应、生产、销售、回收环节使用的生产率、费用率、完成率等专业术语使用率低,未能引入物流行业统一使用的技术标准,各单行物流法律规范之间对此各有规定,对于称量标准、货品分类、容器选择等的标准规定不统一,间接影响了物流法的系统性及专业性。

(3) 立法中存在滞后环节,未与国际先进物流法律制度接轨。现有的物流法律规范没有用发展的思维进行空间拓展,仅以现阶段常见的人、车、物统一调配的思维作为立法基础,无疑将严重影响物流立法的前瞻性、延续性。近年来物流业务交易量迅速增大,不仅应考虑国内市场需求,也应考虑到巨大的海外市场发展需要。中国的物流行业要融入海外物流业的巨大市场,必然要放下自身的条条框框,适应国际物流的交易规则,以最佳的方式降低费用和风险,保证将货物由一国的供方运输至另一国的需方。目前我国沿用的运输规则与国际通用的 WTO 基本原则、GATS 规定尚有冲突之处,作为物流立法相对滞后的中国物流业,理应更多借鉴国外先进物流立法经验对现有法律制度进行调整。

(4) 相关的物流法律规范存在立法空白。物流法律较少涉及货物损失认定原则及损失赔偿的比例确定问题。产生货损时,赔偿数额一般以双方约定即运单赔偿标准确定,一旦发生货物丢失的情况,物流公司往往会主张依据快运单背面的条款内容进行赔偿,运单条款中对于有保价的货物按寄件人投保额度进行赔偿,无保价的货物则按运费的 5~7 倍不等的数额进行赔偿。但交寄方对运单背面包括赔偿标准在内的诸多内容往往未加理会,损害发生时交寄人对于赔偿标准虽有单独诉求,但现实情况不利交寄一方的损失得到合理赔偿。在网络交易业务激增的市场环境下,相当数量的交易甚至没有形成纸质合同,而是通过电子数据订立网上合同，货款的支付也是通过电子银行进行，一旦纠纷产生，电子证据是否能被法院采信也存在较大争议。

此外，现有物流法对各方主体赔偿比例确定未给予定论。虽然有些货主出于减少保费额等原因，对于货品名称填写不实，只是得到了数倍于运费的赔偿并不合理，为达到诚实信用、公平合理的处理结果，物流公司应对填写内容与货品真实状态进行认真核对，监督客户对货品相关信息进行如实填写，以保障在发生损毁或灭失时合理损失得到赔偿，而不是盲目推卸责任，这一原则应成为物流公司的常态制度，而不是仅仅依靠某一个或几个物流业务人员的谨慎注意义务来实现。

(5) 法律责任主体不明确。物流行业涉及的复杂多变的各种法律关系相互交织，在出现纠纷时确定责任主体也并非易事，目前物流界关于责任主体的学说主要有五个方面。

① 交货方责任主体说。这一责任主体划分的基础依据为委托合同关系，基于交货方将其应承担的运输业务活动交由受托即物流公司承担的理论基础，认定由此产生的物流活动中收货、运输、保管、仓储、派送等过程都是基于最初的委托合同而产生的，不论其表面上采取什么形式，都不能从根本上改变物流业务的本质。因此，对于在途货物可能面临的风险，根据委托合同的性质应由委托方即交货方作为责任主体。当然，这种情况是在物流公司不存在过错的情况下方可成立，若物流公司存在过错，而交货方又支付了费用，则有权向物流主体主张赔偿损失。

② 物流企业责任主体说。这一论点主要是基于时下我国物流行业的现状，多数物流企业仍是沿用传统的经营模式，收取一定费用的方式来接受货主的送货委托，将货物送到指定地点，较少涉及现代化智能运输体系的运用，全程电子监控管理、RFID 技术未普及运用，物流合同从本质上还是运输合同的衍生版本，与其他领域交集不多。比如在时下激增的电子商务买卖业务中，交易双方都是通过网络来操作，双方主体无须面对面洽谈，由此物流配送就成为这一模式交易活动的重要促成环节，物流企业则成为连接销售主体与买受主体之间唯一的纽带。在货物发生损毁灭失时，物流公司作为承运人理应承担赔偿责任，按双方约定的额度进行赔偿，如无约定则按市场价值进行赔偿，这是目前较为普遍的责任主体认定方式。

③ 物流合同之外第三方物流责任主体说。这一主体的界定方式主要是针对物流过程中存在的部分业务外包情形设定，虽然大部分物流企业仍沿用传统的流通模式，但有小部分物流公司借鉴国内外先进的物流公司经营理念及运作方式，将物流企业部分业务进行外包，从旧的生产模式中脱身出来。在这一过程中，物流企业必须与交货主体以外的第三方订立相关的技术合同、服务合同等，由此第三方则成为物流法律关系一方主体，对于流通过程，交货方不参与其中，因此并不知情，若出现纠纷，第三方物流主体应以与物流企业之间的合同为依据承担相应责任。

④ 侵权责任主体说。在物流过程中，除交货方与物流公司外，还涉及物流合同以外众多的不特定主体。如因合同之外其他主体的侵权行为导致货物损失发生，则会产生侵权法律责任，有时超出民事责任的范畴会涉及刑事责任。此时，货主一方拥有选择权，既可以物流合同为依据要求物流公司承担违约责任，也可以根据过错的情形，以存在因果关系为前提主张权利，损害发生是侵害行为自然、正常、可能必然之结果作为依据，将行为人责任限于可预见范围内，要求侵权主体承担赔偿责任。

物流安全

⑤ 保险责任主体说。货物长期处于某一方的控制范围之内，因发生意外事件导致赔偿责任产生的风险必然最大，这无疑是物流公司最棘手的问题，而交货一方又会因货物不在其管理范围之中为理由对物流公司加以苛求，不可抗力及意外事件致损的因素在现实中也大量存在，不少物流企业对此苦不堪言。大规模的物流公司为了规避风险会对承运的货物投保，以分担风险，减轻责任。意外发生时，物流公司第一时间即可从保险人处取得赔偿款减少损失。尽管存在保险公司签订合同时设定过多的免责条款，并且险种单一、赔偿数额限制过多、流通中保险环节的确定等问题都未有合理解决途径，但总体来看，保险主体承担赔偿责任还是为物流公司减轻了大部分的风险。

2) 物流法律制度实施中存在的问题

(1) 现存法律中没有一部系统、全面的物流法。现阶段关于物流法律的基本情况是整体的物流活动被分拆为多个单独的法律行为，但分解之后的物流行为却只能依据各自的规定加以调整，没有一部专业的物流法进行系统规范。而构建我国真正意义上的与物流专业相关的法律体系，并不能仅仅从现有的法律体系中截取部分通用规定加以适用，理应根据物流行业特点，制定符合物流行业专业性、流通性特点的法律，对物流法律的立法目的、立法原则、归责原则等内容进行详细规定，真正做到有法可依。

(2) 现有法律对归责原则认定不统一，造成法律适用过程存在盲区。归责原则(Criterion of Liability)是纠纷产生时划分责任的标准，是认定各物流主体承担责任的法律依据。归责过程体现了立法者的价值取向，据此可认定何种情况下由哪方主体承担多大的责任比例，科学的归责过程以及归责结论都应符合现代法学基本理论。由于目前物流活动涉及的法律关系较多，归责原则未能在广泛范围内达成一致意见，争议焦点主要集中在不同合同确定的物流特种服务领域中，主要有以下几种。

① 违约责任原则。根据《中华人民共和国合同法》第六十条、第一百零七条规定的违约责任原则，当某一物流主体不按合同履行义务时，按照双方约定或法律规定承担违约责任。这一原则为现在通行的违约归责原则，普遍适用于物流活动涉及的委托合同、保管、仓储合同等。例如，有偿委托合同中，受托方存在过错造成委托方遭受损失的，应当向委托人赔偿损失；在仓储合同中，如因保管方未能采取适当的保管措施致使发生货物毁坏或者灭失，应向存货人承担赔偿责任。

② 过错责任原则。举例来说，交通部制定的《中华人民共和国交通部汽车货物运输规则》中对承运人的责任明确规定，托运人对未履行严格合同义务及存在未提供符合货物自身特点的装配、卸货条件情况的，或者存在提供的收货人不配合收货等情况的，除非托运人不可控制因素导致外，托运人应承担责任。与此情形相同的还有《中华人民共和国民用航空法》《铁路货物运输合同实施细则》等有关规定。

③ 严格责任原则。《国内水路货物运输规则》对归责原则的规定即为严格责任，要求承运人对运输合同全部履行过程中产生的包括商品自然属性、包装与约定不吻合等各种情况导致的货损负责，不论非承运人对此是否知情，只要出现晚于合同约定时间抵达目的地、货物有损失或损坏的情况即承担严格责任。这一归责原则旨在理顺和规范市场经济的发展，维护物流交货主体的合法利益，同时实现对物流企业民事行为的监督与调控。

④ 复合归责原则。这一归责原则是基于对物流行为的复杂多样性特点分析确定，如多式联运合同中，不同承运主体采取不同运输方式，签订的合同涉及的运输方式及违约责

任各不相同,在可以确定毁损事故发生的归属区域,应根据该区间适用的法律规定确定归责原则。一旦货损基于不同事由产生,关联主体可能包含承运人、保管者、配送者和托运方等多环节,在此情况下,单独适用某一合同的归责原则进行最终责任认定是不合理的,应在分别确定其责任归属后进行平衡分析,最终确认责任比例。某些特殊情况下,虽然一方主体违反合同义务,但按各方约定或者法律规定可免除其违约责任,即产生免责事由时应另行考虑。复合归责原则对于约束各物流参与主体,督促其遵守法律规定及严格履行合同约定义务方面起到一定作用。在非货物自身原因导致损失时,在划分责任比例前提下,实现对货主先行赔偿,也有利于物流参与者内部行使追偿权利。

(3) 物流纠纷赔偿标准没有详细规定。运输过程中货品发生丢失或损坏是物流业务中经常发生的情况,对于丢失物品的赔偿问题应有合理性。通过现实诸多案例的总结,主要弊端是运单书写内容不规范,导致记载的货物价值与现实发生的损失额度不符。以国内几家大型快递公司为例,一般情况下收件时寄货人会按快递公司提供的格式快运单填写寄、送货人姓名、地点、性质、重量、件数等信息,有利于货物领取人对货物状况的检查。物流企业在运单的显著位置通常会用足以引起寄货人注意的字体要求特别标注货物价值,如货值高于2万~3万元则会要求托寄人选择分开邮寄或进行投保,以减少快递公司的风险。现实情况中,由于丢货的概率毕竟只是少数,寄货人有时为了减少运输费用虚报或瞒报货物的真实价值。而物流公司更加不会关注其所承运货物的真实价值以及如发生丢失将会给寄、收方带来的实际经济损失,更注重的是收取运费的高低,对寄货单中记载的各项文字尤其是货物价格标注少有留意,导致争议产生时双方对此各执一词。

(4) 保障物流企业走向国际市场的法律配套机制不到位。物流行业无法回避的另一个重要现实是我国已加入世界贸易组织(WTO),市场经济发展促使国内物流业与国际市场接轨,不应仅通过对中小物流企业进行资源整合提高核心竞争力,还应使法律配套机制跟上世界物流法制发展的趋势。物流法对先进的大型的物流企业所需的更新、更快、更好的物流模式及纠纷解决方案没有涉及,有关现代化的物流园区和企业服务内容的法律规定也存在空白。伴随以网络购物为代表的城市区间物流配送业务不断发展,物流行业的覆盖面越来越广,高附加值的业务也成为物流企业竞争的主要热点,物流法在这一方面也应有详尽规定。不论是物流行业合理化运营程度的提高,还是相关的法律配套的完善,都可为物流行业早日融入世界经济大框架提供有力的支持。

信息技术的支持是物流行业稳步发展的基石,目前传统物流行业发展前景不佳,缺乏拓展空间。物流信息交换标准主要包括物流数据元标准、物流业务流程信息规范以及物流单证标准,当前应用信息交换标准主要基于UN/EDIFACT的电子数据交换标准和基于XML的物流信息交换标准。我们所期待的信息化物流时代已经到来,物流系统不仅需要运输、存储等基础设施及工具的投入支持,市场需求、商品流通信息等电子资源需求量更是日益凸显其重要性。由于信息内容专业性强,物流法律中对这一领域未进行深入分析,对前期的信息提供、咨询机构、合理化建议环节,中期的信息技术支持、监督机制、流程管理业务,以及后期的业务结算、责任划分、纠纷解决机制问题,都没有对应的法律规定内容与之配套。从某种意义上讲,如果没有先进的电子信息系统为物流法提供技术支撑,物流法就不能称之为一部完善、成熟的法律。

(5) 缺乏专业法律服务平台支持。我国多数的物流企业未设有专业的物流法律顾问,

物流安全

个别企业仅是聘请少数从事法律服务的律师进行咨询,但由于物流行为的特殊性,与其他常规意义上的生产活动存在明显不同之处,专业知识不容易掌握,熟知物流行业运营规则、生产流通程序的法律从业人员是物流企业的核心,其专业化水平直接影响着物流企业的发展。在物流企业的宏观发展前景、项目运营规划、运输系统流程、风险防范机制方面发挥着重大作用,可为企业降低各种各样的风险。未能及时提高对从事专业物流法律服务人员的认可度,是物流法制化进程中的不利条件之一。

3. 我国物流法律制度发展的制约因素

1) 历史因素

一个国家某一领域的法制发展程度,是整个社会乃至一个国家长期以来对该领域关注及重视程度的有力折射,法律传统、政治环境因素等对与之相关的立法起着举足轻重的作用。纵观我国近代史的整个法治进程,在20世纪六七十年代曾遭到严重破坏,司法环境恶化,整个法律体制陷入倒退,改革开放后方才有新的起色,对于近年来新兴的物流业而言,在我国本土范围内更是缺失发展的脉络。

2) 技术因素

飞速发展的配送指令、同城消费品当日送达等高标准要求物流服务水平不断提高,基于云技术的城市物流配送 EaaS(Everything as a Service)服务支撑平台需要强大物流系统的技术支撑。信息技术支持不到位,这也是制约物流法律关系发展的最大障碍之一,没有功能强大的物流数据库管理系统对数据库系统的所有定义、运行方式最终通过 DBMS(DataBase Management System)数据库管理系统加以实现,保障数据共享、访问、数据独立等功能实现,物流法律关系所包含的法律技术手段发展必然相对滞后。

3) 行业主体因素

物流主体自身对法律意识的重视程度很大意义上决定着物流法治进程速度。一个有着独立利益诉求的社会集团积极参与到与之息息相关的法律立法活动中,才能针对自己的切身需要提出合理诉求,并对现行立法问题及时给予反馈意见,而不是仅仅依赖于决策者对于法律理论的观点。反观我国物流立法,极少有物流企业愿意将时间花费在与此相关的法律事务上,更多地注重经济利益,"自主诉求式"法律意识不高,这也是导致我国物流立法发展缓慢的客观情况。

4) 物流业自身特点因素

对物品流通的不同环节依赖性强是物流整个行业的重要特点,由于流通过程可拆分,拆分后各自独立,既可以单独成立法律关系,又可以进行统一整合,这种既松散又紧密的关系使得物流相关法律在制定进程中受到一定的技术性限制。在涉及物流相关法律的配置问题上,国家政策支持程度起着关键作用,物流法律制定及发展情况应与政策制定时的目的、性质、作用等因素相符合,考虑整体与局部的不同特点及需求,从而使法制的运作与经济现状相适应,避免产生盲目性。

8.2 我国现代物流法律体系的构建及完善

随着我国物流业的快速发展,物流法律法规的滞后与不完善凸显出来,成为我国物流业发展比较混乱的根本原因之一。而在市场经济条件下,法律是国家管理经济活动必不可少的手段。因此,通过法律手段来理顺物流过程中的各种经济关系就成了当务之急。物流基础设施建设的迅速推进,必须有相应的法律法规与之相适应,必须要建立一个以市场公平竞争为基础的物流法律制度,按法律规定的程序和原则,对物流业的发展给予保障并加以规范和监督。

8.2.1 我国现代物流法律体系的构建

2005年我国商务部发布了《关于加强流通法律工作的若干意见》,强调今后一个时期内市场流通法律工作的总体思路是以党的十六大精神和科学发展观为指导,从建立和完善我国统一、开放、竞争、有序的现代市场体系出发,适应依法行政和实现对全社会流通统一管理的要求,大力推进市场流通立法工作。鉴于我国诸多物流问题都已在市场经济基本法律体系中做出了必要规范,重复立法很可能造成立法资源浪费和法规重复交叉,所以构建我国物流法律法规体系并不是要从基本法律体系中圈出独立的"物流法"部门分支,而是要为持续性的立法和司法解释提供一个框架体系,理顺不同单行法间的层次结构与逻辑脉络,确立现代市场经济下物流运行应共同遵循的基本原则,从而避免跨部门的物流法律法规体系内部出现重复和矛盾,避免物流产业内部自律以及地方、中央物流管理过程中产生分歧和冲突。

1. 构建我国现代物流法律体系的原则

为了保障和促进我国现代物流的健康和自由发展,逐步建立与国际接轨的现代物流法律体系,在构建我国物流法律体系时应遵循以下原则。

(1) 遵循世界现代物流业发展的进程和规律,促进国民经济发展的原则。我国物流业起步比较晚,不管是物流业的发展还是物流方面的法律法规建设都还是比较落后的。而国外物流业经过了近半个世纪的发展,已经积累了很多成功的经验,摸索出了适合物流发展的规律。我国随着国内政策环境的改善,企业改革日益深化,为物流业的发展奠定了宏观环境和微观基础,我们应该遵循国外探索出的物流发展的基本规律,促进物流业的发展,促进我国国民经济的发展。

(2) 合理覆盖原则。即物流法律法规体系应当覆盖现代物流发展中需要用法规调整的各种社会关系,使现代物流管理的各项关系都能够有法可依。物流活动涉及众多的领域和部门,也涉及很复杂的社会关系,现代物流法律体系应该涉及现代物流发展中需要用物流法律法规调整的社会关系的方方面面,比如现代物流活动中所发生的第三方物流合同关系等。另外,合理覆盖还要求物流法律法规既全面又不能重复,要合理地使现代物流管理的各项社会关系都有法可依。

(3) 适应现代物流系统化的要求。现代物流管理的典型特征就是物流的系统化,即用系统、科学的思想和方法建立物流系统。物流立法也应该体现系统化思想和现代综合物流理念,注意物流法律体系的集约性、系统性及其综合调控能力。因此,只有从系统化的角度加强物流立法,才能充分发挥整个物流系统的高效率。所以,在构建和完善我国现代物流法律体系时要充分体现这一特点,不仅要制定和完善现代物流所涉及的运输、仓储、包装、流通加工、物流信息等物流环节的法律法规,更重要的是要注意各物流环节之间相关法律法规的相互协调,避免法律规范相互冲突,为我国现代物流的发展构筑系统化、协调统一的法律平台。

(4) 连贯性和前瞻性原则。一个法律体系的建立,首先必须要保持历史的继承性,要注意与既有的法律法规的协调与衔接,要注意适当保持法律的稳定性;同时,法律体系的建立也要有一定的前瞻性,要注意与国际惯例和国际公约等接轨,这样才会给法律体系的进一步完善留有余地,有利于法律的修正与完善。

(5) 立足本国国情和借鉴国外现代物流立法先进经验相结合的原则。完善物流立法,不能照搬发达国家的立法模式,而是要结合我国国情,根据我国物流发展的实际情况,按照国际惯例,借鉴主要发达国家先进的立法思想、立法技术和普遍适用的现代物流法律法规,分阶段、分步骤地完善我国物流法律体系。

2. 构建我国现代物流法律体系的步骤

构建我国现代物流法律体系是一个循序渐进的过程,应该对现有的物流法律法规进行整合,使其发挥应有的作用;然后针对目前物流立法的空白进行补充和完善,确立物流立法的重心;最后在借鉴国外物流发达国家经验的基础上,建立适应我国市场经济体制的物流法律法规体系。

1) 整合现有物流法律法规

现有的物流法律法规体系涵盖与物流相关的各种法律法规文件,它们是由不同层次、不同类别的和物流直接或间接相关的法律法规文件组成的统一整体,目前建立和完善现代物流法律体系的当务之急是要对各种物流法律法规开展系统的清理和整合,废除已有的无规范价值的法律法规,调整相互矛盾的法律法规。对于现有物流法律制度的清理和调整工作应制度化、科学化、常态化。在清理和整合法律法规的过程中,应该疏通各单行法律规范之间的承接和递进关系,形成一个层次分明、结构严谨的物流法律法规框架,以提高物流法律规范的层级效力和立法水平,增强其可操作性和透明度。在利用 WTO 规则、遵循相关国际惯例的基础上,针对不同法律法规的实际情况,通过修订、废止现有法律和适当补充立法的方法,清理、修正相关的法律法规,制定与 WTO 规则相协调的法律法规。

2) 确立目前物流立法的重心

(1) 确立市场经济条件下,现代物流运行应共同遵循的准则。为了避免跨部门物流法律法规体系内部出现重复和矛盾,应该确立物流运行共同遵循的原则,这样可以防止在物流产业内部以及中央、地方物流管理过程中产生分歧和冲突,有利于物流法律体系的协调和统一。

(2) 应加强电子商务物流立法。物流的发展与电子商务有着极其密切的联系,而我国物流体系的相对滞后影响了电子商务的发展,所以应该尽快制定出切实可行的电子商务物流法律规范,以促进物流和电子商务的联合,最终加快电子商务的发展。

(3) 应该加强地方物流立法。由于我国经济发展不平衡,物流发展在各个地区之间存在较大差异,所以各地区应该根据当地实际情况,制定出符合本地区的物流法规,以便加快各地区物流业的发展,并为全国性的宏观物流法律的制定提供经验和依据。

(4) 应该加强物流技术标准立法。根据目前我国物流标准化进程中存在的问题和国际物流标准化的发展方向,首先要加强物流术语、计量标准、技术标准、数据传输标准、物流作业和服务标准等基础标准的建设,即首先建立与国际标准中的基础标准、安全标准、卫生标准、环保标准和贸易标准相吻合的标准体系。而其他物流环节的技术标准,则可以逐步从国际物流基础标准中,依从相应的行业技术标准,把重点放在抓技术标准的制定与推行上,如对托盘、集装箱、各种物流搬运和装卸设施、条形码等通用性较强的物流设施和装备的标准进行全面梳理、修订和完善,并形成系统的标准法规体系。

3) 构建现代物流法律体系框架

构建我国现代物流法律体系框架,首先应该理顺我国现行物流法律法规的逻辑脉络。因为我国物流法律法规涉及众多的领域和部门,物流法律法规体系涵盖与物流有关的各种法律法规文件,有可能涉及民法部门中的部分内容,还有可能涉及经济法和商法部门中的某些法律规范。因此,物流法律法规体系应界定为由不同层次、不同类别的与物流直接或间接相关的法律法规文件组成的有机联系的统一整体,其中层次分明、门类齐全、结构严谨、联系紧密的不同单项法律法规既发挥着不同作用,又相互影响。

其次,构建现代物流法律体系框架,应该切合物流行业发展的特点,提高物流法律法规体系的集约性、系统性,增强其综合调控能力。随着现代物流的发展,物流已从传统的运输、仓储等主要功能环节向物流系统化、综合化方向集成和发展,追求物流的综合治理和物流系统的整体经济效益。应用系统化思想和现代综合物流理念建立高度系统化的物流法律法规体系,促进我国物流以最佳的结构、最好的配合,充分发挥其系统功能和效率。

再次,构建现代物流法律体系,要在认真清理、修订由于时空差异造成适用范围有误、规制内容过时而影响物流产业发展的相关法律法规的基础上,在对现有物流法律法规调整的过程中,建立健全适应社会主义市场经济体制和现代物流产业发展的物流法律法规体系,为我国物流业的发展提供系统化的物流法律平台,保证我国物流业在不断完善的法律环境中健康发展。

针对目前我国市场流通领域立法滞后、不成体系和较多领域立法空白、立法混乱、无法可依的状况;2005 年 7 月,商务部在首次全国流通法律工作会议上提出了《建立健全我国流通法律体系框架》(以下简称《框架》)的初步方案。方案包括以市场流通基本法律制度为基础的市场主体法律制度、市场行为法律制度、市场秩序法律制度、市场监测、调控与管理法律制度、信用法律制度几大支柱。

根据《框架》,有关市场主体的法律制度涵盖了各种业态的经营主体和行业自律性组织,并对各类市场主体的资格取得、变更、消灭等程序作出规定;市场行为法对各种流通方式的要素和环节予以规范,包括特许经营、电子商务等新型流通方式,物流、商事代理等专业化服务,各种促销行为、分期付款销售之类的销售方法等内容;有关市场秩序的法律调整竞争秩序、知识产权保护、价格和商业信用信息等方面,反垄断法将是其重要内容;关于商业网点的规划、生活必需品的应急管理、酒类和成品油等特殊产品的管理、屠宰与餐饮等特殊行业的管理以及市场流通促进等和百姓生活息息相关的法律,则由市场调控与管理法律制度规范。

根据该文件的精神,借鉴国外物流法律体系建设经验,结合我国目前的经济体制特征以及物流发展的客观实际来看,我国现代物流法律体系框架应该包括以下几个方面。

(1) 物流主体法。即确立物流主体资格、明确物流主体权利义务和物流产业进入和退出规制的法律规范。

(2) 物流行为法。即调整物流主体从事物流活动行为的法律规范，它是各种物流交易行为惯例法律化的产物。

(3) 物流宏观调控法。即调整物流行政监管过程中所形成的社会关系的法律规范。

(4) 物流信用管理法。即调整物流信用管理方面关系的法律规范，通过法律的形式把物流信用加以法治化，使信用法律制度成为物流法律体系的重要组成部分。

8.2.2 国外物流法律制度考察

1. 美国物流法律制度考察

美国物流法律制度发展过程，有许多成熟的经验值得探究。20 世纪中期美国物流行业还处于发展空白阶段，相关物流立法活动停滞不前，并没有真正意义上独立的物流企业出现，多数由生产企业自行负责产品的运输管理，内部分工混乱，更加谈不上物流专门立法的存在。此时物流过程中发生的纠纷主要是参照《美国法典》中有关物流涉及的配送环节内容，此外，TITLE49(美国联邦法规汇编第 49 篇，主题为交通运输)法案对物流中涉及运输环节的法律适用也有相关的规定，尽管美国立法机构没有针对不同时期物流特点制定出专门适用于物流领域的法律法规，但就物流各相关活动中的法律问题，美国物流行业主要参照不同类型的其他法律进行调整，出台了各种法案，对管理物流行业来说，同样取得了良好的法律效果。

20 世纪 60 年代物流业早期萌芽阶段，这一时期形成的社会经济环境为早期现代物流的产生提供了良好的土壤条件，自 80 年代至今，物流业不仅在商品流通领域得到长足发展，在军事物资供应领域、快递业务运输等领域也占有重要地位，以航空运输、铁路运输方式为主的多式联运方式、集装箱运输等方式大量出现。此时物流法律更新速度加快，美国政府颁布了《关于设定公路运输主体的法律规定及草案》《关于费率的商议规定》《航空运输法案》等法律，为物流行业解决了实际问题，在注重经济效益的同时，美国物流立法注重对环境资源的保护，制定了《空气、水源保护法》《环境污染损失补偿条例》等规定。所以同一时期在世界范围内美国物流法律制度能够迅猛发展，可以归结的因素有很多，但其中最为重要的是在将近 100 多年的发展中，美国政府机构、美国物流企业行业协会及物流企业自身之间已经形成三位一体的运作模式，既相互影响又相互制约，从而直接或间接引导美国物流业立法的正确发展方向。其中 2005 年成立的美国物流管理协会(Council of logistics)在协调物流法调整内容中涉及的服务环节加以实施，促进了物流法律的传播效果。

新的物流方式即第三方物流在 20 世纪 90 年代已经出现，并成为物流行业的主导，利用第三方物流公司的专业管理经验，运用低运行成本的技术支撑，针对客户的具体要求提供准确的电子信息技术支持，保障货品流通过程的准确高效性，提供符合货物自身特点的仓储保管方式，整合市场资源(资源型企业即 Asset-Based 模式、非资源型企业即 Non-Asset-Based 模式)。此时，政府对于物流市场的管制完全放开，1995 年《州际商务委员会终结法案》在美国国会高票通过这一标志性事件，是美国物流运输业长期受管制彻底终结的里程碑。

同时，美国政府也运用行政手段对物流立法加以干预，着重对于物流活动中涉及的运输方式、运输环节加以规范，废除旧有落后规定，加大改革力度，适应美国经济向世界范围内扩张的需求，同时逐步减少行政管理限制，放宽了物流行业的市场准入限制，加大法律保障力度，从而极大地促进物流行业的发展。

2. 英国物流法律制度考察

长期以来，英国的物流业在欧洲市场占有一席之地，虽然未能占据世界物流业市场第一的份额，但英国物流业及其法律制度有其自身独到的特点，为研究物流法相关理论提供了诸多翔实资料。

20世纪60年代之前，英国政府对物流行业也是持较严格的限制政策，为数不多的物流企业从事小规模经营，使用的交通工具是小型简便车辆，没有大型装备的投入。此后，由于受到其他物流行业发达国家的影响，现代物流的意义逐步渗透到社会生活之中，政府渐渐放开政策约束，调整经济发展重心。这一时期，虽然没有专门的英国的物流法律进行规范，但自13世纪的《自由大宪章》开始，至《欧洲共同体法》形成期间600多年的时间内，英国的宪法及大量的法律规定中都体现自由、平等、民主的基本精神，同样深刻地影响着英国物流行业的发展，从早期的过分重视物流内部分工限制条框，转为将法律服务扩展到规范管理的领域中来，其中最为著名的是经上下议院一致通过的《英国1992年海上货物运输法》，取代了一直以来沿用的《提单法》，将法律规定和物流管理、物流供应链逐步挂接，重视物流立法的自由意志及管理的规范性和合理性。就物流法律适用的若干问题，英国法律委员会曾通过《海牙规则》的适用研究就海上货物运输的法律问题进行解释，相关判例包括"Midland Silicones 案"及"Adler 诉 Dickson 案件"等。

近几十年来英国物流业向现代化、专业化程度大幅跨越，实现由生产销售企业、批发零售企业、原材料供应企业主导市场形势的变革创新，自主运输的方式被拥有车辆租赁、政府专项补贴、提供专业仓储保管设施场所优势的物流企业所取代，销售企业减少了成本的投入，降低了流通本成，但提高了企业利润，物流也向绿色物流、科技物流的方向不断进步。这一时期，英国法律加强对物流运输中车辆超载的治理度，通过了《欧盟运输统一运输车辆负荷及重量限制》，对运输车辆的长度、法定最大密度等内容进行详细规定。2009年1月，英国制定了《行业协会货物条款》，引入了保险制度的新理念，对因货物包装原因产生的货损内容进行详细规定。此外，英国利兹大学、卡迪夫大学等众多知名大学开设与物流法律相关的专业课程，英国国内相关的物流法律高等教育处于行业发展前沿，被国际物流学术界所认可，代表着全球物流法律发展的先进标准。而近几十年来英国的物流立法发展迅速，有关提高物流流通效率、降低物流企业流通成本、规划物流布局、发展环保物流方面都着重予以考虑，物流纳入到大循环经济背景之下，借助法律手段对物流行业的不规范行为加以调整，使之与其他社会产业相互配合，共同发展。

3. 日本物流法律制度考察

日本是世界上经济最为发达的国家之一，其经济的发展在很大程度上得益于符合本国基本国情的立法，系统而科学的立法将日本经济纳入了法治化的轨道，规范了企业之间的竞争行为，也使得日本企业在国际上树立了良好的形象，更加符合西方国家的价值理念。日本法在历史上受到了以德国为代表的大陆法系国家的深刻影响，在第二次世界大战结束后，由于政治等多方面的因素，日本法开始向英美法系国家的立法标准靠近，开创了具有日本特色的法律体系。日本在进行立法之前,首先会明确本次立法的基本精神、基本原则和基本目标,在物流法领域,其基本立法精神集中体现在法律要严格约束政府行政权力对企业经营行为的控制,最大限度地赋予企业自主经营的权利,防止因公权力滥用而对市场竞争机制造成损害。目前对日本物流业影响较大的法律规范主要有《中小企业流通业务促进法》《仓库管理法》《铁路运输法》等。日本政府对本国的物流企业进行严格的法治化管理,几乎所有的物流环节都有法律法规的规范和调整,使相关的从业人员有着明确的法律指引,进而更好地调整和约束自己的行为,最大限度地减少法律纠纷的发生,即使发生了物流方面的纠纷,也能够在较短的时间内依照法律程序迅速解决,避免产生更多的市场资源浪费。

为了使日本物流业在新形势下获得更好的发展,日本有关立法机构专门制定了具有时代特色的《新综合物流施政大纲》,该法律文件具有指导性和抽象性,只是为其他立法机构进行物流立法提供必要的立法精神的指导,更加具体的法律规范则需要各地各部门在社会调研的基础上进行细化。从近年来日本物流业的发展状况来看,《新综合物流施政大纲》发挥了至关重要的作用,特别是对于网络销售等电子商务产业的发展,更是起到了极大的推动作用,进一步提高了日本物流业的网络化和信息化水平,实现了日本物流业从传统到现代的战略性转型。同时,《新综合物流施政大纲》使得日本各地的立法工作更加具有可行性和针对性,让各地的物流法律法规形成一个有机统一的整体,成功建立了高效便捷的物流系统,为日本物流业在国际的发展提供了战略性机遇。

4. 美国、英国、日本物流法律制度对我国物流立法的启示

通过对美国、英国、日本三个国家的物流法律深入系统的研究,为我国物流立法提供了重要的启示。

(1) 借助国家立法行为对物流产业进行调整,保障物流业稳步、有序发展。市场经济在我国已经获得了长足发展,但竞争交易秩序混乱、市场规则不统一等情况仍然存在,单靠政府部门行政手段及物流主体自身行为不能完全杜绝不符合市场经济规律的乱象出现;因此,通过国家物流立法来规范物流交易行为,使之上升到法律层面,借助司法强制力进行干预,对于物流产业而言是最有力的保障。

(2) 美、英两国的物流立法都是植根于两国物流产业发展大环境下产生的,符合该国国情。美、英两国物流立法适应不同时期的行业发展目的,成为物流行业的保护者,同时两国立法机构适应经济发展的模式,及时对旧有法律法规进行清理,补充先进合理的法律规定,杜绝了法律适用的滞后性。这一点对于我国物流立法具有重要的借鉴意义,与美、英两国相比,我国的国情更加复杂,物流产业化发展严重失衡,要实现为物流行业排除发展羁绊,提供全方位法律保障,需要更长的时间及更大的决心。

(3) 物流立法既要从宏观处着眼,也需要从细微处入手,切实解决实际问题。美、英两国不同时期的物流法律制度不仅解决竞争规则、调控手段、运营环境等宏观领域问题,也重视解决降低物流成本、规范物流操作规程、消除不同部门对物流交差限制等方面的细节,为物流企业解决实际困难。因此,我国的物流立法也不应只停留在构建"高层建筑"的认识上,应对物流行业的发展规律、发展现状、发展前景进行深入细致的探究,制定真正符合物流业需要的法律。

8.2.3 完善我国现代物流法律体系的具体建议

1. 物流主体法研究

物流主体法是指确立物流主体资格、明确物流主体权利义务和物流企业进入与退出规制的法律规范。根据《框架》，市场主体的法律制度涵盖了各种业态的经营主体和行业自律性组织，所以在此对物流主体法的研究包括两部分，即对现代物流企业法律法规的研究以及对物流行业协会组织法的研究。

1) 现代物流企业法律法规研究

现代物流主体法主要包括现有的《中华人民共和国公司法》《中华人民共和国合伙企业法》《中华人民共和国中外合资经营企业法》《中华人民共和国中外合作经营企业法》《中华人民共和国外商投资企业法》和《中华人民共和国个人投资企业法》(相关的最新法律是《中华人民共和国外商投资法》)等基本的企业法律制度和物流行业准入法律制度等。现代物流法律制度中的物流主体主要是指现代物流企业，即指从事原材料、半成品从生产地到消费地之间的运输、储存、装卸、包装、流通加工、配送、信息处理等全部服务的物流企业。我国现有法律对物流企业在市场准入方面设定了一些限制，不利于我国物流业的发展，应该在保证实施国家物流业发展方针、政策、规划的前提下，积极通过对现有法律法规进行清理、调整，废除与现代物流业发展不相适应的政策、法规，建立新的与物流业发展相配套的政策法规体系，以便在行业市场准入、行业经济秩序、行业管理方式等方面，体现对现代物流业发展的推进和行业管理与市场监督。

(1) 适当放宽物流业的市场准入管制。现代物流市场应该是自由、开放、公平竞争的市场，日本政府在制定物流相关的政策法规时，就是通过逐渐放松管制来激活物流市场，形成良好运转、公平竞争的环境。我们应该在保持物流业发展安全、规范的前提下，适当放宽对我国物流业的市场准入管制，取消不必要的、对行业的技术进步、企业的规模化和网络化经营具有阻碍作用的行业审批项目，对有行业保护和地方保护特色的审批规定进行清理。对物流企业规模化、市场化发展提供市场准入政策倾斜，提高我国物流企业的竞争力，全面推进我国物流企业向物流服务社会化、专业化方向发展。

(2) 根据现代物流的特点，改革物流企业设立的管理模式。良好的准入制度是物流主体法的立法重点，也是物流业健康发展的必然要求。市场准入设置合理，可以真正引入或培育有实力的物流企业成长，也可以限制一些不具备物流条件的企业从事不正当竞争。综观世界各国立法对运输企业设立的管理模式，主要有登记制和审批制两种。登记制着重考虑企业自身的要求，只要符合法律法规明确的实质、程序性要件，就允许设立。而审批制则更多地考虑政府对企业的宏观管理。在我国，运输企业的设立除了要遵守《中华人民共和国公司法》《中华人民共和国合伙企业法》等法律规范中规定的设立条件和程序以外，还必须取得各级政府部门颁发的经营许可证，显然我国运输企业的设立侧重的是审批制，主管部门的行政自由裁量权较大。而大多数国家的政府在对运输企业的管理中一般仅限于制定政策法规，实行必要的宏观调控。例如，在交通运输物流的各种法律中，日本制定的《货物汽车运输事业法》将原来汽车营运需要政府批准的方式改为许可制，只要具备物质条件的都可以经营汽车运输。从 21 世纪国际运输业发展的趋势看，登记制度将成为国际运

物流安全

输公司管理的最佳模式，政府对企业的干预也将越来越少。所以，改革政府管理体制，转变政府职能，适应现代物流业发展要求，改变对运输企业设立的审批制，是十分必要的。

2) 物流行业协会组织法研究

物流行业协会应是一种能促进物流企业发展，并能促使物流业总体发展水平提升的民间组织，或者也可以将之称为物流业的第三部门。成熟的物流行业协会能够加强物流业发展中的行业协调和行业自律，有效分担部分政府管理职能，缓解政府过多的公共管理压力和在某种程度上弥补政府对企业、行业和市场等的管理失灵。对于正在建立和健全市场经济制度的中国而言，适度减少政府对企业包括物流企业、减少政府对市场包括物流市场的直接管制和行政命令，组建物流行业协会这样的介于政府和企业之间的第三部门就显得更为重要和必要。物流行业协会作为民间性的物流行业组织，具有民间组织固有的协调和沟通优势，它除了具有学术研究功能外，还可以代替政府在其授权下行使许多公共管理职能。但是，目前我国包括物流行业协会在内的民间组织很不发达。借鉴国外经验，结合我国实际，应该尽快培育中国的物流行业协会，在加强我国民间组织法制建设的同时，将物流行业协会的设立、功能、作用、职权以及与政府机关、与物流企业、与消费者的关系等诸多方面都用法制进行确认和调节，尽量使其对物流业的管理与国际惯例接轨，并真正起到促进我国物流业繁荣的作用。

首先，物流行业协会不同于其他的一些专业性协会，如交通协会、铁道协会、民航协会、海关协会、货代协会等，物流行业协会是一个综合性的组织，它是由物流企业和相关企事业单位组成的社会团体法人。在培育物流行业协会时，应该促进物流行业协会和商业、物资、运输、外贸等行业协会中的各物流专业委员会合作，鼓励他们之间进行联合，以尽快形成全国性的物流行业组织。

其次，应该明确物流行业协会的一些职能。可以赋予物流行业协会一些职责和权利，在制定和推广物流行业标准、物流教育规范、物流从业人员资格的认证等方面发挥物流行业协会的作用，逐步树立行业协会的地位，发挥行业协会应有的作用。

2. 物流行为法研究

物流行为法是指调整物流主体从事物流活动的法律规范，是各种物流交易行为惯例法律化的产物。物流行为包括运输、储存、包装、装卸搬运、配送、流通加工、信息传递等服务行为，在法律上属于民商事行为性质。物流行为法律制度就是调整各种物流经营主体之间因各种物流行为的设立、变更、终止而发生的各种关系的法律规范的总称。为了推进物流行为法律制度的完善，目前我国除了应对物流行为法律法规进行清理整合，提高相关法律的效力层次外，更应该做的是根据现代物流的特点，并针对现代物流过程中产生的特殊法律关系，在立法上加以规范。

物流行为从法律上说其实质是合同行为，但是发生在物流过程中的合同与普通的民商事合同又不是完全相同，尤其是在现代物流活动中，强调物流功能的集成，专门从事现代物流功能集成的现代物流企业参与现代物流活动与其提供服务的用户必须签订第三方物流合同。由于自然人很难成为现代物流活动这一复杂过程的一方主体，所以现代物流行为一般来说必须通过现代物流企业与其所提供服务的用户签订第三方物流合同来完成。所以有必要对现代物流行为的实现途径——第三方物流合同进行研究，在立法上对其进行规范。

1) 第三方物流合同的概念

第三方物流(Third-Party Logistics，3PL 或 TPL)，按照国家标准，是指由供方与需方以外的物流企业提供物流服务的业务模式。第三方物流的一个重要特点就是物流服务关系的合同化，第三方物流通过合同的形式来规范物流经营者和物流消费者之间的关系。物流经营者根据合同的要求，提供多功能直至全方位一体化的物流服务，并依照合同来管理其提供的所有物流服务活动及过程。

由于第三方物流的一个重要特点就是物流服务关系的合同化，所以又称之为合同制物流或契约物流。第三方物流合同是指第三方物流企业与其他企业约定，由第三方物流企业为后者进行物流系统的设计，或负责后者整个物流系统的管理和运营，承担系统运营责任，而由后者向第三方物流企业支付报酬的合同。提供第三方物流服务的企业，其前身一般是运输业、仓储业等从事物流活动及相关的行业。从事第三方物流的企业在委托方物流需求的推动下，从简单的存储、运输等单项活动转为提供全面的物流服务，其中包括物流活动的组织、协调和管理、设计建议最优物流方案、物流全程的信息搜集、管理等。第三方物流合同涉及的环节多、时间长、要求复杂，它既具有承揽合同和技术合同的性质，又包含委托合同、行纪合同、居间合同、保管合同、仓储合同、运输合同等诸多内容，所以它是一种新型的很复杂的合同。

2) 第三方物流合同的特征

(1) 合同主体的复杂性。第三方物流合同涉及多方当事人，包括以下几类：一是物流服务需求方，它是物流法律关系中主要的一方，包括各种工业企业、批发零售企业和贸易商等；二是物流服务提供方，即与物流服务需求方签订物流服务合同的企业，它是第三方物流的专业经营者；三是物流合同的实际履行者，在现实中，物流服务提供者有时候会把运输、仓储、装卸、通关等环节部分或全部分包给他人，委托他们来完成，这些物流合同的实际履行方就成为了物流法律关系不可或缺的主体。

(2) 合同内容的广泛性。由于现代物流涉及运输、仓储、装卸、搬运、包装、流通加工、配送、信息处理等多个环节，所以合同当事人的权利和义务关系也变得很复杂，从而使合同的内容非常广泛。目前多数物流企业都有自己的物流格式合同，这些合同条款一般包括以下内容：当事人的名称或者姓名以及住所、物流服务的范围和内容、合作方式和期限、双方的具体权利和义务。其中最重要的是物流企业提供物流服务并收取费用，而物流需求者交付费用并享受对方提供的物流服务；服务所应达到的指标，即服务商完成给付的质量；实物交接和费用的结算、支付方式；违约和解除合同的处理，当事人根据意思自治原则，可以在合同中约定何种情况下解除合同以及双方违约责任的承担；争议的解决方式，当事人可以在合同中约定仲裁条款或其他的替代性争议解决方式以及管辖法院等。另外，在实践中，客户一般要将产品生产计划和各项信息提供给现代物流企业，以便其能够更好地提供服务，所以在合同中应该有保守商业秘密的条款，这也是第三方物流合同中的必备条款。

(3) 合同性质的多样性。首先第三方物流合同是双务合同，合同的双方均负有义务，享有权利。物流供应商有完成规定服务的义务和收取相应费用的权利，工商企业有支付费用的义务，并接受完善的服务，一旦出现服务瑕疵如在运输过程中出现货物损害，有向服务商索赔的权利。其次，第三方物流合同是要式合同，任何一个行业应该有统一标准的文本格式，物流行业也应如此。为了维护行业标准，并且防止一定企业的行业垄断，应该遵循一定的格式。再次，第三方物流合同是有偿合同，物流供应商以完成全部服务为代价取得收取报酬的权利，而工商企业方有享受完善服务的权利并以支付费用为代价。最后，第三方物流合同是诺成性合同，第三方物流合同成立于物流服务需求方和物流企业之间就物流服务协商一致，不需要标的物的交付，因而是诺成性合同。

3) 第三方物流合同法律关系分析

由于现代物流涉及运输、仓储、装卸、搬运、包装、流通加工、配送、信息处理等多个环节，所以第三方物流合同当事人之间的法律关系也表现得极为复杂。主要包括以下三种。

(1) 一般的运输法律关系、仓储法律关系、加工法律关系等。当第三方物流经营人自己完成物流合同所约定的内容时，在当事人双方之间形成相应的一般法律关系。

(2) 委托代理关系。当双方当事人在第三方物流合同中约定物流经营人在一定权限内可以以物流需求方的名义委托第三人完成物流业务时，第三方物流合同的当事人之间就形成了委托代理关系，即第三方物流经营人以物流需求方的名义同第三人签订分合同，履行物流合同部分内容，该分合同的权利、义务物流需求方也应享有和承担。

(3) 居间法律关系。当第三方物流经营人只提供与物流有关的信息，促成物流需求方和实际履行企业签订合同，从中收取一定费用，而自己并未同任何一方签订委托代理合同时，第三方物流合同当事人之间就存在居间法律关系。第三方物流经营人处于居间人的法律地位，享有报酬请求权，并依法承担相应的诚信义务。

4) 第三方物流合同法律适用分析

如前所述，第三方物流合同具有内容的广泛性和法律关系的复杂性，所以第三方物流合同的法律适用问题也比一般的民商事合同更为复杂。

(1) 第三方物流合同的法律适用依据。

由于现代物流涉及运输、仓储、装卸、搬运、包装、流通加工、配送、信息处理等多个环节，并且涉及多个不同的行业和部门，从而使得物流法律关系极为复杂，进而导致物流活动中的法律适用也呈现出复杂性。所以，就物流活动整体而言，它的法律适用具有内容的综合性和层次的多样性等特点。

我国目前还没有一部专门的、统一的物流法，现行的有关物流的法律法规从效力上看，主要有以下三类：一是法律，如《中华人民共和国合同法》《中华人民共和国铁路法》《中华人民共和国海商法》；二是行政法规，如《公路、水路、铁路、航空货物运输合同实施细则》《海港管理暂行条例》《公路管理条例》《航道管理条例》《关于发展联合运输若干问题的暂行规定》《关于进一步发展国内集装箱运输的通知》等；三是部门规章，如《关于商品包装的暂行规定》《商业运输管理办法》《铁路货物运输规程》《国际铁路货物联运协定》《关于加强我国现代物流发展的若干意见》《关于促进运输企业发展综合物流服务的若干意见》等。

另外，从法律内容上来看，《中华人民共和国合同法》是调整整个物流活动最基本、最重要的法律，因为物流合同实质上也是一种民商事合同。此外，《民法通则》也可适用于物流活动的各个环节。而其他的一些则是适用于物流某一环节的法律法规，包括运输环节、搬运环节、包装环节、仓储环节、流通加工环节等环节的法律法规，如《铁路货物运

第 8 章 物流相关法律法规与社会责任

输管理规则》《港口货物作业规则》等。

(2) 第三方物流合同的具体法律适用。

首先，第三方物流合同的法律适用依据中，《中华人民共和国合同法》和《民法通则》与其他法律是一般法与特别法的关系，所以当一般法与特别法发生冲突时，适用特别法的规定，当特别法没有规定的适用一般法的规定，如《中华人民共和国海商法》专门调整海上货物运输合同，物流企业在办理相关货物运输时，首先应该遵守的是这些规定，当《中华人民共和国海商法》对某些事项没有规定时，才应适用《中华人民共和国合同法》的有关规定。

其次，在具体适用《中华人民共和国合同法》时，还应该注意《中华人民共和国合同法》总则和分则的适用问题。当物流合同涉及《中华人民共和国合同法》分则规定的某些有名合同时，则直接适用该规定；而当《中华人民共和国合同法》对某些合同没有作出规定时，则应该适用《中华人民共和国合同法》总则的规定，或者可以参照分则或其他法律类似的规定。比如，当第三方物流经营者提供综合物流服务时，合同所涉及的内容是相当广泛的，那么对于提供的具体物流作业服务部分应该根据服务的具体内容分别适用运输合同、加工承揽合同、仓储合同等的规定，而对于物流系统的设计部分则应适用技术合同和技术开发合同的规定。此外，该合同还具有委托合同的性质，对于相关规范没有规定的部分，应该参照有关委托合同的规定。

3. 物流宏观调控法研究

物流宏观调控法是指调整国家与物流主体及物流主体之间特殊市场关系的法律规范。市场经济条件下，物流企业在从事经营活动中是相互独立、地位平等的主体，从事交易活动的任何一方都不能进行欺诈活动，不能把自己的意志强加于对方，物流供需交易只能在双方意思表示真实的条件下才能成立。法律规定了物流主体的行为规范，使各个主体按统一的原则建立相互关系，保障了物流交易公平，规范物流经营行为。政府如何通过法律手段加强对物流组织管理、提高效率，是政府职能的一部分。目前我国政府对我国现代物流市场进行宏观调控，主要是对两方面进行调整。一是通过法律手段反对不正当竞争，比如盗用商标，盗用物流企业的票据，损害对方的名誉，主要靠《中华人民共和国反不正当竞争法》调整；二是通过法律手段反对垄断，促进物流市场的良性竞争。

1) 反不正当竞争法研究

《反不正当竞争法》是商品经济活动的重要法律之一，有些国家把反不正当竞争法称为"经济宪法"。反不正当竞争法起着限制、制止不良行为，保护并鼓励有效、公平的竞争，维护市场秩序的作用。目前我国在规范物流竞争的法律制度方面，存在较多问题，主要是规范市场竞争的许多法律规定已显得过分狭窄和陈旧，已经不能适应市场经济体制下的新的要求。《中华人民共和国反不正当竞争法》所规定的 11 种不正当竞争行为，已经远远不能概括当前形势下物流业不正当竞争行为的多种新的表现形式。因此，针对我国物流业发展中出现的有关不正当竞争的新问题，对《中华人民共和国反不正当竞争法》等规范物流市场竞争的法律规定进行修改是当务之急。

国外许多国家在制订反不正当竞争法时，除了具体列举一些典型的不正当竞争行为外，还通过体现诚实信用原则的一般性条款将未被具体列举的、有可能产生的其他不正当竞争行为也纳入法律调整的范围。一般条款的存在可以及时制止和预防现实生活中已经出现的和可能出现的各类不正当竞争行为。我国在修订《中华人民共和国反不正当竞争法》时，应采用完善概括加列举的方式：既通过具体列举的方式，将经济发展过程中出现的新型不正当竞争行为，从行为类型、市场主体因违法承担法律责任的方式、种类和幅度等各方面做出细致明确的规定，又规定原则性的兜底条款，并通过最高人民法院等有关权力机关的适时解释，认定除列举的不正当竞争行为以外的其他不正当竞争行为，以弥补立法落后于经济的发展不足，适应纷繁复杂的现代经济生活，提高对各种新出现或将会出现的不正当竞争行为的控制力，以避免具体执行时的不可操作性。

2) 反垄断法研究

我国已经颁布了《反垄断法》，并于 2008 年 8 月 1 日开始实施。反垄断法的出台，有利于保护物流市场公平竞争，提高物流经济运行效率，维护消费者利益和社会公共利益，促进物流市场经济健康发展。另外，为了促进我国物流业健康发展，国家出台了一系列的物流方面的产业政策，这些产业政策对物流业的发展也起到了很大的推动作用。产业政策和竞争政策虽然都是国家干预经济的基本方式，但是两者还是存在区别的，甚至在有些时候存在冲突。因为竞争政策是从维护竞争性的市场结构出发，禁止企业从事联合限制竞争的行为，控制企业的合并行为，不允许具有市场支配地位或优势地位的企业滥用市场优势。但竞争政策对竞争机制的维护可能会影响某些产业竞争力的强化。而国家对具体产业实施的产业政策的目的主要是加强产业的竞争力，但产业政策在增强产业竞争力的同时，却没有办法避免市场现存结构的改变对市场竞争的影响甚至限制。从这个角度来讲，竞争政策与产业政策的冲突实际上是很难避免的。所以在实施反垄断法的过程中，应该注意协调物流产业政策和竞争政策，使二者最终都能够以促进我国现代物流发展为目的。

另外，尽管我国已建立社会主义市场经济体制，但是计划经济体制下遗留的行政垄断、行业垄断仍然存在，不少地区地方保护主义严重。此外，加入 WTO 后我国物流领域放开，在我国物流企业普遍缺乏竞争力的情况下，国外大型物流公司的进入必然会挤压国内物流企业的市场，造成新的市场垄断。这样势必会对我国物流业的进一步发展带来不利的影响。这就要求通过实施《中华人民共和国反垄断法》，打破计划经济遗留的行政垄断和行业垄断，防止国外大型物流企业进入我国后造成新的市场垄断，保护我国物流企业和物流市场健康、合理、有序地发展。

4. 物流宏观调控法研究

物流行政监管法是指调整物流行政监管过程中所形成的社会关系的法律规范，它也是现代物流法律制度的重要组成部分。在构建我国现代物流法律体系的过程中，重点需要完善的是现代物流行政监管主体和物流技术标准两个方面的立法。

1) 现代物流行政监管主体

物流业涉及的领域和部门众多，跨越了几乎所有商品流通部门，包括交通、运输、仓储、内贸、外贸等，受到多个部门的牵制和监管。所以，我国物流业现在存在的一个重要问题就是在政府管理上的条块分割严重，即指铁道部、交通部、民航总局等部门都负有对现代物流业的行政管理职能，再加上纷繁复杂的地方性法规、部门规章、地方政府规章，造成了我国现代物流立法的混乱和冲突。因此，就有人提出应该设立一个国家物流的主管部门，专门统一协调各部门、各地区的物流发展规划和物流行动计划，同时还应赋予这一部门制定物流发展和物流运作法律法规及物流市场监管的权力。

行政管理体制的改革是很有必要的，但是改革并不意味着一定要减少行政部门，而减少行政部门也不是必然会促进行政管理效率的提高。现代社会分工极其复杂，相应的行政部门众多也是理所当然，但怎样才能做到科学地划分行政职能，使各行政部门之间能够相互协调并提高效率是行政管理体制改革的关键所在。根据世界物流发达国家的经验，政府对物流业的管理仅由运输管理部门负责物流业的发展，因为运输基础建设和运输市场环境对物流业的发展起关键作用。借鉴国外经验，结合我国物流发展水平和行政管理体制现状，我国物流行政监管可以从以下两个方面进行完善。

(1) 不需要设定专门的物流管理机构，在原来的行政管理机构之间科学、合理划分其职能。铁路、公路和民航部门分别对各自的运输工具实施管理；交通部负责协调和统筹物流基础设施的总体规划和物流技术标准的确定等；商务部负责物流行业的宏观调控和物流市场的法制建设等。

(2) 行政部门的监管应该由微观管制向宏观政策的制定和引导上发展。世界物流发达国家政府对物流业的管理主要是进行基本立法和市场准入的审批，对于经营行为，则由市场自行调节，政府仅仅是宏观调控。如日本的货代业与航运业均由运输省管辖，其国内的货代协会负责收集信息和调查市场。应该借鉴这些经验，微观层次交由市场主体通过市场竞争决定社会资源的流动，中观层次由逐渐发展壮大起来的行业协会等社会力量实现对市场秩序的维持，而将政府职能进一步集中在宏观政策的制定和引导上。

2) 现代物流技术标准法律化

物流标准化是指以物流为一个大系统，制定系统内部设施、机械装备，包括专用工具等的技术标准，包装、仓储、装卸、运输等各类作业标准，以及作为现代物流突出特征的物流信息标准，并形成全国以及和国际接轨的标准化体系。近年来，随着我国物流业的发展，制定了一系列物流或与物流有关的标准，并且积极参与国际物流标准化活动，积极采用国际物流标准。但是由于诸多原因，目前我国的标准化状况仍不容乐观，存在着诸多问题。

由于物流及其物流管理思想在我国诞生较晚，组成物流大系统的各个分系统在没有归入物流系统之前，早已分别实现了本系统的标准化。这就必然导致在标准制定内容上的条块分割、部门分割。同时，由于在长期计划经济体制的影响下，各地区各行业各自为政，物流标准不一致，跨区域性、多式联运物流效率下降。其次，目前我国物流系统货物的仓储、装卸和运输等各环节因缺乏统一的规范而难以实现有效衔接，如托盘的尺寸、卡车的大小、仓库货架的尺寸等无法配套使用。其中托盘标准存在的问题较为典型，我国的物流企业有的采用欧美标准，有的采用日韩标准，还有的干脆自己定义，由于与产品包装箱尺寸不匹配，严重影响了物流系统的运作效率。再次，我国信息标准化落后，目前我国许多部门和单位都在建自己的商品信息数据库，但数据库的字段、类型和长度都不一致，形成一个个信息孤岛，严重影响了作为物流管理基础的信息交换和电子商务的运作。另外，我国物流业采用国际标准的比例低，在长期计划经济的影响下，我国的标准包括物流相关标准在制定过程中较少考虑与国际标准的一致性。因此，目前能与国际标准接轨的物流标准所占比例很低，这必将为我国的国际贸易设下障碍。

物流安全

在我国现代物流迅速发展的过程中，应该积极开展物流标准化的研究工作，积极参与物流国际标准化活动，积极采用国际物流标准。我国应该加强建立与物流有关的标准化组织和机构，全面推进物流标准化体系建设，逐步形成统一协调的现代物流技术标准化体系。根据我国现代物流业发展状况，现代物流标准化建设的主要内容有通用基础类标准、物流技术类标准、物流信息类标准、物流管理类标准和物流服务类标准。

首先，从当前现代物流业发展状况来看，我国急需修订、制订的物流标准包括物流术语、物流企业分类、联运通用平托盘主要尺寸公差等通用基础类标准，以及社会急需的物流单据、物流服务项目分类、物流服务合同准则等标准项目。

其次，我国物流企业的数量在急剧增加，经营规模和服务质量相差悬殊，所以当前应该加强物流服务类标准的制订。需要从国家标准层面上对我国物流企业加以界定，明确物流企业的基本范围、类型和等级。从技术标准的层面上为政府的宏观管理和政策制定提供了技术性的参考依据和支撑。应抓紧制定物流企业分类、评价指标、物流企业与企业物流成本考察指标、物流中心规划与建设等一批通用性强、社会和企业急需的技术标准。物流标准的新修订应向服务性、管理性标准重点推进。

此外，在软件方面要加快物流通用标准体系的建立，尽快实现标准数据传输格式和标准接口，通过网络和信息技术连接用户、制造商、供应商及相关单位，实现资源共享、信息共用。借助信息技术实现对物流的全程跟踪，实现有效控制。制定统一的条码格式，使用一致的计量单位。

5．物流信用管理法研究

信用管理法包括企业信用管理法和个人信用管理法。加快物流信用管理法的建设，是维护市场经济秩序的需要。加快社会信用体系的建设，增强信用观念和信用防范意识，营造良好的信用环境和投资环境，有利于监督和约束物流市场交易过程，保障交易活动的正常进行，促进物流市场的发展。

建立我国物流信用管理法，需要从以下三个方面努力。

（1）立法保证信息公开。目前我国商事信用一直处在一种相对封闭的状态，低开放度已严重制约着我国信用经济的培育和发展，影响着信用环境的净化。对我国来说，要建立符合市场经济要求的现代信用制度，当务之急是如何用法律来保障信息公开。西方发达国家一般都有一套完善的信息公开法律制度，我国在进行信用管理立法时，在保证与信用信息有关的信息披露公开、透明的同时，应重点在法律上界定好三个关系，即划清信息公开和保护国家秘密的关系、划清信息公开和保护企业商业秘密的关系、划清信息公开和保护消费者个人隐私权的关系。

（2）建立我国的征信企业制度。国家已经建立的企业征信制度，按行为主体从事征信数据库的经营方式不同，可将企业信用管理体系分为政府经营、企业自由经营和政府特许经营三种模式。对我国征信企业采取特许经营的模式比较符合我国的国情和社会主义市场经济的特点。结合国外做法和我国实际情况，我国征信企业的特许经营模式应该是由政府认定具有从业资格的征信企业对征信数据库进行商业化经营。作为发展中国家，我国企业征信制度建设不能纯粹靠市场来自发形成，因市场力量的作用相对较慢，并且在国外机构的压力下，国内相关行业很难发展起来。因此，在企业征信制度建设过程中，政府应积极推动，在较短时间内和以较低成本，使征信企业系统能自行运营和发展。我国实行特许经营模式，可以吸收国外的政府经营模式和企业自由经营模式的优点，既能避免征信企业投资过于分散和行业无序经营，又能充分发挥政府在宏观管理上的主导优势，以保障征信数据能在较短时间内覆盖国内主要大中型企业和大多数公民，数据质量准确、可靠。

(3) 建立用法律对失信者的惩戒制度。一个行之有效的失信惩戒制度是建立健全社会信用体系所必需的，我国目前对失信者的惩戒机制还没有完全形成。建立失信惩戒制度，应有强制性的显性惩罚制度，包括失信行为的认定制度、失信行为的法律责任制度；准强制性的显性处罚制度，包括失信行为的行政处罚制度、失信行为的信息披露与失信主体的正当权益保障制度、行政监管权力与监管机构制度；非强制性的隐性惩戒制度，包括信用自律及行业协会制度、信用伦理与信用文化制度。

8.3 物流社会责任

【导入案例】

1. 案例简介

上海一家出口公司(以下称为第一方)将一批茶叶交由第三方物流经营人安排装运。该第三方物流经营人和第一方签订物流服务总合同。然后，第三方物流经营人将茶叶交由另一家仓储公司(以下称为第二方)装箱。第二方在装箱时将茶叶和丁香配装在同一集装箱内。收货人收到茶叶后对茶叶做质检，质检报告认为茶叶与丁香串味，已经无法饮用。该批茶叶成交价为 CIF(指定目的港，原文为 COST, INSURANCE AHD FREIGHT，术语中译名为成本加保险费加运费)，并由中国人民保险公司(以下简称为"人保")承保。第一方凭保险单向人保提出赔偿要求，人保在赔付之后取得代位求偿权，进而向第三方物流经营人追偿。

2. 事故思考

第一方的经济损失应该由谁承担？人保补偿第一方经济损失后，可以向谁行使代位求偿权？

3. 事故分析

(1) 第一方经济损失应由第三方物流经营人承担，由保险公司承保赔付。第一方与第三方签订正式合同，对合同当事人都产生法律效力，结合案情，根据《中华人民共和国合同法》第一百零七条规定，第三方物流公司应对承运的茶叶安全及质量负全责。当然，这里第一方与第三方按 CIF 成交，第一方经济损失应先行由保险公司承保赔付。按此术语成交，货物的构成因素中包括从装运港到约定目的港的通常运费和约定的保险费，为买家办理货运保险，交付保险费。这里，第一方通过合法渠道向人保对茶叶进行投保，投保行为具有法律效力。当第一方茶叶受到非自身因素导致的损失时，第一方有权凭保单向保险公司提出赔偿。第一方可向保险公司即人保提出赔偿要求，补偿第一方经济损失。

(2) 应向第三方物流经营人追偿。保险代为求偿权又名为保险代为权，是指保险公司享有的，代为行使被保险人对造成保险标的损害负有赔偿责任的第三方的索赔求偿权的权利。根据《中华人民共和国合同法》第三百四十七、三百九十四条规定，保险合同和仓储合同都采取的过错责任原则，根据本案例，保险公司应当向第三方行使代为求偿权，即按照责任代替第一方追究第三方责任,向第三方追讨赔偿,同时第三方与第二方有合同效应关系,第二方为直接责任人,第三方可向第二方追讨赔偿。

(资料来源:https://wenku.baidu.com/view/5afc740fcc17552707220808.html)

8.3.1 物流社会责任的内涵

随着我国经济的飞速发展,物流行业也进入了全球化时代。这既为物流企业带来了新的发展机遇,也使其面临新的挑战。物流企业之间的竞争变得更加激烈,如何在竞争中保持自身的竞争优势是物流企业面临的首要问题。在众多影响物流企业竞争力的因素中,社会责任的履行是重要因素之一。

目前我国大部分物流企业承担了一定的社会责任,但有些物流企业单纯追求利润最大化而忽视对社会责任的履行。近年来,我国已有一些机构对企业社会责任评价体系进行了研究,但针对物流企业社会责任的研究基本还停留在某种单一的物流活动上。在构建社会主义和谐物流的大背景下,履行社会责任已经成为企业的重要使命。物流企业既要在生产和流通服务中获得利润,也要积极履行对利益相关者的责任,即遵守社会道德、减少社会物质资源消耗、保护生态环境,从而实现企业与社会的和谐发展。

1. 社会责任

物流的各种基本活动与社会及环境密切相关。根据美国一项调查研究表明,在物流领域内涉及的社会责任问题主要有 20 种,如图 8-1 所示。毫无疑问,企业应对不同社会责任问题是基于一定常规基础之上的,因此图中所显示的 20 种问题可以视为具有高度代表性。另外,物流的不同活动所涉及的具体责任问题会有所不同,比如,在环境保护方面,采购关注的是可循环采购、可循环使用包装以及减少购买包装数量;运输则强调确保运输工具保养良好以实现油燃料的效用最大化和油燃料泄漏的最小化以及以适当的方式运输危险商品。这些问题都需要在一个统一的框架体系中进行归结和整合。

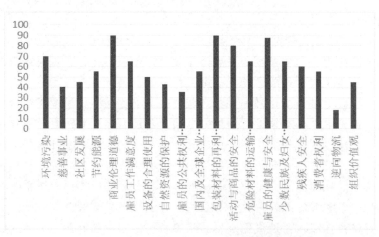

图 8-1 物流领域中社会责任问题的比较(%)

同样,社会责任问题对物流功能产生影响的相关信息在一项调查中得以显示(见表8-1)。绝大多数被调查者认为,社会责任问题会对物流过程中相关的14项物流活动产生影响,或者是一般的影响,或者是重大影响,并且随着社会和现代物流的不断发展,这种影响会越来越重要。

表8-1 社会责任对物流活动的影响(%)

相关活动	一般影响	重要影响	总的影响
处置和丢弃物料	45.0	31.0	76.2
包装	40.5	33.3	73.8
原料加工	38.1	31.0	69.1
运输	28.6	31.0	59.6
仓储	33.3	26.2	59.5
国际物流	38.1	21.1	59.5
客户服务	47.6	9.5	57.1
选址	26.2	26.2	52.4
采购	40.5	11.5	52.4
商品回收	47.6	2.4	50.0
需求预测	28.6	4.8	33.4
库存控制	23.8	9.5	33.3
订货流程	23.8	7.1	30.9
产品计划	26.2	2.4	28.6

2. 物流社会责任的概念

关于物流社会责任的概念,国内外学者众说纷纭,还没有形成统一的认识。卡罗尔(Carroll)认为,在物流活动过程中,组织管理者的决策、过程和行动都需要考虑社会目的和社会价值。墨菲(Murphy)指出,物流社会责任的重要思想就是伴随经济利益决定管理者决策的同时,物流管理者必须有责任去谋求社会利益。

物流社会责任是指物流企业管理运营或者实施物流活动过程中所担负的对包括股东在内的利益相关者的综合性社会契约责任,这种社会综合性契约责任包括经济责任、法律责任、伦理责任和慈善责任。

真正把握物流社会责任的概念,应该从三方面来理解。第一,物流社会责任是基于物流系统角度对社会责任的一种诠释,是物流企业对包括股东在内的利益相关者的综合性社会契约责任;第二,物流社会责任包括经济责任、法律责任、伦理责任和慈善责任四个层次的内容;第三,物流社会责任的出发点和落脚点在于对利益相关者(包括社会、环境)的尊重和负责,终极目标是实现和谐物流。

这个定义与其他定义相比,具有以下三个方面的优点。

(1) 明确突出了物流社会责任的对象性。在对企业社会责任争论的梳理中会发现企业社会责任之所以模糊不清的一个原因就是没有明确的责任对象。这是企业社会责任反对者批评企业社会责任的重要理由之一。再者，物流社会责任的量化研究面临的一个重要难题是如何对物流社会责任概念进行量化。

(2) 将物流社会责任定位为一种契约责任，是物流企业与利益相关者之间的契约责任。从宏观层面上来说，政治、经济、文化和社会的变化将会影响物流企业社会责任契约的内容；从微观层面上来说，利益相关者权力和地位的变化也将影响契约责任的内容。具体宏观层面和微观层面的内容如何影响契约责任的变化，是需要进一步研究的内容。

(3) 物流社会责任的范围界定为经济责任、法律责任、伦理责任和慈善责任。这也是物流社会责任基本的层次结构。经济责任是指企业作为一个社会组织应该创造的经济价值，如为股东创造利润、支付企业运营的相关费用等。法律责任是指企业要严格遵守国家的法律法规和行业规范包括操作规范等。伦理道德责任是指企业不但要对自身负责，还要负责供应链上下游利益相关者的利益，即合理、有效地利用自然资源，尽可能地减少对生态环境的破坏和污染。慈善责任是指企业作为社会组织，有责任扶贫赈灾，帮助社会弱势群体，力所能及地为社会贡献力量。

8.3.2 物流企业社会责任的内容与价值

物流作为经济发展的基础和动脉，是联系生产企业与消费者之间的重要环节，起着承上启下的作用，物流业较一般制造业和流通业具有更广泛、更重大的社会影响，其承担的社会责任也重大。

1. 物流企业社会责任的内容

从利益相关者角度，物流企业社会责任的内容可以分为企业对内部利益相关者的社会责任和对企业外部利益相关者的社会责任。

(1) 对企业内部利益相关者要履行的社会责任。物流企业的内部利益相关者主要包括企业的投资者、员工等。

① 物流企业对投资者的社会责任。物流企业对其投资者要履行的社会责任就是对投资者的资金安全和收益负责，获得投资者的广泛认同，规范资本市场运作，实现投资者价值最大化和保护投资者利益。

② 物流企业对员工的社会责任。目前我国多数物流企业还属于劳动密集型，物流从业人员多，多数员工学历不高，素质偏低。另外一些物流企业具有作业不间断的特点，需要一些员工倒班、加班、串休等，因此物流企业对员工要履行的社会责任除应包括遵守国家适用法律及行业标准中有关劳动时间和劳动报酬的规定外，还要保障员工的健康与安全，关注员工家庭，为员工提供安心舒适的工作环境，不使用童工，不对员工进行强迫性劳动，杜绝各种用工歧视，采取各种措施维持员工的工作动力，满足员工的物质需求和精神需求，加大对员工培训的力度，提高员工的素质，使其更好地适应本职工作。

(2) 对企业外部利益相关者要履行的社会责任。物流企业的外部利益相关者主要包括客户、环境、社区、公益和慈善事业等。

① 物流企业对客户的社会责任。物流企业主要为客户提供运输、储存、装卸搬运、

配送、流通加工等服务，有的企业为了降低成本，车辆超限载运行。物流企业对客户需履行的责任主要包括了解客户需求，将所运货物及时安全送达、储存保管好客户的货物、提供优质的服务、尊重和维护客户的权益、努力提高客户满意度等责任。

② 物流企业对环境的社会责任。物流活动能够创造物资的时间价值、场所价值以及加工价值，使物资获得增值，但与此同时，还应当注意到物流过程中消耗资源增加成本、产生废弃物、污染环境的一面。物流活动的激增尤其是不当的物流方式，已经造成了有限资源的不合理消耗以及环境的极大污染。比如运输过程中运输工具和设备消耗汽油、柴油、电力等能源资源，运输工具排放的尾气和产生的噪声对环境造成严重的污染，企业运输活动的频繁，加重了城市的交通拥挤；再如仓储活动中有些仓储物资的保管保养中需要采用特殊的技术手段，如喷洒化学药剂，会对周围环境造成污染，由于保管不当引起危险储存物泄漏，使生态环境遭到破坏。因此，物流企业应当承担的对环境的社会责任主要包括在物流活动中充分合理利用资源，减少以至消除污染物的排放，建立有效的废弃物处理设施，使污染物质的排放达标等。

③ 物流企业对社区的社会责任。在物流企业的外部利益相关者中，社区也对企业的生存与发展起着巨大的影响作用。物流企业的运营依赖于社区的各种社会服务，如水电供应、治安、消防、卫生等。企业作为社区的公民，要对社区承担相应的社会责任。物流企业对社区的社会责任主要包括保持和美化社区环境、维护社区安全、为社区居民提供劳动就业机会等。企业积极承担对社区的责任，可以提高企业的知名度和美誉度，为企业的发展营造良好的外部环境。

④ 物流企业对公益和慈善事业的社会责任。企业是社会的一分子，是企业公民，企业要想得到全社会的认可，还应尽自己的能力参与社会公益和慈善活动，承担对社会公益和慈善事业的责任。迈克尔·波特(Michael E.Porter)在其"企业慈善事业的竞争优势"一文中指出："企业从事公益事业的目标，从表面上看是为了博得更多的认同和社会影响，而实质上应该专注于公司竞争力的增强。参与公益和慈善事业既是表现企业社会责任感的最好方式，也是赢得政府认同、打造企业品牌影响力的有效途径。物流企业对公益和慈善事业的社会责任包括安排运输车辆为灾区运送物资、鼓励员工参加志愿者和社会公益活动，向医院、养老院、患病者、贫困者等进行慈善性捐赠，救济招聘残疾人、缺乏劳动技能者或其他就业困难者，向教育机构提供奖学金和其他款项，参与预防犯罪或为预防犯罪提供资金等。

2. 物流企业社会责任的价值

1) 物流企业社会责任的价值

(1) 有利于社会经济可持续发展。物流企业社会责任强调在物流活动整个过程中采取与环境和谐相处的理念和措施，从而减少物流活动对环境的危害，避免资源浪费，所以有利于社会经济可持续发展。

(2) 破除贸易壁垒。随着国际贸易的日益频繁，我国物流行业在经过合理过渡期后，如果积极履行社会责任，应该更有利于中国企业向国际市场发展。

(3) 有利于构建和谐社会。物流企业履行其社会责任意味着企业合法纳税、规范经营、保障提供产品和服务的质量。这些良好的行为有利于和谐社会的发展。

2) 物流企业社会责任的经济价值

(1) 履行社会责任有利于降低成本。传统的物流企业基本上还是属于"高投入大物流、低投入小物流"的运作模式，现代的物流公司通过履行社会责任，逐步开始从能源和资源方面考虑生产绿色化、减量化和高效节能，尽可能地减少污染，因此可以使物流企业的经营成本大幅度下降。

(2) 有利于提高企业竞争力。物流企业履行社会责任可以提高企业形象、企业声誉和品牌价值，提高市场占有率，从而提升企业的运作效率，间接地增强企业的竞争力。因此，履行社会责任有利于提高企业的美誉度，进而提高企业市场竞争力。

(3) 有利于物流企业增强企业凝聚力。物流企业履行社会责任可以为员工提供安全健康的工作环境。安全健康的工作环境和好的福利能够使员工更安心工作，因而可以提高工作效率、减少人员流失，有利于增强企业凝聚力。

3. 物流企业承担社会责任的必要性

1) 和谐社会大环境的影响作用

从构建和谐社会的角度讲，物流企业承担企业社会责任的必要性主要有以下三个方面。

(1) 市场竞争日趋激烈。伴随着全球经济一体化的不断发展，物流行业也进入了全球化发展的时代。当前物流企业之间的竞争已经不再是"量"的竞争，而是"质"的较量和"品"的追求。

(2) 解决我国现阶段的社会矛盾和各种社会问题的需求。目前，我国在就业、收入分配、安全生产、环境污染、能源浪费等方面存在很多问题。要解决我国现阶段的社会矛盾和各种问题，在一定程度上需要企业承担相应的社会责任。

(3) 建设和谐社会的必然要求。物流企业承担社会责任，诚信守法，规范经营，维护利益相关者的合法权益，与利益相关者建立和谐、稳定的关系。这些行为有助于保障社会的稳定和社区的安全。

2) 物流企业自身所要承受的四种压力

物流企业承担社会责任的理由总结为四种压力，它们分别为来自客户的参与-拉动力、政府的导向-推动力、第三方的导向-压迫力和企业自身发展的必然-主动力。因此，物流企业承担社会责任，提高自身的社会责任素质，对于将来的发展是非常有利的。

(1) 供应链管理的拉动力。全球化浪潮中，供应链话语权的掌握者是大型跨国企业。而其对供应链管理的不断加强，是推动中国物流企业社会责任运动的外在拉动力。迫于日益增大的压力和自身发展的需要，很多欧美跨国公司纷纷制订对社会做出必要承诺的责任守则，或通过环境、职业健康，社会责任认证应对不同利益团体的需要。大型跨国企业是全球化过程中的重要力量，其巨大的企业规模使其对整个供应链具有很大的话语权；其对企业责任的管理已不仅仅是对自身的管理，还包括对整个供应链的管理。由于物流企业的绝大多数服务对象是零售商，像沃尔玛、家乐福、华联、乐购(Tesco)等这些零售业巨头不仅仅只针对本企业的活动，对其供应链上企业相应社会责任的执行状况同样有着严格的评估与监督机制。

(2) 政府导向的推动力。政府导向是指国家在企业社会责任方面的相关政策，由政府出面来推动物流企业承担社会责任。物流企业为了生存和发展，就必须认真履行社会责任，提高自身对产品服务责任的标准。

(3) 第三方导向的压迫力。这里所说的第三方，指的是除了利益相关方之外的第三方组织。作为起着承上启下作用的物流企业，对企业社会责任应该有足够的意识，严格履行企业社会责任，尽可能避免各种安全隐患的发生。如非政府组织设立的 SA8000 和 AA1000 标准等指标体系和排名犹如标尺，衡量企业在企业社会责任不同方面履行水平的优劣，有效地对企业承担社会责任情况进行监督。这种压迫力同时也要求物流企业完善企业社会责任建设。

(4) 企业自身发展必然的主动力。主动力就是企业为了自身生存和长远发展而促使企业要履行社会责任。①出于经营理念上的主动，现在企业不再以追求单一利润为目标，而是对自身存在的追求更高层次的价值。②出于企业生存上的主动力，为了在竞争市场中生存下来，企业必须履行相应的企业社会责任。③出于物流企业的长远发展，物流企业要发展壮大，要走向国际，就得符合国际标准。积极地履行企业社会责任，可以为企业赢得更多的合作机会，有利于物流企业的持续健康发展。

物流作为国民经济发展的基础和动脉，是联系生产企业与消费者之间的重要环节，起着承上启下的作用，其流动性、社会性及服务性决定了物流业较一般制造业和流通业具有更广泛、更重大的社会影响，这就要求物流企业必须更好地履行社会责任，实现物流业与社会的和谐及可持续发展。物流企业必须明确自身社会责任，做一个优秀的企业公民。

8.3.3 物流企业承担社会责任的对策

1. 明确具体责任、分清轻重缓急

不同的物流企业从事不同的商业活动，其在物流过程中扮演的角色和起到的作用有着差异性。不同的物流企业还存在企业规模、地域等因素上的差异。因此，其所承担的企业社会责任内容也应该是具体的而非一般的。

对于物流企业来说，在实施企业社会责任之前，首先要明确这样一个问题：自己的社会责任究竟是什么。要回答这个问题必须审视自身所处的运营环境和经营环境。在这个基础上，进一步把自身具体企业社会责任进行分类、排序。这样做的意义在于，企业可以分清自身社会责任的轻重缓急，从而合理配置资源，对企业社会责任进行有计划地投入。

例如，一个专门从事冷冻食品配送的企业，其基本责任，即必须履行的责任是服从与企业相关的一切法律法规；其主要责任在于产品和服务责任，即保证食品安全；其重要责任包括运输安全、员工工作环境安全、对各方利益相关者保持诚信等；而环境保护、社区慈善之类的企业的优先级则要相应靠后，甚至暂不考虑。而一家大规模的物流企业，除了这些责任，还应当在慈善、环境等责任上有一定的表现。需要指出的是，所有的这些责任都是具体的，可细分成具体的指标；否则对于企业来说就失去了意义。

2. 不断提高物流企业运用科学发展观的水平

(1) 科技是第一生产力。现代物流的发展必须依靠科学技术降低资源消耗，提高服务水平，为社会经济发展服务。目前我国物流制造业缺乏核心竞争力和高科技开发能力，导致物流设施和运行设备动力系统落后，造成管理水平、服务水平和经济效益与发达国家之

间存在距离，没有很好地承担社会责任。在物流业的发展进程中，物流关键技术的发展是至关重要的，物流技术包括硬技术和软技术，涉及诸多方面，如条形码技术、电子数据交换、卫星定位系统、高速快捷的运输方式和运输规划等。科学技术提供了对物流中大量的、多变的数据进行快速、准确、及时采集并迅速分析处理的能力，大大提高了信息反馈功能，进而提高了控制管理能力和客户服务水平，提高了物流运营的效率，物流坚持科学发展才能更好地为社会经济发展服务，才能承担更大的社会责任。

(2) 加强科学管理。高新技术为物流发展提供了基础，但管理仍是物流发展的重大问题之一，尤其是在经济、社会与科技迅速发展的今天，实施物流的组织管理和经营管理的任务更为复杂和繁重，不仅需要高度的科学性，而且需要调动人的积极性和创造性，充分发挥人的主观能动性。物流要承担社会责任，首先要保证内部的和谐，教育员工树立正确的价值观念，自觉履行法律和法规制度，遵守职业道德和岗位责任制，加强学习掌握高新技术，不断提高物流作业水平，通过科学管理提高经济效益。

(3) 提高服务水平。中华人民共和国成立以来，由于我国交通运输建设投资少、基础薄弱，改革开放后，随着我国经济建设的全面发展，交通运输成为经济发展的瓶颈，铁路运输紧张，港口压港、压船，外资企业原材料供应和产成品运输困难，制约社会经济的飞速发展。对此国家投入大量资金，建设高速公路，扩建港口，铁路运输建成电气化，提高运输效率，加快粮食、煤炭、矿石和各种物资运输、为工农业生产和社会经济发展提供优质服务。高新技术和科学管理相结合，提高物流服务的高效率和高效益，其重要性已不容置疑，随着物流行业的不断成熟、市场对物流服务需求的不断提高，物流产业的分工已更加细化和专业化，并逐步向集约化和规模化方向发展。物流业的服务要以为客户节约成本为目标，以方便、快捷为特点提供专业化服务。

3. 经济利润与承担利益相关者的责任同等重要

(1) 经济利益是企业生存的物质基础，物流业在服务过程中获取经济利润，安排职工就业，促进社会经济发展，使人们享受经济发展带来的成果。物流业只有发展强大，参与市场竞争，才能更好地为客户服务，同时获取经济利益，企业才能生存和发展。物流运输有公路货运、铁路货运、航空货运和水运货运，这四种运输方式都有各自的技术经济特性，因此有各自适宜的货物种类和运输距离。但随着物流运输外部环境的急剧变化而引发的运费上涨，导致物流运输业重新洗牌，按市场规律进行货物流向调整，这是市场竞争机制自发决定的。物流业要围绕核心企业，与制造业和流通业组建战略联盟，争取更多的客户和货源，另外，物流业之间也要形成战略合作，发挥各自优势，组成立体交叉运输网络，使经济效益不断提高。

(2) 物流企业在获取利润的同时必须承担利益相关者责任，如员工利益、社区环境和社会资源等。一个企业只要履行了经济和法律责任，就算履行了社会义务，而社会责任则在社会义务的基础上增加了一个道德责任。物流业必须在法律、经济效益和社会道德的基础上生存和发展，在经营过程中，必须坚持"以人为本"的观念，关心员工的福利待遇，改善工作和休息环境，调动员工积极性和创造性，更好地为企业和社会服务。

4. 政府要营造良好的经营环境

物流企业在经营过程中，没有经济效益要退出，有经济效益不承担社会责任要监督和制裁，物流企业不能以破坏社会资源、环境和超载而生存，要让那些有经济效益同时能承担社会责任的物流企业生存和发展。政府要发挥监督管理作用，保护企业公平竞争与公正交易的应有秩序，积极为物流企业履行社会责任创造良好的环境并提供服务。行政管理部门必须利用高科技手段加强管理，增强行政执法力度，加大对损害社会利益行为的处罚力度，打击超载、超速和疲劳运输，保护物流运输基础设施和空气环境，监督物流企业承担社会责任，使社会经济和谐发展。

8.3.4 物流企业社会责任的发展趋势

未来，随着社会、经济和环境的变化，物流产业的发展将使物流企业的社会责任呈现以下趋势。

1. 基础性

物流业具有明显的基础性特点。物流基础设施建设将越来越受到全社会的普遍重视，我国各级政府都把振兴和发展物流作为促进区域经济发展的增长点，一些政府将现代物流作为当地的支柱产业。今后，作为物流基础设施重要组成部分的港口、道路、物流园区将获得快速发展，形成布局合理、运行高效的物流网络。因此，资产型的物流企业多呈现投入大、资金回收期长的特点，物流企业对整个经济和区域经济的可持续、稳步、快速发展承担重要的责任。

2. 技术性

将来，物流产业将拥有更多的技术内涵。大量科技成果的应用将促进物流业升级。物流技术的应用也提升了企业的社会责任，如自动化立体库、自动分拣技术、包装技术等实现了省力、高效；而现代信息技术的运用，不仅可以提供更为方便、可靠、快捷的物流服务，而且还可以提供商品的供求信息，通过为商品交易提供信息平台，促进交易的便捷和公平等。拥有先进的技术手段和管理水平的物流企业，将成为市场的领先者，提供物流技术的企业也将获得快速发展。

3. 增值性

"为客户创造价值"将成为物流企业追求的目标。在物流增值服务中，物流企业通过价值链纵横拓展、物流业务的创新、加强客户关系的管理、构建物流信息系统等方式，来增加便利性的服务、加快反应速度的服务、降低成本的服务和延伸服务，实现服务增值。承担社会责任的业务载体，除了传统的仓储、运输等业务外，将延伸到更多的增值服务中，呈现增值性特点，如开展物流金融业务，实施逆向物流等。

4. 集成性

供应链管理所体现的物流服务集成性的特点，正在促进物流、商流、信息流、资金流的融合，将赋予物流企业更多的社会责任。在现代信息技术广泛应用的前提下，通过集成各物流功能，物流企业提供从采购延伸到生产销售，经过包装，运输、仓储装卸、加工配

物流安全

送等环节直至用户手中的供应链管理解决方案,可以有效地节约运营成本,减少流通环节,缩短响应时间,强化供应链的竞争力,进而提高国民经济的质量与效益。

小　　结

现代物流是一个高度集成的行业,物流法规也必须体现其专门化和系统化。在现代社会经济中,物流已从传统的仓储和运输等主要功能环节,向物流系统化、综合化方向集成和发展,现代物流管理的典型特征就是物流的系统化,即用系统、科学的思想和方法建立物流系统。

然而,随着我国物流业发展的客观经济环境的逐步成熟,物流法律法规的滞后与不完善凸显出来,成为我国物流业发展比较混乱的原因之一。因此,必须在研究、制定、促进和保护我国物流行业顺利发展的政策措施的同时,为规范有序的市场环境,制定和完善市场机制、自由化贸易配套的法律制度。此外,物流企业应该积极主动承担社会责任,在遵守相关法律法规的同时,履行对利益相关者的责任,从而实现企业与社会的和谐发展。

本章首先从物流法的内涵入手,通过介绍我国物流法律制度现状及存在的问题,引出我国现代物流法律体系的构建及完善措施,同时介绍了物流社会责任的相关内容,通过对本章内容的学习,读者可对物流相关法律法规有一个初步的认识,明确企业理应承担的社会责任对物流业发展的必要性。

思考与练习

8-1　简述物流法的定义和特点。
8-2　分析我国物流法律制度存在的问题。
8-3　简述构建我国现代物流法律体系的原则。
8-4　简述物流社会责任的含义。
8-5　分析物流企业承担社会责任的必要性。

参 考 文 献

[1] 戴恩勇，陈永红. 物流绩效管理[M]. 北京：清华大学出版社，2012.
[2] 周延东. 回应性监管视野下的国际物流安全比较研究[J]. 经济社会体制比较，2017(2).
[3] 戴恩勇. 物流战略与规划[M]. 北京：清华大学出版社，2012.
[4] 戴恩勇，袁超. 物流绩效评价-体系构建与应用研究[M]. 长沙：中南大学出版社，2016.
[5] 王海燕. 危险品物流安全管理及事故应急管理研究[J]. 东南大学学报(哲学社会科学版)，2007(1).
[6] 李劲. 第三方物流安全的现状分析及展望[J]. 中国安全科学学报，2009(1).
[7] 叶晓晖，吴超. 物流安全评估体系研究[J]. 中国安全科学学报，2009(12).
[8] 黄浪，吴超. 物流安全运筹学的构建研究[J]. 中国安全科学学报，2016(2).
[9] 刘莉雪. 我国物流产业安全指数设计与实证[J]. 河南大学学报(社会科学版)，2016(3).
[10] 程敏，荆林波. 我国物流产业安全评估[J]. 中国流通经济，2015(4).
[11] 李远远，刘光前. 基于AHP-熵权法的煤矿生产物流安全评价[J]. 安全与环境学报，2015(3).
[12] 黎璇. 浅析物流企业交通运输中的安全隐患[J]. 中国市场，2015(4).
[13] 王金凤，安云飞. 基于逆优化的煤矿生产物流系统安全资源配置研究[J]. 工业工程与管理，2015(5).
[14] 徐向东. 关于安全意识的哲学研究[J]. 中国安全科学学报，2003(7).
[15] 黄惠良，吴志华. 大数据时代的物流信息安全意识亟待强化[J]. 物流技术，2013(11).
[16] 王盼盼，李启明. 施工人员安全能力模型研究[J]. 中国安全科学学报，2009(8).
[17] 樊亚静. 某基层储备仓库仓储安全管理研究[D]. 硕士论文. 北京：北京交通大学，2015(6).
[18] 龚晖. 浅谈大型仓储式超市的消防安全[J]. 消防科学与技术，2002(4).
[19] 王凤璿，东纯海. 浅谈物资仓储配送安全管理[J]. 中国储运，2016(3).
[20] 俞仲秋. 供应链管理中配送安全模型的探索与研究[J]. 物流工程与管理，2011(7).
[21] 王言斌. 制造企业供应物流运作模式的构建[D]. 硕士论文. 上海：东华大学，2005(1).
[22] 王立勇. 企业生产物流运作与控制研究[D]. 硕士论文. 上海：同济大学，2007(3).
[23] 杨芳. 果蔬冷链物流系统安全评估及优化研究[M]. 长沙：中南大学出版社，2015.
[24] 沈斐敏. 物流安全[M]. 北京：机械工业出版社，2011.
[25] 滕宝红. 图说工厂仓储管理[M]. 北京：人民邮电出版社，2014.
[26] 李学工. 农产品物流安全预警机制及系统设计[M]. 北京：北京交通大学出版社，2014.
[27] 董全. 食品加工和物流安全控制[M]. 北京：中国质检出版社，2013.
[28] 王海勇. 交通运输与物流仓储安全知识读本[M]. 北京：气象出版社，2013.
[29] 程敏. 我国物流产业安全研究[M]. 济南：山东大学出版社，2014.
[30] 陶新良. 物流机械安全使用与管理的技术问答[M]. 北京：机械工业出版社，2008.
[31] 范强强. 危险品物流消防安全(消防安全教育丛书)[M]. 北京：石油工业出版社，2000.
[32] 李荷华. 化工物流健康安全与环境管理[M]. 上海：上海财经大学出版社，2013.
[33] 王海燕. 危险品物流安全与事故应急管理[M]. 上海：上海财经大学出版社，2011.
[34] 岳忠. 物流工程安全技术[M]. 上海：上海财经大学出版社，2005.
[35] 郑端文. 危险品物流消防安全[M]. 上海：上海财经大学出版社，2008.
[36] 陈宗道. 食品物流安全的管理与技术[M]. 上海：上海财经大学出版社，2007.

[37] 叶晓晖. 物流安全评估体系研究[J]. 中国安全科学学报，2009(12).

[38] 董欣. 我国危化品物流的安全管理对策[J]. 商场现代化，2015(5).

[39] 陈志卷. 食品物流安全政府监管模式及对策研究[J]. 对外经贸实务，2011(3).

[40] 曲衍国. 危险品物流安全风险及其管理[J]. 物流技术，2008(7).

[41] 王海燕. 危险品物流安全管理及事故应急管理研究[J]. 东南大学学报，2009(1).

[42] 陈志刚. 构建物流安全系统的框架研究[J]. 科技导报，2007(15).

[43] 黄再平. 危险品物流安全管理与事故应急管理分析[J]. 物流工程与管理，2015(12).

[44] 翁勇南. 物流安全支撑体系及其复杂性研究[J]. 物流技术，2009(9).

[45] 孙杰. 食品冷链物流安全管理研究[J]. 食品研究与开发，2014(8).

[46] 曹薇. 农产品冷链物流安全预警研究[D]. 硕士论文：陕西科技大学，2016(6).

[47] 张瑞. 物流安全管理研究——第三方物流企业综合安全管理体系构建[D]. 硕士论文. 西安：陕西科技大学，2014(2).

[48] 郑力伟. 消防安全知识员工读本[M]. 北京：中国言实出版社，2012.

[49] 范强强. 危险品物流消防安全[M]. 北京：中国石化出版社，2008.

[50] 缪立强. 物流综合信息平台中信息的安全性设计与实现[D]. 硕士论文. 成都：电子科技大学，2011(6).

[51] 蒋喜趁. 可视化物流信息系统的安全架构研究[D]. 硕士论文. 北京：北京交通大学，2012(6).

[52] 赵博. 基于博弈论的物流金融信用风险管理研究[D]. 硕士论文. 北京：北京外国语大学，2017(4).

[53] 李诗华. 供应链金融风险预警与防控研究[D]. 硕士论文. 武汉：武汉理工大学，2014(5).

[54] 张筠. 物流金融业务风险控制研究[D]. 硕士论文. 杭州：浙江大学，2016(6).

[55] 梁兴远. 供应链金融及其风险研究[D]. 硕士论文. 北京：首都经济贸易大学，2012(6).

[56] 范堃. 供应链金融风险控制研究[D]. 硕士论文. 北京：中国海洋大学，2013(6).

[57] 魏方. 我国物流法立法基础问题研究[D]. 硕士论文. 大连：大连海事大学，2006(6).

[58] 李云飞. 我国物流法律制度存在的问题及完善建议[D]. 硕士论文. 济南：山东大学，2015(6).

[59] 张敏. 我国物流法律私法体系之建构——以方法论为视角[D]. 博士论文. 大连：大连海事大学，2012(11).

[60] 安全管理网：http://www.safehoo.com/.